John Douglas / Mark Olshaker

DIE SEELE DES MÖRDERS

25 Jahre in der
FBI-Spezialeinheit für
Serienverbrechen

John Douglas / Mark Olshaker

DIE SEELE DES MÖRDERS

25 Jahre in der FBI-Spezialeinheit
für Serienverbrechen

*Aus dem Amerikanischen
von Jörn Ingwersen*

SPIEGEL-BUCHVERLAG

Die Originalausgabe erschien unter dem Titel
Mindhunter bei Scribner, New York

Die Deutsche Bibliothek- ClP-Einheitsaufnahme
Douglas, John:
Die Seele des Mörders: 25 Jahre in der FBI-Spezialeinheit
für Serienverbrechen / John Douglas/Mark Olshaker.
Aus dem Amerik. von Jörn Ingwersen.
– 6. Aufl. – Hamburg : Spiegel-Buchverl. ;
Hamburg : Hoffmann und Campe, 1997
Einheitssacht.: Mindhunter <dt.>
ISBN 3-455-15006-3
NE: Olshaker, Mark:

Copyright © 1995 by Mindhunters, Inc.
Deutsche Ausgabe
Copyright © 1996 by SPIEGEL-Buchverlag, Hamburg und
Hoffmann und Campe Verlag, Hamburg
Schutzumschlaggestaltung: Thomas Bonnie
Satz: Utesch Satztechnik GmbH, Hamburg
Druck und Bindung: Graphischer Großbetrieb Pößneck
Printed in Germany

Den Männern und Frauen
der FBI-Spezialeinheit für Serienverbrechen
in Quantico, Virginia, damals, heute
und in Zukunft – Forscherkollegen, Gefährten
meiner Reise

Schnöde Taten,
Birgt sie die Erd' auch,
Müssen sich verraten.
– WILLIAM SHAKESPEARE
Hamlet

Inhalt

DANKSAGUNG 11

PROLOG 13
Ich war in der Hölle

KAPITEL EINS 26
Im Kopf eines Mörders

KAPITEL ZWEI 41
Meine Mutter war eine Holmes

KAPITEL DREI 62
Die Regentropfenwette

KAPITEL VIER 80
Zwischen zwei Welten

KAPITEL FÜNF 102
Verhaltensforschung oder Blödsinn?

KAPITEL SECHS 117
Mit der Show auf Reisen

KAPITEL SIEBEN 145
Das Herz der Finsternis

KAPITEL ACHT 174
Der Mörder dürfte eine Sprachstörung haben

KAPITEL NEUN 199
In der Haut des Täters

KAPITEL ZEHN 216
Jeder hat seinen Stein

KAPITEL ELF 234
Atlanta

KAPITEL ZWÖLF 265
Einer von uns

KAPITEL DREIZEHN 280
Das gefährlichste Spiel

KAPITEL VIERZEHN 304
Wer hat das All-American Girl ermordet?

KAPITEL FÜNFZEHN 329
Wir verletzen, wen wir lieben

KAPITEL SECHSZEHN 344
»Gott will, daß du zu Shari Faye kommst«

KAPITEL SIEBZEHN 369
Jeder kann zum Opfer werden

KAPITEL ACHTZEHN 393
Die Schlacht der Seelenklempner

KAPITEL NEUNZEHN 423
Manchmal siegt der Drache

Danksagung

Dieses Buch ist größtenteils in Teamarbeit entstanden, und ohne das enorme Talent und den Einsatz eines jeden Mitglieds in diesem Team wäre es nicht möglich gewesen. Entscheidend waren dabei unsere Lektorin Lisa Drew und die Koordinatorin und »ausführende Produzentin« unseres Projekts, Carolyn Olshaker. Von Anfang an teilten sie unsere Vision und trugen Energie, Vertrauen, Liebe und gute Ratschläge dazu bei, die uns bei der Verwirklichung unserer Ideen stärkten. Dank und Bewunderung gilt gleichermaßen Ann Hennigan, unserer talentierten Rechercheurin; Marysue Rucci, Lisas begabter, unermüdlicher und grenzenlos gut gelaunter Assistentin; und unserem Agenten Jay Acton, der als erster das Potential dessen, was wir vorhatten, erkannte und es schließlich möglich machte.

Besonderer Dank gilt Johns Vater, Jack Douglas, für seine zahlreichen Erinnerungen und dafür, daß er die Karriere seines Sohnes derart sorgfältig dokumentiert hat, daß die Organisation eine reine Freude war; und Marks Vater, Bennett Olshaker, M.D., für seinen Rat und seine Anleitung in Fragen der Gerichtsmedizin, Psychiatrie und Gesetzeskunde. Wir haben beide das große Glück, auf die Liebe und Großzügigkeit unserer Familien bauen zu können.

Schließlich möchten wir unsere Bewunderung und tiefempfundene Dankbarkeit Johns Kollegen an der FBI-Academy in

Quantico gegenüber äußern. Ihre Persönlichkeit und ihr Beitrag haben die Karriere, die auf diesen Seiten beschrieben wird, erst möglich gemacht. Aus diesem Grunde ist das Buch ihnen gewidmet.

– JOHN DOUGLAS und MARK OLSHAKER –
Juli 1995

PROLOG
Ich war in der Hölle

Ich war in der Hölle.
Es gab sonst keine logische Erklärung. Ich war gefesselt und nackt. Die Schmerzen waren unerträglich, Arme und Beine von einer Art Klinge zerfleischt. In alle Körperöffnungen war man eingedrungen. Ich würgte, geknebelt von etwas, was man mir in den Rachen geschoben hatte. Spitze Dinge steckten in Penis und Darm und fühlten sich an, als wollten sie mich in Stücke schneiden. Ich war in Schweiß gebadet. Dann verstand ich, was vor sich ging: Ich wurde zu Tode gefoltert von sämtlichen Mördern und Vergewaltigern und Kinderschändern, die ich während meiner Karriere hinter Gitter gebracht hatte. Jetzt war ich das Opfer und konnte mich nicht wehren.

Ich wußte, wie diese Leute vorgingen. Immer und immer wieder hatte ich es gesehen. Sie wollten ihre Beute manipulieren und dominieren. Sie wollten frei entscheiden können, ob ihr Opfer leben oder sterben sollte ... oder *wie* ihr Opfer sterben sollte. Sie würden mich so lange am Leben lassen, wie mein Körper es ertragen konnte, würden mich wiederbeleben, sobald ich das Bewußtsein verlor oder zu sterben drohte, wobei sie mir stets soviel Schmerz und Leid wie möglich zufügten. Manche von ihnen konnten tagelang so weitermachen.

Sie wollten mir zeigen, daß sie mich vollkommen in ihrer Gewalt hatten, daß ich ihnen auf Gedeih und Verderb ausgeliefert war. Je mehr ich schrie, je mehr ich um Gnade flehte, desto mehr Nahrung gab ich ihren finsteren Phantasien. Wenn ich um mein Leben bettelte oder nach meiner Mama oder meinem Papa schrie, freuten sie sich erst recht.

Es war die Quittung dafür, daß ich sechs Jahre meines Lebens die schlimmsten Männer der Welt gejagt hatte.

Mein Herz raste, ich brannte innerlich. Ich spürte einen entsetzlichen Stich, als sie mir den spitzen Stock tiefer in den Penis schoben. Ich krümmte mich vor Schmerzen.

Bitte, lieber Gott, wenn ich noch lebe, laß mich bald sterben. Und falls ich tot sein sollte, befreie mich schnell von den Qualen der Hölle.

Dann sah ich brennendes, grellweißes Licht, wie Menschen es angeblich im Augenblick des Todes gewahr werden. Ich erwartete, Jesus oder Engel oder den Teufel zu sehen... Auch das hatte ich schon gehört. Doch sah ich nur dieses grellweiße Licht.

Und eine Stimme nahm ich wahr, eine tröstende, beschwichtigende Stimme, das Beruhigendste, was ich je gehört hatte.

»Ganz ruhig, John. Wir versuchen, alles wieder gut zu machen.«

Es war das letzte, woran ich mich erinnerte.

»John, hören Sie mich? Ganz ruhig. Ganz ruhig. Sie sind im Krankenhaus. Sie sind sehr krank, aber wir versuchen, Sie wieder hinzubekommen«, war das, was die Krankenschwester tatsächlich zu mir sagte. Sie hatte keine Ahnung, ob ich sie hören konnte oder nicht, aber dennoch wiederholte sie es besänftigend immer und immer wieder.

Nur hatte ich damals keine Ahnung, daß ich auf der Intensivstation des Swedish Hospital in Seattle lag, im Koma. Meine Arme und Beine waren festgeschnallt. Röhren und Schläuche steckten in meinem Körper. Man glaubte nicht, daß ich überleben würde. Es war Anfang Dezember 1983, und ich war achtunddreißig Jahre alt.

Die Geschichte beginnt drei Wochen vorher, auf der anderen Seite der USA. Ich war oben in New York, sprach vor etwa 350

Mitarbeitern der Polizei von New York, der U-Bahn-Polizei und der Polizei von Nassau und Suffolk County, Long Island, über die Täterprofilerstellung. Ich hatte diese Rede schon Hunderte von Malen gehalten und konnte sie fast automatisch abspulen. Urplötzlich schweiften meine Gedanken ab. Ich merkte, daß ich noch immer redete, nur war mir kalter Schweiß ausgebrochen, und ich fragte mich: *Wie, zum Teufel, soll ich all diese Fälle schaffen?* Ich stand kurz davor, die Arbeit am Wayne-Williams-Kindermord in Atlanta und den ».22 Caliber«-Rassenmorden in Buffalo abzuschließen. Man hatte mich zum »Trailside-Killer«-Fall in San Francisco hinzugezogen. Ich beriet Scotland Yard bei den Ermittlungen zum »Yorkshire Ripper« in England. Ich trieb mich in Alaska herum, bearbeitete den Fall Robert Hansen, bei dem ein Bäcker aus Anchorage Prostituierte entführt hatte, mit ihnen in die Wildnis geflogen war und sie dann jagte. Ich suchte einen Serien-Brandstifter, der es auf Synagogen in Hartford, Connecticut, abgesehen hatte. Und ich mußte in der übernächsten Woche nach Seattle fliegen, um die Green River Task Force bei etwas zu beraten, was sich zu einem der größten Serienmorde der gesamten amerikanischen Geschichte zu entwickeln schien, wobei der Mörder es in erster Linie auf Prostituierte und Durchreisende in der Gegend um Seattle und Tacoma abgesehen hatte.

In den vergangenen sechs Jahren hatte ich eine neue Herangehensweise an die Verbrechensanalyse entwickelt, und ich war der einzige in der »Spezialeinheit für Serienverbrechen«, der vollzeit Fälle bearbeitete. Alle anderen in der Abteilung waren in erster Linie Ausbilder. Ich hatte mit etwa 150 Fällen gleichzeitig zu tun, ohne jede Hilfe, und war zirka 125 Tage im Jahr nicht in meinem Büro in der FBI-Academy von Quantico, Virginia. Der Druck durch die lokalen Polizeibehörden war ungeheuer, da sie selbst unter ungeheurem Druck standen, die Fälle zu lösen, Druck von den Kommunalbehörden, von den Familien der Opfer, die stets mein ganzes Mitgefühl hatten. Ich versuchte, mir Prioritäten für meine Arbeit zu setzen, nur kamen täglich neue Anfragen. Meine Kollegen in Quantico sagten oft, ich sei eine männliche Hure: Ich könne keinen Kunden zurückweisen.

Während meiner Rede in New York sprach ich über kriminelle Persönlichkeitstypen, doch meine Gedanken wanderten zurück nach Seattle. Ich wußte, daß nicht alle in der Sondereinheit mich dort haben wollten, das war die normale Härte. Wie in jedem großen Fall, zu dem ich gerufen wurde, um diesen neuen Service zu leisten, den die meisten Cops und viele Leitende beim FBI nach wie vor ganz in der Nähe der Hexerei einordneten, mußte ich es ihnen »verkaufen«. Ich mußte überzeugen, ohne überheblich oder arrogant zu wirken. Ich mußte ihnen vermitteln, daß ich der Ansicht war, sie hätten ihren Job gründlich und professionell erledigt, und dennoch versuchen, die Skeptiker davon zu überzeugen, daß das FBI ihnen möglicherweise helfen konnte. Am einschüchterndsten mag gewesen sein, daß mein Job – im Gegensatz zur Tradition der FBI-Beamten, die mit »Nur die Fakten, Ma'am« umgingen – erforderte, *Meinungen* zu entwickeln und zu vertreten. Ich lebte im ständigen Bewußtsein, daß ich, falls ich mich täuschte, die Ermittlungen weit am Ziel vorbei führen konnte und so weitere Menschen zu Tode kamen. Ebenso schlimm war, daß ein solcher Fall der nächste Nagel zum Sarg des neuen Programms zur Täterprofilerstellung und Verbrechensanalyse wäre, das ich ins Leben zu rufen versuchte.

Dann waren da die Reisen selbst. Schon mehrfach war ich in Alaska gewesen, hatte vier Zeitzonen durchquert, haarsträubende Anschlußflüge knapp über dem Wasser mit Landungen in der Dunkelheit überlebt und war praktisch gleich nach der Ankunft und dem Treffen mit der örtlichen Polizei sofort wieder in die Maschine gestiegen und nach Seattle zurückgeflogen.

Die unerwartete Angstattacke dauerte vielleicht eine Minute. Immer wieder sagte ich mir: *He, Douglas, reiß dich zusammen. Komm auf den Teppich.* Und ich schaffte es. Ich glaube kaum, daß irgendwer im Raum merkte, daß irgendwas nicht stimmte. Nur wurde ich das Gefühl nicht los, daß mir etwas Schreckliches zustoßen würde.

Ich konnte diese Ahnung nicht abschütteln, und als ich wieder nach Quantico kam, ging ich ins Personalbüro und schloß eine zusätzliche Lebens- und Berufsunfähigkeitsversicherung ab, für den Fall, daß ich zu Schaden kommen sollte. Ich kann nicht genau sagen, wieso ich es tat, abgesehen von diesem vagen, wenn auch drängenden Angstgefühl. Ich war ausgelaugt. Ich trainierte zuviel und trank wahrscheinlich mehr, als mir guttat, um mit dem Streß fertig zu werden. Ich litt unter Schlafstörungen, und wenn ich dann eingeschlafen war, wurde ich oft genug durch einen Anruf von jemandem geweckt, der meine Hilfe brauchte. Im Bett versuchte ich, von meinen Fällen zu träumen, in der Hoffnung, daß die Träume mir wichtige Einsichten bescherten. Rückblickend ist leicht zu sehen, wohin das alles führen würde, doch damals schien es mir, als könne ich nichts dagegen tun.

Kurz bevor ich zum Flughafen fuhr, hielt ich – einer Eingebung folgend – vor der Schule, an der Pam, meine Frau, Sonderschüler im Lesen unterrichtete, um ihr von der zusätzlichen Versicherung zu erzählen.

»Warum erzählst du mir das?« fragte sie besorgt. Ich hatte stechende Kopfschmerzen auf der rechten Seite, und sie sagte, meine Augen seien blutunterlaufen und sähen seltsam aus.

»Ich wollte nur, daß du Bescheid weißt, bevor ich fliege«, erwiderte ich. Damals hatten wir zwei kleine Töchter. Erika war acht, Lauren war drei.

Für die Reise nach Seattle hatte ich zwei neue Special Agents mitgebracht – Blaine McIlwain und Ron Walker –, um sie in den Fall einzuarbeiten. Abends kamen wir in Seattle an und zogen ins Hilton-Hotel. Beim Auspacken merkte ich, daß nur ein schwarzer Schuh im Koffer war. Entweder hatte ich den anderen nicht eingepackt, oder ich hatte ihn irgendwo unterwegs verloren. Am nächsten Morgen sollte ich einen Vortrag vor dem King County Police Department halten, und ich kam zu dem Schluß, daß ich nicht ohne meine schwarzen Schuhe gehen konnte. Schon immer habe ich sehr auf meine Kleidung geachtet, und Müdigkeit und Streß hatten zu einer Art Besessenheit geführt, schwarze Schuhe zu meinen Anzügen tragen zu müssen. Also stürmte ich auf die Straße hinaus und rannte herum, bis ich ein offenes Schuhgeschäft fand, und kehrte dann ins Hotel zurück, noch erschöpfter als vorher, wenn auch mit einem passenden Paar schwarzer Schuhe.

Am nächsten Morgen, einem Mittwoch, hielt ich meinen Vortrag vor der Polizei und einem Team, zu dem auch Vertreter vom Port of Seattle und zwei Psychologen gehörten, die man dazugeholt hatte, damit sie bei den Ermittlungen halfen. Alle interessierten sich für mein Persönlichkeitsprofil des Mörders, die Frage, ob es mehr als einen Täter geben konnte, und zu welchem Persönlichkeitstyp er oder sie gehören mochte. Ich versuchte, ihnen klarzumachen, daß in dieser Art Fall das Profil nicht besonders ergiebig sein würde. Ich war ziemlich sicher, um welche Art Mörder es sich handeln würde, aber ebenso sicher, daß es eine Menge Leute gäbe, auf die meine Beschreibung zutraf.

Wichtiger war es bei dieser noch andauernden Mordserie, so erklärte ich ihnen, *proaktiv* vorzugehen, das heißt die Möglichkeiten von Polizei und Medien, oft in bewußtem Zusammenspiel, zu nutzen, um den Mann in eine Falle zu locken. Proaktiv zu arbeiten ist eine unserer wichtigsten Verfahrensweisen. Beispielsweise schlug ich vor, die Polizei solle eine Reihe von Bürgerversammlungen organisieren, um dort die Verbrechen zu »diskutieren«. Ich war ziemlich sicher, daß der Mörder eine oder mehrere dieser Versammlungen besuchen würde. Außerdem glaubte ich, das könne hilfreich für die Beantwortung der Frage sein, ob wir es mit mehr als einem Täter zu tun hätten. Weiterhin schlug ich der Polizei vor, vor der Presse zu verkünden, es gäbe Zeugen für eine der Taten. Ich hatte das Gefühl, es könnte den Mörder dazu provozieren, seine eigene »proaktive Strategie« zu fahren und sich vorzuwagen, um zu erklären, warum er am Tatort gesehen worden war. Annähernd sicher war ich mir, daß, wer auch immer für diese Morde verantwortlich sein mochte, nicht aufgeben würde.

Daraufhin gab ich dem Team Hinweise, wie sie potentielle Verdächtige verhören sollten, sowohl solche, auf die sie selbst gestoßen waren, als auch die vielen traurigen Verrückten, die sich bei einem derart medienträchtigen Fall melden. McIlwain, Walker und ich verbrachten den Rest des Tages damit, uns Leichenfundorte anzusehen, und als wir an diesem Abend wieder ins Hotel kamen, war ich wie erschlagen.

Bei ein paar Drinks an der Hotelbar, wo wir uns von den Strapazen des Tages erholen wollten, sagte ich Blaine und Ron, mir sei nicht gut. Noch immer hatte ich Kopfschmerzen, dachte, ich hätte mir eine Grippe eingefangen, und bat sie, mich am nächsten Morgen bei der Polizei zu entschuldigen. Ich glaubte, es würde mir bessergehen, wenn ich den nächsten Tag im Bett bliebe, und als wir uns gute Nacht sagten, hängte ich das »Bitte-nicht-stören«-Schild draußen an die Tür und erklärte meinen Kollegen, wir würden uns am Freitag morgen wiedersehen.

Ich erinnere mich nur daran, wie schlecht ich mich fühlte, als ich auf dem Bett saß und begann, mich auszuziehen. Die beiden anderen gingen am Donnerstag wieder ins King County Courthouse, um die Strategien weiter auszuführen, die ich am Tag zuvor umrissen hatte. Meinem Wunsch entsprechend ließen sie mich den ganzen Tag allein, damit ich meine Grippe ausschlafen konnte.

Als ich am Freitag morgen jedoch nicht zum Frühstück erschien, machten sie sich langsam Sorgen. Sie riefen in meinem Zimmer an. Keine Antwort. Sie gingen hinauf und klopften an die Tür. Nichts.

Besorgt kehrten sie zum Empfang zurück und baten den Manager um einen Schlüssel. Sie gingen wieder nach oben und schlossen die Tür auf, stellten aber fest, daß die Sicherheitskette vorgelegt war. Außerdem hörten sie von drinnen leises Stöhnen.

Sie traten die Tür ein und stürmten ins Zimmer. Sie fanden mich am Boden liegend, in einer Stellung, die sie als »frosch-ähnlich« beschrieben, teilweise bekleidet, offenbar bemüht, das Telefon zu erreichen. Meine gesamte linke Hälfte krümmte sich, und Blaine sagte, ich hätte »geglüht«.

Jemand vom Hotel rief im Swedish Hospital an, das sofort einen Krankenwagen schickte. Inzwischen behielten Blaine und Ron die Notaufnahme am Telefon und gaben meine Werte durch. Die Körpertemperatur lag bei über 41 Grad, mein Puls bei 220. Meine linke Seite war gelähmt, und im Krankenwagen bekam ich weitere Anfälle. Der medizinische Bericht beschrieb mich als »puppenäugig« – offen, starr und leer.

Sobald wir das Krankenhaus erreichten, packten sie mich in

Eis und gaben mir intravenös massive Dosen von Phenobarbital, um die Anfälle in den Griff zu bekommen. Der Arzt erklärte Blaine und Ron, mit dem, was man mir gab, hätte man praktisch die gesamte Stadt einschläfern können.

Außerdem erklärte er den beiden Agenten, daß ich trotz aller Bemühungen wahrscheinlich sterben würde.

Hirnstrommessungen zeigten, daß die Funktion meiner rechten Hirnhälfte vom hohen Fieber erheblich beeinträchtigt war und sie blutete.

»Mit anderen Worten«, erklärte ihnen der Arzt, »das Fieber hat sein Hirn geröstet.«

Es war der 2. Dezember 1983. Meine neue Versicherung war am Tag zuvor in Kraft getreten.

Roger Depue, mein Abteilungschef, fuhr zu Pams Schule, um ihr die Nachricht persönlich zu überbringen. Dann flog sie mit Jack, meinem Vater, nach Seattle, um bei mir zu sein, und ließ die Mädchen bei Dolores, meiner Mutter. Zwei Beamte vom FBI-Büro Seattle, Rick Mathers und John Birner, holten sie am Flughafen ab und brachten sie direkt zum Krankenhaus. Dort erfuhren sie, wie ernst es um mich stand. Die Ärzte versuchten, Pam auf meinen Tod vorzubereiten, und erklärten ihr, selbst wenn ich überleben sollte, würde ich wahrscheinlich blind und gelähmt bleiben. Als Katholikin rief sie einen Priester, der mir die Sterbesakramente geben sollte, doch als er feststellte, daß ich Presbyterianer war, weigerte er sich. Also schickten Blaine und Ron ihn in die Wüste und fanden einen anderen Priester, der von solcherlei Bedenken frei zu sein schien. Sie baten ihn, zu kommen und für mich zu beten.

Die ganze Woche über schwebte ich im Koma zwischen Leben und Tod. Die Vorschriften in der Intensivstation erlauben Besuch nur von Familienmitgliedern, weshalb meine Kollegen aus Quantico und Rick Mathers und andere vom Büro in Seattle plötzlich zu engen Verwandten wurden. »Sie haben aber eine ziemlich große Familie«, bemerkte eine der Krankenschwestern Pam gegenüber trocken.

Die Idee der »großen Familie« war in gewisser Hinsicht kein Witz. In Quantico hatten einige meiner Kollegen, angestiftet von Bill Hagmeier von der »Spezialeinheit für Serienverbrechen« und Tom Columbell von der National Academy, eine Sammlung initiiert, damit Pam und mein Vater bei mir in Seattle bleiben konnten. Bald schon bekamen sie Spenden von Polizeibeamten aus dem ganzen Land. Gleichzeitig traf man Vorbereitungen, meine Leiche zurück nach Virginia zu fliegen, um sie auf dem Militärfriedhof von Quantico bestatten zu können.

Gegen Ende der ersten Woche stellten sich Pam, mein Vater, die Beamten und der Priester im Kreis um mein Bett, nahmen sich bei den Händen und beteten für mich. Spätnachts am selben Tag erwachte ich aus dem Koma.

Ich weiß noch, wie überrascht ich war, Pam und meinen Vater zu sehen, und daß ich keine Ahnung hatte, wo ich war. Anfangs konnte ich nicht sprechen. Meine linke Gesichtshälfte hing herab, und noch immer war meine linke Seite größtenteils gelähmt. Als ich wieder sprechen konnte, gelang es mir anfangs nur undeutlich. Nach einiger Zeit stellte ich fest, daß ich mein Bein bewegen konnte, dann kehrte allmählich meine gesamte Bewegungsfähigkeit zurück. Mein Hals war schrecklich wund von den Schläuchen. Man hatte von Phenobarbital auf Dilatin umgestellt, um die Anfälle unter Kontrolle zu bringen. Nach all den Tests und Messungen war endlich auch eine klinische Diagnose möglich: virale Gehirnhautentzündung, hervorgerufen oder erschwert durch Streß und meinen allgemein geschwächten und angegriffenen Zustand. Ich hatte Glück, daß ich noch am Leben war.

Doch die Genesung war schmerzhaft und entmutigend. Ich mußte wieder gehen lernen. Ich hatte Schwierigkeiten, mir Dinge zu merken. Damit ich mich an den Namen meines Arztes – Dr. Siegal – erinnern konnte, brachte mir Pam die Figur einer Möwe (engl.»seagull«) aus Muscheln mit, die auf einem Korksockel kauerte. Als der Arzt das nächste Mal kam, um meine geistige Verfassung zu testen, und fragte, ob ich mich an seinen Namen erinnerte, nuschelte ich: »Klar, Dr. Seagull.«

Trotz der wunderbaren Unterstützung, die ich bekam, frustrierte mich die Rehabilitation furchtbar. Ich war noch nie gut darin, herumzusitzen und Dinge langsam anzugehen. FBI-Direktor William Webster rief an, um mir Mut zu machen. Ich sagte ihm, ich glaubte nicht, jemals wieder schießen zu können. »Machen Sie sich darum keine Sorgen, John«, erwiderte er. »Was wir brauchen, ist Ihr Verstand.« Ich sagte ihm nichts von meinen Befürchtungen, daß auch davon nicht viel übriggeblieben war.

Schließlich wurde ich aus dem Swedish Hospital entlassen und kam zwei Tage vor Weihnachten nach Hause. Vor meiner Abreise verteilte ich unter den Mitarbeitern von Notaufnahme und Intensivstation Plaketten, auf denen ich ihnen für alles dankte, was sie getan hatten, um mir das Leben zu retten.

Roger Depue holte uns am Dulles Airport ab und fuhr uns zu unserem Haus in Fredericksburg, wo eine amerikanische Flagge und ein riesiges Schild mit der Aufschrift »Willkommen daheim, John« auf mich warteten. Ich war von meinen üblichen 98 Kilo auf 80 abgemagert. Meine Kinder, Erika und Lauren, waren von meinem Aussehen und der Tatsache, daß ich im Rollstuhl saß, derart erschüttert, daß sie noch lange Zeit jedesmal, wenn ich auf Reisen ging, Angst um mich hatten.

Weihnachten war eher bedrückend. Ich bekam nicht viele Freunde zu sehen, nur Ron Walker, Blaine McIlwain, Bill Hagmeier und Jim Horn, einen weiteren Beamten aus Quantico. Ich war von meinem Rollstuhl aufgestanden, aber es fiel mir schwer, mich zu bewegen. Ich hatte Schwierigkeiten, ein Gespräch zu führen. Ich weinte leicht und konnte mich auf mein Erinnerungsvermögen nicht verlassen. Wenn Pam oder mein Vater mich in Fredericksburg herumfuhren, fiel mir manchmal ein bestimmtes Gebäude auf, und ich wußte nicht mehr, ob es neu war oder nicht. Ich fühlte mich wie nach einem Schlaganfall und fragte mich, ob ich jemals wieder würde arbeiten können.

Außerdem war ich nicht gut auf das FBI zu sprechen, und zwar wegen der Arbeitsbelastung, die man mir zugemutet hatte. Im Februar hatte ich mit dem Stellvertretenden Direktor Jim McKenzie gesprochen. Ich hatte ihm erklärt, daß der Druck zu groß geworden sei, und ihn gefragt, ob er nicht ein paar Leute für mich abstellen könne.

McKenzie gab sich verständnisvoll, aber realistisch. »Sie kennen den Laden«, sagte er zu mir. »Man muß alles bis zum Umfallen tun, damit jemand was merkt.«

Ich hatte nicht nur das Gefühl, keine Unterstützung zu bekommen, sondern fand auch keine Anerkennung. Im Grunde war das Gegenteil der Fall. Im Jahr zuvor, nachdem ich mir am »Kindermord«-Fall in Atlanta den Arsch abgearbeitet hatte, wurde ich offiziell vom FBI für eine Geschichte gerügt, die in einer Zeitung von Newport News, Virginia, erschienen war, kurz nachdem man Wayne Williams verhaftet hatte. Der Reporter fragte mich, was ich von Williams als Verdächtigem hielte, und ich erwiderte, er sähe »gut« aus, und wenn er sich entwickelte, wie wir es uns vorstellten, wäre er wahrscheinlich für mindestens einige der Fälle gut.

Obwohl mich das FBI gebeten hatte, dieses Interview zu geben, sagten sie, ich spräche in unangemessener Weise über ein schwebendes Verfahren. Sie behaupteten, ich sei zwei Monate zuvor schon einmal gewarnt worden, weil ich dem Magazin »People« ein Interview gegeben hatte. Es war die typische Regierungsbürokratie. Man zerrte mich vor das Office of Professional Responsibility im Hauptquartier von Washington, und nach sechs Monaten bürokratischen Steptanzes bekam ich einen Tadel in schriftlicher Form zugestellt. Später erhielt ich dann eine Belobigung für denselben Fall. Aber damals war das die ganze Anerkennung, die ich vom FBI dafür bekam, daß ich einen Fall gelöst hatte, den die Presse »Jahrhundertverbrechen« getauft hatte.

Vieles von dem, was ein Polizist tut, kann er mit niemandem teilen, nicht mal mit seinem Ehepartner. Wenn man seine Tage damit verbringt, sich tote und verstümmelte Menschen anzusehen – besonders wenn es sich um Kinder handelt –, möchte man das nicht gerade mit nach Hause nehmen. Man kann nicht beim Abendessen sagen: »Heute hatte ich einen faszinierenden Sexualmord. Hört mal zu.« Deshalb fühlen sich Polizisten so oft zu Krankenschwestern hingezogen – und umgekehrt –, zu Menschen, die in gewisser Weise einen Bezug zur Arbeit des anderen haben.

Und doch sah ich dann manchmal draußen im Park oder im Wald etwas, wenn ich mit meinen Töchtern unterwegs war, und ich dachte: Hier ist es genau wie in dieser oder jener Gegend, wo wir die Achtjährige gefunden haben. So besorgt ich um ihre Sicherheit war – aufgrund der Dinge, die ich sah –, fiel es mir dann schwer, die kleinen, wenn auch wichtigen Kratzer und Beulen der Kindheit gefühlsmäßig nachzuvollziehen. Wenn ich nach Hause kam und Pam mir erzählte, daß eines der Mädchen vom Fahrrad gefallen war und genäht werden mußte, blitzte vor meinem inneren Auge die Autopsie irgendeines Kindes in ihrem Alter auf, und ich dachte daran, mit wie vielen Stichen der Gerichtsmediziner ihre Wunden für die Beerdigung vernähen mußte.

Pam hatte ihren eigenen Freundeskreis, der mit Kommunalpolitik zu tun hatte, was mich absolut nicht interessierte. Und bei meinen zahlreichen Reisen blieben der Löwenanteil an Verantwortung für die Erziehung unserer Kinder, das Begleichen der Rechnungen und die gesamte Haushaltsführung an ihr hängen. Das war damals eines der vielen Probleme in unserer Ehe, und ich weiß, daß sich zumindest Erika, unsere Älteste, der Spannungen bewußt war.

Ich wurde meinen Groll gegen das FBI nicht los, weil man mir das alles zugemutet hatte. Etwa einen Monat nachdem ich wieder zu Hause war, stand ich draußen auf dem Hof und verbrannte Laub. Einer spontanen Eingebung folgend, ging ich ins Haus und sammelte alle Kopien von Täterprofilen zusammen, die ich noch hatte, dazu sämtliche Artikel, die ich geschrieben hatte, trug sie hinaus und warf alles ins Feuer. Es war eine Erlösung, das ganze Zeug loszuwerden.

Einige Wochen später, als ich wieder Auto fahren konnte, fuhr ich zum Quantico National Cemetary, um nachzusehen, wo man mich hatte bestatten wollen. Die Gräber werden nach dem Sterbedatum ausgewählt, und wenn ich am 1. oder 2. Dezember gestorben wäre, hätte ich einen lausigen Platz bekommen. Ich sah, daß er in der Nähe eines jungen Mädchens gelegen hätte, das ganz in unserer Nachbarschaft in der Auffahrt zu ihrem Elternhaus erstochen worden war. Ich hatte ihren Fall bearbeitet, und der Mord war nach wie vor nicht aufgeklärt. Als ich grübelnd dort stand, fiel mir ein, wie oft ich der Polizei geraten hatte, Gräber zu überwachen, weil ich davon ausging, daß der Mörder dort auftauchen würde, und wie absurd es wäre, wenn sie mich jetzt beobachten und unter Verdacht verhaften würden.

Vier Monate nach meinem Zusammenbruch in Seattle war ich noch immer wegen Krankheit beurlaubt. Ich hatte Blutgerinnsel in Beinen und Lunge als Folge der Erkrankung und der langen Zeit, die ich im Bett gelegen hatte, und noch immer fühlte ich mich, als müßte ich mich durch jeden einzelnen Tag kämpfen. Ich wußte nach wie vor nicht, ob ich körperlich in der Lage wäre, wieder zu arbeiten, und ich wußte nicht, ob ich das Selbstvertrauen dazu hätte, selbst wenn ich es könnte. Inzwischen war Roy Hazelwood von den Ausbildern der »Spezialeinheit für Serienverbrechen« eingesprungen und hatte es auf sich genommen, meine laufenden Fälle zu bearbeiten.

Im April 1984 stattete ich Quantico meinen ersten Besuch ab, um vor einer Gruppe von etwa fünfzig Beamten der FBI-Außenstellen zu sprechen. Ich betrat den Schulungsraum in Hausschuhen, weil meine Füße noch immer wegen Durchblutungsstörungen geschwollen waren, und erntete stehende Ovationen von diesen Agenten aus dem ganzen Land. Die Reaktion kam spontan und ehrlich von Leuten, die besser als alle anderen verstanden, was ich tat und was ich innerhalb des FBI zu institutionalisieren versuchte. Zum ersten Mal seit vielen Monaten fühlte ich mich anerkannt; es war so etwas wie eine Heimkehr.

Einen Monat später ging ich wieder an die Arbeit.

KAPITEL EINS
Im Kopf eines Mörders

*V*ersetz dich in die Position des Jägers. Genau das muß man tun. Denken Sie an einen dieser Naturfilme: ein Löwe in der Serengeti. Er sieht diese große Herde von Antilopen an einer Wasserstelle. Aber irgendwie – wir sehen es in seinen Augen – bleibt der Blick des Löwen an einem einzigen der tausend Tiere hängen. Er hat sich darin geübt, Schwäche, Verletzlichkeit zu erkennen, etwas, worin sich eine Antilope vom Rest der Herde unterscheidet, was sie zur leichtesten Beute macht.
Genauso ist es mit manchen Menschen. Gehöre ich zu ihnen, bin ich täglich auf der Jagd, auf der Suche nach einem Opfer, einer Gelegenheit. Nehmen wir an, ich bin in einem Einkaufszentrum, in dem sich Tausende von Menschen befinden. Dann gehe ich in eine Videospielhalle, und während ich mir die vielleicht fünfzig spielenden Kinder ansehe, muß ich ein Jäger sein, muß ich ein Persönlichkeitsprofil erstellen. Ich muß in der Lage sein, ein Profil des potentiellen Opfers zusammenzustellen. Ich muß herausfinden, welches der fünfzig Kinder das verletzlichste, das leichteste Opfer ist. Ich muß mir ansehen, wie das Kind gekleidet ist. Ich muß üben, die nonverbalen Signale aufzunehmen, die das Kind aussendet. Und das alles muß im Bruchteil einer Sekunde passieren, also muß ich darin sehr, sehr gut sein.
Dann, wenn ich mich entschlossen habe, wenn ich den ersten

Schritt tue, muß ich wissen, wie ich das Kind in aller Stille aus dem Einkaufszentrum bringe, ohne Verdacht zu erregen, da seine Eltern wahrscheinlich zwei Läden weiter ihre Einkäufe erledigen. Fehler kann ich mir nicht leisten.

Es ist die Spannung der Jagd, die diese Leute treibt. Könnte man bei einem von ihnen Hautreaktionen messen, während er sich auf sein potentielles Opfer konzentriert, bekäme man – glaube ich – die gleiche Reaktion wie bei einem Löwen in der Wildnis. Und dabei ist es gleichgültig, ob wir von jemandem sprechen, der Kinder jagt, junge Frauen, ältere Leute, Prostituierte oder sonst irgendeine benennbare Gruppe – oder von denen, die keine besonders bevorzugte Art von Opfer haben. In mancher Hinsicht sind sie alle gleich.

Aber es sind die Unterschiede und die Hinweise auf ihre individuelle Persönlichkeit, die uns ein neues Handwerkszeug zur Erklärung verschiedener Arten von Gewaltverbrechen und der Jagd, der Festnahme und Verurteilung der Täter geliefert haben. Die meiste Zeit meiner Berufsjahre als Special Agent beim FBI habe ich damit verbracht, dieses Handwerkszeug zu entwickeln – und davon handelt dieses Buch. Seit Anbeginn der Zivilisation wirft jedes schreckliche Verbrechen die drängende, grundlegende Frage auf: Was für ein Mensch könnte so etwas getan haben? Die Art der Profilerstellung und Tatortanalyse, die wir bei der »Investigative Support Unit« des FBI (»Abteilung zur Unterstützung laufender Ermittlungen«) praktizieren, sucht nach einer Antwort auf diese Frage.

Verhalten spiegelt Persönlichkeit.

Es ist nicht immer einfach, und es ist niemals angenehm, sich in die Haut dieser Männer zu versetzen – oder in ihre Köpfe. Aber genau das müssen meine Leute und ich tun. Wir müssen versuchen nachzuempfinden, wie es für jeden einzelnen von ihnen war.

Alles, was wir an einem Tatort sehen, teilt uns etwas über den Unbekannten mit, der die Tat begangen hat. Indem wir so viele Fälle wie möglich studiert und mit den Experten – den Tätern selbst – gesprochen haben, waren wir in der Lage zu lernen, diese Hinweise zu interpretieren, ganz ähnlich wie ein Arzt, der verschiedene Symptome einschätzt, um eine bestimmte Krankheit oder einen akuten Zustand zu diagnostizieren. Und ganz wie ein Arzt eine Diagnose wagen kann, nachdem er mehrere Aspekte eines Krankheitsbildes erkannt hat, das ihm schon einmal begegnet ist, können wir zu verschiedenen Schlußfolgerungen kommen, wenn wir sehen, daß sich bestimmte Verhaltensmuster herauskristallisieren.

Als ich einmal Anfang der achtziger Jahre im Rahmen unserer Forschungen Gespräche mit inhaftierten Mördern führte, saß ich mit einem Kreis von Gewaltverbrechern im Gemäuer des alten Maryland State Penitentiary in Baltimore zusammen. Jeder einzelne war für sich ein interessanter Fall – ein Polizistenmörder, ein Kindermörder, ein Drogenhändler, ein Erpresser –, aber am dringendsten suchte ich nach einer Gesprächsmöglichkeit mit einem Mörder und Vergewaltiger über seine Vorgehensweise, also fragte ich die anderen Gefangenen, ob sie im Gefängnis so jemanden kennen würden, mit dem ich vielleicht sprechen könnte.

»Ja, Charlie Davis«, sagt einer der Gefangenen, aber alle anderen sind sich einig, daß er wohl kaum mit einem FBI-Mann sprechen würde. Jemand geht, um ihn auf dem Gefängnishof zu suchen. Zur allgemeinen Überraschung kommt Davis tatsächlich und setzt sich in unseren Kreis, wahrscheinlich aus Neugier oder Langeweile. Was uns bei unseren Studien die Arbeit stets erleichterte, war der Umstand, daß die Gefängnisinsassen viel Zeit haben und meist nichts damit anzufangen wissen.

Wenn wir Interviews in Gefängnissen durchführen, haben wir uns von Anfang an bemüht, schon im Vorfeld soviel wie möglich über die entsprechende Person in Erfahrung zu bringen. Wir gehen Polizeiakten und Tatortfotos durch, Autopsieberichte, Gerichtsprotokolle, alles, was Motive oder Persönlichkeit erhellen könnte. Außerdem ist es der beste Weg sicherzustellen, daß der Betreffende keine Spielchen mit einem spielt, zu seinem eigenen Vergnügen oder Nutzen, und daß er schlicht die Wahrheit sagt. In diesem Fall aber hatte ich mich natürlich nicht vorbereitet, also sagte ich es offen und versuchte, daraus einen Vorteil zu ziehen.

Davis war ein mächtiger, klobiger Mann, etwa einsfünfundneunzig, Anfang Dreißig, glattrasiert und ordentlich gekämmt. Ich sagte: »Ich bin Ihnen gegenüber im Nachteil, Charlie. Ich weiß nicht, was Sie getan haben.«
»Ich hab' fünf Leute umgebracht«, erwidert er.
Ich bitte ihn, die Tatorte und das, was er mit seinen Opfern gemacht hat, zu beschreiben. Es stellt sich heraus, daß Davis zur Aushilfe Krankenwagenfahrer war. Er hat auf seiner Diensttour die Frau erwürgt, ihre Leiche neben einer Straße in seinem Arbeitsrevier abgelegt, einen anonymen Anruf getätigt, dann auf den Funkspruch der Polizei gewartet und die Leiche abtransportiert. Als er sie auf die Trage hob, ahnte niemand, daß der Mörder unter den Helfern war. Dieses große Maß an Kontrolle und Lenkung war das, was ihn am meisten reizte und ihm die größte Befriedigung verschaffte. Alles, was ich über solche Verfahrensweisen erfahren konnte, würde eines Tages extrem wertvoll werden.

Das Strangulieren zeigte mir, daß er die Morde spontan ausgeführt, daß er in erster Linie die Vergewaltigung im Sinn gehabt hatte.

Ich sage zu ihm: »Sie sind ein echter Polizeifan. Sie wären gern selbst Polizist, in einflußreicher Position statt in einem niederen Job weit unter Ihren Fähigkeiten.« Er lacht und sagt, sein Vater sei Lieutenant bei der Polizei gewesen.

Ich bitte ihn zu beschreiben, wie er vorgegangen ist. Er war hübschen jungen Frauen gefolgt, die er beispielsweise dabei beobachtet hatte, wie sie vor einem Restaurant einparkten. Durch die Kontakte seines Vaters hatte er das Kennzeichen des Wagens überprüfen können. Dann, wenn er den Namen des Halters kannte, rief er im Restaurant an, ließ die Frau ausrufen und sagte, sie habe ihr Licht angelassen. Wenn sie herauskam, entführte er sie – stieß sie in seinen oder ihren Wagen, fesselte sie und fuhr los.

Er beschreibt jeden seiner fünf Morde in korrekter Reihenfolge, fast, als riefe er Erinnerungen an bessere Zeiten wach. Als er zum letzten Fall kommt, sagt er, daß er die Frau auf dem Beifahrersitz zugedeckt hat, ein Detail, das er zum ersten Mal erwähnt.

An diesem Punkt der Unterhaltung gehe ich einen Schritt

weiter. Ich sage: »Charlie, ich möchte Ihnen etwas auf den Kopf zu sagen: Sie hatten Beziehungsprobleme mit Frauen. Sie hatten finanzielle Probleme, als Sie Ihren ersten Mord begingen. Sie waren Ende Zwanzig, und Sie fühlten sich in Ihrem Job unterfordert. Alles in Ihrem Leben war frustrierend und geriet außer Kontrolle.«

Er nickt nur. So weit, so gut. Ich habe nichts gesagt, was allzu schwer zu erahnen oder zu erraten wäre.

»Sie haben viel getrunken«, fahre ich fort. »Sie hatten Schulden. Sie hatten Streit mit Ihrer Lebensgefährtin. (Er hatte mir nicht erzählt, daß er mit jemandem lebte, aber ich war ziemlich sicher, daß es so sein mußte.) Und an den Abenden, an denen es am schlimmsten war, sind Sie auf die Jagd gegangen. Sie wollten es nicht an Ihrer Freundin auslassen, also haben Sie sich jemand anderen dafür gesucht.«

Ich sehe, daß sich Davis' Körpersprache allmählich verändert, daß er sich öffnet. Also fahre ich fort, mit den dürftigen Informationen, die mir zur Verfügung stehen: »Nur lief dieser letzte Mord anders ab. Das Opfer unterschied sich von den anderen. Sie durfte sich wieder anziehen, nachdem Sie sie vergewaltigt hatten. Sie haben ihr Gesicht verdeckt. Das hatten Sie mit den anderen vieren nicht getan. Ganz im Gegensatz zu den anderen Malen hatten sie diesmal kein gutes Gefühl dabei.«

Wenn die Täter genau zuhören, weiß man, daß man auf etwas gestoßen ist. Das habe ich bei den Gefängnisinterviews gelernt und konnte es in Verhören immer wieder einsetzen. Ich sehe, daß ich seine uneingeschränkte Aufmerksamkeit habe. »Die Frau hat etwas gesagt, was Ihnen ein schlechtes Gewissen gemacht hat, aber Sie haben sie trotzdem getötet.«

Plötzlich wird er feuerrot im Gesicht. Er wirkt wie in Trance, und ich sehe, daß er in Gedanken wieder am Tatort ist. Zögernd erzählt er mir, daß die Frau gesagt hatte, ihr Mann sei sehr krank und sie mache sich Sorgen um ihn. Er müsse vielleicht sterben. Dies mag eine verzweifelte List des Opfers gewesen sein, vielleicht auch nicht – das läßt sich hier nicht entscheiden. Aber es hatte Davis ganz offensichtlich berührt.

»Aber ich hatte mich nicht maskiert. Sie wußte, wer ich war, also mußte ich sie töten.«

Ich warte einen Moment, dann sage ich: »Sie haben etwas von ihr mitgenommen, nicht?«

Wieder nickt er, dann gibt er zu, daß er ihre Brieftasche durchsucht hat. Er hat ein Foto herausgenommen, das sie mit ihrem Mann und ihrem Kind am Weihnachtsabend zeigt, und es behalten.

Ich habe diesen Mann nie zuvor gesehen, aber langsam bekomme ich ein plastisches Bild von ihm, also sage ich: »Sie waren an ihrem Grab, habe ich recht, Charlie?« Er wird wieder rot – was mir zusätzlich bestätigt, daß er die Presseberichte zu diesem Fall verfolgt hat, um herauszufinden, wo sein Opfer begraben liegt. »Sie sind hingegangen, weil Sie bei diesem letzten Mord kein gutes Gefühl hatten. Und Sie haben etwas zum Friedhof mitgenommen und dort aufs Grab gelegt.«

Die anderen Gefangenen sagen kein Wort, lauschen gespannt. So haben sie Davis noch nie gesehen. Ich wiederhole: »Sie haben etwas zum Grab mitgenommen. Was haben Sie mitgenommen, Charlie? Sie hatten dieses Foto dabei, oder?« Wieder nickt er und senkt den Kopf.

Es war weder Hexerei noch ein Taschenspielertrick, wie es den anderen Gefangenen vielleicht vorkam. Natürlich waren es reine Vermutungen, aber diese Vermutungen gründeten sich auf eine ganze Menge Hintergrundwissen und Recherchen und Erfahrungen, die meine Kollegen und ich im Verlauf unserer Arbeit gesammelt hatten. Zum Beispiel hatten wir in Erfahrung gebracht, daß das alte Klischee vom Mörder, der das Grab seines Opfers aufsucht, oftmals stimmt, wenn auch nicht notwendigerweise aus den Gründen, von denen wir ursprünglich ausgegangen waren.

Verhalten spiegelt Persönlichkeit.

Einer der Gründe, die unsere Arbeit überhaupt erforderlich machen, liegt in der wandelbaren Natur des Gewaltverbrechens. Wir alle wissen um die Drogenmorde, von denen die meisten unserer Städte heimgesucht werden, und um die Schießereien, die nicht nur alltäglich, sondern in den USA inzwischen zur Schande der Nation geworden sind. Früher war es jedoch so, daß die meisten Verbrechen, besonders die Gewaltverbrechen, zwischen Menschen stattfanden, die sich auf die eine oder andere Weise kannten. Davon kann heute oft nicht mehr die Rede sein. Noch in den sechziger Jahren lag die Aufklärungsrate für Morde in diesem Land bei weit über 90%. Auch davon kann heute nicht mehr die Rede sein. Trotz beeindruckender Fortschritte in Wissenschaft und Technik, trotz des inzwischen angebrochenen Computerzeitalters, trotz einer erheblich größeren Zahl von Polizeibeamten mit weitergehender Ausbildung und besseren Hilfsmitteln steigt die Mordrate, und die Aufklärungsrate sinkt. Immer mehr Verbrechen werden an »Unbekannten« begangen, und in vielen Fällen haben wir kein Motiv, mit dem man arbeiten könnte, zumindest kein greifbares oder »logisches« Motiv.

Üblicherweise waren die meisten Morde und Gewaltverbrechen in Motiven und Anlässen für Strafverfolgungsbehörden relativ leicht zu verstehen. Sie standen am Ende extrem übersteigerter Gefühle, die wir alle kennen: Wut, Neid, Eifersucht, Gier, Rache. Nachdem dieses emotionale Problem ausgelebt worden war, war das Verbrechen »abgeschlossen«. Jemand war tot, aber das war es dann, und normalerweise wußte die Polizei, wen oder was sie suchte.

In den letzten Jahren jedoch ist eine andere Art von Gewaltverbrechern ans Licht getreten – der Serientäter, der mit seinen Taten oft erst aufhört, wenn er gefaßt oder getötet wird, der aus Erfahrung lernt und in dem, was er tut, meist immer besser wird, indem er sein Szenario von einem Verbrechen zum nächsten perfektioniert. Ich sage »ans Licht getreten«, denn in gewisser Hinsicht war er wahrscheinlich schon immer unter uns, lange vor dem London des ausgehenden 19. Jahrhunderts und Jack the Ripper, der allgemein als der erste moderne Serienmörder gilt. Und ich sage »er«, weil – aus Gründen, zu denen wir etwas später kommen werden – praktisch alle wahren Serienkiller männlich sind.

Serienmorde sind möglicherweise ein weit älteres Phänomen, als wir glauben. Die Geschichten und Legenden über Hexen, Werwölfe und Vampire könnten eine Form gewesen sein, Greueltaten zu erklären, die so abscheulich waren, daß niemand in den kleinen Dorfgemeinschaften Europas und des frühen Amerika die Perversitäten fassen konnte, die wir heute als gegeben hinnehmen. Bei solchen menschlichen Ungeheuern mußte es sich um übernatürliche Wesen handeln. Unmöglich konnten sie sein wie wir.

Serienmörder und Vergewaltiger sind meist die verwirrendsten, beunruhigendsten aller Gewaltverbrecher und am schwierigsten zu fassen. Es liegt zum Teil daran, daß sie meist von weit komplexeren Motiven als den oben erwähnten »klaren« Gefühlen getrieben werden. Dadurch wiederum werden ihre Verhaltensmuster schwerer nachvollziehbar, und das entfernt sie von normalen Empfindungen wie Mitleid, Schuld oder Reue.

Manchmal kann man sie nur fassen, wenn man lernt, zu denken wie sie.

Damit keiner glaubt, ich würde streng gehütete Untersuchungsgeheimnisse preisgeben, die potentiellen Tätern Gebrauchsanweisungen liefern könnten, will ich Sie in diesem Punkt schon hier beruhigen. Erzählen will ich, wie wir den verhaltenstheoretischen Ansatz zu Täterprofilerstellung, Verbrechensanalyse und Anklagestrategie entwickelt haben; ich könnte dieses Buch jedoch nicht mal zu einer Gebrauchsanweisung machen, wenn ich es wollte. Zum einen dauert es ganze zwei Jahre, die schon erfahrenen, hochbegabten Agents auszubilden, die für meine Einheit ausgewählt werden. Zum anderen gilt: Je mehr der Täter zu wissen glaubt, je mehr er tut, um seiner Entdeckung zu entgehen und uns in die Irre zu führen, desto mehr Hinweise zu seinem Verhalten gibt er uns, mit denen wir dann arbeiten können.

Wie Sir Arthur Conan Doyle seinen Sherlock Holmes vor vielen Jahrzehnten sagen ließ: »Einzigartigkeit ist fast unweigerlich ein Hinweis. Je konturloser und gewöhnlicher ein Verbrechen erscheint, desto schwieriger ist es aufzuklären.« Mit anderen Worten: Je mehr Verhaltensweisen wir erkennen, desto vollständiger fallen das Charakterprofil und die Analyse aus, die wir der

Polizei vor Ort geben können. Je besser das Profil ist, mit dem die Polizei arbeiten kann, desto besser können wir die Anzahl der potentiellen Verdächtigen reduzieren und uns darauf konzentrieren, den wahren Täter zu finden.

Was mich zu einem anderen Dementi hinsichtlich unserer Arbeit bringt. In der »Spezialeinheit für Serienverbrechen«, die Teil des National Center for the Analysis of Violent Crimes beim FBI in Quantico ist, fangen wir keine Verbrecher. Lassen Sie es mich wiederholen: *Wir fangen keine Verbrecher.* Polizeibeamte vor Ort fangen Verbrecher, und wenn man den unglaublichen Druck bedenkt, unter dem sie stehen, machen die meisten von ihnen ihren Job verdammt gut. Wir selbst versuchen, den lokalen Behörden dabei zu *helfen,* ihre Ermittlungen auf bestimmte Charaktere zu konzentrieren, dann ein paar proaktive Techniken vorzuschlagen, mit denen ein Verbrecher aus seinem Versteck gelockt werden könnte. Haben sie ihn dann gefangen – und noch einmal betone ich: *sie,* nicht *wir* –, versuchen wir, eine Strategie zu formulieren, die dem Staatsanwalt helfen soll, die wahre Persönlichkeit des Angeklagten während des Prozesses offenzulegen.

Dazu sind wir aufgrund unserer Forschungen und unserer speziellen Erfahrungen in der Lage. Während eine Polizeidienststelle auf dem Land, die mit der Ermittlung gegen einen Serienmörder konfrontiert wird, solche Greuel vielleicht zum ersten Mal sieht, hat meine Einheit wahrscheinlich Hunderte, wenn nicht Tausende ähnlicher Verbrechen bearbeitet. Ich sage meinen Beamten immer wieder: »Wenn ihr den Künstler verstehen wollt, müßt ihr euch sein Werk ansehen.« Im Laufe der Jahre haben wir uns viele solcher »Werke« angesehen und ausgiebig mit den »anerkanntesten Künstlern« gesprochen.

Die Arbeit der »Spezialeinheit für Serienverbrechen« beim FBI entwickelten wir systematisch Ende der siebziger und Anfang der achtziger Jahre. Und obwohl die meisten Bücher, die das, was wir tun, thematisieren und ausschmücken, wie etwa Tom Harris' *Das Schweigen der Lämmer,* bis zu einem gewissen Grad erdacht sind und zur Dramatik neigen, stammen unsere Vorgänger tatsächlich eher aus Kriminalromanen als aus der

Welt der wahren Verbrechen. C. Auguste Dupin, der Amateurdetektiv in Edgar Allan Poes Klassiker *Die Morde in der Rue Morgue* von 1841, könnte der erste Mensch der Kriminalgeschichte sein, der ein Täterprofil aufgrund seiner Beobachtung von Verhaltensmustern erstellte. Diese Geschichte könnte außerdem die erste Anwendung einer proaktiven Technik durch den Kriminalisten darstellen, um einen Unbekannten aufzuscheuchen und einen Unschuldigen zu entlasten, der für die Morde im Gefängnis sitzt.

Ganz wie die Männer und Frauen in meiner Einheit hundertfünfzig Jahre später, erkannte auch Poe den Wert der Profilerstellung, wenn gerichtsmedizinische Beweise allein nicht genügen, ein besonders brutales und scheinbar unmotiviertes Verbrechen aufzuklären. »Gewöhnlicher Hilfsquellen beraubt«, so schrieb er, »versetzt sich der Analytiker in den Geist seines Gegners, identifiziert sich mit ihm und wird so nicht selten, gar auf einen Blick, der einzigen Methode gewahr ..., mit welcher er irreführen oder zu Fehleinschätzungen verleiten kann.«

Darüber hinaus gibt es noch eine kleine Parallele zwischen Fiktion und Realität, die einer Erwähnung wert wäre. Monsieur Dupin zog es vor, allein in seinem Zimmer zu arbeiten, bei geschlossenen Fenstern und zugezogenen Vorhängen, um Sonne und Außenwelt auszusperren. Meinen Kollegen und mir blieb in dieser Hinsicht gar keine Wahl. Unsere Büros in der FBI-Academy von Quantico liegen mehrere Stockwerke unter der Erde in fensterlosen Räumen, die ursprünglich als sicheres Hauptquartier der Strafverfolgungsbehörden im Falle eines nationalen Notstands dienen sollten. Gelegentlich bezeichnen wir uns selbst als den »National*keller* für die Analyse von Gewaltverbrechen«. Wir befinden uns zwanzig Meter unter der Erde ... und somit zehnmal so tief wie die Toten.

Der englische Schriftsteller Wilkie Collins übernahm das System der Täterprofilerstellung in seinen zukunftsweisenden Büchern wie *Die Frau in Weiß* (beruhend auf einem wahren Fall) und *Der Monddiamant*. Aber es war Sir Arthur Conan Doyles unsterbliche Schöpfung Sherlock Holmes, die diese Form der Verbrechensaufklärung aller Welt im trüben Licht der Gaslaternen im viktorianischen London vor Augen führte. Es scheint, als wäre es das größte Kompliment, uns mit diesem fiktiven Charakter zu vergleichen. Ich fühlte mich vor einigen Jahren sehr geehrt, als ich – während ich an einem Mordfall in Missouri arbeitete – in einer Schlagzeile des »St. Louis Globe-Democrat« als »Moderner Sherlock Holmes des FBI« bezeichnet wurde.

Interessant ist die Anmerkung, daß zur selben Zeit, als Holmes seine verzwickten und erstaunlichen Fälle bearbeitete, der sehr reale Jack the Ripper im Londoner East End Prostituierte ermordete. Diese beiden Männer auf konkurrierenden Seiten des Gesetzes und entgegengesetzten Seiten von Realität und Phantasie haben derart großen Einfluß auf das öffentliche Bewußtsein, daß verschiedene »moderne« Sherlock-Holmes-Geschichten – verfaßt von Bewunderern Conan Doyles – den Detektiv mit den ungelösten Morden von Whitechapel in Verbindung gebracht haben.

1988 bat man mich, die Ripper-Morde für eine Fernsehsendung zu analysieren. Meine Schlußfolgerungen zu diesem berühmten Unbekannten werde ich später in diesem Buch darlegen.

Erst mehr als ein Jahrhundert nach Poes *Rue Morgue* und ein halbes Jahrhundert nach Sherlock Holmes trat die Täterprofilerstellung aus der Literatur ins wahre Leben. Mitte der fünfziger Jahre wurde New York City von den Explosionen des »Mad Bomber« erschüttert, der für mehr als dreißig Bombenattentate in einem Zeitraum von fünfzehn Jahren verantwortlich zeichnete. Er suchte sich öffentliche Orte wie die Bahnhöfe Grand Central und Pennsylvania oder die Radio City Music Hall als Ziel. Da ich damals als kleiner Junge in Brooklyn aufwuchs, erinnere ich mich sehr gut an diesen Fall.

Als die Polizei 1957 am Ende ihrer Weisheit angekommen war, zog man Dr. James A. Brussel, einen Psychiater aus Greenwich Village, hinzu, der sich Fotos der Tatorte ansah und sorgfältig die höhnischen Briefe las, die der Bombenleger an Zeitungen geschrieben hatte. Er kam zu einer Reihe detaillierter Schlußfolgerungen zu allgemeinen Verhaltensmustern, die ihm auffielen, darunter der Umstand, daß der Täter ein Paranoiker sein mußte, der seinen Vater haßte, von der Liebe zu seiner Mutter besessen war und in einer Stadt in Connecticut lebte. Am Ende seines schriftlichen Täterprofils riet Brussel der Polizei folgendes:

Suchen Sie nach einem untersetzten Mann mittleren Alters. Einwanderer. Römisch-katholisch. Ledig. Lebt mit Bruder oder Schwester zusammen. Wenn Sie ihn finden, wird er wahrscheinlich einen Zweireiher tragen. Geknöpft.

Nach Bemerkungen in einigen Briefen zu urteilen, schien es gut möglich, daß es sich bei dem Bombenleger um einen unzufriedenen jetzigen oder ehemaligen Angestellten von Consolidated Edison, der städtischen Elektrizitätsgesellschaft, handelte. Als die Polizei dieses Täterprofil mit dem in Frage kommenden Personenkreis verglich, stieß sie am Ende auf den Namen von George Metesky, der in den vierziger Jahren für Con Ed gearbeitet hatte, bevor die ersten Bomben gelegt worden waren. Als sie eines Abends nach Waterbury, Connecticut, fuhren, um den untersetzten, ledigen Einwanderer mittleren Alters und römisch-katholischen Glaubens zu verhaften, wich die Realität nur insofern vom Täterprofil ab, als er nicht mit einem Bruder oder einer Schwester zusammenlebte, sondern mit zwei unverheirateten Schwestern. Nachdem ein Polizeibeamter ihn aufgefordert hatte, sich für die Fahrt zum Revier etwas überzuziehen, kam er einige Minuten später in einem Zweireiher aus seinem Schlafzimmer ... geknöpft.

Auf die Frage, wie er zu seinen geradezu unheimlich anmutenden präzisen Schlußfolgerungen gekommen war, erklärte Dr. Brussel, daß ein Psychiater seinen Patienten üblicherweise befrage und dann versuche, einige mögliche Vorhersagen darüber zu treffen, wie sich diese Person in einer spezifischen Situation verhalten könnte. Bei der Erstellung seines Täterprofils, so sagte er, habe er diesen Vorgang umgekehrt, indem er versucht habe, einen Menschen nach den greifbaren Hinweisen auf seine Taten »vorherzusagen«.

Blickt man aus unserer Perspektive nach fast vierzig Jahren auf den »Mad Bomber« zurück, scheint dieser Fall im Grunde ziemlich einfach zu lösen. Doch damals war er ein echter Meilenstein in der Entwicklung dessen, was man eines Tages als »kriminalpolizeiliche Verhaltensforschung« bezeichnen sollte, und Dr. Brussel, der später mit der Bostoner Polizei am »Boston-Strangler«-Fall arbeitete, war ein wirklicher Pionier auf diesem Gebiet.

Obwohl das, was die fiktiven Dupin und Holmes, der real lebende Brussel und wir, die wir ihnen folgten, praktizieren, oft als *Deduktion* bezeichnet wird, war es eigentlich eher *induktiv*: bestimmte Elemente eines Verbrechens zu betrachten und weitgehende Schlußfolgerungen daraus zu ziehen. Als ich 1977 nach Quantico kam, fingen die Ausbilder in der »Spezialeinheit für Serienverbrechen« – Howard Teten etwa – gerade damit an, Dr. Brussels Ideen auf Fälle anzuwenden, die ihnen in ihren Kursen an der National Academy von Polizisten vorgetragen worden waren. Doch damals waren es nicht mehr als Anekdoten, keineswegs von harter Recherche gestützt. Das war der Stand der Dinge, als ich ins Spiel kam.

Ich habe schon erwähnt, wie wichtig es ist, sich in die Denkweise des unbekannten Täters zu versetzen. Durch unsere Forschungen und Erfahrungen haben wir gelernt, daß es ebenso wichtig ist – so schmerzlich und quälend es auch sein mag –, sich an die Stelle des Opfers zu versetzen. Nur wenn wir eine konkrete Vorstellung davon haben, wie das Opfer auf die schrecklichen Dinge reagiert haben könnte, die ihm zugefügt wurden, können wir ernstlich versuchen, das Verhalten und die Reaktionen des Täters zu verstehen.

Um den Täter zu finden, muß man die Tat betrachten.

Anfang der achtziger Jahre wurde mir von der Polizei eines kleinen Ortes im ländlichen Georgia ein beunruhigender Fall zugetragen. Ein hübsches, sehr beliebtes vierzehnjähriges Mädchen, Schülerin an der örtlichen High-School, war von der Haltestelle des Schulbusses, etwa hundert Meter von ihrem Elternhaus entfernt, entführt worden. Ihre teilweise bekleidete Leiche wurde einige Tage später, etwa zehn Meilen entfernt, in einem Waldstück gefunden, das oft von jungen Liebespärchen aufgesucht wurde. Man hatte sie sexuell mißbraucht, und die Todesursache war ein Schädeltrauma. Ein großer, blutverkrusteter Stein lag neben ihr.

Bevor ich meine Analyse abgeben konnte, mußte ich soviel wie möglich über dieses Mädchen erfahren. Ich fand heraus, daß sie, wenn auch süß und hübsch, eine Vierzehnjährige war, die wie vierzehn aussah, nicht wie einundzwanzig, wie viele Teenager sonst. Jeder, den ich fragte, versicherte mir, sie habe nicht gern geflirtet und keineswegs oft die Partner gewechselt, habe nichts mit Drogen oder Alkohol zu tun gehabt und sich jedem gegenüber, der sie ansprach, freundlich und aufgeschlossen gegeben. Die Autopsie ergab, daß sie noch Jungfrau gewesen war, als man sie vergewaltigt hatte.

All das waren für mich wichtige Informationen, da ich mir so vorstellen konnte, wie sie sich während und nach der Entführung verhalten haben mochte – und somit auch, wie der Täter in der speziellen Situation, in der sie waren, wohl auf sie reagiert hatte. Daraus schloß ich, daß der Mord nicht *geplant* gewesen war, sondern eine Panikreaktion des Täters auf die Überraschung dargestellt hatte (ausgehend von seiner verdrehten und irregeleiteten Phantasie), daß das junge Mädchen ihn nicht mit offenen Armen empfing. Das wiederum brachte mich der Persönlichkeit des Mörders näher, und mein Täterprofil führte die Polizei dazu, sich auf einen Verdächtigen in einem Vergewaltigungsfall aus dem vorangegangenen Jahr in einem größeren Nachbarort zu konzentrieren. Das Opfer zu verstehen half mir darüber hinaus, der Polizei eine Strategie für das Verhör an die Hand zu geben, denn dieser schwierige Tatverdächtige hatte, ganz wie ich vermutet hatte, schon einen Test mit dem Lügendetektor hinter sich. Diesen bedrückenden und gleichzeitig faszinierenden Fall will ich später noch weiter ausführen. Fürs erste mag genügen, wenn ich sage, daß der Täter sowohl den Mord als auch die Vergewaltigung aus dem Jahr zuvor gestand. Er wurde schuldig gesprochen, verurteilt und sitzt, während ich dies hier schreibe, in der Todeszelle des Staates Georgia.

Wenn wir die Elemente der Täterprofilerstellung vor FBI-Agenten oder sonstigen Beamten der Strafverfolgungsbehörden an der National Academy lehren, bemühen wir uns, sie dazu zu bringen, die gesamte Geschichte des Verbrechens zu bedenken. Mein Kollege Roy Hazelwood, der jahrelang den Grundkurs in der Profilerstellung leitete, bevor er 1993 aus dem FBI ausschied, teilte die Analyse stets in drei Fragen und Phasen ein – was, warum und wer:

Was ist geschehen? Dazu gehört alles, was für das Verbrechen vom verhaltenspsychologischen Standpunkt aus betrachtet bedeutsam sein mag.

Warum ist es so und nicht anders geschehen? Warum beispielsweise wurde die Leiche verstümmelt? Warum wurde nichts von Wert entwendet? Warum ist der Täter nicht gewaltsam eingedrungen? Was sind die Gründe für jeden einzelnen verhaltenstheoretisch signifikanten Faktor des Verbrechens?

Und das führt dann zu der Frage:

Wer könnte dieses Verbrechen aus diesen Gründen verübt haben?

Genau das ist die Aufgabe, die wir uns gestellt haben.

KAPITEL ZWEI
Meine Mutter war eine Holmes

Der Mädchenname meiner Mutter war Holmes, und meine Eltern hätten ihn mir beinahe als zweiten Vornamen gegeben, anstelle des eher prosaischen »Edward«.

Davon abgesehen deutet rückblickend in meiner Kindheit nicht viel auf eine Zukunft als »Mindhunter« oder »Profiler« hin. Ich bin in Brooklyn, New York, geboren, nahe der Grenze zu Queens. Jack, mein Vater, war Drucker beim »Brooklyn Eagle«. Als ich acht Jahre alt war, zog er – aus Sorge über die steigende Verbrechensrate – mit uns nach Hempstead, wo er Vorsitzender der Druckergewerkschaft von Long Island wurde. Ich habe eine Schwester, Arlene, die vier Jahre älter ist und von klein auf der Star unserer Familie war, sowohl in akademischer als auch in athletischer Hinsicht.

Ich selbst war in der Schule kein Überflieger – eher gutes Mittelfeld –, aber ich war höflich, gutmütig und bei den Lehrern der Ludlum Elementary trotz meiner mittelmäßigen Leistungen beliebt. Am meisten interessierte ich mich für Tiere, und oft genug hielt ich Hunde, Katzen, Kaninchen, Hamster und Schlangen, die meine Mutter allesamt tolerierte, weil ich sagte, ich wolle Tierarzt werden. Da dieses Bestreben einen gangbaren Berufsweg darstellte, ermutigte sie mich in dieser Richtung.

Das einzige, womit ich mich in der Schule wirklich hervortat, war das Geschichtenerzählen, und das könnte in gewisser Weise

41

dazu beigetragen haben, daß aus mir ein Kriminalbeamter wurde. Detectives und Tatortspezialisten müssen ein ganzes Bündel unvereinbarer und scheinbar unzusammenhängender Hinweise nehmen und aus diesen eine schlüssige Geschichte formen, so daß das Talent zum Fabulieren wichtig ist, besonders bei Ermittlungen in Mordfällen, da das Opfer seine Geschichte nicht mehr selbst erzählen kann.

Jedenfalls habe ich mein Talent oft genug dafür genutzt, um echter Arbeit zu entgehen. Ich weiß noch, wie ich in der neunten Klasse einmal zu faul war, ein Buch zu lesen, dessen Inhalt ich vor der Klasse nacherzählen sollte. Als ich also an der Reihe war (ich kann noch immer nicht fassen, daß ich die Kaltschnäuzigkeit hatte, so etwas zu tun), habe ich mir einen Buchtitel ausgedacht, dazu einen Autor, und angefangen, diese Geschichte von ein paar Campern zu erzählen, die nachts um ein Lagerfeuer saßen.

Ich denke mir das alles aus, während ich erzähle, und ich denke: *Wie lange kann ich das wohl durchhalten?* Da ist also dieser Bär, der sich heimlich an die Camper heranschleicht und gleich springen wird, und an dieser Stelle verliere ich den Faden. Ich muß lachen und kann nicht anders, muß dem Lehrer eingestehen, daß ich mir die ganze Sache ausgedacht habe. Es muß mein schlechtes Gewissen gewesen sein, das mich zwang zu beweisen, daß ich kein gänzlich krimineller Charakter war. Ich stehe also da oben, als Lügner enttarnt, weiß, daß ich durchfallen werde, daß man mich vor meinen Freunden bloßstellen wird, und ich kann mir schon denken, was meine Mutter sagt, wenn sie davon erfährt.

Doch zu meiner Überraschung sind der Lehrer und die anderen Schüler voll auf meine Geschichte eingestiegen! Und als ich ihnen gestehe, daß ich sie mir ausgedacht habe, rufen alle: »Erzähl weiter!« Sag uns, was als nächstes passiert!« Das habe ich getan und dafür eine Eins bekommen. Ich habe meinen Kindern lange Zeit nichts davon erzählt, weil sie nicht glauben sollten, daß sich Verbrechen bezahlt macht, aber ich habe dabei gelernt, daß man Menschen oft für sich gewinnen kann, wenn man ihnen seine Ideen gut verkauft und ihr Interesse weckt. Das hat mir als Polizist in zahllosen Situationen geholfen, wenn ich meinen Vorgesetzten oder einer lokalen Polizeidienststelle den Wert unseres Systems verkaufen mußte. Allerdings muß ich zugeben, daß es in gewisser Weise dasselbe Talent ist, mit dem sich Hochstapler und Bauernfänger durchschlagen.

Im übrigen kamen meine fiktiven Camper mit dem Leben davon, was bei weitem keine ausgemachte Sache war, da meine wahre Liebe den Tieren galt. Als Vorbereitung meiner Laufbahn zum Tierarzt verbrachte ich im Rahmen des Cornell-Farm-Cadet-Programms, das vom Institut für Veterinärmedizin der Universität gesponsert wurde, drei Sommer auf Bauernhöfen nördlich von New York City. Es war eine wunderbare Gelegenheit für Stadtkinder, rauszukommen und in der Natur zu leben, und im Gegenzug für dieses Privileg arbeitete ich 70 bis 80 Stunden die Woche für 15 Dollar, während sich meine Freunde zu Hause am Jones Beach in der Sonne aalten. Sollte ich in meinem Leben nie mehr eine Kuh melken, werde ich es nicht als Mangel empfinden.

Durch die körperliche Betätigung war ich in guter Kondition für Sport, was meine andere große Leidenschaft war. An der Hempstead High School war ich Pitcher im Baseballteam und Verteidiger beim Football. Wenn ich es rückblickend so betrachte, trat hier wohl zum ersten Mal mein Interesse an Persönlichkeitsprofilen an den Tag.

Auf dem Hügel wurde mir bald klar, daß es nur die halbe Miete war, hart und genau zu werfen. Ich beherrschte einen soliden Fastball und einen ganz angemessenen Slider, aber eine Menge High-School-Pitcher konnten das oder ähnliches genauso gut wie ich. Der Schlüssel lag darin, den Mann am Schlagholz psychologisch fertigzumachen, und mir wurde klar, daß es in erster Linie damit zu tun hatte, Selbstvertrauen auszustrahlen und dafür zu sorgen, daß der Mann so unsicher wie möglich an seinem Mal stand. Das wurde Jahre später auf bemerkenswert analoge Weise wichtig, als ich begann, meine Verhörtechniken zu entwickeln.

Auf der High-School war ich bereits einsfünfundachtzig groß, was ich zu meinem Vorteil nutzte. Vom Talent her waren wir ein mittelmäßiges Team in einer guten Liga, und ich wußte, daß der Pitcher ein guter Spielmacher sein und Siegeswillen verbreiten mußte. Für einen Schüler hatte ich ganz gute Ballkontrolle, aber ich beschloß, es den gegnerischen Schlagmann nicht wissen zu lassen. Ich wollte unbesonnen erscheinen, unberechenbar, damit er es sich gar nicht erst auf dem Mal gemütlich machte. Sie sollten glauben, wenn sie es täten, würden sie riskieren, von diesem wilden Mann in sechzig Schritt Entfernung weggefegt zu werden – oder Schlimmeres.

Hempstead hatte ein gutes Football-Team, für das ich mit meinen 188 Pfund als Außenverteidiger spielte. Wiederum war mir bewußt, daß unsere Chance im psychologischen Aspekt des Spieles lag. Ich dachte mir, ich könnte die größeren Jungs schaffen, wenn ich grunzte und knurrte und mich insgesamt wie ein Irrer aufführte. Es dauerte nicht lange, bis ich auch die anderen Verteidiger dazu gebracht hatte, es mir nachzutun. Später, als ich regelmäßig an Mordfällen arbeitete, bei denen die Verteidigung die Unzurechnungsfähigkeit als Argument anführte, wußte ich aus eigener Erfahrung, daß die bloße Tatsache, daß sich jemand wie ein Irrer aufführt, nicht notwendigerweise bedeutet, daß er nicht genau wüßte, was er tut.

1962 spielten wir gegen die Wantagh High um den Thorpe Award, den Pokal für das beste High-School-Football-Team auf Long Island. Sie brachten pro Mann etwa 40 Pfund mehr auf die Waage als wir, und wir wußten, daß sie uns höchstwahrscheinlich vor vollem Haus auseinandernehmen würden. Vor dem Spiel arbeiteten wir daher eine Reihe von Aufwärmübungen aus, deren Sinn einzig und allein darin bestand, unsere Gegner einzuschüchtern. Wir bauten uns in zwei Reihen auf, wobei der erste Mann in der einen Reihe den ersten Mann in der anderen angriff, also praktisch deckte. Das wurde untermalt von entsprechendem Knurren und Stöhnen und Schmerzensschreien. An den Mienen der Spieler von Wantagh sahen wir, daß es den gewünschten Effekt hatte. Sie müssen gedacht haben: »Wenn die Schwachköpfe blöd genug sind, sich das alles gegenseitig anzutun, werden sie Gott weiß was mit uns anstellen.«

In Wahrheit war die ganze Episode sorgfältig eingeübt. Wir

übten Catcherwürfe, damit es aussah, als würden wir hart am Boden aufschlagen, ohne uns dabei weh zu tun. Und als dann das eigentliche Spiel begann, spielten wir weiter die Verrückten, als hätte man uns nur für diesen Nachmittag aus der Anstalt entlassen und würde uns gleich nach dem Spiel auf direktem Weg wieder dort einliefern. Das Spiel war durchweg ausgeglichen, doch als sich der Staub legte, hatten wir gewonnen, 14:13, und kassierten den Thorpe Award 1962.

Meine erste Erfahrung als »Gesetzeshüter« allerdings, meine erste »echte« Berührung mit der Profilerstellung, hatte ich mit achtzehn, als ich einen Job als Türsteher im Gaslight East, einer Bar in Hempstead, bekam. Ich war so gut darin, daß man mir später den gleichen Job im Surf Club von Long Beach anvertraute. In beiden Bars bestand meine Aufgabe hauptsächlich darin, diejenigen draußen zu halten, die noch nicht in der Öffentlichkeit trinken durften – mit anderen Worten alle, die jünger waren als ich –, und die Schlägereien abzukürzen oder zu verhindern, die in Läden, wo Alkohol ausgeschenkt wird, unvermeidbar sind.

Ich stand also an der Tür und bat jeden, dessen Alter fraglich war, um einen Ausweis, dann erkundigte ich mich nach dem Geburtsdatum, um zu sehen, ob es übereinstimmte. Das ist eine Standardprozedur, die jeder erwartet, also sind alle darauf vorbereitet. Nur selten wird jemand, der sich die Mühe gemacht hat, sich einen falschen Ausweis zu besorgen, so sorglos sein, sich das Geburtsdatum darauf nicht zu merken. Ein offener Blick in die Augen, während ich fragte, war bei einigen eine wirksame Technik, besonders bei Mädchen, die in diesem Alter generell ein weiterentwickeltes soziales Gewissen besitzen. Aber diejenigen, die hineinwollen, halten den prüfenden Blicken meist stand, wenn sie sich für ein paar Augenblicke auf ihre Schauspielkünste konzentrieren.

Tatsächlich beobachtete ich, während ich jeden einzelnen vorn in der Reihe befragte, heimlich diejenigen, die drei bis vier Reihen weiter hinten standen, sah mir an, wie sie sich auf die Befragung vorbereiteten, ihre Körpersprache, ob sie nervös oder zögerlich wirkten.

Schlägereien zu schlichten war eine weit größere Herausforderung, und für diese konnte ich meine Erfahrung aus dem Sport gebrauchen. Wenn sie einen Blick in deinen Augen sehen, der ihnen sagt, daß du nicht so ganz berechenbar bist, und du dich etwas seltsam verhältst, dann überlegen es sich selbst die großen Jungs zweimal, ob sie sich mit dir anlegen wollen. Wenn sie glauben, du wärst so weit neben der Spur, daß du dir um deine eigene Sicherheit keine Sorgen machst, wirst du für sie zum weit gefährlicheren Gegner. Fast zwanzig Jahre später beispielsweise, als wir unsere Gefängnisgespräche für die große Studie über Serienmörder führten, erfuhren wir, daß die Persönlichkeitsstruktur eines typischen Attentäters in gewisser, entscheidender Weise weit gefährlicher ist als diejenige eines typischen Serienmörders. Denn im Gegensatz zum Serienmörder, der sich nur ein Opfer sucht, mit dem er meint fertig werden zu können, und sich dann alle Mühe gibt, der Verhaftung zu entgehen, ist der Attentäter von seiner Mission geradezu besessen und im allgemeinen bereit zu sterben, um sie zu erfüllen.

Wenn man Leuten ein bestimmtes Bild von sich vermitteln will – etwa, daß man unvernünftig oder verrückt genug ist, etwas Unberechenbares zu tun –, ist es außerdem unerläßlich, diese Rolle durchgehend zu spielen und nicht nur dann, wenn man glaubt, die Leute würden einen beobachten. Als ich Gary Trapnell, einen berüchtigten Gewalttäter und Flugzeugentführer, im Bundesgefängnis von Marion, Illinois, befragte, behauptete er, er könne jeden Gefängnispsychiater davon überzeugen, daß er an irgendeiner Geisteskrankheit meiner Wahl leide. Der Schlüssel dazu, so erklärte er mir, liege darin, die ganze Zeit über so zu bleiben, sogar allein in der Zelle, damit er, wenn sie ihn verhörten, nicht »überlegen« müsse, denn das sei es, was einen verraten könnte. Lange bevor ich mich des Ratschlags dieses »Experten« erfreuen konnte, schien ich also bereits einen gewissen Instinkt für das Denken eines Kriminellen besessen zu haben.

Wenn ich in der Bar eine Schlägerei nicht verhindern konnte, indem ich die Leute einschüchterte, versuchte ich, meine amateurhaften Techniken der Profilerstellung anzuwenden, um das Nächstbeste zu tun, bevor es ernst wurde. Ich stellte fest, daß ich mit etwas Erfahrung durch die Beobachtung von Vorgehensweisen und Körpersprache das Verhaltensmuster erkennen konnte, das unweigerlich zu einer Schlägerei führen würde, so daß ich bald voraussehen konnte, ob jemand im nächsten Moment zuschlagen würde. In solchen Situationen – oder im Zweifelsfall – schlug ich immer zuerst zu, nutzte das Überraschungsmoment und versuchte, den potentiellen Angreifer aus dem Laden auf die Straße zu befördern, bevor er genau wußte, wie ihm eigentlich geschah. Ich sage immer, daß die meisten Sexualmörder und Serienvergewaltiger Fachleute in Dominanz, Manipulation und Kontrolle werden, denselben Fähigkeiten, die ich in einem anderen Zusammenhang zu beherrschen versuchte. Zumindest lernte ich.

Als ich meinen High-School-Abschluß machte, wollte ich noch immer Tierarzt werden, nur waren meine Zensuren für Cornell nicht annähernd gut genug. Bestenfalls konnte ich eine ähnliche Ausbildung an der Montana State machen. Im September 1963 also machte sich der Junge aus Brooklyn und Long Island auf ins »Land des Weiten Himmels«.

Der Kulturschock, den ich bei meiner Ankunft in Bozeman erlebte, hätte nicht größer sein können.

»Grüße aus Montana«, schrieb ich in einem meiner ersten Briefe, »wo Männer noch Männer sind und Schafe noch Angst haben müssen.« Ganz wie Montana sämtliche Klischees des Lebens im Wilden Westen zu verkörpern schien, muß ich auf die Menschen, denen ich dort begegnete, als seltsamer Knabe aus dem Osten gewirkt haben. Ich schloß mich der lokalen Sektion der Burschenschaft Sigma Phi Epsilon an, die sich fast ausschließlich aus einheimischen Jungen zusammensetzte, so daß ich nicht zu übersehen war. Ich gewöhnte mir an, einen schwarzen Hut zu tragen, schwarze Kleidung und schwarze Stiefel, und ich ließ mir lange Koteletten stehen wie eine Figur aus der *West Side Story,* was ziemlich genau dem entsprach, wie man New Yorker wie mich damals sah.

Also machte ich das Beste daraus. Bei allen gesellschaftlichen Anlässen trugen die Einheimischen ihre Westernkluft und tanzten den Two-Step, während ich die letzten Jahre damit verbracht hatte, Chubby Checker im Fernsehen hingebungsvoll zu verehren, und jede nur erdenkliche Variation des Twist kannte. Da meine Schwester Arlene vier Jahre älter war als ich, hatte sie mich schon vor langer Zeit zu Übungszwecken zu ihrem Tanzpartner auserkoren, so daß ich schon bald der Tanzlehrer der gesamten Schülerschaft am College wurde. Ich fühlte mich wie ein Missionar, der in irgendeine abgelegene Gegend kam, in der niemand je von der englischen Sprache gehört hatte.

Ich hatte mich nie eines sonderlich guten Rufes als Schüler erfreut, aber jetzt erreichten meine Noten einen absoluten Tiefpunkt, weil ich mich auf alles andere konzentrierte, nur nicht auf die Schule. Ich hatte schon als Rausschmeißer in einer Bar in New York gearbeitet, aber hier in Montana durfte man in der Öffentlichkeit erst mit einundzwanzig Jahren trinken, was für mich ein echter Rückschlag war. Unseligerweise ließ ich mich davon nicht abschrecken.

Meinen ersten Zusammenstoß mit dem Gesetz hatte ich, als ich mit einem meiner Brüder aus der Verbindung zwei tolle Mädchen ausführte, die sich aus einem Heim für unverheiratete Mütter kannten. Sie waren für ihr Alter sehr erwachsen. Wir hielten an einer Bar, und ich ging hinein, um ein Sechserpack zu kaufen.

Der Barkeeper sagt: »Zeig mir deinen Ausweis.« Also zeige ich ihm diese gefälschte Wehrpflichtkarte, sorgfältig gearbeitet. Aus meiner Erfahrung als Türsteher kannte ich einige Fallen und Fehler auf falschen Ausweisen.

Der Mann sieht sich die Karte an und sagt: »Brooklyn, ja? Ihr Jungs da drüben an der Ostküste seid alle schwere Jungs, was?« Ich lache etwas verlegen, aber alle in der Bar haben sich umgedreht, und ich weiß, daß sie jetzt Zeugen sind. Ich kehre auf den Parkplatz zurück, und wir fahren los, trinken unser Bier, und ohne mein Wissen stellt eines der Mädchen die Bierdosen auf den Kofferraum des Wagens.

Urplötzlich höre ich eine Polizeisirene. Ein Beamter hält uns an. »Steigen Sie aus dem Wagen.«

Also steigen wir aus. Er fängt an, uns abzutasten, und selbst damals weiß ich schon, daß es eine illegale Durchsuchung ist, aber ganz sicher will ich keine dicke Lippe riskieren. Als er sich bückt, sehe ich seine Waffe und seinen Schlagstock, und mir geht dieser verrückte Gedanke durch den Kopf, daß ich den Knüppel an mich reißen, ihm eins über den Schädel geben, mir die Waffe schnappen und abhauen könnte. Glücklicherweise habe ich es nicht getan. Aber da ich weiß, daß er mich gleich erwischen wird, ziehe ich meinen Ausweis aus der Brieftasche und schiebe ihn mir in die Unterhose.

Er nimmt uns alle vier mit zum Revier, trennt uns voneinander, und ich schwitze heftig, weil ich weiß, was sie tun, und fürchte, daß der andere Junge mich verpfeift.

Einer der Beamten sagt zu mir: »Also, mein Sohn, sag du es mir. Wenn dieser Mann in der Bar dich nicht nach deinem Ausweis gefragt hat, fahren wir gleich hin. Mit dem hatten wir schon früher Ärger.«

Ich erwidere: »Da, wo ich herkomme, verpfeifen wir Leute nicht. So was tun wir nicht.« Ich spiele George Raft, aber im stillen denke ich: *Natürlich hat er nach meinem Ausweis gefragt, und ich habe ihm einen gefälschten gezeigt!* Der ist inzwischen so tief in meine Shorts gerutscht, daß er mir in die Weichteile sticht. Ich weiß nicht, ob sie eine Leibesvisitation vornehmen wollen. Ich meine, schließlich sind wir hier im Wilden Westen, und Gott allein weiß, was die mit einem anstellen. Also schätze ich die Lage eilig ein und markiere den Kranken. Ich sage ihnen, mir sei übel und ich müsse auf die Toilette.

Sie lassen mich ohne Begleitung gehen, aber ich habe zu viele Filme gesehen, und als ich dort bin und in den Spiegel sehe, fürchte ich, sie könnten mich von der anderen Seite aus beobachten. Ich gehe ganz in die gegenüberliegende Ecke des Raumes, schiebe meine Hände in die Hosen und ziehe den Ausweis hervor, dann gehe ich zum Becken und tu so, als müßte ich mich übergeben, für den Fall, daß sie zusehen, dann spüle ich die Wehrpflichtkarte in die Toilette und kehre mit sehr viel mehr Selbstvertrauen zurück. Es endet schließlich mit einer Geldbuße von 40 Dollar und Bewährung.

Meine zweite Begegnung mit der Polizei von Bozeman hatte ich im zweiten Jahr, und die war schlimmer.

Ich gehe mit zwei anderen Jungs von der Ostküste und einem

aus Montana zum Rodeo. Als es vorbei ist, fahren wir mit einem 62er Studebaker ab, und wir haben Bier im Wagen, also geht alles wieder von vorn los. Es schneit wie verrückt. Der Junge am Steuer ist aus Boston, ich sitze vorn, und zwischen uns der Einheimische. Jedenfalls überfährt er ein Stoppschild, und – wie könnte es anders sein? – da steht ein Cop. Das scheint mein Leben in Montana zu kennzeichnen. Alles, was man über die Polizei sagt, die nie da ist, wenn man sie braucht ... Es trifft nicht auf Bozeman im Jahre 1965 zu.

Und dieser Idiot – ich kann es nicht fassen – hält nicht an! Er flüchtet mit einem Cop auf den Fersen.

Jedesmal, wenn wir abbiegen und für einen Moment außer Sichtweite des Polizisten sind, werfe ich Bierdosen aus dem Wagen. Wir fahren weiter und kommen in eine Wohngegend, schlagen bei diesen Schwellen in der Straße auf, die einen zwingen sollen, langsam zu fahren. Wir kommen an eine Straßensperre. Der Cop muß sie per Funk bestellt haben. Wir umfahren die Sperre, quer durch einen Vorgarten. Die ganze Zeit über schreie ich: »Halt den verdammten Wagen an! Laß mich hier raus!« Aber dieser Idiot fährt weiter. Der Wagen kommt ins Schleudern, es schneit noch immer wie verrückt, da hören wir Sirenen direkt hinter uns.

Wir kommen an eine Kreuzung. Er tritt auf die Bremse, der Wagen dreht sich einmal um sich selbst, die Tür fliegt auf, und ich falle raus. Ich hänge an der Tür, werde durch den Schnee geschleift, und plötzlich schreit jemand: »Lauf!«

Also laufen wir. Alle in verschiedene Richtungen. Ich lande in einer Gasse, in der ich einen leeren Kleinlaster finde, und steige ein. Im Laufen habe ich meinen schwarzen Hut verloren, und ich trage eine umkehrbare schwarz-goldene Jacke, also drehe ich sie um und kehre die goldene Seite nach außen. Aber ich schwitze, daß die Scheiben beschlagen. Ich denke: *Oh, Scheiße, sie können mich sehen.* Und ich fürchte, der Besitzer des Wagens könnte jeden Augenblick wiederkommen, und hier draußen tragen wahrscheinlich alle Waffen. Also wische ich eine kleine Fläche auf der Scheibe frei, damit ich hinaussehen kann, und da ist alles mögliche um den Wagen los, den wir zurückgelassen haben: Streifenwagen, Suchhunde, alles, was man sich nur vorstellen kann. Und schon kommen sie die Gasse herunter, leuchten den Kleinlaster mit ihren Taschenlampen ab, und ich mach mir fast in die Hosen. Und dann kann ich nicht fassen, daß sie weiterfahren und mich zurücklassen!

Ich schleiche zur Schule zurück, und alle haben schon von dieser Sache gehört. Ich stelle fest, daß die beiden Jungen von der Ostküste – wie ich – entkommen sind, aber der aus Montana wurde geschnappt und hat gesungen. Er hat Namen genannt, und sie suchen jeden einzelnen von uns auf. Als sie zu mir kommen, beteuere ich meine Unschuld, daß ich den Wagen nicht gefahren habe, daß ich Angst hatte und den Jungen am Steuer angefleht habe, stehenzubleiben. Inzwischen wirft man den Fahrer aus Boston bei Wasser und Brot und allem drum und dran in eine Zelle, während mein unglaubliches Glück anhält und ich nur eine weitere Strafe von 40 Dollar für den Besitz von Alkohol und dazu wieder eine Bewährungsstrafe aufgebrummt bekomme.

Aber sie informieren die Schule, unsere Eltern, die allesamt stinksauer sind, und in akademischer Hinsicht wird die Lage nicht besser. Mein Schnitt liegt im unteren Mittel, ich bin in einem Rhetorikkurs durchgefallen, weil ich nie da war – was für mich das Allerschlimmste ist, da ich dachte, meine Sprache sei mein größtes Talent –, und ich habe keine Ahnung, wie ich mich aus dem Morast befreien könnte. Am Ende des zweiten Jahres ist klar, daß mein Abenteuer in der Wildnis des Westens sein Ende gefunden hat.

Wenn es den Anschein haben sollte, daß meine Erinnerungen an diese Zeit sämtlich mit Fehlschlägen und persönlichen Mißerfolgen zu tun haben, dann liegt es daran, daß es mir damals so vorkam. Ich kehrte vom College heim, lebte unter den Blicken meiner enttäuschten Eltern. Besonders meine Mutter war aufgebracht, da sie wußte, daß aus mir kein Tierarzt mehr werden würde. Wie immer, wenn ich nichts mit mir anzufangen wußte, kehrte ich zum Sport zurück und nahm im Sommer 1965 einen Job als Rettungsschwimmer an. Als der Sommer zu Ende ging und ich die Schule nicht wieder aufnehmen wollte, fand ich einen Job in einem Fitneßcenter im Holiday Inn von Patchogue.

Kurz nachdem ich dort angefangen hatte, lernte ich Sandy kennen, die in der Hotelbar als Kellnerin arbeitete. Sie war eine hübsche junge Frau mit einem kleinen Sohn, und ich war sofort verrückt nach ihr. In ihrem Cocktailkleidchen sah sie einfach umwerfend aus. Nach all dem Training war ich körperlich in guter Verfassung, und auch sie schien mich zu mögen. Ich wohnte zu Hause, und sie rief mich ständig an. Mein Vater sagte oft zu mir: »Wer um alles in der Welt ruft dich zu jeder Tages- und Nachtzeit dauernd an? Immer ist da dieses Kind im Hintergrund, das weint und schreit.«

Das Wohnen zu Hause ließ nicht eben viele Möglichkeiten, zur Tat zu schreiten, aber Sandy erklärte mir, daß man, wenn man im Hotel arbeite, dort sehr billig ein Zimmer bekommen könne. Also nahmen wir uns eines Tages eins.

Früh am nächsten Morgen klingelt das Telefon. Sie nimmt ab, und ich höre: »Nein! Nein! Ich will nicht mit ihm reden!«

Ich frage: »Wer ist dran?«

Sie sagt: »Der Empfang. Sie sagen, mein Mann ist hier und auf dem Weg nach oben.«

Schon bin ich hellwach. Ich sage: »Dein Mann? Was soll das heißen: dein Mann? Du hast mir nie gesagt, daß du noch verheiratet bist!«

Sie wies mich darauf hin, daß sie auch nie gesagt habe, sie sei es nicht, dann erklärte sie mir, sie hätten sich getrennt.

Na, prima, denke ich, als ich den Irren auf dem Flur höre.

Er trommelt gegen die Tür. »Sandy! Ich weiß, daß du da drinnen bist, Sandy!«

Das Zimmer hat ein Fenster, dessen gläserne Lüftungsschlitze auf den Flur hinausführen, und an denen reißt er herum, versucht, sie aus dem Rahmen zu brechen. Mittlerweile suche ich eine Fluchtmöglichkeit – wir sind im ersten Stock –, aber es gibt kein Fenster, aus dem ich springen könnte.

Ich frage: »Trägt der Typ Waffen oder so was bei sich?«

»Manchmal hat er ein Messer«, sagt sie.

»Oh, Scheiße! Das ist ja wunderbar. Ich muß hier raus. Mach die Tür auf.«

Ich gehe in Boxerpose. Sie macht die Tür auf. Der Mann

stürmt herein. Er stürzt direkt auf mich zu. Aber dann sieht er meinen Schatten an der Wand, und ich muß wohl groß und hartgesotten wirken, denn er überlegt es sich anders und bleibt stehen.

Aber er schreit noch immer: »Du Scheißkerl! Mach, daß du hier rauskommst!«

Da ich mir denke, daß ich für einen Tag Macho genug war – und es ist noch früh am Morgen –, sage ich ganz höflich: »Ja, Sir. Ich wollte sowieso gerade gehen.« Wieder hatte ich Glück gehabt, war mit heiler Haut davongekommen. Aber ich konnte meine Augen nicht vor dem Umstand verschließen, daß mein Leben vor die Hunde ging. Hinzu kam, daß ich außerdem bei einem Rennen mit meinem Freund Bill Turner, der seinen roten MGA fuhr, die Vorderachse am Saab meines Vaters gebrochen hatte.

Eines Samstagmorgens kam meine Mutter sehr früh in mein Zimmer, mit einem Brief von der Einberufungsbehörde, in dem stand, ich solle dort vorsprechen. Zusammen mit dreihundert anderen erschien ich in Whitehall Place, Manhattan, zur Musterung. Ich mußte tiefe Kniebeugen machen, und man hörte das Knacken, wenn ich mich bückte. Man hatte mir nach einer Football-Verletzung Knorpel aus dem Knie entfernt, genau wie bei Joe Namath, aber der muß wohl einen besseren Anwalt gehabt haben. Man zögerte die Entscheidung über meine Einberufung eine Weile hinaus, aber schließlich setzte man mich davon in Kenntnis, daß Uncle Sam mich tatsächlich haben wollte. Anstatt mich der Army auszusetzen, schrieb ich mich sofort für die Air Force ein, auch wenn das eine Verpflichtung für vier Jahre bedeutete, da ich mir dachte, daß die Ausbildungsmöglichkeiten dort besser wären. Vielleicht war es genau das, was mir fehlte. Mit Sicherheit hatte ich weder in New York noch in Montana viel aus meinen Möglichkeiten gemacht.

Damals gab es noch einen weiteren Grund, sich für die Air Force zu melden. Es war 1966, und Vietnam eskalierte gerade. Ich war politisch nicht sonderlich interessiert, hielt mich wegen meines Vaters, der die Druckergewerkschaft von Long Island vertrat, für einen Kennedy-Demokraten. Aber die Vorstellung, mir für eine Sache, die ich nur vage verstand, den Arsch abschießen zu lassen, gefiel mir nicht besonders. Ich erinnerte mich daran, daß mir ein Air-Force-Mechaniker einmal erzählt hatte, sie seien der einzige Verband, bei dem die Offiziere – die Piloten – in den Kampf gingen, während die Truppe zu ihrer Unterstützung hinter den Linien blieb. Da ich nicht die Absicht hatte, Pilot zu werden, klang das in meinen Ohren okay.

Man schickte mich zur Grundausbildung nach Amarillo, Texas. Unser *Flight* (wie man eine Ausbildungseinheit bei der Air Force nennt) von fünfzig Mann bestand zu gleichen Teilen aus New Yorkern wie mir selbst und Südstaatenjungs aus Louisiana. Der Ausbilder saß den Leuten aus dem Norden dauernd im Nacken, und meist fand ich das auch gerechtfertigt. Ich trieb mich eher mit den Südstaatlern herum, die ich als angenehmer und weit weniger gehässig empfand als die anderen.

Für viele junge Männer ist die Grundausbildung eine anstrengende Erfahrung. Nach all der Disziplin, der ich mich im Mannschaftssport hatte unterwerfen müssen, und nachdem ich in den letzten Jahren ein solcher Taugenichts gewesen war, wie ich mir eingestehen mußte, empfand ich das Gebrüll des Ausbilders beinah als Witz. Ich durchschaute seine psychologischen Tricks und Kniffe und war körperlich in guter Verfassung, so daß die Grundausbildung für mich in gewisser Weise ein Kinderspiel war. Bald schon qualifizierte ich mich als Meisterschütze an der M 16, was wahrscheinlich ein Erbe der Zielsicherheit war, die ich mir als Pitcher auf der High-School angeeignet hatte. Bis zur Air Force hatten meine einzigen Erfahrungen mit Schußwaffen darin bestanden, als junger Teenager Straßenlaternen mit einer Schrotflinte auszuschießen.

Während der Grundausbildung eignete ich mir erneut einen Ruf als böser Bube an. Aufgepumpt vom Gewichtheben und mit kurzgeschorenem Schädel, war ich bald als der »Russische Bär« bekannt. Ein Junge aus einem anderen *Flight* hatte einen ähnlichen Ruf, und irgendwer hatte die tolle Idee, daß es für die Kampfmoral gut wäre, wenn wir gegeneinander boxen würden.

Der Kampf war eine große Sache auf dem Stützpunkt. Wir waren einander ebenbürtig, und keiner von beiden wollte auch nur einen Zentimeter weichen. Am Ende prügelten wir uns gegenseitig die Seele aus dem Leib, und zum dritten Mal in meinem Leben hatte ich eine gebrochene Nase (die ersten beiden Male beim Football an der High-School).

Ob das nun viel zu bedeuten hatte oder nicht, jedenfalls schloß ich als Drittbester von den fünfzig Mann meines *Flights* ab. Man unterzog mich einem ganzen Schwung von Tests und erklärte, ich sei hochqualifiziert für die Funkabwehrschule. Aber die war voll belegt, und ich hatte keine Lust, herumzusitzen und zu warten, bis der nächste Kurs anfing, also machte man mich zur Schreibkraft, obwohl ich gar nicht tippen konnte. Es gab eine freie Stelle in der Personalstelle der Cannon Air Force Base, etwa hundert Meilen vor Clovis, New Mexico.

Und da landete ich dann auch, hackte von morgens bis abends DD214s – militärische Entlassungspapiere – mit zwei Fingern, arbeitete für einen schwachsinnigen Sergeant und sagte mir ständig: *Ich muß hier raus.*

Und wieder kam mir mein Glück zu Hilfe. Gleich neben der Personalstelle lag Special Services. Wenn ich das sage, denken die meisten an Special Forces, Eliteeinheiten, wie es die Green Berets sind. Aber das hier war Special Services, um genau zu sein: Special Services Athletics. Mit meinem Hintergrund schien das eine ausgezeichnete Möglichkeit zu sein, mein Land in Zeiten der Not zu verteidigen.

Ich schleiche etwas dort herum, lausche an der Tür und höre, wie da drinnen einer sagt: »Dieses Programm geht noch vor die Hunde. Wir haben einfach nicht den richtigen Mann.«

Ich denke mir: Das ist es! Also gehe ich hin, klopfe an die Tür und sage: »Hallo, mein Name ist John Douglas. Lassen Sie mich Ihnen etwas von mir erzählen.«

Während ich so rede, suche ich in ihren Gesichtern nach einer Reaktion und dem »Profil« des Mannes, den sie haben wollen. Und ich weiß, daß es klappt, denn sie sehen sich an, als wollten sie sagen: »Es ist ein Wunder! Er ist genau das, was wir suchen!« Also versetzten sie mich, und von diesem Tag an mußte ich nie mehr eine Uniform tragen, sie zahlten mir als Mannschaftsdienstgrad mehr Geld dafür, alle sportlichen Aktivitäten zu leiten, und ich qualifizierte mich für die »Operation Bootstrap«, bei der die Regierung 75% meiner Ausbildungskosten übernahm, damit ich abends und am Wochenende zur Uni gehen konnte, was ich auch tat, an der Eastern New Mexico University in Portales, 25 Meilen entfernt. Um meinen schlechten Schnitt vom College wettzumachen, mußte ich in allen Fächern beste Noten bringen, damit ich in diesem Programm bleiben durfte. Aber zum ersten Mal war mir, als hätte ich ein Ziel vor Augen.

Ich vertrat die Air Force dermaßen gut in knochenharten Sportarten wie Tennis, Fußball und Badminton, daß man mir schließlich den Golfkurs und den dazugehörigen Laden auf dem Stützpunkt unterstellte, obwohl ich noch nie im Leben eingelocht hatte. Aber ich sah schick aus, wenn ich die Turniere in meinem Arnold-Palmer-Sweater leitete.

Eines Tages kommt der Kommandant des Stützpunkts und will wissen, welchen Balldruck er für ein bestimmtes Turnier verwenden soll. Ich hatte keine Ahnung, wovon er redete, und wie bei meiner Nacherzählung in der neunten Klasse wurde ich enttarnt.

»Wie um alles in der Welt sind Sie dazu gekommen, diesen Laden zu leiten?« wollte er wissen. Sofort versetzte man mich vom Golfplatz zur »Steinschneiderei für Frauen«, was aufregend klang, bis ich herausfand, daß tatsächlich Steine bearbeitet werden sollten. Außerdem übertrug man mir »Keramik für Frauen« und den Pool des Offiziersclubs. Ich denke: Diese Offiziere fliegen nach Vietnam und lassen sich abschießen, und ich trage ihren koketten Frauen Stühle und Handtücher hinterher, bringe ihren Kindern das Schwimmen bei, und sie geben mir noch Geld dafür, daß ich meinen Collegeabschluß mache?

Mein zweiter Verantwortungsbereich erinnerte mich an meine Zeit als Türsteher. Der Pool lag neben der Bar des Offiziersclubs, und oft drängten sich hier junge Piloten, die beim Tactical Air Command ausgebildet wurden. Mehr als einmal mußte ich wilde, betrunkene Piloten auseinanderbringen oder mir selbst vom Hals halten.

Als ich etwa zwei Jahre bei der Air Force war und gerade mein

Vordiplom ablegte, hörte ich von einem Verein, der behinderten Kindern half. Dieser brauchte Hilfe für sein Sportprogramm, also meldete ich mich freiwillig. Einmal in der Woche ging ich – in Begleitung von zwei zivilen Mitarbeitern – mit etwa fünfzehn Kindern Rollschuh laufen oder zum Minigolf oder Bowling oder zu ähnlichen Sportarten, bei denen die Kinder ihre individuellen Talente und Fähigkeiten entwickeln konnten.

Die meisten dieser Kinder hatten mit schweren Behinderungen zu kämpfen, waren blind, litten unter dem Down-Syndrom oder an schweren motorischen Störungen. Es war anstrengende Arbeit, mit je einem Kind im Arm immer und immer wieder im Kreis Rollschuh zu laufen und dafür zu sorgen, daß sie sich nicht verletzten, aber ich liebte diese Arbeit. Um die Wahrheit zu sagen, habe ich in meinem Leben nur wenig erlebt, was mir mehr Freude bereitet hat.

Wenn ich einmal in der Woche mit meinem Wagen vor der Schule hielt, kamen die Kinder herausgerannt, um mich zu begrüßen, drängten sich um mein Auto, und dann stieg ich aus, und wir umarmten uns alle. Am Ende dieser wöchentlichen Treffen waren sie alle genauso traurig wie ich, daß ich gehen mußte. Mein Gefühl, ich würde davon profitieren – so viel Liebe und Freundschaft daraus ziehen, zu einer Zeit in meinem Leben, in der ich es von keiner anderen Seite bekam –, war so stark, daß ich selbst an den Abenden noch hinfuhr, um ihnen etwas vorzulesen.

Diese Kinder waren ein solcher Gegensatz zu den gesunden, sogenannten »normalen« Kindern, mit denen ich auf dem Stützpunkt umging und die es gewohnt waren, Mittelpunkt zu sein und alles von ihren Eltern zu bekommen, was sie wollten. Meine »besonderen« Kinder waren allem gegenüber, was man für sie tat, so viel aufgeschlossener und trotz ihrer Behinderungen immer freundlich und abenteuerlustig.

Ohne mein Wissen wurde ich die meiste Zeit über, die ich mit den Kindern verbrachte, beobachtet. Es muß etwas über meine eigene Beobachtungsgabe aussagen, daß ich es nie gemerkt habe! Jedenfalls wurden meine »Leistungen« von Mitarbeitern des Psychologischen Instituts an der Eastern New Mexico University beurteilt, die mir daraufhin ein vierjähriges Stipendium in Sonderpädagogik anboten.

Obwohl ich Arbeitspsychologie im Auge gehabt hatte, liebte ich doch auch die Kinder und hielt das Angebot für eine gute Wahl. Außerdem konnte ich in der Air Force bleiben und auf diese Weise zum Offizier aufsteigen. Ich leitete das Angebot der Universität an die zivil besetzte Personalkommission des Stützpunkts weiter, aber nach einiger Bedenkzeit kam man zu dem Schluß, daß die Air Force niemanden mit einem Diplom in Sonderpädagogik bräuchte. Ich fand das einigermaßen seltsam wegen all der Angehörigen, die auf dem Stützpunkt lebten, aber das war ihre Entscheidung. Also gab ich den Gedanken an eine Karriere als Sonderpädagoge auf, setzte jedoch die Arbeit, die ich so sehr liebte, auf freiwilliger Basis fort.

Weihnachten 1969 fuhr ich nach Hause zu meiner Familie. Ich mußte Hunderte von Meilen bis nach Amarillo fahren, um das Flugzeug nach New York zu bekommen, und mein VW-Käfer war einer solchen Reise nicht mehr gewachsen. Also lieh mir Robert LaFond, mein bester Freund in der Air Force, seinen Karmann Ghia für die Fahrt. Ich wollte die Weihnachtsfeier von Special Services nicht versäumen, aber nur so konnte ich rechtzeitig zum Flug in Amarillo sein.

Als ich in La Guardia aus der Maschine stieg, holten mich meine Eltern ab. Sie sahen schrecklich aus, fast als stünden sie unter Schock, und ich kam nicht darauf, wieso. Schließlich riß ich doch das Ruder meines Lebens herum und gab ihnen endlich Grund, nicht mehr enttäuscht von mir zu sein!

Ich erfuhr, daß man sie über einen Unfall benachrichtigt hatte, bei dem in der Nähe des Stützpunkts ein bis dahin noch nicht identifizierter Mann in einem VW umgekommen war, auf den die Beschreibung meines Wagens paßte. Bis zu dem Augenblick, als sie sahen, daß ich aus dem Flugzeug stieg, hatten sie nicht gewußt, ob ich lebte oder tot war.

Es stellte sich heraus, daß sich Robert LaFond – wie viele andere – betrunken hatte und auf der Weihnachtsparty umgekippt war. Leute, die dabei waren, erzählten mir, daß einige Offiziere und Unteroffiziere ihn zu meinem Wagen getragen und mit dem

Schlüssel im Zündschloß auf dem Fahrersitz postiert hatten, und als er zu sich kam, hatte er versucht loszufahren. Es schneite und fror. Er stieß frontal mit einem Kombi zusammen, in dem eine Mutter mit ihrem Kind saß. Gott sei Dank wurden sie nicht verletzt, aber in meinem kleinen Auto schlug Robert auf das Lenkrad, ging durch die Windschutzscheibe und starb.

Dieser Unfall verfolgte mich. Wir standen uns sehr nahe, und mich plagte der Gedanke, daß es nicht passiert wäre, wenn er mir nicht seinen intakten Wagen geliehen hätte. Als ich wieder zum Stützpunkt kam, mußte ich mich um seine persönlichen Angelegenheiten kümmern, seine gesamte Habe verpacken und an seine Familie schicken. Immer wieder ging ich zu dem Wrack zurück, und ich träumte von Robert und dem Unfall. Ich war bei ihm gewesen, als er seinen Eltern in Pensacola, Florida, ein Weihnachtsgeschenk gekauft hatte, das am selben Tag mit der Post kam, als Offiziere der Air Force zu ihnen nach Hause fuhren, um ihnen zu sagen, daß ihr Sohn nicht mehr lebte.

Aber ich trauerte nicht nur, ich war unglaublich wütend. Wie der Ermittler, der später aus mir wurde, fragte ich herum, bis sich zwei Männer herauskristallisiert hatten, die ich für verantwortlich hielt. Ich fand sie in ihrem Büro, packte sie und drängte sie an die Wand. Ich fing an, auf sie einzuschlagen, einen nach dem anderen. Man mußte mich von ihnen losreißen. Ich war so wütend, daß es mir egal war, ob man mich dafür vor ein Kriegsgericht stellte. Meiner Ansicht nach hatten sie meinen besten Freund auf dem Gewissen.

Ein Kriegsgerichtsverfahren wäre eine unangenehme Sache gewesen, weil es sich mit meiner formellen Beschuldigung gegen die beiden Männer hätte auseinandersetzen müssen. Außerdem nahm das amerikanische Engagement in Vietnam langsam ab, und sie boten Mannschaftsdienstgraden mit kurzer Restdienstzeit vorzeitige Entlassungen an. Um die Sache also so gut wie möglich zu glätten, entließ man mich einige Monate vor der Zeit.

Als ich noch im Dienst war, hatte ich mein Vordiplom abgelegt und meinen Abschluß in Arbeitspsychologie in Angriff genommen. Jetzt lebte ich auf Kosten der Armee in einer fensterlosen Kellerwohnung in Clovis für sieben Dollar die Woche und bekämpfte die Legionen zehn Zentimeter langer Wasserkäfer, die jedesmal, wenn ich hereinkam und das Licht anmachte, in Angriffsformation gingen. Da ich keinen Zugang zu den Anlagen auf dem Stützpunkt mehr hatte, meldete ich mich bei einem billigen, heruntergekommenen Fitneßclub an, dessen Atmosphäre und Ausstattung an meine Wohnung erinnerten.

Im Herbst 1970 lernte ich in diesem Club einen Mann namens Frank Haines kennen, der sich als FBI-Agent entpuppte. Er war die Ein-Mann-Außenstelle von Clovis. Wir freundeten uns beim Training an. Es stellte sich heraus, daß er über den pensionierten Stützpunktkommandanten schon von mir gehört hatte, und er versuchte, mein Interesse für das FBI zu wecken. Ehrlich gesagt, hatte ich nie auch nur einen einzigen Gedanken daran verschwendet, mich den Gesetzeshütern anzuschließen. Ich plante eine Karriere in Arbeitspsychologie, sobald ich meinen Abschluß hätte. Für eine große Firma zu arbeiten und mich mit Personalfragen, Arbeitnehmerberatung und Streßmanagement zu beschäftigen schien mir eine solide, berechenbare Zukunft zu versprechen. Der einzige direkte Kontakt, den ich bis dahin mit dem FBI gehabt hatte, war damals in Montana gewesen, als mir ein Koffer, den ich nach Hause geschickt hatte, gestohlen worden war. Einer der lokalen Außendienstagenten befragte mich, vermutete, ich hätte es selbst getan, um die Versicherung zu kassieren. Aber es kam nichts nach, und wenn das die Art von Fällen war, mit denen sich das FBI beschäftigte, schien es kein sonderlich interessanter Job zu sein.

Aber Frank blieb dabei, ich würde einen guten Special Agent abgeben, und ermutigte mich immer wieder. Mehrmals lud er mich zum Essen zu sich nach Hause ein, stellte mir seine Frau und seinen Sohn vor, zeigte mir seine Waffe und seine Gehaltsabrechnung, gegen die ich nichts Entsprechendes vorzuweisen hatte. Ich mußte zugeben, daß Frank – verglichen mit meiner höchst bescheidenen Existenz – wie ein König lebte. Also beschloß ich, es zu versuchen.

Frank blieb in New Mexico, und Jahre später sollten sich unsere Wege noch einmal kreuzen, als ich wiederkam, um in einem Mordfall auszusagen, den er bearbeitet hatte und bei dem eine Frau brutal ermordet und ihre Leiche verbrannt worden war, damit sie nicht entdeckt würde. Im Herbst 1970 schwebte mir noch nichts dergleichen vor.

Frank schickte meine Bewerbung an das Field Office von Albuquerque. Sie unterzogen mich dem Standardtest für Nichtjuristen. Trotz meiner körperlichen Verfassung und muskulösen Erscheinung lagen meine 110 Kilo bei einer Größe von einem Meter fünfundachtzig 25 Pfund über dem FBI-Limit. Der *einzige* beim FBI, für den die Gewichtsbeschränkung nicht galt, war der legendäre Direktor J. Edgar Hoover selbst. Zwei Wochen lang ernährte ich mich nur von Knox-Gelatine und hartgekochten Eiern, um abzunehmen. Außerdem mußte ich dreimal zum Friseur, bis ich präsentabel genug für ein Ausweisfoto war.

Im November schließlich bot man mir eine Probeanstellung für ein Anfangsgehalt von 10869 Dollar im Jahr an. Endlich kam ich aus meinem deprimierenden fensterlosen Kellerraum heraus. Ich frage mich, was ich damals wohl gesagt hätte, wenn mir klar gewesen wäre, daß ich den Großteil meiner Karriere beim FBI in einem weiteren fensterlosen Kellerraum verbringen sollte, in dem ich noch viel deprimierenderen Geschichten nachging.

KAPITEL DREI
Die Regentropfenwette

Viele bewerben sich, nur wenige werden genommen.
Das war die Botschaft, die man uns als neuen Rekruten kontinuierlich einbleute. Fast jeder, der sich für eine Karriere als Polizist interessiert, will irgendwann mal Special Agent des United States Federal Bureau of Investigation werden, aber nur die Allerbesten können auf diese Gelegenheit hoffen. Ein stolzes Erbe, das bis ins Jahr 1924 zurückreicht, als ein unbekannter Anwalt namens John Edgar Hoover eine korrupte, unterversorgte und schlecht geführte Behörde übernahm. Und derselbe Mr. Hoover – als ich dazukam, war er fünfundsiebzig Jahre alt – stand noch immer derselben, inzwischen angesehenen Organisation vor, regierte wie gehabt mit kantigem Kinn und eiserner Faust. Also täten wir gut daran, das FBI nicht zu enttäuschen.

Mit einem Telegramm vom Direktor wurde ich für den 14. Dezember 1970 um neun Uhr morgens ins Zimmer 625 des Old Post Office Building an der Pennsylvania Avenue in Washington bestellt, um dort meine vierzehnwöchige Ausbildung anzutreten, die mich von einem gewöhnlichen Bürger in einen Special Agent des FBI verwandeln sollte. Vorher fuhr ich nach Long Island, wo mein Dad so stolz war, daß er vor dem Haus die amerikanische Flagge hißte. Nach allem, was ich in den letzten Jahren so getrieben hatte, besaß ich keine vernünftige Zivilkleidung, also kaufte er mir drei »vorschriftsmäßige« dunkle Anzüge – einen blauen, einen schwarzen und einen braunen –, weiße Hemden und zwei Paar Schuhe, ein schwarzes und ein braunes. Dann fuhr er mich nach Washington, um sicherzugehen, daß ich an meinem ersten Arbeitstag auch pünktlich kam.

Es dauerte nicht lange, bis sich mir die Rituale und Legenden des FBI eingeprägt hatten. Der Special Agent, der unsere Einführungsveranstaltung leitete, sagte, wir sollten unsere goldenen Plaketten hervornehmen und sie ansehen, während wir den Eid auf das FBI ablegten. Wir sprachen im Chor, starrten die Frau mit den verbundenen Augen und den Waagschalen der Gerechtigkeit auf der Plakette an, während wir feierlich schworen, die Verfassung der Vereinigten Staaten gegen alle Feinde – innerhalb wie außerhalb der Grenzen – zu verteidigen. »Gehen Sie näher ran! Näher!« befahl der Special Agent, bis wir allesamt auf unsere Plaketten schielten.

Meine Klasse aus neuen Agenten bestand ausschließlich aus Weißen. 1970 gab es nur wenige schwarze FBI-Agenten und keine einzige Frau. Das sollte sich erst nach Hoovers langer Amtszeit ändern, und noch aus dem Grab heraus nahm er auf gespenstische Weise erheblichen Einfluß. Die meisten Männer waren zwischen neunundzwanzig und fünfunddreißig, also war ich mit fünfundzwanzig einer der Jüngsten.

Wir wurden belehrt, vor Sowjetagenten auf der Hut zu sein, die versuchen würden, unsere Geheimnisse auszuspionieren. Solche Agenten konnten überall lauern. Man warnte uns vor allem vor Frauen! Die Gehirnwäsche war so effektiv, daß ich eine Verabredung mit einer ungemein hübschen Frau ausschlug, die im Gebäude arbeitete und mich tatsächlich fragte, ob ich mit ihr essen gehen wollte. Ich fürchtete, daß es eine Falle wäre und man mich auf die Probe stellen wollte.

Die FBI-Academy auf der Marinebasis von Quantico, Virginia, war noch nicht ganz fertig, also bekamen wir dort unsere Schußwaffenausbildung und das Training, aber der Unterricht fand im Old Post Office Building von Washington statt.

Zu den ersten Dingen, die man einem Neuling beibringt, gehört, daß ein FBI-Agent nur schießt, um zu töten. Der Gedanke, der hinter dieser Haltung steht, ist sowohl hart als auch logisch:

Wenn man seine Waffe zieht, hat man die Entscheidung zu schießen bereits getroffen. Und wenn man die Entscheidung getroffen hat, daß die Situation ernst genug ist, um den Gebrauch einer Schußwaffe zu rechtfertigen, hat man entschieden, daß sie ernst genug ist, dafür ein Leben auszulöschen. In der Hitze des Gefechts hat man nur selten den Spielraum, seinen Schuß zu planen, oder die Zeit, sich auf mentale Übungen einzulassen, und der bloße Versuch, jemanden aufzuhalten oder zu Boden zu werfen, ist zu gefährlich. Man geht weder für sich noch für ein potentielles Opfer unnötige Risiken ein.

Eine ebenso strenge Ausbildung erhielten wir in Gesetzeskunde, der Analyse von Fingerabdrücken, in der Schulung über Gewalt- und Wirtschaftsverbrechen, Festnahmetechniken, Waffen, Nahkampf und im Unterricht über die historische Rolle des FBI in der nationalen Strafverfolgung. Einer der Kurse, an die ich mich am besten erinnere, fand ziemlich früh in der Ausbildung statt. Wir nannten ihn das »Schimpfworttraining«.

»Sind die Türen zu?« fragte der Ausbilder. Dann reichte er jedem von uns eine Liste. »Ich möchte, daß Sie sich diese Worte einprägen.« Die Liste enthielt, soweit ich mich erinnere, sprachliche Schmuckstücke wie *Scheiße, Ficken, Blasen, Lecken, Fotze* und *Wichser*. Diese Worte sollten wir uns merken, damit wir, sollten wir sie je bei unserer Arbeit zu hören bekommen – etwa bei einem Verhör –, wußten, was zu tun war. Nämlich folgendes: Wir sollten dafür sorgen, daß jeder Bericht, in dem diese Worte vorkamen, an die »Obszönographin« – das ist kein Witz! – weitergegeben wurde und nicht an eine normale Sekretärin. Die »Obszönographin« war gewöhnlich eine ältere, etwas gefestigtere Frau, die dem Schock, diese Worte vor sich zu sehen, besser gewachsen war. Man bedenke, daß wir ausschließlich Männer waren, und die allgemeine Sensibilität von 1970 unterschied sich in gewisser Weise von der heutigen, zumindest innerhalb von Hoovers FBI. Man unterzog uns allen Ernstes eines Rechtschreibtests für diese Worte, nach dem die Zettel eingesammelt und – wie ich vermute – benotet wurden, bevor man sie in einem metallenen Mülleimer verbrannte.

Trotz dieser Lächerlichkeiten waren wir alle voller Idealismus, was den Kampf gegen das Verbrechen anging, und wir glaubten, wir könnten etwas verändern. Nach der Hälfte der Ausbildung wurde ich ins Büro von Joe Casper, dem Stellvertretenden Direktor für Ausbildungsfragen, einem von Hoovers engsten Vertrauten, gerufen. Die Leute beim FBI nannten ihn den »Guten Geist«, aber der Spitzname war definitiv eher ironisch als liebevoll gemeint. Casper erklärte mir, ich würde mich auf den meisten Gebieten gut machen, läge allerdings in »FBI-Kommunikation« – der Lehre von den Methoden und der Terminologie, in der die verschiedenen Glieder der Organisation miteinander kommunizierten – unter dem Durchschnitt.

»Nun, Sir, ich möchte der Beste sein«, erwiderte ich. Derart eifrigen Jungs sagte man nach, ihnen kämen blaue Stichflammen aus dem Hintern. Es konnte einen weiterbringen, aber es konnte einem auch einen Stempel aufdrücken. Wenn so ein Flammenwerfer Erfolg hatte, konnte er bis ganz nach oben kommen. Aber wenn er abstürzte, wäre der Aufprall laut und das Feuer weit übers Land zu sehen.

Casper mochte hart sein, aber er ließ sich nicht für dumm verkaufen, und er hatte in seiner Laufbahn schon viele Heißsporne gesehen. »Sie wollen der Beste werden? Hier!« – Er schmiß mir das dicke *Handbuch der Kommunikation* entgegen und sagte, ich sollte es ganz auswendig kennen, wenn ich aus den Weihnachtsferien wiederkäme.

Chuck Lundsford, einer der beiden Betreuer unserer Klasse, erfuhr, was vorgefallen war, und kam zu mir. »Was haben Sie gesagt, als Sie bei ihm waren?« fragte er. Ich erzählte es ihm. Chuck rollte nur mit den Augen. Wir wußten beide, daß ich eine schwere Aufgabe vor mir hatte.

Über Weihnachten fuhr ich zu meinen Eltern. Während der Rest der Familie feierte, steckte ich meine Nase tief in das *Handbuch der Kommunikation*. Von Ferien konnte keine Rede sein.

Als ich Anfang Januar wieder nach Washington kam, hatte ich noch immer mit den Konsequenzen meines Auftritts zu kämpfen und mußte einen schriftlichen Test über das Gelernte ablegen. Ich kann gar nicht sagen, wie erleichtert ich war, als mir Charlie Price, unser zweiter Betreuer, erklärte, ich hätte 99 % geschafft. »Eigentlich hatten Sie 100 %«, vertraute er mir an, »aber Mr. Hoover sagt, niemand ist perfekt.«

Nach etwa der Hälfte des vierzehnwöchigen Programms fragte man jeden einzelnen von uns, in welcher Außenstelle er am liebsten als erstes arbeiten würde. Der größte Teil des FBI war auf 59 Außenstellen im ganzen Land verteilt. Ich ahnte, daß irgendeine Art Ablenkungsmanöver hinter dieser Wahl stecken mußte – ein gigantisches Schachspiel zwischen den neuen Rekruten und dem Hauptquartier –, und wie immer versuchte ich, wie die andere Seite zu denken. Ich war aus New York und hatte kein sonderliches Interesse daran, dorthin zurückzugehen. Ich dachte mir L.A., San Francisco, Miami, vielleicht Seattle und San Diego wären die begehrtesten Städte. Wenn ich mir also eine Stadt aussuchte, die eher zur zweiten Garde gehörte, hätte ich weit größere Chancen, meine erste Wahl zu bekommen.

Ich wählte Atlanta. Ich bekam Detroit.

Bei unserem Abschluß händigte man jedem von uns Ausweise, einen sechsschüssigen Revolver vom Typ .38 Smith & Wesson Model 10 und sechs Patronen aus und gab uns die Anweisung, die Stadt so schnell wie möglich zu verlassen. Das Hauptquartier hatte immer panische Angst davor, daß die neuen Agenten in Washington, direkt unter Mr. Hoovers Augen, in Schwierigkeiten geraten könnten, was ein schlechtes Licht auf alle geworfen hätte.

Weiterhin gab man mir ein Büchlein mit dem Titel *Überlebenshinweise für Detroit*. Die Stadt gehörte zu den Orten mit den schärfsten Rassenproblemen im ganzen Land, litt noch immer unter den Nachwirkungen der Aufstände von 1967 und konnte mit mehr als 800 Morden pro Jahr den Titel »Verbrechenshauptstadt Amerikas« für sich in Anspruch nehmen. Tatsächlich hatten wir einen schauerlichen Topf im Büro, in den wir einzahlten, um zu wetten, wie viele Morde wir am Ende des Jahres haben würden. Wie die meisten neuen Agenten fing ich idealistisch und voller Energie an, merkte allerdings bald, womit wir es zu tun hatten. Ich war vier Jahre in der Air Force gewesen, war dem Kampfgeschehen jedoch nie nähergekommen als im Krankenhaus neben verwundeten Vietnamveteranen, nachdem man meine Nase wegen der Fußball- und Boxverletzungen operiert hatte. Bis ich in Detroit ankam, hatte ich also noch nie erlebt, wie es war, der Feind zu sein. Das FBI war in vielen Lagern verhaßt. Sie hatten die Colleges infiltriert und in den Städten ein Netz von Informanten gesponnen. Mit unseren düsteren schwarzen Limousinen waren wir Freiwild. In vielen Gegenden warfen die Leute Steine nach uns. Ihre Schäferhunde und Dobermänner mochten uns ebensowenig. Man riet uns, in einige Stadtteile nur mit ausreichender Rückendeckung und bewaffnet zu gehen.

Nicht mal die örtliche Polizei war gut auf uns zu sprechen. Man warf dem FBI vor, Fälle »einzuheimsen«, Pressemitteilungen herauszugeben, bevor Fälle abgeschlossen seien, und dann Verbrechen, die die Polizei aufgeklärt hatte, dem FBI gutzuschreiben. Paradoxerweise wurden 1971, in meinem ersten Jahr, etwa 1000 neue Agenten eingestellt, und den Großteil unserer praktischen Ausbildung auf der Straße bekamen wir nicht vom FBI, sondern von Cops, die uns unter ihre Fittiche nahmen. Ein großer Teil des Erfolges meiner Generation von Special Agents ist fraglos der professionellen Einstellung und Großzügigkeit von Polizeibeamten überall in den Vereinigten Staaten zuzuschreiben.

Besonders Banküberfälle grassierten. Freitags, wenn die Banken für den Zahltag ihre Bargeldbestände aufstockten, hatten wir durchschnittlich zwei bis drei bewaffnete Banküberfälle, manchmal bis zu fünf. Bis zur Einführung von Panzerglas in den Banken von Detroit waren die Morde und Schußverletzungen unter Kassierern erschreckend. Wir hatten einen Fall, aufgenommen von einer Überwachungskamera, bei dem ein Filialleiter an seinem Schreibtisch erschossen wurde wie bei einer Exekution, während ihm ein entsetztes Pärchen, das ein Darlehen beantragen wollte, gegenübersaß und hilflos dabei zusehen mußte. Der Räuber war wütend, weil der Geschäftsführer das Zeitschloß des Tresors nicht öffnen konnte. Und nicht nur Bankangestellte mit Zugang zu Tausenden von Dollars waren in Gefahr. In manchen Gegenden waren selbst Mitarbeiter von Läden wie McDonalds gefährdet.

Man teilte mich der Reactive Crimes Unit zu, was bedeutete, daß ich auf Verbrechen reagierte, die bereits geschehen waren, Bankraub oder Erpressung beispielsweise. Innerhalb dieser Abteilung arbeitete ich für die UFAP Squad, die sich Leuten widmete, die sich ihrer Verhaftung entzogen. Diese Zeit entpuppte sich als ausgezeichnete Erfahrung, weil in dieser Einheit immer viel los war. Zusätzlich zur jährlichen Mordwette hatten wir innerhalb unserer Einheit einen Wettbewerb laufen, wer die meisten Verhaftungen an einem einzigen Tag vornehmen konnte. Wir waren nicht besser als Autohändler, die wetten, wer die meisten Wagen verkaufen kann.

Am meisten beschäftigten uns damals die Deserteure der »Klasse 42«. Vietnam hatte das Land in zwei Lager gespalten, und die meisten dieser Männer, die dem Dienst den Rücken kehrten, wollten auch auf keinen Fall wieder zurück. Wir hatten mehr Angriffe auf Beamte im Rahmen der sogenannten »Klasse 42« als in jeder anderen Gruppe von Flüchtigen.

Meine erste Begegnung mit einem Flüchtigen hatte ich, als ich einen Deserteur in der Autowerkstatt ausfindig gemacht hatte, in der er arbeitete. Ich zeige meinen Ausweis und denke, er wird wohl freiwillig mitkommen. Da zückt er plötzlich dieses zurechtgefeilte Messer mit schwarz umwickeltem Griff. Ich trete zurück, entgehe dem Hieb nur um Haaresbreite. Dann hole ich aus, dränge ihn an das gläserne Werkstattor, zwinge ihn zu Boden, mit dem Knie in seinem Nacken und meiner Waffe an seinem Kopf. Währenddessen macht mir der Meister die Hölle heiß, daß ich ihm einen guten Mechaniker wegnehme. *Wo, zum Teufel, war ich da hineingeraten?* War das wirklich die Arbeit, die ich mir vorgestellt hatte? War es die Sache wert, ständig seinen Kopf dafür hinzuhalten, diese armen Schweine einzukassieren? »Arbeitspsychologie« klang in meinen Ohren ziemlich gut.

Die Verfolgung von Deserteuren brachte emotionalen Aufruhr mit sich und weckte gleichzeitig Unmut zwischen Militär und FBI. Hin und wieder gingen wir einem Haftbefehl nach, fanden den Mann und holten ihn direkt von der Straße. Zornig hielt er uns an, klopfte mit den Knöcheln an seine Prothese und erklärte, dafür habe er das »Purple Heart« und einen »Silver

Star« in Vietnam bekommen. Immer wieder kam es vor, daß man Deserteure, die sich freiwillig gestellt hatten oder von der Army selbst abgeholt wurden, zur Strafe routinemäßig nach Vietnam schickte. Viele dieser Männer wurden später in Vietnam ausgezeichnet, aber das Militär hatte uns nichts davon gesagt. Soweit wir wußten, waren sie nach wie vor fahnenflüchtig. Das machte uns jedesmal stinksauer.

Schlimmer noch war es, wenn wir zum Wohnsitz eines Deserteurs kamen und tränenreich von aufgebrachten Ehefrauen oder Eltern erklärt bekamen, daß der Gesuchte den Heldentod gefunden hatte. Wir jagten tote Männer, im Feld gefallen, und das Militär schaffte es nicht mal, uns davon in Kenntnis zu setzen.

Ganz egal, welchen Beruf man ausübt: Die großen und kleinen Dinge, die man in Schule und Ausbildung nicht beigebracht bekommt, fallen einem erst auf, wenn man draußen unterwegs ist. Was zum Beispiel macht man mit seiner Waffe in bestimmten Situationen, etwa wenn man auf eine öffentliche Toilette geht? Legt man sein Holster auf den Boden? Eine Zeitlang habe ich versucht, es mir auf den Schoß zu legen, aber das hat mich nervös gemacht. Es ist etwas, was uns alle beschäftigt, aber nichts, was man gern mit erfahreneren Kollegen besprechen würde. Nachdem ich etwa einen Monat im Job war, wurde es zum Problem.

Als ich nach Detroit zog, kaufte ich mir wieder einen VW Käfer, ausgerechnet denselben Wagentyp, der sich zum Lieblingsfahrzeug der Serienmörder entwickelte. Ted Bundy hatte so einen, und das war am Ende auch einer der Gründe, warum er erkannt wurde. Jedenfalls hatte ich an einem Einkaufszentrum gehalten, um mir bei einem Herrenausstatter einen Anzug zu kaufen. Da ich weiß, daß ich Sachen anprobieren werde, denke ich mir, ich lasse meine Waffe am besten an einem sicheren Ort. Also lege ich sie ins Handschuhfach und gehe in den Laden.

Nun hat der Käfer einige interessante Eigenheiten. Da er einen Heckmotor hat, liegt das Reserverad vorn im Kofferraum, und da diese Autos damals allgegenwärtig waren – und extrem leicht aufzubrechen –, wurden die Reserveräder oft gestohlen. Schließlich konnte fast jeder eines gebrauchen. Und schließlich ist der Kofferraum durch einen Hebel im Handschuhfach zu öffnen.

Den Rest kann man sich ausmalen. Ich komme wieder zum Wagen zurück und stelle fest, daß die Scheibe eingeschlagen wurde. Ich rekonstruiere dieses höchst raffinierte Verbrechen und komme zu dem Schluß, daß der Dieb den Wagen aufbricht, ins Handschuhfach greift, um den Kofferraum zu öffnen, dort aber eine weit bessere Beute findet. Zu diesem Schluß komme ich, weil meine Waffe weg ist, der Reifen aber noch da.

»Oh, Scheiße!« sage ich zu mir. »Ich bin noch keine 30 Tage in diesem Job, und schon versorge ich den Feind mit Waffen!« Und ich weiß, daß der Verlust einer Waffe oder des Ausweises einen sofortigen schriftlichen Tadel nach sich zieht. Also gehe ich zu Bob Fitzpatrick, dem Chef meiner Einheit. Fitzpatrick ist ein großer Mann, eine echte Vaterfigur. Er kleidet sich adrett und ist so etwas wie eine lebende Legende beim FBI. Er weiß, daß sie mich an den Arsch kriegen werden und wie ich mich dabei fühle. Der Verlust meiner Waffe muß dem Büro des Direktors gemeldet werden, was ganz toll ist, da es der erste Eintrag in meiner Personalakte zu meinem aktiven Dienst sein wird. Er sagt, wir müssen richtig kreativ werden, uns etwas ausdenken, daß ich so besorgt um unser Bild in der Öffentlichkeit war, daß ich das Risiko nicht eingehen wollte, die Leute im Laden zu beunruhigen, wenn sie plötzlich eine Waffe sahen und glaubten, sie würden überfallen. Fitzpatrick versichert mir, daß der Tadel mir – da ich in den kommenden zwei Jahren ohnehin nicht zur Beförderung anstünde – kaum schaden dürfte, solange ich mir von jetzt an nichts mehr zuschulden kommen ließe.

Und das habe ich dann auch versucht, obwohl mich diese Waffe noch lange verfolgt hat. Der Smith & Wesson Model 10, den ich fast fünfundzwanzig Jahre später bei meinem Abschied vom FBI in der Waffenkammer von Quantico abgab, war tatsächlich der Ersatz für meine allererste Waffe. Gott sei Dank tauchte die erste Waffe niemals bei einem Verbrechen auf. Sie war und blieb wie vom Erdboden verschluckt.

Ich wohnte mit Bob McGonigel und Jack Kunst zusammen, zwei anderen unverheirateten Special Agents, und zwar in einem möblierten Haus in Taylor, Michigan, einem Vorort im Süden Detroits. Wir waren gute Freunde, und Bob sollte später Trauzeuge bei meiner Hochzeit werden. Außerdem war er ein Verrückter. Er trug Samtanzüge und lavendelfarbene Hemden, sogar während der Ermittlungen. Er schien der einzige beim gesamten FBI zu sein, der sich nicht vor Hoover fürchtete. Später übernahm Bob Undercover-Jobs, bei denen er gar keine Anzüge mehr tragen mußte.

Er hatte beim FBI als Sekretär angefangen, hatte die »Innen-Laufbahn« zum Special Agent genommen. Einige der besten Männer beim FBI haben als Sekretäre angefangen, darunter mehrere von denen, die ich für die Investigative Support Unit auswählte. In bestimmten Kreisen allerdings sah man auf ehemalige Büroangestellte herab, als wären sie auf ihrem Weg zum Special Agent bevorzugt worden.

Besser als jeder andere, den ich kenne, beherrschte Bob »Sondierungsanrufe«. Das war eine proaktive Technik, die wir entwickelt hatten, um Straftäter zu fassen, besonders nützlich, wenn das Element der Überraschung ausschlaggebend war.

Bob war ein Künstler, was Akzente anging. Wenn der Verdächtige zum Mob gehörte, sprach er mit italienischem Akzent. Für die Black Panthers brachte er den Straßenslang. Außerdem konnte er jemanden von der »Nation of Islam« spielen, einen derben Iren, einen jüdischen Einwanderer, einen WASP aus Grosse Point. Und er hatte nicht nur den Tonfall drauf, sondern er veränderte sein Vokabular und die Aussprache für jeden dieser Charaktere. Bob war so gut darin, daß er einmal Joe Del Campo anrief – einen weiteren Agenten, von dem im nächsten Kapitel die Rede sein wird – und ihn davon überzeugte, daß er ein militanter Schwarzer wäre, der FBI-Informant werden wollte. Damals standen wir unter großem Druck, innerstädtische Informationsquellen aufzubauen. Bob vereinbarte ein Treffen mit Joe, der glaubte, einen dicken Fisch an der Angel zu haben. Am verabredeten Treffpunkt tauchte niemand auf, und am nächsten Tag im Büro wurde Joe stinksauer, als Bob ihn mit der verstellten Stimme begrüßte!

Die bösen Buben zu verhaften war das eine, aber bald schon interessierte ich mich für den Gedankengang, der zu einem Verbrechen führte. Immer, wenn ich jemanden verhaftete, stellte ich ihm Fragen, beispielsweise wieso er die eine Bank der anderen vorzog oder warum er sich ein bestimmtes Opfer gesucht hatte. Wir alle wußten, daß Bankräuber Freitagnachmittage bevorzugten, weil dann das meiste Geld im Safe war. Aber darüber hinaus wollte ich wissen, welche Entscheidungen für Planung und Ausführung der Tat gefällt worden waren.

Anscheinend habe ich nicht sonderlich einschüchternd gewirkt. Wie schon in der Schule hatten die Leute keine Probleme, mir gegenüber offen zu sprechen. Je länger ich diese Männer befragte, desto mehr kam ich zu der Einsicht, daß erfolgreiche Kriminelle gut im Erstellen von Profilen waren. Jeder von ihnen hatte ein sorgfältig durchdachtes und gut recherchiertes Profil der Art von Bank, die er bevorzugte. Manche mochten Banken in der Nähe von Durchgangsstraßen oder Highways, damit die Flucht leichter fiele und sie schon meilenweit weg wären, bevor die Verfolgung organisiert wurde. Manche mochten kleine, abgelegene Zweigstellen, etwa solche, die vorübergehend in Containern untergebracht waren. Viele besuchten eine Bank im Vorfeld, um die Räumlichkeiten zu kennen, um herauszufinden, wie viele Leute dort arbeiteten und wie viele Kunden zu bestimmten Zeiten am Schalter zu erwarten waren. Manchmal besuchten sie eine Bankfiliale nach der anderen, bis sie eine fanden, in der keine Männer arbeiteten, und die wählten sie dann aus. Gebäude ohne Fenster zur Straße waren am besten, da niemand von draußen den Überfall beobachten konnte und die Zeugen drinnen nicht in der Lage wären, das Fluchtfahrzeug zu identifizieren. Die erfahrensten Praktiker waren zu dem Schluß gekommen, daß ein Zettel besser war als eine laute Ankündigung, bei der mit der Waffe herumgefuchtelt wurde, und sie dachten stets daran, den Zettel wieder einzustecken, bevor sie gingen, um kein Beweismittel zurückzulassen. Das beste Fluchtfahrzeug war ein gestohlenes, und der beste Plan war, es schon vorher dort zu parken, damit niemand merkt, wie es vorfährt. Man schlendert zur Bank und fährt weg, wenn der Job erledigt ist. Ein Bankräuber, der bei einer bestimmten Bank besonders erfolgreich war, beobachtet diese vielleicht eine Zeitlang, und wenn die Umstände dieselben bleiben, schlägt er innerhalb der nächsten zwei Monate noch einmal dort zu.

Von allen öffentlichen Einrichtungen sind Banken am besten in der Lage, mit Raubüberfällen fertig zu werden. Dennoch war ich bei Nachermittlungen immer wieder überrascht, wie viele es versäumt hatten, einen Film in die Überwachungskameras einzulegen, wie viele versehentlich mal einen stillen Alarm ausgelöst und vergessen hatten, das System wieder zu aktivieren, oder ihn so oft ausgelöst hatten, daß die Polizei nur langsam reagierte, weil sie dachte, es würde sich wieder nur um ein Versehen handeln. Ebensogut hätten sie ein Schild mit der Aufschrift »Bitte ausrauben!« ins Fenster hängen können.

Aber wenn man anfing, Profile dieser Fälle zu erstellen – damals nannte ich es noch nicht so –, konnte man bald Verhaltensmuster erkennen. Und erkannte man erst Muster, konnte man anfangen, proaktive Maßnahmen zu ergreifen, um die Übeltäter zu fassen. Wenn man beispielsweise feststellte, daß es schien, als würde eine Reihe von Banküberfällen zusammengehören, und wenn man mit genügend Tätern gesprochen hatte, um zu verstehen, was sie bei jedem dieser Fälle gereizt hatte, konnte man deutlich erkennbar alle Banken wappnen, auf die die entsprechenden Kriterien zutrafen – alle bis auf eine. Diese wiederum würde unter ständiger Überwachung von Polizei beziehungsweise FBI stehen, und Beamte in Zivil würden drinnen postiert werden. Somit konnte man den Bankräuber dazu zwingen, eine von den Gesetzeshütern bestimmte Bank zu wählen, und für ihn bereit sein, wenn er kam. Als diese Art proaktiver Taktik Einsatz fand, stieg die Aufklärungsrate bei Banküberfällen drastisch an.

Was immer wir in jenen Jahren taten, geschah unter der drohenden Aufsicht von J. Edgar Hoover, nicht anders als bei unseren Vorgängern seit 1924. In den heutigen Zeiten der Ernennungen nach dem Prinzip der »Reise nach Jerusalem« und der Vorverurteilungen durch die öffentliche Meinung ist das Ausmaß der Macht und Kontrolle, die Hoover ausübte, nur noch schwer vorstellbar, nicht nur was das FBI angeht, sondern auch politische Führungskräfte, die Medien und die Öffentlichkeit im allgemeinen. Wenn man ein Buch oder ein Filmskript über das FBI schreiben wollte, wie etwa Don Whiteheads großen Bestseller *The FBI Story* in den fünfziger Jahren oder diesen berühmten James-Stewart-Film, der darauf basierte, oder wenn man eine Fernsehserie wie *The FBI* von Efrem Zimbalist Jr. in den Sechzigern produzieren wollte, mußte man Mr. Hoovers persönliche Zustimmung und seinen Segen dafür bekommen. Andererseits hatte man als hoher Regierungsbeamter stets unter der Angst zu leiden, daß der Direktor »irgendwas über einen hatte«, besonders wenn er freundlich anrief, um verlauten zu lassen, das FBI habe ein häßliches Gerücht »aufgedeckt« und er wolle alles in seiner Macht Stehende tun, dafür zu sorgen, daß es nicht an die Öffentlichkeit komme, wo es Schaden anrichten könne.

Nirgendwo war Mr. Hoovers Nimbus stärker ausgeprägt als in den Außenstellen und der oberen Etage des FBI. Man nahm es als gegeben hin, daß sich das FBI seines Prestiges und Ansehens ausschließlich seinetwegen erfreute. Fast eigenhändig hatte er das FBI zu dem gemacht, was es war, und unermüdlich kämpfte er um Erhöhungen des Budgets und der Gehälter seiner Leute. Er wurde gleichermaßen verehrt wie gefürchtet, und wenn man nicht nur Gutes von ihm dachte, behielt man das für sich. Die Disziplin war streng, und Inspektionen der Außenstellen waren echte Massaker. Wenn die Inspektoren nicht genug fanden, was verbesserungsbedürftig war, konnte Hoover vermuten, sie machten ihren Job nicht gründlich genug, was dazu führte, daß sie bei jeder Inspektion eine bestimmte Anzahl von schriftlichen Rügen bringen mußten, ob die Umstände es nun erforderlich machten oder nicht. Es war nicht anders als eine Quote im Ausstellen von Strafmandaten, und es wurde so schlimm, daß sich manche SACs, die Leitenden Specials Agents der Außenbüros, Sündenböcke suchten, die nicht gerade kurz vor einer Beförderung standen, damit die schriftlichen Abmahnungen ihrer Karriere nicht schaden konnten.

Einmal – in einer Geschichte, deren Komik nach dem grauenhaften Bombenanschlag auf das Regierungsgebäude in Oklahoma City 1995 etwas verlorengegangen ist – kam nach einer Inspektion eine Bombendrohung gegen das FBI-Büro. Der Anruf ließ sich zu einer Telefonzelle draußen vor dem Regierungsgebäude zurückverfolgen, in dem das Field Office untergebracht war. Beamte aus dem Hauptquartier trafen ein und entfernten die gesamte Telefonzelle, um die Fingerabdrücke auf den Münzen im Fernsprecher mit denen aller 350 Mitarbeiter des Büros zu vergleichen. Glücklicherweise siegte die Vernunft, und die Untersuchung fand niemals statt. Aber es war ein Beispiel für den Druck, den Mr. Hoovers Methoden hervorrufen konnten.

Es gab standardisierte Vorgehensweisen für alles und jedes. Selbst wenn ich nie Gelegenheit hatte, Mr. Hoover allein von Angesicht zu Angesicht gegenüberzusitzen, hatte ich (und habe es noch immer) ein signiertes Foto von ihm in meinem Büro. Es gab sogar eine Standardmethode, wenn man als junger Agent ein solches Foto bekommen wollte. Der SAC erklärte dir, du solltest seine Sekretärin bitten, einen arschkriecherischen Brief für dich abzutippen, in dem du ausschweifend davon berichtetest, wie stolz du wärst, FBI-Agent zu sein, und wie sehr du Mr. Hoover verehrtest. Hattest du diesen Brief korrekt geschrieben, bekamst du ein Foto mit den besten Wünschen zugestellt, damit alle sehen konnten, daß du eine persönliche Beziehung zu deinem Boß hattest.

Bei bestimmten anderen Prozeduren waren wir nie sicher, woher sie kamen, ob es sich um Hoovers persönliche Direktiven handelte oder nur um eine übereifrige Interpretation seiner Wünsche. Von jedem beim FBI wurde erwartet, Überstunden einzulegen, und jeder mußte dabei über dem Durchschnitt liegen. Das Dilemma ist leicht auszumachen. Monat für Monat wuchsen die Stunden zu einer merkwürdigen Pyramide heran. Agenten, die mit den allerhöchsten Moralvorstellungen und dem makellosesten Charakter zum FBI kamen, sahen sich gezwungen, ihre Stundenpläne aufzublasen. Man durfte im Büro weder rauchen noch Kaffee trinken. Und wie ein Trupp von Klinkenputzern wurden die Agenten aufgefordert, sich möglichst nicht im Büro aufzuhalten, auch nicht um zu telefonieren. Daher entwickelte jeder seine eigenen Gewohnheiten, um das zu umgehen. Ich habe viel Zeit in einer Nische der öffentlichen Bibliothek verbracht, um dort meine Fälle durchzugehen.

Einer der größten Anhänger des Evangeliums des heiligen Edgar war unser SAC Neil Welch, dessen Spitzname »Grape« lautete. Welch war ein großer Mann, etwa einsneunzig, mit dikker Hornbrille. Er war ernst und stoisch, nicht im mindesten warm und kuschelig. Er erfreute sich einer ausgezeichneten Karriere beim FBI, leitete später unter anderem Außenstellen in Philadelphia und New York. Es war die Rede davon, daß er Hoovers Platz einnehmen würde, wenn (oder sollte ich sagen: falls) der unausweichliche Tag kommen sollte. In New York stellte Welch eine Gruppe zusammen, die als erste effektiv Nutzen aus den sogenannten RICO-Statuten gegen das organisierte Verbrechen ziehen sollten. In Detroit allerdings arbeitete er streng nach Vorschrift.

Es war nur natürlich und unausweichlich, daß es zu einem Zusammenstoß zwischen Welch und Bob McGonigel kommen würde, und es geschah an einem Samstag, als wir zu Hause waren. Bob bekam einen Anruf, daß Grape ihn augenblicklich sehen wolle, zusammen mit unserem Squad Supervisor Bob Fitzpatrick. Also geht McGonigel hin, und Welch erklärt ihm, jemand habe von seinem Telefon aus in New Jersey angerufen. Es sei gegen die Vorschrift, das Telefon zu persönlichen Zwecken zu benutzen. Tatsächlich hätte man das, was er getan hatte, verschieden interpretieren können, aber beim FBI mußte man im Zweifel eher vorsichtig sein.

Welch, der wirklich ungestüm sein konnte, fängt eher allgemein an, wendet Verhörtechniken an, um den Befragten in die Ecke zu treiben. »Okay, McGonigel, was ist mit diesen Telefongesprächen?«

Also fängt Bob an, jeden Anruf zuzugeben, der ihm einfallen will, weil er fürchtet, Welch könnte etwas Ernsteres gegen ihn in der Hand haben, und meint, der Zorn des SAC wäre zu besänftigen, indem er ihm den Kleinkram gestände.

Welch richtet sich zu seiner imposanten Größe auf, beugt sich über den Schreibtisch und droht mit dem Finger. »McGonigel, ich will Ihnen mal was sagen: Zwei Dinge sprechen gegen

Sie. Erstens sind Sie ein ehemaliger Sekretär. Ich hasse alle beschissenen Sekretäre! Und zweitens: Wenn ich Sie noch mal in einem lavendelfarbenen Hemd sehe, besonders während einer Inspektion, trete ich Ihnen in den Arsch, und zwar die ganze East Jefferson Street rauf und runter. Und wenn ich Sie noch mal in der Nähe von einem Telefon erwische, schmeiß ich Sie glatt in den Fahrstuhlschacht. Und jetzt raus aus meinem Büro!«

Als geschlagener Mann kommt Bob nach Hause, überzeugt davon, daß man ihn feuern wird. Jack Kunst und ich haben richtig Mitleid mit ihm. Aber am nächsten Tag erzählt mir Fitzpatrick, Welch und er hätten sich halb totgelacht, nachdem McGonigel gegangen war.

Jahre später, als ich die Investigative Support Unit leitete, wurde ich manchmal gefragt, ob einer von uns – bei allem, was wir über kriminelle Verhaltensmuster und Tatortanalyse wußten – den perfekten Mord verüben könnte. Ich habe das immer verneint und gesagt, daß wir uns trotz allem, was wir wüßten, durch unser Verhalten nach der Tat verraten würden. Ich glaube, der Vorfall zwischen McGonigel und Welch beweist, daß selbst ein erstklassiger FBI-Mann dem Druck durch den richtigen Vernehmungsbeamten nicht gewachsen ist.

Im übrigen trug Bob von dem Augenblick an, als er aus dem Büro des SAC kam, die weißesten Hemden der Stadt – bis Bob Welch nach Philadelphia versetzt wurde.

Hoovers größtes Druckmittel für eine Erhöhung seines Budgets durch den Kongreß waren die Statistiken, mit denen er um sich werfen konnte. Alle anderen mußten dem Direktor die Zahlen liefern, die er brauchte.

Anfang 1972 – so erzählt man sich – versprach Welch dem Boß 150 Verhaftungen im Bereich der illegalen Wetten. Das war offenbar die Kategorie, die damals aufgestockt werden mußte. Also bauten wir ein ausgeklügeltes System von Informanten, Wanzen und militärischer Planung auf, das sich am Tag des Super Bowl, dem wichtigsten Termin für illegale Wetten im ganzen Jahr, bewähren sollte. Die Dallas Cowboys, die im Jahr zuvor knapp gegen die Baltimore Colts verloren hatten, spielten gegen die Miami Dolphins in New Orleans.

Verhaftungen von Buchmachern müssen blitzschnell und präzise über die Bühne gehen, da sie Pergamentpapier benutzen, das schnell verbrennt, oder »Kartoffelpapier«, das wasserlöslich ist. Die Operation versprach eine Riesenschweinerei zu werden, weil es den ganzen Tag immer wieder geregnet hatte.

Unsere Aktion faßte an diesem regnerischen Nachmittag mehr als 200 Spieler zusammen. Einmal hatte ich jemanden in Handschellen auf dem Rücksitz meines Wagens und brachte ihn zum Arsenal, wo wir sie alle registrierten. Er war ein charmanter Bursche, freundlich und sah gut aus, ein bißchen wie Paul Newman. Er sagte zu mir: »Irgendwann, wenn das alles hier vorbei ist, sollten wir mal zusammen Racquetball spielen.«

Er war zugänglich, also fing ich an, ihm Fragen zu stellen, genau wie den Bankräubern. »Wieso macht ihr das hier?«

»Ich liebe es«, erwiderte er. »Ihr könnt uns alle heute verhaften, John. Es wird nichts ändern.«

»Für einen klugen Burschen wie Sie müßte es doch leicht sein, auf legale Weise Geld zu verdienen.«

Er schüttelte den Kopf, als würde ich ihn immer noch nicht verstehen. Es regnete immer heftiger. Er blickte zur Seite, lenkte meine Aufmerksamkeit auf die Scheibe. »Sehen Sie die beiden Regentropfen?« Er deutete darauf. »Ich wette, daß der linke davon eher am unteren Rand der Scheibe ist als der rechte. Wir brauchen keinen Super Bowl. Wir brauchen nur zwei kleine Regentropfen. Sie können uns nicht aufhalten, John, was Sie auch tun. Wir sind einfach so.«

Für mich kam diese kurze Begegnung wie ein Blitz aus heiterem Himmel. Wie das plötzliche Ende der Unwissenheit. Rückblickend mag es naiv wirken, aber auf einmal war die Antwort auf alles, was ich gefragt hatte, die ganze Recherche über Bankräuber und andere Kriminelle kristallklar.

Wir sind einfach so.

Etwas in der Psyche des Kriminellen – untrennbar mit seinem Verstand verbunden – zwingt ihn, Dinge auf eine bestimmte Art und Weise zu tun. Später, als ich begann, der Gedankenwelt und den Motivationen von Serienmördern nachzuforschen, als ich begann, Tatorte auf Verhaltensmuster hin zu analysieren, suchte ich stets nach einem oder mehreren Elementen, die dieses Verbrechen heraushoben, *die repräsentierten, was er war.*

Schließlich kam ich auf die Bezeichnung *Handschrift*, um dieses einzigartige Element, diesen persönlichen Zwang zu beschreiben. Und ich würde sie als erkennbaren Unterschied vom traditionellen Konzept der Vorgehensweise sehen, das fließend ist und sich verändern kann. Es wurde zum Kern dessen, was wir in der Investigative Support Unit machen.

Wie sich herausstellte, wurden sämtliche Verhaftungen, die wir an diesem Super-Bowl-Sonntag vornahmen, wegen Verfahrensfehlern vor Gericht abgeschmettert. In der Eile, die Operation auf den Weg zu bringen, hatte ein Mitarbeiter des Generalstaatsanwalts die Durchsuchungsbefehle unterschrieben, nicht der Generalstaatsanwalt persönlich. Aber der SAC Welch hatte sein Versprechen eingelöst und Hoover seine Zahlen geliefert, wenigstens lange genug, um den gewünschten Druck auf den Kongreß ausüben zu können. Und mir selbst war eine Einsicht vergönnt, die für meine gesamte Karriere in der Strafverfolgung prägend werden sollte, indem ich schlicht und einfach auf Regentropfen gewettet hatte.

KAPITEL VIER
Zwischen zwei Welten

Es war ein Entführungsfall, der mit dem Diebstahl einer Lastwagenladung J&B-Scotch im Wert von etwa 100 000 Dollar auf einem Highway zu tun hatte. Es war das Frühjahr 1971, und ich war seit fast sechs Monaten in Detroit. Der Lageraufseher hatte uns den Tip gegeben, wo das Geld gegen den gestohlenen Schnaps getauscht werden sollte.

Wir arbeiteten in einer Gemeinschaftsaktion von FBI und Detroiter Polizei zusammen, aber beide Organisationen hatten unabhängig voneinander geplant. Nur die höheren Stellen hatten sich abgesprochen, und was immer sie beschlossen haben mochten, war nicht bis hinunter zu den Männern auf der Straße gedrungen. Als es also soweit war, die Verhaftung vorzunehmen, wußte keiner so genau, was der andere machte.

Es ist Nacht, wir befinden uns am Stadtrand, in der Nähe von Gleisen. Ich fahre einen der FBI-Wagen, meinen Squad Supervisor Bob Fitzpatrick neben mir. Den Informanten hatte Fitzpatrick gebracht, und Bob McGonigel war der für diesen Fall zuständige Spezialbeamte.

Die Meldung kommt über Funk: »Schnappt sie! Schnappt sie!« Mit quietschenden Reifen kommen wir zum Stehen, umzingeln einen Sattelschlepper. Der Fahrer reißt die Tür auf, springt heraus und fängt an zu rennen. Gemeinsam mit einem weiteren Beamten aus einem anderen Wagen steige ich ebenfalls aus, ziehe meine Waffe und laufe dem Flüchtenden hinterher.

Es ist dunkel, wir sind alle leger gekleidet – keine Anzüge oder Krawatten oder ähnliches –, und ich werde nie das Weiße in den Augen des uniformierten Cops vergessen, der eine Schrotflinte direkt auf mich richtet und schreit: »Halt! Polizei! Lassen Sie die Waffe fallen!« Wir sind keine drei Meter auseinander, und ich bin mir darüber im klaren, daß dieser Mann gleich auf mich schießen wird. Ich bleibe stehen, als mir bewußt wird, daß bei einer falschen Bewegung alles vorbei ist.

Ich will eben meine Waffe fallen lassen und die Hände heben, als ich höre, wie Bob Fitzpatrick brüllt: »Er ist vom FBI! Er ist FBI-Agent!«

Der Cop läßt seine Flinte sinken, und instinktiv renne ich wieder dem Fahrer hinterher, während mir das Adrenalin zu Kopf steigt und ich versuche, die verlorene Zeit aufzuholen. Der andere Beamte kommt gleichzeitig mit mir an. Wir werfen den Mann zu Boden und fesseln ihn gröber als nötig, so aufgepeitscht bin ich. Diese starren zwei Sekunden, in denen ich dachte, ich würde gleich niedergeschossen, gehören zu den erschreckendsten Erfahrungen, die ich je gemacht habe. Seitdem mußte ich oft an meine damalige Angst denken, wenn ich versucht habe, mich an die Stelle von Mord- und Vergewaltigungsopfern zu versetzen, mir vorzustellen, was sie im Augenblick des Überfalls gedacht und durchgemacht haben müssen, und es hat mir geholfen, Fälle aus der Sicht des Opfers zu betrachten.

Während viele von uns Jüngeren sich bucklig gearbeitet haben, um so viele Verhaftungen wie möglich vorzunehmen, schienen einige der ausgebrannten Oldtimer überzeugt zu sein, daß es keinen Sinn ergab, Wellen zu schlagen, daß man dasselbe Geld bekam, ob man nun seinen Kopf hinhielt oder nicht, und daß Initiative etwas für Geschäftsleute sei. Da man uns aufforderte, den größten Teil unserer Zeit außerhalb des Büros zu verbringen, wurden Schaufensterbummel und die Lektüre des »Wall Street Journal« auf einer Bank im Park zu den Lieblingsbeschäftigungen eines bestimmten Teils der Truppe.

Da ich ein solcher Heißsporn war, machte ich mich daran, ein Memo zu schreiben, in dem ich ein leistungsorientiertes Lohnsystem vorschlug, um den produktivsten Leuten einen Anreiz zu geben. Ich leitete mein Memo an unseren ASAC, den Stellvertretenden Leitenden Special Agent Tom Naly, weiter.

Tom ruft mich in sein Büro, schließt die Tür, nimmt das Memo von seinem Schreibtisch und lächelt mich milde an. »Worum machen Sie sich Sorgen, John? Sie kriegen Ihr GS-11«, sagt er und reißt das Memo entzwei.

»Sie kriegen Ihr GS-12«, sagt er und zerreißt es noch einmal. »Sie kriegen Ihr GS-13.« Wieder reißt er es in der Mitte durch, und inzwischen lacht er lauthals. »Schlagen Sie keine Wellen, Douglas«, ist sein abschließender Rat, als er die Fetzen des Memos in den Mülleimer flattern läßt.

Fünfzehn Jahre später, lange nachdem J. Edgar Hoover tot und zumindest körperlich begraben war, richtete das FBI tatsächlich ein leistungsorientiertes Lohnsystem ein. Als sie allerdings endlich darauf kamen, schafften sie es offensichtlich auch ohne meine Hilfe.

Eines Abends im Mai – tatsächlich erinnere ich mich, daß es der Freitag nach dem 17. Mai war, und zwar aus Gründen, die gleich deutlich werden – saß ich mit Bob McGonigel und Jack Kunst in einer Bar namens Jim's Garage, die wir oft besuchten, gegenüber von unserem Büro. Eine Rockband spielt, wir haben alle zuviel Bier getrunken, als plötzlich diese attraktive junge Frau mit ihrer Freundin hereinkommt. Sie erinnert mich an die junge Sophia Loren und ist für die damalige Zeit sehr modisch gekleidet: kurzes blaues Kleid und Go-go-Stiefel, die ihr praktisch bis zum Schritt reichen.

Ich rufe: »He, Blaumeise! Komm mal hier rüber!« Und zu meiner Überraschung gehen die beiden darauf ein. Sie heißt Pam Modica, und wir machen Witze, amüsieren uns. Es stellt sich heraus, daß es ihr einundzwanzigster Geburtstag ist und sie mit ihrer Freundin feiern will, daß sie von nun an legal in der Öffentlichkeit trinken darf. Sie scheint meinen Sinn für Humor zu teilen. Später finde ich heraus, daß sie mich auf den ersten Blick zwar gut aussehend fand, wegen meines kurzen, militärischen

Haarschnitts aber für einen Verklemmten hielt. Wir lassen Jim's hinter uns und ziehen den ganzen Abend lang von einer Bar zur nächsten.

In den folgenden zwei Wochen lernten wir uns besser kennen. Sie wohnte in Detroit und war auf die Pershing High gegangen, eine praktisch durchweg schwarze Schule, die Basketball-Größen wie Elvin Hayes hervorgebracht hatte. Als ich Pam kennenlernte, besuchte sie die Eastern Michigan University in Ypsilanti.

Zwischen uns ging alles ziemlich schnell, wenn auch nicht ohne Ansehensverlust für Pam. Wir schrieben das Jahr 1971, der Vietnamkrieg war noch im Gange, und das Mißtrauen gegen das FBI war auf dem Campus weit verbreitet. Viele ihrer bisherigen Freunde wollten nichts mit uns zu tun haben, waren überzeugt davon, daß ich ein Scherge des Establishments war, der irgendeiner höheren Stelle Meldung über ihre Aktivitäten machen sollte. Der Gedanke, daß diese Kids wichtig genug sein sollten, um sie auszuspionieren, war zwar lächerlich, aber damals tat das FBI solche Sachen.

Ich weiß noch, wie ich mit Pam zu einer Soziologievorlesung ging. Ich saß hinten im Raum und hörte dem Vortrag einer jungen, radikalen Assistenzprofessorin zu. Sehr cool, sehr »dabei«. Aber ich sah die ganze Zeit die Professorin an, sie erwiderte den Blick, und es war offensichtlich, daß meine Anwesenheit sie ernstlich störte. Jeder vom FBI war ein Feind, selbst wenn er mit einer ihrer Studentinnen befreundet war. Wenn ich auf dieses Erlebnis zurückblicke, wird mir klar, wie verunsichernd man wirken kann, wenn man einfach man selbst ist, und meine Einheit und ich nutzten das zu unserem Vorteil. In einem schrecklichen Mordfall oben in Alaska brachte mein schwarzer Kollege Jud Ray einen rassistischen weißen Angeklagten dazu, im Zeugenstand die Fassung zu verlieren, indem er sich neben die Freundin des Mannes setzte und höflich mit ihr sprach.

Während Pams Anfangszeit an der Eastern Michigan war ein Serienmörder am Werk, auch wenn wir damals diesen Begriff noch nicht verwendeten. Zum ersten Mal hatte er im Juli 1967 zugeschlagen: Eine junge Frau namens Mary Fleszar war vom

Campus verschwunden, und einen Monat später wurde ihr verwester Leichnam gefunden. Man hatte sie erstochen und ihr Hände und Füße abgehackt. Ein Jahr später wurde die Leiche von Joan Schell entdeckt, einer Studentin der University of Michigan im benachbarten Ann Arbor. Sie war vergewaltigt und mit mindestens 50 Messerstichen ermordet worden. Dann fand man eine weitere Leiche in Ypsilanti.

Die Morde, die als »Michigan Murders« bekannt wurden, eskalierten, und die Frauen an beiden Universitäten lebten in Angst und Schrecken. Jede Leiche, die auftauchte, wies Spuren grauenhafter Mißhandlungen auf. Als John Norman Collins, ein Student der University of Michigan, 1969 verhaftet wurde – fast durch einen Zufall, von seinem Onkel David Leik, einem Beamten der Staatspolizei –, waren sechs Studentinnen und ein dreizehnjähriges Mädchen eines grausamen Todes gestorben.

Collins wurde, etwa drei Monate bevor ich zum FBI kam, verhaftet und zu einer lebenslänglichen Haftstrafe verurteilt. Aber ich habe mich oft gefragt, ob dieses Monstrum nicht früher gefaßt worden wäre, wenn das FBI damals schon gewußt hätte, was wir heute wissen. Selbst noch nach seiner Verhaftung suchte sein Geist den Campus beider Universitäten heim, ganz wie Ted Bundys andere Colleges wenige Jahre später. Da die Erinnerung an diese entsetzlichen Morde so sehr Teil von Pams jungem Leben waren, wurden sie auch ein Teil von meinem. Und ich denke, es ist mehr als wahrscheinlich – zumindest auf unterbewußter Ebene –, daß ich bei meinen Studien und später bei meiner Jagd auf Serienmörder stets John Norman Collins und seine schönen, unschuldigen Opfer im Hinterkopf hatte.

Ich war fünf Jahre älter als Pam, aber da sie zur Uni ging und ich draußen in der Welt der Gesetzeshüter arbeitete, schien manchmal eine ganze Generation zwischen uns zu liegen. In der Öffentlichkeit war sie oft schweigsam und scheinbar passiv, wenn meine Freunde dabei waren, und ich fürchte, gelegentlich haben wir das ausgenutzt.

Einmal trafen Bob McGonigel und ich uns mit ihr zum Mittagessen in einem Hotelrestaurant mit Blick auf die Innenstadt. Beide tragen wir schwarze Anzüge und schwarze Schuhe, und

Pam trägt bunte Studentenklamotten. Hinterher fahren wir mit dem Fahrstuhl hinunter in die Lobby, und es kommt uns vor, als würde das Ding in jedem Stockwerk halten. Jedesmal wird es etwas voller.

Auf halbem Weg nach unten dreht sich Bob zu Pam um und sagt: »Das war richtig nett heute. Wenn wir das nächste Mal in der Stadt sind, rufen wir dich ganz bestimmt wieder an.«

Pam blickt zu Boden und versucht, keine Reaktion zu zeigen, doch ich mische mich ein: »Aber nächstes Mal bring' *ich* die Schlagsahne mit und *du* die Kirschen.« Die anderen Fahrgäste blicken etwas betreten, bis Pam vor Lachen herausplatzt. Dann sehen sie uns drei an, als wären wir Perverse.

Pam war im Wintersemester als Austauschstudentin für Coventry in England vorgesehen. Gegen Ende August, als sie hinüberflog, war ich mir ziemlich sicher, daß sie das Mädchen war, das ich heiraten wollte. Es kam mir damals gar nicht in den Sinn, Pam zu fragen, ob sie ähnliche Empfindungen für mich hatte. Ich ging einfach davon aus.

Als sie weg war, schrieben wir einander ständig. Ich verbrachte viel Zeit bei ihrer Familie an der Alameda Street Nr. 622, in der Nähe der Michigan State Fairgrounds. Pams Vater war gestorben, als sie noch ein kleines Mädchen war, aber ich erfreute mich der Gastfreundschaft ihrer Mutter Rosalie, indem ich mehrere Abende in der Woche bei ihr aß und Persönlichkeitsprofile von ihr und Pams Brüdern und Schwestern erstellte, um herauszufinden, wie Pam war.

In dieser Zeit lernte ich eine andere Frau kennen, von der Pam später (obwohl sie sie nie kennengelernt hat) immer nur als dem »Golf Babe« sprach. Auch sie traf ich in einer Bar, und wenn ich es recht bedenke, habe ich wohl etwas sehr viel Zeit in Bars verbracht. Sie war Anfang Zwanzig, ziemlich attraktiv und kurz zuvor vom College abgegangen. Wir hatten uns praktisch gerade erst kennengelernt, als sie mich drängte, sie zum Essen nach Hause zu begleiten.

Es stellt sich heraus, daß sie in Dearborn wohnt, wo sich die Weltzentrale von Ford befindet, und ihr Vater ist dort ein wichtiger Manager. Sie wohnen in diesem großen Steinhaus mit

Swimmingpool, Kunstwerken, modischen Möbeln. Ihr Vater ist Ende Vierzig, der Inbegriff eines erfolgreichen Geschäftsmannes. Ihre Mutter ist freundlich und elegant. Wir sitzen am Eßtisch, flankiert vom jüngeren Bruder und der Schwester meiner neuen Bekannten. Ich erstelle ein Profil dieser Familie, versuche, ihr Vermögen zu schätzen. Gleichzeitig versuchen sie, mich zu taxieren.

Alles geht zu gut. Es scheint sie zu beeindrucken, daß ich FBI-Beamter bin, eine willkommene Abwechslung zu dem, was ich aus Pams Kreisen gewohnt bin. Aber natürlich sind diese Leute das Establishment. Ich bin richtig nervös und merke, daß der Grund dafür darin liegt, daß sie mich praktisch schon verheiratet haben.

Der Vater erkundigt sich nach meiner Familie, meinem Hintergrund, meinem Militärdienst. Ich erzähle ihm von meinem Job in den Sportanlagen des Air-Force-Stützpunkts. Er erzählt mir, daß er gemeinsam mit einem Partner einen Golfplatz in der Nähe von Detroit besitzt. Er breitet sich über seinen Fairway aus, und ich verdopple meine Schätzung seines Vermögens.

»John, spielen Sie Golf?« fragt er.

»Nein, Dad«, antworte ich, ohne mit der Wimper zu zucken, »aber ich würde es gern lernen.«

Das war es. Wir gehen auseinander. Ich verbringe die Nacht auf der Couch im Wohnzimmer. Mitten in der Nacht bekomme ich Besuch von dem Mädchen, das es irgendwie geschafft hat, zu mir »schlafzuwandeln«. Vielleicht war es die Vorstellung, in diesem schicken Haus zu sein, vielleicht war es meine instinktive Angst, in eine Falle gelockt zu werden – sie verfolgte mich, seit ich beim FBI war –, jedenfalls fürchtete ich mich vor der Aggressivität des Mädchens, die zum Rest ihrer Familie paßte. Ich verließ sie am nächsten Morgen, hatte mich ihrer Gastfreundschaft und eines großartigen Essens erfreut. Aber ich wußte, daß ich meine Chance auf das gute Leben verpaßt hatte.

Zwei Tage vor Weihnachten 1971 kam Pam aus England zurück. Ich hatte beschlossen, die Frage aller Fragen zu stellen, und dafür einen Verlobungsring mitgebracht. Damals unterhielt das FBI Kontakte für fast alles, was man kaufen wollte. Die

Firma, bei der ich den Ring erstand, war uns dankbar, weil wir einen Diamantenraub aufgeklärt hatten, und gab unseren Leuten ausgezeichneten Rabatt.

Bei diesem Vorzugspreis hatte der größte Diamantring, den ich mir leisten konnte, 1.25 Karat. Aber ich kam zu dem Schluß, wenn sie ihn auf dem Grund eines Champagnerglases zum ersten Mal sähe, würde sie nicht nur denken, ich sei unglaublich clever, sondern der Ring würde aussehen, als hätte er mindestens drei Karat. Ich führte sie in ein italienisches Restaurant an der Eight Mile Road in der Nähe ihres Hauses aus. Sobald sie zur Toilette ging, wollte ich den Ring in ihr Glas werfen.

Aber sie ging nicht. Also führte ich sie am nächsten Abend wieder in dasselbe Restaurant, mit demselben Ergebnis. Da ich bis dahin schon zahllose Beschattungen hinter mir hatte, bei denen man stundenlang in einem Auto sitzen und sich zurückhalten mußte, was ein echter Nachteil meines Berufes war, konnte ich sie dafür nur bewundern.

Der folgende Tag war Heiligabend, und wir verbrachten ihn bei ihrer Mutter, wo sich die gesamte Familie versammelte. Für mich hieß es: jetzt oder nie. Wir hatten Asti Spumante getrunken, den sie sehr gern mochte. Schließlich ging sie für einen Augenblick in die Küche. Als sie wiederkam, setzte sie sich auf meinen Schoß, wir stießen an, und hätte ich sie nicht gebremst, hätte sie den Ring sicher verschluckt. Soviel zu den drei Karat. Sie sah ihn erst, als ich sie darauf aufmerksam machte.

Das Wichtige allerdings war, daß ich mein »Verhör« gut geplant hatte, um die gewünschte Antwort zu bekommen. Nachdem ich die Situation so sorgfältig inszeniert hatte und wir von ihren Geschwistern und ihrer Mutter, die mich verehrte, umgeben waren, blieb Pam keine große Wahl. Sie sagte ja. Ein halbes Jahr später haben wir geheiratet.

Im zweiten Berufsjahr wurden die meisten alleinstehenden FBI-Leute nach New York oder Chicago geschickt, der Logik folgend, daß es für sie leichter wäre als für Verheiratete. Ich hatte keine besondere Vorliebe und landete schließlich in Milwaukee, was in meinen Ohren ganz gut klang, obwohl ich noch nie dagewesen war. Im Januar würde ich dorthin ziehen und mich einrichten, dann wollte mir Pam nach der Hochzeit folgen.

Ich fand eine Wohnung in den Juneau Village Apartments an der Juneau Avenue, nicht allzuweit vom Milwaukee Field Office, der Außenstelle des FBI im Bundesgebäude an der North Jackson Street, entfernt. Das entpuppte sich als taktischer Fehler, denn worum es auch gehen mochte, die Reaktion war stets: »Holt Douglas, der wohnt nur drei Blocks weiter.«

Schon bevor ich in Milwaukee ankam, wußten die Frauen im Büro, wer ich war: einer von nur zwei unverheirateten FBI-Beamten. Während meiner ersten Zeit dort stritten sie sich darum, meine Diktate aufzunehmen, obwohl ich nur wenig zu tun hatte. Alle wollten in meiner Nähe sein. Aber als nach einigen Wochen durchsickerte, daß ich verlobt war, wollte mich bald keine mehr auch nur mit spitzen Fingern anfassen.

Die Atmosphäre im Milwaukee Field Office war ähnlich wie in Detroit, nur vielleicht noch ausgeprägter. Mein SAC dort war ein Mann namens Ed Hays, den alle nur Fast Eddie nannten. Er war immer rot wie eine Ampel (und fiel kurz nach seiner Pensionierung wegen akuten Bluthochdrucks tot um), lief fingerschnippend herum und brüllte: »Raus aus dem Büro! Raus aus dem Büro!«

Ich sagte: »Wohin soll ich gehen? Ich bin gerade erst angekommen. Ich habe keinen Wagen. Ich habe keine Fälle.«

Er schnauzte mich an: »Ist mir ganz egal, wohin Sie gehen. Raus aus dem Büro!«

Also ging ich. Damals war es nicht ungewöhnlich, in eine Bibliothek zu gehen oder die Wisconsin Avenue in der Nähe des Büros entlangzuspazieren und dort mehrere Agenten beim Schaufensterbummel anzutreffen, weil sie sonst nirgendwohin konnten. Zu der Zeit etwa kaufte ich meinen nächsten Wagen, einen Ford Torino, bei einem Autohändler, zu dem das FBI Kontakte unterhielt.

Unser nächster SAC, Herb Hoxie, kam vom Field Office in Little Rock, Arkansas, zu uns. Rekrutierungen waren immer eine große Sache für SACs, und sobald Hoxie eintraf, stand er schon unter Druck. Jede Außenstelle hatte eine monatliche Quote sowohl für Beamte als auch für Zivilangestellte zu erfüllen.

Hoxie rief mich in sein Büro und erklärte mir, ich sei für die Rekrutierung zuständig. Diese Aufgabe fiel gewöhnlich einem Unverheirateten zu, da sie viele Reisen durch den ganzen Staat mit sich brachte.

»Wieso ich?« fragte ich.

»Weil wir dem letzten Mann den Job abnehmen mußten und er froh sein kann, daß er nicht gefeuert wird.« Er war in die High-Schools gegangen und hatte Mädchen für zivile Aufgaben geworben. (Hoover lebte noch, und damals gab es keine weiblichen Special Agents.) Er stellte ihnen Fragen, als kämen sie von einer formellen Liste. Eine davon lautete: »Sind Sie noch Jungfrau?« Wenn sie verneinte, lud er sie zum Essen ein. Eltern fingen an, sich zu beschweren, und der SAC mußte ihn ungespitzt in den Boden rammen.

Ich rekrutierte überall im Staat. Bald schon brachte ich fast die vierfache Quote. Ich war der produktivste Werber im Land. Leider war ich zu gut. Sie wollten mir keine andere Aufgabe mehr geben. Als ich Herb erklärte, daß ich diesen Job nicht mehr wollte, daß ich nicht zum FBI gegangen war, um mich mit Personalfragen zu beschäftigen, drohte er, mich der Abteilung für Bürgerrechtsfragen zuzuteilen, was bedeutete, gegen Polizeibehörden und -beamte zu ermitteln, denen man vorwarf, Verdächtige und Gefangene mißhandelt oder Minderheiten diskriminiert zu haben. Das war auch nicht gerade der beliebteste Job beim FBI. Ich fand, das war eine wirklich nette Art, mich für meine gute Arbeit zu belohnen.

Also schlug ich einen Deal für mich heraus. Frech willigte ich ein, weiterhin so viele Leute anzuwerben, wenn Hoxie mich zu seinem Stellvertreter machte und ich einen Dienstwagen und ein Empfehlungsschreiben für ein Hochschulstipendium der Law Enforcement Assistance Administration bekäme. Ich wußte, wenn ich nicht meine gesamte Karriere im Außendienst verbringen wollte, brauchte ich einen Hochschulabschluß.

Schon jetzt betrachtete man mich im Büro mit Argwohn. Jeder, der so sehr nach Ausbildung strebte, mußte ein überzeugter

Liberaler sein. An der University of Wisconsin in Milwaukee, an der ich abends und an den Wochenenden einen Abschluß in Erziehungspsychologie anstrebte, sah man mich genau umgekehrt. Die meisten Professoren waren mißtrauisch, einen FBI-Beamten in ihrer Klasse zu haben, und ich hatte nie sonderlich viel Geduld mit all dem hypersensiblen Zeug, von dem die Psychologie so durchdrungen ist (»John, ich möchte, daß Sie sich Ihrem Nachbarn hier einmal vorstellen und ihm sagen, wie John Douglas wirklich ist.«).

In einem Kurs saßen wir alle im Kreis. So was war damals groß in Mode. Allmählich wird mir klar, daß niemand mit mir redet. Ich bemühe mich, an den Gesprächen teilzunehmen, aber keiner antwortet. Schließlich sage ich: »Was ist das Problem, Leute?« Wie sich herausstellt, ragt ein Metallkamm aus meiner Jakkentasche, und alle glauben, es sei eine Antenne, daß ich den Unterricht aufnehme und ans »Hauptquartier« weiterleite. Der paranoide Eigendünkel dieser Leute hat mich immer schon erstaunt.

Anfang Mai 1972 starb J. Edgar Hoover im Schlaf in seinem Haus in Washington. Frühmorgens trafen in allen Außenstellen Fernschreiben aus dem Hauptquartier ein. In Milwaukee wurden wir alle zum SAC gerufen, wo man uns die Neuigkeit mitteilte. Obwohl Hoover Ende Siebzig und schon seit Urzeiten dabei war, hatte niemand geglaubt, daß er eines Tages sterben könnte. Da der König nun tot war, fragten wir uns alle, woher ein neuer König kommen sollte, um an seine Stelle zu treten. L. Patrick Gray, ein Stellvertretender Generalstaatsanwalt und Gefolgsmann Nixons, wurde zum kommissarischen Direktor bestimmt. Anfangs war er beliebt, wegen solcher Neuerungen wie der Zulassung weiblicher Beamter. Erst als seine Loyalität der Regierung gegenüber in Konflikt mit den Bedürfnissen des FBI kam, rutschte er ab.

Einige Wochen nach Hoovers Tod bin ich gerade auf Rekrutierungstour in Green Bay, als Pam anruft. Sie erklärt mir, der Priester wolle uns einige Tage vor unserer Hochzeit sehen. Ich bin überzeugt davon, daß er glaubt, er könne mich zum Katholizismus bekehren, um sich bei den Kirchenoberen beliebt zu machen. Aber Pam ist eine gute Katholikin, die erzogen wurde, zu respektieren, was Priester ihr sagen, und sich dem zu fügen. Und ich weiß, sie wird mich endlos damit plagen, wenn ich mich nicht freiwillig füge.

Gemeinsam kommen wir zur St. Rita's Church, aber nur sie geht hinein, um vorab allein mit dem Priester zu sprechen. Es erinnert mich an das Polizeirevier damals, als ich auf dem College in Montana war und man uns trennte, um unsere Geschichten zu vergleichen. Ich bin mir sicher, daß sie die Gesprächsstrategie besprechen. Als sie mich schließlich hereinrufen, sage ich als erstes: »Und was habt ihr beide für einen Protestantenjungen wie mich auf Lager?«

Der Priester ist jung und freundlich, vielleicht Anfang Dreißig. Er stellt mir allgemeine Fragen wie: »Was ist Liebe?« Ich versuche, ein Profil von ihm zu erstellen, versuche, mir zu überlegen, ob es darauf eine korrekte Antwort geben könnte. Diese Gespräche sind wie Eignungstests. Man ist nie sicher, ob man sich richtig vorbereitet hat.

Wir kommen zur Geburtenkontrolle, zur Frage, wie Kinder aufgezogen werden sollen, und ähnlichen Dingen. Ich fange an, ihn zu fragen, wie er sich als Priester fühlt, im Zölibat, ohne eigene Familie. Der Priester scheint ein netter Kerl zu sein, aber Pam hat mir erzählt, St. Rita's sei eine strenge, traditionsbewußte Gemeinde, und vielleicht fühle er sich in meiner Nähe unwohl, weil ich nicht katholisch bin. Da bin ich mir nicht sicher. Ich denke, er versucht, das Eis zu brechen, als er mich fragt: »Wo haben Sie sich kennengelernt?«

Immer, wenn es in meinem Leben Streß gab, habe ich angefangen, Witze zu reißen, um die Spannung abzubauen. Das ist die Gelegenheit, denke ich. Ich schiebe meinen Stuhl näher heran. »Na ja, Pater«, sage ich, »Sie wissen, daß ich FBI-Beamter bin. Ich weiß nicht, ob Pam Ihnen von ihrer Vergangenheit erzählt hat.«

Während ich rede, komme ich ihm immer näher, suche seinen Blick, wie ich es bei Verhören gelernt habe. Ich will nur nicht, daß er Pam ansieht, weil ich weiß, wie sie reagiert. »Wir haben uns in Jim's Garage kennengelernt, einer Oben-ohne-

Bar. Pam hat da als Tänzerin gearbeitet, und sie war ziemlich gut. Aufgefallen ist sie mir aber durch diese Troddeln, die sie an den Brüsten hatte, und die hat sie in unterschiedlichen Richtungen kreiseln lassen. Glauben Sie mir, das war wirklich sehenswert.«

Pam sagt kein Sterbenswörtchen, weiß nicht, ob sie einschreiten soll oder nicht. Der Priester lauscht gespannt.

»Jedenfalls, Pater, ließ sie diese Troddeln immer schneller kreiseln, bis plötzlich eine davon ins Publikum flog. Alle haben danach gegriffen. Ich bin aufgesprungen, hab sie gefangen und ihr zurückgebracht, und heute sind wir hier.«

Sein Mund steht sperrangelweit offen. Der Mann glaubt mir jedes Wort, bis ich nicht mehr kann und lachen muß, genau wie bei meiner ausgedachten Nacherzählung in der Schule. »Sie meinen, es stimmt nicht?« fragt er. Inzwischen muß auch Pam lachen. Beide schütteln wir den Kopf. Ich weiß nicht, ob der Priester nun erleichtert oder enttäuscht ist.

Bob McGonigel wurde mein Trauzeuge. Der Morgen unserer Hochzeit war trübe und regnerisch, und ich wollte das Ganze schnell hinter mich bringen. Ich bat Bob, Pam bei ihrer Mutter anzurufen und zu fragen, ob sie schon was von mir gehört oder gesehen hätte. Natürlich verneinte sie das, und Bob erzählte, daß ich am Abend vorher nicht nach Hause gekomken sei und er fürchte, ich könne kalte Füße bekommen haben und einen Rückzieher machen. Rückblickend kann ich nicht fassen, wie pervers mein Sinn für Humor war. Irgendwann fing Bob an zu lachen und verriet uns, aber ich war etwas enttäuscht, daß Pam nicht mehr Reaktion gezeigt hatte. Hinterher erzählte sie mir, sie sei so in die Vorbereitungen vertieft gewesen, so besorgt darum, daß sich ihre Locken in der Feuchtigkeit kräuseln könnten, daß das Verschwinden des Bräutigams das geringere Problem war.

Als wir am Nachmittag in der Kirche unsere Schwüre ablegten und der Priester uns zu Mann und Frau erklärte, überraschte es mich, daß er ein paar freundliche Worte über mich zu sagen hatte.

»Ich habe John Douglas erst kürzlich kennengelernt, aber

nach dieser Begegnung habe ich lange und intensiv über meinen Glauben nachgedacht.«

Gott weiß, was den Geistlichen so sehr beschäftigt hat, aber manchmal sind Gottes Wege eben unergründlich. Einmal noch erzählte ich diese Geschichte einem Priester, und zwar dem, der in Seattle für mich betete. Und auch er hat sie mir geglaubt.

Wir hatten kurze Flitterwochen in den Pocono Mountains – herzförmige Badewanne, Spiegel an der Decke, mit allem drum und dran –, dann fuhren wir nach Long Island, wo meine Eltern eine Party für uns gaben, da nur wenige von meinen Leuten zu unserer Trauung hatten kommen können.

Nach unserer Hochzeit zogen Pam und ich nach Milwaukee. Sie hatte ihr Examen gemacht und war nun Lehrerin. Alle neuen Lehrer mußten ihre Anfangszeit als Aushilfen in den ruppigsten Stadtschulen verbringen. Eine spezielle Junior-High-School war besonders schlimm. Dort war es üblich, die Lehrer zu stoßen und zu treten, und es hatte eine Reihe versuchter Vergewaltigungen von jüngeren Lehrerinnen gegeben. Ich selbst hatte die Rekrutierung endlich hinter mir und arbeitete viel für die Reactive Squad, meist an Banküberfällen. Trotz der Gefahr, die untrennbar mit meiner eigenen Arbeit verbunden war, machte ich mir mehr Sorgen um Pams Situation. Ich hatte wenigstens eine Waffe, mit der ich mich verteidigen konnte. Einmal wurde sie von vier Schülern in ein leeres Klassenzimmer gestoßen, begrapscht und bedrängt. Sie konnte schreien und sich losmachen, aber ich war fuchsteufelswild. Am liebsten wäre ich mit ein paar Kollegen hingefahren, um den Leuten in den Arsch zu treten.

Mein bester Kumpel damals war ein Special Agent namens Joe Del Campo, der mit mir Banküberfälle bearbeitete. Wir trieben uns in der Nähe dieser Bagel-Bäckerei an der Oakland Avenue herum, nicht weit vom Campus der University of Wisconsin. Ein Ehepaar namens David und Sarah Goldberg führte den Laden, und es dauerte nicht lange, bis Joe und ich uns mit ihnen anfreundeten. Sie behandelten uns wie ihre Söhne.

Manchmal kamen wir morgens schon früh und bester Laune bewaffnet herein und halfen den Goldbergs, Bagels in den Ofen zu schieben. Wir frühstückten, brachen auf und kassierten einen Flüchtigen ein, gingen ein paar Spuren in anderen Fällen nach und kamen dann zum Lunch zurück. Joe und ich trainierten beide im Jewish Community Center, und um Weihnachten und Chanukka herum schenkten wir den Goldbergs eine Mitgliedskarte. Schließlich trieben sich auch andere FBI-Leute in Goldbergs Laden herum, und wir feierten dort eine Party, zu der sowohl der SAC als auch der ASAC erschienen.

Joe Del Campo war ein heller Bursche, mehrsprachig und sehr begabt im Umgang mit Waffen. Sein Mut spielte eine zentrale Rolle in der vielleicht seltsamsten und verwirrendsten Situation, in die ich je verwickelt war.

Eines Wintertags sind Joe und ich im Büro und verhören einen Entflohenen, den wir am selben Morgen gefaßt haben, da bekommen wir einen Anruf von der Milwaukee Police, es gebe eine Geiselnahme. Joe hat nicht geschlafen, weil er im Nachtdienst war, aber wir lassen unserem Verdächtigen etwas Bedenkzeit und fahren zum Tatort.

Als wir dort ankommen, an einem Haus im Tudorstil, erfahren wir, daß der Verdächtige, Jacob Cohen, wegen Mordes an einem Polizisten in Chicago gesucht wird. Eben erst hat er einen FBI-Beamten, Richard Carr, niedergeschossen, der versucht hatte, sich ihm in dem Wohnkomplex zu nähern, der vom neu eingerichteten FBI-SWAT-Team umstellt ist. Dann war der Verrückte durch die Reihen des SWAT-Teams gerannt und hatte sich zwei Kugeln in den Hintern eingefangen. Er schnappt sich einen kleinen Jungen, der gerade Schnee schaufelt, und rennt in irgendein Haus. Jetzt hat er drei Geiseln, zwei Kinder und einen Erwachsenen. Schließlich läßt er den Erwachsenen und eins der Kinder gehen. Er behält den kleinen Jungen, dessen Alter wir auf etwa zehn bis zwölf Jahre schätzen.

Zu diesem Zeitpunkt sind alle stinksauer. Es ist eiskalt. Cohen ist geladen, nicht zuletzt weil er den Arsch voller Blei hat. Das FBI und die Milwaukee Police sind wütend aufeinander, weil es überhaupt so weit gekommen ist. Das SWAT-Team ist sauer, weil es der erste große Fall ist, sie danebengeschossen haben und der Mann durch ihre Reihen geschlüpft ist. Das ganze FBI ist geschlossen auf Rache aus, weil einer von uns getroffen wurde. Und die Polizei von Chicago hat schon durchsickern lassen, daß sie kommen will, um ihn abzuholen, und falls irgendwer das Recht hätte, den Verdächtigen zu erschießen, dann sie.

SAC Herb Hoxie erscheint am Tatort und macht meiner Meinung nach zwei schwere Fehler, zusätzlich zu denen, die andere vor ihm begangen haben. Erstens benutzt er ein Megaphon, was ihn wie einen Diktator klingen läßt. Eine private Telefonverbindung ist sensibler, und außerdem gibt sie einem die Möglichkeit, im stillen zu verhandeln. Dann tut er das, was ich für seinen zweiten Fehler halte: Er bietet sich selbst als Geisel an, im Tausch gegen den Jungen.

Also setzt sich Hoxie hinters Lenkrad eines FBI-Wagens. Die Polizei bildet einen Kreis um den Wagen, als dieser rückwärts in die Einfahrt fährt. Inzwischen bittet mich Del Campo, ihm auf das Dach des Hauses zu helfen. Man bedenke, daß es sich um ein Haus im Tudorstil handelt, mit steilem Dach, das vom Eis sehr rutschig ist, und Joe hat die letzte Nacht kein Auge zugetan. Seine einzige Waffe ist seine .357 Magnum mit Zweieinhalb-Zoll-Lauf.

Als Cohen aus dem Haus kommt, hat er einen Arm um den Kopf des Jungen gelegt, um ihn nah bei sich zu haben. Detective Beasley vom Milwaukee Police Department tritt aus dem Kreis der Beamten hervor und sagt: »Jack, wir haben, was Sie wollen. Lassen Sie den Jungen los!« Del Campo kriecht noch immer die Dachschräge hinauf. Die Polizisten sehen ihn dort oben und merken, was er vorhat.

Der Täter und die Geisel nähern sich dem Wagen. Alles ist voll Eis und Schnee. Da rutscht der Junge plötzlich auf dem Eis aus, wodurch er Cohen aus dem Arm gleitet. Del Campo taucht hinter dem Dachfirst auf. Trotz des Risikos zielt er auf den Hals und schießt einmal.

Es ist ein Volltreffer, ein erstaunlicher Schuß, dem Täter voll in den Hals. Cohen geht zu Boden, aber keiner kann sagen, ob er oder der Junge getroffen wurde.

Kaum drei Sekunden später ist der Wagen von Kugeln durchsiebt. Im Kreuzfeuer wird Detective Beasley in die Achillessehne

95

getroffen. Der Junge kriecht auf Händen und Füßen vor den Wagen, der vorwärts auf ihn rollt, weil Hoxie, von Glassplittern getroffen, keine Kontrolle mehr über das Fahrzeug hat. Glücklicherweise wird der Junge nicht schwer verletzt.

Typisch für das FBI ist, daß der lokale Fernsehsender am Abend den Leitenden Special Agent Herbert Hoxie zeigt, wie er auf einer Bahre aus der Notaufnahme gerollt wird und, während ihm Blut aus dem Ohr rinnt, seine Presseerklärung abgibt: »Plötzlich habe ich Schüsse gehört, überall flogen Kugeln. Ich glaube, ich wurde getroffen, aber ich denke, ich bin soweit okay...« FBI, Gott, Mutterschaft, Eierkuchen und so weiter und so fort.

Doch damit war es nicht getan. Es kam beinahe zu Handgreiflichkeiten, und fast schlugen Polizisten Del Campo zusammen, weil er ihnen den Schuß weggenommen hatte. Auch das SWAT-Team ist nicht gerade begeistert, weil er sie hat dumm dastehen lassen. Sie gehen zum ASAC Ed Best, um sich zu beschweren, aber der macht sich für Del Campo gerade und sagt, Joe habe die Situation gerettet, die sie verursacht hätten.

Cohen hatte etwa 30 bis 40 Eintritts- und Austrittswunden, aber er lebte noch, als man ihn im Krankenwagen wegfuhr. Glücklicherweise für alle Beteiligten war er tot, als er im Krankenhaus ankam.

Special Agent Carr überlebte wie durch ein Wunder. Cohens Kugel war durch den Trenchcoat in Carrs Schulter gegangen, von der Luftröhre abgeprallt und in der Lunge steckengeblieben. Carr behielt diesen Trenchcoat mit dem Einschußloch und trug ihn von diesem Tag an voller Stolz.

Del Campo und ich waren eine Weile lang ein großartiges Team, wenn wir nicht gerade einen dieser Lachkrämpfe bekamen, die wir nicht wieder loswurden. Einmal waren wir in einer Schwulenbar und versuchten, ein paar Informanten über einen Homosexuellenmörder aufzutreiben. Es ist dunkel, und unsere Augen brauchen etwas Zeit, sich daran zu gewöhnen. Plötzlich werden wir uns all dieser Blicke bewußt, die auf uns gerichtet sind, und wir fangen einen Streit darüber an, welchen von uns beiden sie wohl meinen. Dann sehen wir über dem Tresen dieses Schild mit der Aufschrift: »Ein harter Mann ist schwer zu finden«, und wir können uns nicht mehr halten und gackern wie zwei Vollidioten.

Es brauchte nie viel. Einmal lachten wir los, als wir in einem Pflegeheim mit einem alten Mann im Rollstuhl sprachen, und ein anderes Mal, als wir einen adretten Ladeninhaber befragten, dessen Toupet ihm halbwegs in die Stirn gerutscht war. Es war egal. Wenn in irgendeiner Situation etwas Komisches zu finden war, würden Joe und ich es finden. So unsensibel es auch klingen mag, war diese Gabe wahrscheinlich sinnvoll. Wenn man seine Zeit damit verbringt, sich Tatorte und Leichen anzusehen, besonders wenn es um Kinder geht, wenn man mit Hunderten, später Tausenden von Opfern und deren Familien gesprochen hat, wenn man absolut unfaßbare Dinge gesehen hat, die Menschen anderen Menschen anzutun fähig sind, sollte man besser in der Lage sein, über Lächerliches auch zu lachen. Ansonsten würde man verrückt.

Im Gegensatz zu vielen Männern, die sich auf die Seite des Gesetzes stellen, war ich nie ein Waffennarr, aber schon bei der Air Force war ich ein guter Schütze gewesen. Ich dachte mir, es könne interessant sein, eine Zeitlang dem SWAT-Team anzugehören. Jede Außenstelle hatte eines. Es war ein Teilzeitjob. Die fünf Männer des Teams wurden bei Bedarf gerufen. Ich wurde in das Team aufgenommen und als Scharfschütze eingeteilt – derjenige, der am weitesten zurückbleibt und den längsten Schuß wagt. Alle anderen im Team hatten eine echte militärische Vergangenheit – Green Berets, Rangers –, nur ich hatte Frauen und Kindern von Piloten das Schwimmen beigebracht. Der Teamleiter David Kohl wurde irgendwann nach Quantico berufen, und er war es, der mich bat, die Investigative Support Unit zu übernehmen.

In einem etwas einfacheren Fall als dieser Sache mit Jacob Cohen raubte jemand eine Bank aus, verleitete dann die Polizei zu einer wilden Verfolgungsjagd und verbarrikadierte sich am Ende in einem Lagerhaus. An diesem Punkt wurden wir hinzugerufen. Drinnen im Lagerhaus zieht er sich aus, dann zieht er sich wieder an. Er scheint echt irre zu sein. Dann bittet er darum, seine Frau zum Tatort zu holen, was wir auch tun.

In späteren Jahren, nachdem wir mehr Forschung zu diesem Persönlichkeitstyp getrieben hatten, wurden wir uns darüber klar, daß man so etwas nicht tut. Man läßt sich nicht auf eine solche Forderung ein, weil die Person, die der Täter sehen will, gewöhnlich diejenige ist, die seiner Ansicht nach die ganze Situation überhaupt erst heraufbeschworen hat. Somit bringt man diese Person in große Gefahr und bereitet eine Folge von Mord und Selbstmord vor.

In diesem Fall brachte man sie glücklicherweise nicht ins Lagerhaus, sondern ließ sie mit ihm telefonieren. Und wirklich, gleich nachdem er aufgelegt hatte, blies er sich das Hirn mit einer Schrotflinte weg.

Seit Stunden hatten wir in Stellung gelegen, und plötzlich war es vorbei. Nur kann man Streß nicht immer so schnell abbauen, was oft zu verdrehtem Humor führt. »Mein Gott, wieso mußte er das tun?« bemerkte einer der Jungs. »Douglas ist ein prima Schütze. Der hätte es doch für ihn tun können.«

Etwas über fünf Jahre war ich in Milwaukee. Irgendwann zogen Pam und ich aus dem Apartment an der Juneau Avenue in ein Haus an der Brown Deer Road, weit weg vom Büro, an der Nordgrenze der Stadt. Ich verbrachte die meiste Zeit mit der Aufklärung von Banküberfällen und sammelte eine Reihe von Auszeichnungen für die Fälle, die ich löste.

Mein einziger erwähnenswerter Fehlschlag in dieser Zeit passierte, nachdem Jerry Hogan die Stelle von Herb Hoxie als SAC eingenommen hatte. Der Job brachte nicht viele Vergünstigungen mit sich, aber eine davon war ein Dienstwagen, und Hogan war stolz auf seinen neuen smaragdgrünen Ford LTD. Eines Tages brauchte ich für eine Ermittlung einen Wagen, und es war kein anderer verfügbar. Hogan war in einer Besprechung, also fragte ich den ASAC Arthur Fulton, ob ich den Wagen des SAC benutzen dürfe. Zögernd willigte er ein.

Als nächstes zitiert mich Jerry in sein Büro und schreit mich an, weil ich seinen Wagen benutzt, ihn verdreckt – und was das schlimmste ist – mit einem Platten abgestellt habe. Das war mir noch nicht mal aufgefallen. Jerry und ich kamen gut miteinander aus, deshalb kann ich mir die ganze Zeit über, während er schreit, das Lachen nicht verkneifen. Das war offenbar ein Fehler.

Später am selben Tag sagt mein Squad Supervisor Ray Byrne zu mir: »Weißt du, John, Jerry Hogan mag dich wirklich, aber er muß dir eine Lektion erteilen. Er vertraut dir das Indianerreservat an.«

Es waren die Zeiten des Zwischenfalls am Wounded Knee und des wachsenden Bewußtseins für die Rechte der amerikanischen Ureinwohner. Wir waren im Reservat ebenso verhaßt wie in den Ghettos von Detroit. Die Indianer waren von der Regierung sehr schlecht behandelt worden. Als ich zum ersten Mal zum Menominee Reservat oben an der Green Bay kam, konnte ich nicht fassen, in welcher Armut, welchem Dreck und Elend diese Leute leben mußten. So viel von ihrer Kultur war ihnen genommen worden, daß sie auf mich beinah wie betäubt wirkten. Vor allem wegen der erbärmlichen Zustände und der anhaltenden Feindseligkeit und Gleichgültigkeit der Regierung sah man in den meisten Reservaten extrem viel Alkoholismus, Mißbrauch von Kindern und Ehefrauen, Überfälle und Mord. Doch aufgrund des tiefen Mißtrauens gegenüber der Regierung war es für einen FBI-Agenten fast unmöglich, Zeugen zu irgendeiner Art von Kooperation zu bewegen.

Von den Vertretern des örtlichen Büros für Indianische Angelegenheiten kam ebensowenig Hilfe. Nicht einmal Familienmitglieder der Opfer wollten etwas mit uns zu tun haben, aus Angst, als Kollaborateure betrachtet zu werden. Bis man von einem Mord erfuhr und zum Tatort kam, hatte die Leiche manchmal schon tagelang dort gelegen und war von Insektenlarven übersät.

Mehr als einen Monat verbrachte ich im Reservat und ermittelte während dieser Zeit in mindestens sechs Mordfällen. Ich hatte solches Mitleid mit diesen Menschen, daß ich die ganze Zeit über deprimiert war, und *ich* konnte immerhin abends nach Hause fahren. Noch nie hatte ich Leute gesehen, die als Gemeinschaft so viel durchzumachen hatten. Mag sie auch riskant gewesen sein, so war meine Zeit im Reservat doch die erste konzentrierte Dosis von Ermittlungen in Mordfällen, die ich erlebte, was sich als grausige, aber wertvolle Erfahrung erweisen sollte.

Fraglos war das Beste, was mir in meiner Zeit in Milwaukee passierte, die Geburt unseres ersten Kindes Erika im November 1975. Wir waren an Thanksgiving in einem Country Club mit ein paar Freunden – Sam und Esther Ruskin – zum Essen verabredet, als Pams Wehen einsetzten. Erika kam am nächsten Tag zur Welt.

Die Ermittlungen zu den Banküberfällen brachten viel Arbeit, ich machte mein Examen, und das Baby bedeutete noch weniger Schlaf. Aber es ist wohl unnötig zu sagen, daß Pam den Großteil der Last zu tragen hatte. Nachdem ich Vater geworden war, empfand ich weit mehr familienorientierte Verantwortung und liebte es zu sehen, wie sich Erika entwickelte. Glücklicherweise für uns alle, glaube ich, hatte ich damals noch nicht angefangen, mich mit Kindesmißbrauch und -mord zu beschäftigen. Wenn ich es getan hätte – wenn ich wirklich darüber nachgedacht hätte, was da draußen vor sich ging –, hätte ich mich, glaube ich, kaum so leicht in meine Vaterrolle gefunden. Als Lauren, unser zweites Kind, 1980 geboren wurde, war ich schon mittendrin.

Vater zu sein, glaube ich, hat mich außerdem dazu motiviert, mehr aus mir zu machen. Ich wußte, daß das, was ich tat, nicht gerade das war, womit ich mein ganzes Leben verbringen wollte. Jerry Hogan riet mir, zehn Jahre im Außendienst zu bleiben, bevor ich daran dachte, mich um etwas anderes zu bemühen. Auf diese Weise hätte ich genügend Erfahrung für den Posten eines ASAC und schließlich eines SAC, um dann vielleicht am Ende zum Hauptquartier aufzusteigen. Aber mit einem Kind – und später, wie ich hoffte, noch mehreren – schien mir das Leben eines Außendienstbeamten, der von einem Büro zum nächsten zog, nicht eben verlockend.

Im Laufe der Zeit ergaben sich andere Perspektiven in meinem Job. Die Ausbildung als Scharfschütze und der Einsatz im SWAT-Team hatten ihren Reiz verloren. Mit meinem Hintergrund und bei meinem Interesse an Psychologie – inzwischen hatte ich meinen Magister gemacht – bestand die Herausforderung der Arbeit, so schien es mir, darin, die Situation zu klären, bevor erst Schüsse fallen mußten. Der SAC empfahl mich für einen zweiwöchigen Kursus über Geiselverhandlungen an die FBI-Academy in Quantico.

Dort kam ich unter Anleitung von so legendären Spezialisten wie Howard Teten und Pat Mullany zum ersten Mal mit etwas in Berührung, was sich Verhaltensforschung nannte. Und das veränderte meine gesamte Karriere.

KAPITEL FÜNF
Verhaltensforschung oder Blödsinn?

Seit der Einführungsausbildung fast fünf Jahre zuvor war ich nicht mehr in Quantico gewesen, und manches hatte sich verändert. Beispielsweise war die FBI-Academy im Frühjahr 1975 eine komplett unabhängige Einrichtung geworden, für die man ein Stück des U.S.-Marine-Geländes in der wunderschönen sanften Hügellandschaft von Virginia, etwa eine Stunde südlich von Washington, abgeteilt hatte.

Manches andere dagegen hatte sich keineswegs verändert. Die taktischen Einheiten ernteten Prestige und Ansehen, und unter diesen war die Firearms Unit der Star. Geleitet wurde sie von George Zeiss, dem Special Agent, der ausgesandt worden war, James Earl Ray aus England zurückzuholen, damit er für seinen Mord an Dr. Martin Luther King Jr. vor ein amerikanisches Gericht gestellt werden konnte. Zeiss war ein mächtiger Bär von einem Mann, der mit bloßen Händen Handschellen aufbrechen konnte. Einmal haben ein paar Jungs auf dem Schießplatz ein Paar davon genommen, die Kette zusammengelötet und dann Zeiss gegeben, damit er seinen Trick vorführte. Er zerrte so fest daran, daß er sich das Handgelenk brach und zwei Wochen lang Gips tragen mußte.

»Geiselverhandlungen« wurde von der »Spezialeinheit für Serienverbrechen« gelehrt, einer Gruppe von sieben bis neun Ausbildern aus dem Kreis der Spezialbeamten. Psychologie und die

»sanften Wissenschaften« genossen unter Hoover und seinen Kohorten nie großes Ansehen, und somit wurden sie bis zu seinem Tod eher stiefmütterlich behandelt.

Tatsächlich betrachtete damals ein großer Teil des FBI – wie die Gesetzeshüter ganz generell – Psychologie und Verhaltensforschung als nutzlosen Quatsch. Wenn ich selbst es auch niemals so gesehen habe, mußte ich doch eingestehen, daß vieles von dem, was auf diesem Gebiet gelehrt wurde, keinen direkten Bezug zum Verständnis eines Kriminellen hatte, und einige von uns sollten das später zu ändern versuchen. Als ich die Einsatzgruppe der »Spezialeinheit für Serienverbrechen« übernahm, änderte ich ihren Namen von »Behavioral Science Unit« in »Investigative Support Unit«. Und wenn mich jemand fragte, wieso, erklärte ich ihm ganz offen, ich wolle die BSU von dem BS befreien, dem *bullshit* (Blödsinn).

Die Spezialeinheit wurde unter Jack Pfaff zu der Zeit, als ich meine Ausbildung in Geiselverhandlungen machte, von zwei starken und erfahrenen Persönlichkeiten dominiert: Howard Teten und Patrick Mullany. Teten ist etwa einsneunzig und hat einen bohrenden Blick hinter seiner Drahtbrille. Obwohl er ein Ex-Marine ist, gehört er zu den eher nachdenklicheren Menschen, gibt sich stets würdevoll – der Inbegriff eines wahren Intellektuellen. Er ging 1962 zum FBI, nachdem er bei der Polizei im kalifornischen San Leandro gearbeitet hatte, in der Nähe von San Francisco. 1969 begann er, einen richtungweisenden Kursus unter dem Titel »Angewandte Kriminologie« zu geben, der schließlich (vermutlich nach Hoovers Tod) als »Angewandte Verbrechenspsychologie« bekannt wurde. 1972 war Teten inzwischen in New York gewesen, um sich mit Dr. James A. Brussel zu beraten, dem Psychologen, der den »Mad-Bomber«-Fall gelöst hatte und schließlich einwilligte, Teten seine Technik bei der Erstellung von Persönlichkeitsprofilen zu lehren.

Nachdem Teten mit diesem Wissen bewaffnet war, gelang ihm der große Durchbruch durch die Erkenntnis, wieviel man über kriminelle Verhaltensweisen und Motive erfahren kann, wenn man sich auf die Beweise am Tatort konzentriert. In gewisser Weise basiert alles, was wir in der Verhaltensforschung und Verbrechensanalyse seitdem getan haben, darauf.

Pat Mullany erinnerte mich immer an einen Kobold. Mit seinen einsfünfundsiebzig ist er ein kleiner Dicker mit wachem Verstand und enormer Energie. Er kam 1972 mit einem Diplom in Psychologie vom New York Field Office nach Quantico. Gegen Ende seiner Zeit in Quantico hatte er sich dadurch hervorgetan, daß er einige von der Öffentlichkeit sehr aufmerksam verfolgte Geiselnahmen erfolgreich gelöst hatte: in Washington, D.C., als die moslemische Hanafi-Sekte die Zentrale von B'nai B'rith besetzte, und in Warrensville Heights, Ohio, als Cory Moore, ein schwarzer Vietnamveteran, einen Polizeichef und dessen Sekretärin ausgerechnet im Revier als Geiseln nahm. Die gemeinsame Arbeit von Teten und Mullany bedeutet den ersten Höhepunkt der modernen Verhaltensforschung, und die beiden bildeten ein ebenso ungleiches wie unvergeßliches Paar.

Die anderen Ausbilder in der BSU nahmen ebenfalls am Kurs für Geiselverhandlungen teil, darunter Dick Ault und Robert Ressler, die erst kurz vorher nach Quantico gekommen waren. Standen Teten und Mullany für die erste Welle, so standen Ault und Ressler für die zweite, indem sie die Methodik zu etwas weiterentwickelten, was für die Polizei überall in den Vereinigten Staaten und auf der ganzen Welt von Wert sein konnte. Obwohl wir uns damals nur als Lehrer und Schüler kannten, gingen Ressler und ich schon bald gemeinsam unsere Studie zu Serienmördern an, die schließlich zu dem führte, was momentan praktiziert wird.

Etwa fünfzig Männer saßen im Kursus für Geiselverhandlungen. In gewisser Weise war dieser eher unterhaltsam als informativ, in jedem Fall aber eine angenehme Abwechslung von der üblichen Arbeit. Im Unterricht behandelten wir die drei Grundtypen von Geiselnehmern: professionelle Verbrecher, Geisteskranke und Fanatiker. Wir betrachteten einige der signifikanten Phänomene, die aus Geiselnahmen entstanden waren, wie etwa das »Stockholm-Syndrom«. Zwei Jahre zuvor, 1973, hatte sich aus einem fehlgeschlagenen Banküberfall in der schwedischen Hauptstadt ein für Kunden und Bankangestellte furchtbares Geiseldrama entwickelt. Am Ende identifizierten sich die Geiseln mit ihren Peinigern und unterstützten sie schließlich sogar gegen die Polizei.

Außerdem sahen wir uns Sidney Lumets Film *Hundstage* an, der gerade angelaufen war und in dem Al Pacino einen Mann spielt, der eine Bank überfällt, um Geld für eine Geschlechtsumwandlung seines Geliebten zu bekommen. Der Film basiert auf einer wahren Begebenheit in New York City. Dieser Fall und die sich daraus ergebenden langwierigen Verhandlungen führten das FBI dazu, Captain Frank Bolz und Detective Harvey Schlossberg von der New Yorker Polizei darum zu bitten, die Academy auf den neuesten Stand in Fragen der Geiselverhandlungen zu bringen; denn auf dem Gebiet waren die Leute aus New York anerkanntermaßen führend.

Wir studierten Verhandlungsprinzipien. Einige der Richtlinien – wie etwa die, den Verlust an Menschenleben möglichst gering zu halten – verstanden sich von selbst. Uns standen Tonaufnahmen realer Geiselnahmen zur Verfügung, aber es sollte noch Jahre dauern, bis die nächste Generation von Ausbildern ihre Schüler zu Rollenspielen animierte, die echten Verhandlungen am nächsten kommen. Außerdem war es in gewisser Weise verwirrend, weil vieles davon umgearbeitetes Material aus den Kursen für Kriminalpsychologie war und nicht wirklich paßte. Beispielsweise gab man uns Fotos und Dossiers über Kinderschänder oder Sexualmörder und diskutierte, wie eine solche Person bei einer Geiselnahme reagieren würde. Dann bekamen wir weiteren Schießunterricht, was damals in Quantico noch immer das große Ding war.

Vieles von dem, was wir später über Geiselverhandlungen lehrten, lernten wir nicht von anderen FBI-Leuten im Schulungsraum, sondern bei den Feuerproben im Außendienst. Wie schon erwähnt, verdiente sich Pat Mullany sein Ansehen unter anderem im Fall Cory Moore. Moore, der als paranoid-schizophren diagnostiziert worden war, stellte öffentlich einige Forderungen, nachdem er in Warrensville Heights, Ohio, den Polizeichef und seine Sekretärin als Geiseln genommen hatte. Eine seiner Forderungen war, daß alle Weißen augenblicklich die Erde verlassen sollten.

Bei einer solchen Verhandlung gibt man grundsätzlich keinen Forderungen nach, sofern es sich irgendwie vermeiden läßt. Einige Forderungen allerdings sind schlichtweg undurchführbar – egal, unter welchen Umständen. Die eben genannte gehört zweifellos dazu. Der Fall bewegte die Öffentlichkeit so sehr, daß der Präsident der Vereinigten Staaten, Jimmy Carter, anbot, mit Moore zu sprechen, um die Situation zu entschärfen. Obwohl es von Mr. Carters Seite sicher gut gemeint war und seine allgemeine Bereitschaft widerspiegelte, scheinbar unlösbare Konflikte auf der ganzen Welt zu klären zu versuchen, ist das keine gute Verhandlungsstrategie, und ich würde es in keiner Situation, die ich zu verantworten hätte, wollen. Ebensowenig Pat Mullany. Das Problem damit, den allergrößten Mann anzubieten – abgesehen davon, daß man andere kleine Leute ermutigt, dasselbe zu versuchen –, liegt darin, daß man keinen Raum zum Manövrieren mehr hat. Man sollte Verhandlungen immer über Vermittler führen, was einem Zeit gibt und verhindert, daß man Versprechungen macht, die man nicht einhalten will. Bringt man den Geiselnehmer erst in direkten Kontakt mit jemandem, den er für entscheidungsbefugt hält, stehen alle mit dem Rücken zur Wand, und wenn man seinen Forderungen nicht nachgibt, riskiert man, daß die ganze Situation bald außer Kontrolle gerät. Je länger man einen Geiselnehmer reden läßt, desto besser.

Als ich Anfang der achtziger Jahre in Quantico Geiselverhandlungen zu unterrichten begann, benutzten wir eine beklemmende Videoaufnahme, die zwei Jahre zuvor in St. Louis gemacht worden war. Irgendwann hörten wir auf, sie zu zeigen, weil es dem St. Louis Police Department so unangenehm war. Auf dem Band überfällt ein junger Schwarzer eine Bar. Der Raub geht daneben, er sitzt in der Falle, die Polizei umstellt den Laden, und er hat einen ganzen Schwung Geiseln in der Hand.

Die Polizei organisiert ein Team aus schwarzen und weißen Beamten, die mit ihm reden sollen. Aber anstatt ihm auf objektiver Ebene zu begegnen, fangen sie an, sich im Straßenslang mit ihm zu unterhalten und sich auf seine Ebene zu begeben. Alle reden durcheinander, unterbrechen ihn ständig, hören nicht zu, was er sagt, versuchen nicht, zu verstehen, was er verlangt, um aus der Situation herauszukommen.

Die Kamera macht einen Schwenk, als der Polizeichef am Tatort erscheint – wiederum etwas, was ich nie zulassen würde. Ist der Chef erst mal da, ignoriert er »offiziell« die Forderung, woraufhin sich der Mann die Waffe an die eigene Schläfe setzt und vor aller Augen das Hirn wegpustet. Und genau das ist passiert.

Vergleichen wir das damit, wie Pat Mullany im Fall Corey Moore vorgegangen ist. Selbstverständlich war Moore verrückt, und selbstverständlich würden nicht alle Weißen den Planeten Erde verlassen. Aber indem er zuhörte, konnte Mullany dahinterkommen, was Moore eigentlich wollte und was ihn zufriedenstellen würde. Mullany bot Moore eine Pressekonferenz an, in der er seine Ansichten verbreiten konnte, und Moore ließ die Geiseln ohne jedes Blutvergießen frei.

Während des Kurses in Quantico machte mein Name in der »Spezialeinheit für Serienverbrechen« die Runde, und Pat Mullany, Dick Ault und Bob Ressler empfahlen mich Jack Pfaff. Bevor ich abreiste, rief mich der Leiter der Einheit zu einem Gespräch in sein Kellerbüro. Pfaff war ein stattlicher, freundlicher Mann. Ein dunkelhäutiger Kettenraucher, der aussah wie Victor Mature. Er erklärte mir, ich hätte die Ausbilder beeindruckt und solle mir überlegen, ob ich als Betreuer der FBI-Academy nach Quantico kommen wolle. Ich fühlte mich durch das Angebot geschmeichelt und sagte, das wolle ich sehr gern.

Zurück in Milwaukee, arbeitete ich dann wieder in der Reactive Squad und dem SWAT-Team, verbrachte aber viel Zeit damit, überall im Staat Geschäftsleute darin auszubilden, wie man mit Erpressungen und drohenden Entführungen umging, und Bankangestellte darin, wie man Einzeltäter oder schwerbewaffnete Banden behandelte, von denen besonders Banken auf dem Land geplagt wurden.

Es war erstaunlich, wie naiv einige dieser erfahrenen Geschäftsleute waren, was ihre persönliche Sicherheit anging, indem sie ihre Termine, sogar ihre Ferienplanungen, in den Lokal- und Firmenzeitungen veröffentlichen ließen. In vielen Fällen waren sie leichte Beute für potentielle Kidnapper. Ich versuchte, ihnen und ihren Sekretärinnen und Angestellten zu zeigen, wie man telefonische Anfragen nach Informationen einschätzt und wie man beurteilt, ob ein Anruf tatsächlich von einem Erpresser stammt oder nicht. Beispielsweise war es nicht ungewöhnlich, daß ein Geschäftsführer den Anruf bekam, seine Frau oder sein Kind seien entführt worden und er solle eine bestimmte Summe an dieser oder jener Stelle hinterlegen. Trotz der Tatsache, daß sich Frau oder Kind in Sicherheit befanden und keinerlei Gefahr ausgesetzt waren, hatte der Erpresser doch gewußt, daß das Familienmitglied aus irgendeinem Grund nicht zu erreichen sein würde, und falls er einen oder zwei einwandfrei klingende Fakten nennen konnte, war er in der Lage, den verzweifelten Geschäftsführer dazu zu bewegen, auf seine Forderungen einzugehen.

Auf ähnliche Weise konnten wir die Rate der erfolgreichen Banküberfälle drastisch senken, indem wir die Angestellten dazu bewegten, simple Prozeduren einzuführen. Eine der weitestverbreiteten Methoden war es, frühmorgens draußen zu warten, bis der Filialleiter eintraf, um aufzuschließen. Der Täter schnappte sich den Mann, und wenn weitere nichtsahnende Angestellte kamen, wurden auch die einkassiert. Und schon hatte man eine ganze Bankfiliale voller Geiseln und einen Riesenärger am Hals.

Ich brachte einige Filialen dazu, ein schlichtes Codesystem einzuführen. Wenn der erste morgens kam und feststellte, daß die Luft rein war, tat er etwas ganz Bestimmtes – rückte einen Vorhang zurecht, eine Pflanze, machte ein bestimmtes Licht an, was auch immer –, um allen anderen zu signalisieren, daß alles okay war. Falls dieses Zeichen nicht zu sehen sein sollte, wenn der nächste zur Arbeit kam, ging dieser nicht hinein, sondern rief umgehend die Polizei.

Weiterhin zeigten wir den Kassierern, die der eigentliche Schlüssel zur Sicherheit einer jeden Bank sind, worauf sie achten mußten und was sie in Paniksituationen tun sollten, damit sie nicht als tote Helden endeten. Wir erklärten ihnen den korrekten Umgang mit explodierenden Geldbündeln, die damals gerade weite Verbreitung fanden. Und auf der Grundlage der Gespräche, die ich mit einer Reihe von erfolgreichen Bankräubern geführt hatte, wies ich die Kassierer an, den Zettel, den sie vom Täter bekamen, in die Hand zu nehmen, ihn dann auf ihrer Seite der Gitterstäbe »versehentlich« fallen zu lassen, statt ihn dem Täter zurückzugeben, um so ein wertvolles Beweisstück zu sichern.

Ich wußte aus meinen Gesprächen, daß Bankräuber selten unvorbereitet zuschlugen, so daß es extrem wertvoll sein konnte, Notizen zu Personen zu machen, die man in der Bank noch nie gesehen hatte, besonders wenn sie mit einer einfachen Bitte kamen, etwa einen Geldschein in eine Rolle Münzen tauschen wollten. Wenn der Kassierer in der Lage war, ein Kennzeichen aufzuschreiben, oder wenn er einen Ausweis gesehen hatte, konnte man einen späteren Überfall oft schneller aufklären.

Ich trieb mich inzwischen mit Beamten des städtischen Morddezernats und bei den Gerichtsmedizinern herum. Jeder Pathologe – und auch die meisten guten Kriminalbeamten – erklären einem, das allerwichtigste Beweisstück in jedem Mordfall sei die Leiche des Opfers, und ich wollte soviel wie möglich lernen. Sicher stammte meine Faszination dafür zum Teil noch aus meiner Jugend, als ich Tierarzt werden und die Strukturen und Funktionen eines Körpers verstehen wollte. Aber obwohl ich gern mit dem Morddezernat und den Gerichtsmedizinern arbeitete, interessierte mich am meisten die psychologische Seite: Was geht in einem Mörder vor? Was läßt ihn unter den bestimmten Voraussetzungen, die er dafür braucht, einen Mord begehen?

Während meiner Wochen in Quantico hatte man mich mit einigen bizarren Mordfällen konfrontiert, und der bizarrste von allen war tatsächlich praktisch vor meiner Haustür passiert – etwa 140 Meilen entfernt. Aber das war mir nah genug.

Damals, in den Fünfzigern, hatte Edward McGein abgeschieden in einem Dorf namens Planfield, Wisconsin, gelebt, einer von 642 Einwohnern. Er hatte seine kriminelle Laufbahn in aller

Stille begonnen, als Grabräuber. Sein besonderes Interesse galt der Haut der Leiche, die er ablöste, gerbte und sich überzog, wenn er nicht eine Schneiderpuppe oder seine Möbel damit schmückte. Damals hatte er eine Geschlechtsumwandlung ins Auge gefaßt – was in den fünfziger Jahren im Mittleren Westen noch revolutionär war –, und als sich das als undurchführbar erwies, entschloß er sich zu der zweitbesten Möglichkeit, die darin bestand, sich einen Frauenanzug aus echten Frauen anzufertigen. Manch einer hat spekuliert, er habe versucht, wie seine verstorbene dominante Mutter zu werden. Sollte dieser Fall vertraut klingen, so liegt es daran, daß gewisse Aspekte davon sowohl von Robert Bloch in seinem Roman *Psycho* (den Hitchcock zum Filmklassiker machte) als auch von Thomas Harris in *Das Schweigen der Lämmer* verarbeitet wurden. Harris stieß auf die Geschichte, als er in einer unserer Unterrichtsstunden in Quantico saß.

McGein hätte wahrscheinlich weiterhin als Leichenschänder im verborgenen bleiben können, wenn seine Phantasie ihn nicht dazu getrieben hätte, mehr Leichen zu »schaffen«, um sie zu verarbeiten. Schon zu Beginn unserer Studie über Serienmörder merkten wir, daß diese Steigerung etwas ist, was sich in fast allen Fällen beobachten läßt. McGein wurde des Mordes an zwei älteren Frauen angeklagt, obwohl ihm wahrscheinlich mehr Frauen zum Opfer gefallen sind. Im Januar 1958 wurde er für geisteskrank erklärt, und den Rest seines Lebens verbrachte er im Central State Hospital in Waupun und im Mendota Mental Health Institute, wo er sich stets als mustergültiger Gefangener gab. 1984 starb McGein friedlich im Alter von siebenundsiebzig Jahren in der Geriatrischen Abteilung von Mendota.

Selbstverständlich bekommt man als Detective oder Special Agent im Außendienst solcherart Dinge nicht allzu oft zu sehen. Als ich wieder nach Milwaukee kam, wollte ich soviel wie möglich über diesen Fall erfahren. Als ich mich jedoch bei der Staatsanwaltschaft darum bemühte, mehr herauszufinden, stellte ich fest, daß die Akten aufgrund der Geisteskrankheit versiegelt waren.

Als ich erklärte, ich sei Special Agent des FBI und hege pädagogisches Interesse für die Verbrechen, konnte ich die Staatsanwaltschaft dazu bewegen, mir die Akten vorzulegen. Ich werde nie vergessen, wie ich dem Archivar folgte, die Kiste von den endlosen Regalen hob und allen Ernstes ein Wachssiegel aufbrechen mußte, um an die Akten heranzukommen. In der Kiste jedoch sah ich Fotos, die sich sofort in meinem Gehirn einprägten: kopflose, nackte Frauenleichen, verkehrt herum an Seilen und Flaschenzügen aufgehängt, vorn vom Brustbein bis zum Vaginalbereich aufgeschlitzt, wobei sämtliche Genitalien herausgeschnitten waren. Andere Fotos zeigten abgetrennte Köpfe auf einem Tisch, deren leere, offene Augen ins Nichts starrten. So schrecklich es war, diese Bilder zu betrachten, begann ich doch, mir zu überlegen, was sie über die Person aussagten, die so etwas getan hatte, und wie dieses Wissen zur Festnahme hätte führen können. Und in gewisser Weise denke ich seitdem immer darüber nach.

Ende September 1976 verließ ich Milwaukee für meine vorübergehende Verpflichtung als Betreuer der 107th National Academy Session in Quantico. Pam mußte allein zurückbleiben, sich um das Haus und unsere einjährige Tochter Erika kümmern, und das alles neben ihrem Unterricht. Und es war nur das erste der vielen Male, die ich dienstlich lange unterwegs war, und leider denken zu viele von uns beim FBI, dem Militär und im diplomatischen Dienst zuwenig an die schwere Last der Ehepartner.

Das FBI National Academy Program ist ein harter, elfwöchiger Kurs für erfahrene und bewährte Polizeibeamte aus der ganzen Welt. In vielen Fällen werden die Schüler der Academy gemeinsam mit FBI-Beamten ausgebildet. Den Unterschied erkennt man an der Farbe ihrer Hemden. FBI-Leute tragen blaue, die Schüler der National Academy rote. Noch etwas: NA-Schüler sind meist älter und erfahrener. Um sich zu qualifizieren, muß man von seinem örtlichen Dienststellenleiter empfohlen und von den Leuten in Quantico angenommen werden. Die National Academy bietet nicht nur eine exzellente Ausbildung im neuesten Wissensstand und in den jüngsten Techniken der Strafverfolgung, sondern dient auch als weites und informelles

Umfeld, in dem das FBI persönliche Beziehungen zu Cops aufbauen kann, was sich immer wieder als unschätzbare Hilfe erwiesen hat. Leiter des Programms der National Academy war Jim Cotter, eine echte Institution, den die Polizei verehrte.

Als Betreuer war ich für eine Gruppe Schüler verantwortlich, die Sektion B, die aus fünfzig Mann bestand. Obwohl die Direktoren Patrick Gray und später Clarence Kelley versuchten, das FBI von den engen Strukturen der Hoover-Jahre zu befreien, wurden nach wie vor keine Frauen in die National Academy eingeladen. Neben Amerikanern hatte ich Leute aus England, Kanada und Ägypten. Man wohnt in denselben Unterkünften, und es wird von einem erwartet, daß man vom Dozenten über den Sozialarbeiter bis hin zum Therapeuten und der Herbergsmutter so ziemlich alles auf einmal ist. Auf diese Weise konnten die Mitarbeiter der »Spezialeinheit für Serienverbrechen« sehen, wie man mit der Polizei zusammenarbeitete, ob einem die Atmosphäre in Quantico gefiel und wie man mit dem Streß fertig wurde.

Und davon gab es reichlich. Ohne ihre Familien, zum ersten Mal in ihrem Erwachsenenleben in Wohnheimen untergebracht, in denen sie sich das Bad mit Leuten teilen mußten, die sie noch nie vorher gesehen hatten, in Räumen, in denen sie nicht trinken durften, vor körperliche Herausforderungen gestellt, denen die meisten von ihnen seit der Grundausbildung nicht mehr ausgesetzt gewesen waren, bekamen die Schüler eine ausgezeichnete Schulung, die allerdings ihren Preis forderte. In der sechsten Woche etwa drehten viele der Cops durch und schlugen mit den Köpfen an die weißen Betonwände.

Und das forderte natürlich auch von den Betreuern seinen Tribut. Jeder löste seine Aufgabe anders. Wie mit allem in meinem Leben, beschloß ich, daß ich – wenn wir alle heil aus dieser Sache herauskommen wollten – Sinn für Humor zeigen mußte. Andere Betreuer gingen es anders an. Einer von ihnen war so streng und überspannt, daß er seine Leute selbst in den Sportstunden fertigmachte. In der dritten Woche war seine Sektion so genervt von ihm, daß sie ihm einen Satz Koffer schenkte – symbolisch für: »Hau ab!«

Ein anderer Betreuer war ein Special Agent, den ich hier Fred nennen will. Er hatte nie Alkoholprobleme gehabt, bis er nach Quantico kam. Dort bekam er sie.

Die Betreuer wurden angehalten, bei Schülern auf Anzeichen von Depression zu achten. Fred war dazu übergegangen, sich in seinem Zimmer einzuschließen, rauchte wie ein Schlot und trank bis zum Umfallen. Wenn man mit Cops zu tun hat, die auf der Straße hart geworden sind, überlebt nur der Stärkere. Jede Schwäche kostet einen den Kopf. Und Fred, der wirklich ein netter Kerl war, so sensibel und verständnisvoll und leichtgläubig, hatte bei seiner Mannschaft keine Chance.

Es gab eine feste Regel: Keine Frauen auf den Zimmern. Eines Abends kommt einer der Cops zu Fred und sagt: »Ich kann es nicht mehr ertragen.« So was will man als Betreuer nicht hören. Sein Zimmergenosse habe jede Nacht eine andere Frau im Bett, und er könne nicht schlafen. Also geht Fred mit dem Mann zu dessen Zimmer und sieht ein halbes Dutzend anderer Männer draußen vor der Tür, die mit Geld in den verschwitzten Händen darauf warten, daß sie an die Reihe kommen. Fred rastet aus, fällt über den Mann her, der da auf dieser langhaarigen Blondine liegt, packt ihn, zerrt ihn von der Frau – und findet eine Gummipuppe.

Eine Woche später kommt ein anderer Cop mitten in der Nacht in Freds Zimmer und sagt, sein deprimierter Zimmergenosse Harry sei gerade aus dem Fenster gesprungen. Eigentlich sollten die Fenster im Wohnheim gar nicht zu öffnen sein. Fred rennt also den Korridor hinunter in das Zimmer, sieht aus dem Fenster und findet Harry blutüberströmt auf dem Rasen liegen. Fred rast die Treppe hinunter und nach draußen, wo Harry aufspringt und ihn zu Tode erschreckt. Wie sich herausstellt, fehlte an diesem Abend eine Flasche Ketchup in der Cafeteria. Bei Kursende fielen Fred die Haare aus, er rasierte sich nicht mehr, sein Bein war taub, und er humpelte. Ein Neurologe konnte nichts feststellen. Ein Jahr später wurde er vom Außendienst befreit und aus Krankheitsgründen entlassen. Der Mann tat mir leid, aber in einer Hinsicht sind Cops den Kriminellen ähnlich: Jedem muß man beweisen, wie hartgesotten man ist.

Trotz meiner entspannten und humorvollen Art war auch ich dagegen nicht immun, wenn es sich bei den meisten Zwischenfällen auch glücklicherweise um Dummejungenstreiche handelte. Einmal schleppte meine Gruppe sämtliche Möbel aus meinem Zimmer, und mehrmals spannten sie Plastik über meinen Toilettensitz. Irgendwo mußten sie ihren Streß ablassen.

Es kam der Punkt, an dem sie mich verrückt machten und ich dringend eine Weile wegmußte, und da sie gute Cops waren, spürten sie diesen Augenblick genau. Sie bocken meinen grünen MGB auf Mauersteine, haben ihn gerade so weit an, daß die Räder den Boden nicht berühren. Ich steige ein, drehe den Zündschlüssel, trete die Kupplung, lege den ersten Gang ein, lasse den Motor vergeblich aufheulen und kann mir nicht erklären, wieso ich nicht schnellstens unterwegs bin. Ich steige aus und verfluche die verdammten britischen Ingenieure. Ich öffne die Motorhaube, trete gegen die Reifen, ich bücke mich und spähe unter den Wagen. Plötzlich wird es auf dem Parkplatz taghell. Alle sitzen sie in ihren Autos und leuchten mich mit ihren Scheinwerfern an. Da sie behauptet hatten, mich zu mögen, setzten sie den Wagen tatsächlich wieder auf festen Boden, nachdem sie ihren Spaß gehabt hatten.

Auch die ausländischen Schüler bekamen ihr Fett weg. Viele von ihnen kamen mit leeren Koffern, gingen zum Laden für Armeeangehörige und kauften wie verrückt ein. Besonders gut erinnere ich mich an einen hochrangigen ägyptischen Colonel. Er hatte einen Cop aus Detroit gefragt, was *fuck* bedeute. (Schwerer Fehler!) Der Cop hatte ihm gesagt – was in gewisser Weise stimmte –, daß es ein Wort sei, das viele, viele verschiedene Bedeutungen haben könne, je nach Situation, daß es jedoch fast immer passe. Eine der Bedeutungen sei »schön« oder »edel«.

Er ist also im Laden, geht zum Stand für Fotoapparate, zeigt auf einen und dröhnt: »*I wish to buy that fucking camera.*«

Die entsetzte Verkäuferin sagte: »*Excuse me?*«

»I want to buy that fucking camera!«

Einer der anderen kommt eilig herüber und erklärt ihm, daß der Ausdruck zwar viele Bedeutungen haben mag, man ihn aber Frauen und Kindern gegenüber nicht benutzt.

Dann war da dieser japanische Polizeibeamte, der pflichtschuldig einen der anderen Cops gefragt hatte, wie man Ausbilder grüßen solle, von denen man eine hohe Meinung habe. Von da an verbeugte er sich jedesmal, wenn ich ihm auf dem Korridor begegnete, voller Respekt und begrüßte mich mit: »*Fuck you, Mr. Douglas.*«

Um die Sache nicht noch zu komplizieren, erwiderte ich seinen Diener und antwortete: »*Fuck you, too.*«

Normalerweise bestanden die Japaner, wenn sie jemanden zur National Academy schickten, darauf, daß es zwei Schüler sein mußten. Nach einer Weile wurde klar, daß es sich bei dem einen davon um den ranghöheren Offizier handelte und bei dem anderen um dessen Untergebenen, der dafür verantwortlich war, seinem Vorgesetzten die Schuhe zu putzen, ihm das Bett zu machen, das Zimmer zu fegen und ganz allgemein als sein Diener zu fungieren. Einmal gingen einige Schüler zu Jim Cotter und beklagten sich darüber, daß der ranghöhere Japaner regelmäßig Karate und sonstigen Kampfsport trainierte, indem er seinem Begleiter die Seele aus dem Leib prügelte. Cotter nahm den Offizier beiseite, erklärte ihm, daß auf der Akademie alle Schüler gleich seien, und machte unmißverständlich klar, daß derartiges Verhalten nicht geduldet würde. Der Vorfall verdeutlicht die kulturellen Barrieren, die zu überwinden sind.

Ich nahm am Unterricht teil und bekam eine Ahnung davon, wie man ihn am besten führte. Im Dezember, gegen Ende des Kurses, boten mir sowohl die »Behavioral Science Unit« als auch die »Education Unit«, die Ausbildungseinheit, Jobs an. Der Chef der »Education Unit« bot an, mehr Geld für weiterführende Schulen zu zahlen, aber ich interessierte mich mehr für die Verhaltensforschung.

Eine Woche vor Weihnachten kam ich wieder nach Milwaukee, so zuversichtlich, den Posten in Quantico zu bekommen, daß Pam und ich fünf Morgen Land südlich der FBI-Academy kauften. Im Januar 1977 kündigte das FBI eine Personalstudie an, während deren Erarbeitung sämtliche Versetzungen storniert wurden. Soviel zu meinem neuen Job. Ich saß mit diesem Grundstück in Virginia da, mußte mir von meinem Vater Geld für die Anzahlung leihen und hatte noch immer keine Ahnung, wie meine Zukunft beim FBI aussehen sollte.

Und dann, mehrere Wochen später, bearbeite ich gerade gemeinsam mit einem Beamten namens Henry McCaslin einen Fall, als ich einen Anruf aus dem Hauptquartier bekomme, daß ich im Juni nach Quantico zur »Spezialeinheit für Serienverbrechen« versetzt werden soll.

Mit meinen zweiunddreißig Jahren sollte ich die Stelle von Pat Mullany einnehmen, der zum Inspektionspersonal im Hauptquartier ging. Das waren große Fußstapfen, in die ich da treten sollte, und ich freute mich auf die Herausforderung. Sorge machten mir nur die Leute, die ich auszubilden hatte. Ich wußte, wie sie Betreuer auseinandernehmen, selbst solche, die sie mochten. Ich konnte mir vorstellen, wie ruppig sie mit Ausbildern umgingen, die ihnen sagen wollten, wie sie ihren Job zu machen hatten. Ich hatte den richtigen Tanz zwar drauf, aber ich wußte nicht, ob ich das Lied gut genug kannte. Wenn ich sie in Verhaltensforschung unterrichten sollte, mußte ich eine Möglichkeit finden, soviel wie möglich von dem alten Blödsinn zu eliminieren. Und wenn ich einem fünfzehn oder zwanzig Jahre älteren Polizeioberen etwas von Wert sagen wollte, mußte ich Belege vorweisen.

Diese Sorge war es, die mich auf dem nächsten Schritt meiner Reise begleitete.

KAPITEL SECHS
Mit der Show auf Reisen

Neun FBI-Beamte waren der Abteilung »Behavioral Science« zugeteilt, als ich im Juni 1977 dazukam, und alle waren in erster Linie mit dem Lehrbetrieb beschäftigt. Der Hauptkurs, der sowohl FBI-Personal als auch Schülern der National Academy angeboten wurde, nannte sich »Angewandte Kriminalpsychologie«. Howard Teten hatte ihn schon 1972 ins Leben gerufen, und er konzentrierte sich auf die Frage, die Detectives und andere Ermittler am meisten beschäftigt: das Motiv. Die Idee dahinter war, Hörern ein Verständnis davon zu vermitteln, warum Gewalttäter auf bestimmte Art und Weise denken und handeln. So beliebt und sinnvoll dieser Kurs auch war, gründete er sich doch hauptsächlich auf Forschung und Lehre der akademischen Psychologie. Einiges Material stammte aus Tetens eigener Erfahrung, später auch aus der von anderen Ausbildern. Doch damals konnte nur die Wissenschaft mit der Autorität organisierter, methodischer, breitflächig ausgeführter Studien aufwarten. Und manchem von uns dämmerte langsam, daß diese Studien und die akademische Perspektive auf dem Gebiet der Strafverfolgung und Verbrechensaufklärung nur begrenzt Anwendung finden konnten.

Zum weiteren Kursangebot der Academy gehörten: »Aktuelle Polizeiprobleme«, ein Kurs, der sich mit Fragen der Arbeitsorganisation, Polizeigewerkschaften, Beziehungen im kommunalen

Bereich und ähnlichen Themen beschäftigte; »Soziologie und Psychologie«, in dem das typische Einführungscurriculum auf Collegeniveau vorgestellt wurde; und »Sexualverbrechen«, der leider oft genug eher unterhaltsam als nützlich oder informativ ausfiel. Je nachdem, wer den Kurs »Sexualverbrechen« unterrichtete, wurde der Unterricht ernst genommen oder nicht. Einer der Ausbilder gab den Ton mit einer Puppe eines alten Exhibitionisten im Regenmantel vor. Wenn man auf deren Kopf drückte, öffnete sich der Mantel, und ein Penis zuckte hervor. Außerdem zeigte man zahllose Fotos von Leuten mit verschiedenartigsten sexuellen Vorlieben, die man damals allerdings als Perverse bezeichnete: Transvestiten, Fetischisten, Exhibitionisten und so weiter. Diese Bilder riefen oft unpassendes Gelächter in der Klasse hervor. Wenn es um Voyeurismus geht oder ein Mann in Frauenkleidern gezeigt wird, muß man bei dem einen oder anderen Foto vielleicht ein leises Lachen herunterschlukken. Kommt man zu den Extremen von Sadomasochismus oder Pädophilie, und es wird noch immer gelacht, ist mit einem selbst oder dem Ausbilder oder beiden irgend etwas nicht in Ordnung. Es bedurfte vieler Jahre und einiger Sensibilisierung, bis Roy Hazelwood und Ken Lanning hinzukamen und die Studien zu Themen wie Vergewaltigung und sexuellem Mißbrauch von Kindern auf eine ernsthafte und professionelle Ebene brachten. Hazelwood ist inzwischen pensioniert, aber immer noch als Berater aktiv, und Lanning geht bald in den Ruhestand. Diese beiden Männer gehören – jeweils auf ihren Spezialgebieten – zu den weltweit führenden Experten in der Verbrechensbekämpfung.

Aber damals, in den Zeiten von Hoover und »Nur die Fakten, Ma'am«, betrachtete niemand in leitender Stellung das, was man später Täterprofilerstellung nennen würde, als nützliches Werkzeug zur Aufklärung von Verbrechen. Tatsächlich schien manchem schon das Wort *Verhaltensforschung* ein Widerspruch in sich zu sein, und die Verfechter des Fachs hätten ebensogut Magie oder Spiritismus betreiben können. Jeder, der damit »herumpfuschte«, mußte es also inoffiziell tun, ohne Protokoll darüber zu führen. Als Teten und Mullany begannen, Persönlichkeitsprofile zu erstellen, taten sie es verbal, niemals schriftlich. Die erste Regel lautete stets: »Bringt das FBI nicht in Verlegenheit«, und man wollte nichts dokumentieren, was auf einen selbst – oder den SAC – zurückschlagen konnte.

Auf Tetens Initiative hin und basierend auf dem, was er von Dr. Brussel in New York gelernt hatte, bot man einzelnen Polizeibeamten auf deren Wunsch hin inoffiziell Beratungen an, aber es gab weder ein organisiertes Programm noch den Gedanken daran, daß die »Spezialeinheit für Serienverbrechen« diese Funktion erfüllen solle. Normalerweise rief ein ehemaliger Hörer der National Academy bei Teten oder Mullany an, um mit ihnen über einen Fall zu sprechen, der ihm Schwierigkeiten bereitete.

Eine der ersten Anfragen kam von einem Polizisten aus Kalifornien, der verzweifelt versuchte, den Mord an einer Frau aufzuklären, die mit zahlreichen Messerstichen getötet worden war. Abgesehen von der Brutalität des Verbrechens gab es nichts besonders Auffälliges, und gerichtsmedizinisch gesehen ließ sich ebenfalls nicht viel bewegen. Als der Polizist die wenigen vorhandenen Fakten beschrieb, riet Teten ihm, in der Nachbarschaft des Opfers zu suchen – nach einem schmächtigen, unattraktiven Einzelgänger, noch keine zwanzig Jahre alt, der die Frau aus einem Impuls heraus getötet hatte und nun mit ungeheuren Schuldgefühlen und der Angst, entdeckt zu werden, rang. »Wenn Sie an seinem Haus sind und er zur Tür kommt«, schlug Teten vor, »sehen Sie ihm nur in die Augen und sagen: ›Sie wissen, warum ich gekommen bin.‹« Es sollte nicht schwierig sein, ein Geständnis aus ihm herauszuholen.

Zwei Tage später rief der Polizist zurück und berichtete, sie hätten systematisch an alle Türen in der Nachbarschaft geklopft. Als ein Junge, auf den Tetens »Profil« paßte, an die Tür kam, platzte er – noch bevor der Cop seinen Spruch aufsagen konnte – heraus: »Okay, Sie haben mich geschnappt!«

Obwohl es damals den Eindruck gemacht haben mag, daß Teten Kaninchen aus dem Hut zauberte, gab es doch eine Logik für den beschriebenen Typus Mensch und die Situation. Und im Laufe der Jahre würden wir diese Logik immer rigoroser anwenden und aus dem, was Teten und Pat Mullany in ihrer Freizeit betrieben, eine wichtige Waffe im Kampf gegen Gewaltverbrechen entwickeln.

Wie so oft bei Fortschritten auf einem bestimmten Gebiet gründete sich auch dieser eher auf Glück als auf Verstand. Das Glück war in diesem Fall, daß ich als Ausbilder in Sachen Verhaltensforschung nicht wirklich das Gefühl hatte, ich wüßte, was ich tat, und glaubte, ich müsse mehr Informationen aus erster Hand bekommen.

Als ich nach Quantico kam, stand Mullany kurz vor seinem Abschied, und Teten war der absolute Guru. Die Verantwortung, mich einzuweisen, fiel also den beiden Männern zu, die mir an Alter und Erfahrung am nächsten waren – Dick Ault und Bob Ressler. Dick war etwa sechs Jahre älter als ich, Bob etwa acht. Beide hatten bei der Militärpolizei gedient, bevor sie zum FBI kamen. »Angewandte Kriminalpsychologie« setzte sich aus etwa vierzig Stunden Unterricht im Laufe des elfwöchigen Kurses an der National Academy zusammen. Die wirksamste Möglichkeit, einen Neuen einzuarbeiten, boten die »Vortragsreisen«, in denen Ausbilder aus Quantico dieselben Kurse in hochkomprimierter Form vor lokalen Polizeidienststellen und -akademien überall in den Vereinigten Staaten abhielten. Diese waren beliebt, und gewöhnlich gab es Wartelisten für unsere Dienste, meist von Revierleitern und dienstälteren Leuten, die den gesamten Kurs an der NA bereits hinter sich hatten. Mit einem erfahrenen Ausbilder zu reisen und ihm zwei Wochen lang zuzusehen war eine gute Methode, sich das anzueignen, was zu tun war. Also machte ich mich mit Bob auf den Weg.

Es gab ein Standardritual bei den Vortragsreisen. Sonntags reiste man ab, von Montag bis Freitag mittag unterrichtete man in einer Dienststelle oder Akademie, dann zog man zur nächsten Schulung weiter und fing wieder von vorn an. Nach einer Weile fühlte man sich wie Shane oder der Lone Ranger – man reitet in die Stadt, gibt sein Bestes, den Einwohnern zu helfen, und reitet, wenn die Arbeit getan ist, schweigend davon. Manchmal hätte ich ihnen gern eine silberne Kugel dagelassen, die sie an uns erinnern sollte.

Von Anfang an fühlte ich mich unwohl dabei, nach dem »Hörensagen« zu unterrichten. Viele Ausbilder – ich selbst allen voran – hatten mit den allermeisten Fällen, die sie unterrichteten, keine eigene Erfahrung. Insofern glich es sehr wohl einem Collegekurs in Kriminologie, bei dem der Professor meist noch nie draußen auf der Straße war und nicht erlebt hat, wovon er spricht. Ein großer Teil des Kurses bestand aus »Kriegsanekdoten«, die ursprünglich von den für den Fall zuständigen Beamten erzählt und dann im Laufe der Zeit ausgeschmückt worden waren, bis sie mit den wahren Begebenheiten nur noch wenig gemein hatten. Als ich auf den Plan trat, war es so weit gekommen, daß ein Ausbilder einen bestimmten Fall erwähnte und ihm jemand aus der Klasse widersprach, der selbst an diesem Fall gearbeitet hatte! Am schlimmsten daran war, daß der Ausbilder nicht immer nachgeben wollte, sondern oft darauf beharrte, er hätte recht, selbst noch jemandem gegenüber, der dabeigewesen war. Diese Haltung kann auf Dauer dazu führen, daß die Klasse das Vertrauen in alles andere verliert, was man sagt, ob man es aus persönlicher Erfahrung weiß oder nicht.

Mein anderes Problem bestand darin, daß ich gerade erst zweiunddreißig geworden war und dazu noch jünger aussah. Ich sollte erfahrene Polizisten unterrichten, von denen viele fünfzehn bis zwanzig Jahre älter waren. Wie sollte ich ihnen Respekt abnötigen oder etwas beibringen? Die meiste Erfahrung in Mordfällen hatte ich unter den Fittichen hartgesottener Cops in Detroit und Milwaukee gesammelt, und nun wollte ich den gleichen Leuten sagen, wie sie ihren Job machen sollten. Also dachte ich mir, ich müßte bestens Bescheid wissen, bevor ich diesen Männern unter die Augen trat, und alles, was ich nicht wußte, mußte ich schnellstens lernen.

Ich stellte mich dabei nicht dumm an. Vor jeder Stunde fragte ich, ob jemand in der Klasse direkt Erfahrung mit einem der Fälle oder Täter hatte, über die Ich an diesem Tag sprechen wollte. Wenn ich beispielsweise von Charles Manson erzählen wollte, fragte ich als erstes: »Ist hier jemand vom Los Angeles Police Department? Hat jemand den Fall bearbeitet?« Und wenn es zufällig jemanden gab, bat ich ihn, uns die Einzelheiten des Falles zu schildern. Auf diese Weise sorgte ich dafür, daß ich niemandem widersprach, der wußte, wie es wirklich gewesen war.

Selbst wenn man nur zweiunddreißig und frisch aus dem Außendienst war, wurde dennoch von einem erwartet, daß man – wenn man in Quantico unterrichtete oder aus Quantico kam, um zu unterrichten – mit der ganzen Autorität der FBI-Academy und ihren eindrucksvollen Möglichkeiten sprach. Ständig kamen in den Pausen Cops zu mir, oder während der Vortragsreisen riefen sie abends in meinem Hotelzimmer an und baten um Tips in aktuellen Fällen. »He, John, ich hab' da diesen Fall, der ganz ähnlich ist wie der, von dem Sie heute gesprochen haben. Was halten Sie davon?« Es nahm kein Ende. Und ich brauchte etwas Autorität für das, was ich tat, nicht Autorität vom FBI, sondern persönliche Autorität.

Auf Reisen kommt man an einen Punkt – für mich zumindest war es so –, an dem einem klar wird, daß man nicht alle Lieder hören, nicht alle Margaritas trinken und nicht ewig auf seinem Zimmer hocken und in die Glotze starren kann. Dieser Punkt kam für mich in der Cocktail Lounge eines Hotels Anfang 1978 in Kalifornien. Bob Ressler und ich unterrichteten in Sacramento. Als wir am nächsten Tag abfuhren, erwähnte ich, daß die meisten von diesen Typen, über die wir sprachen, noch lebten und für den Rest ihres Lebens auf Eis lagen. Sehen wir doch mal, ob wir mit ihnen sprechen, sie fragen können, wieso sie es getan haben, um rauszufinden, wie es in *ihren* Augen aussah. Wir können es nur versuchen. Wenn es nicht klappt, dann eben nicht.

Seit langem schon hatte ich den Ruf, ein Heißsporn zu sein, und dieser Vorschlag war nicht eben dazu angetan, dieses Bild in Bobs Augen zu verwässern. Dennoch stimmte er meiner verrückten Idee zu. Bobs Motto war immer gewesen: »Lieber um Verzeihung als um Erlaubnis zu bitten.« Das schien in diesem Fall ganz sicher zuzutreffen. Wir wußten, wenn wir das Hauptquartier um Erlaubnis baten, würden wir diese nicht bekommen. Und nicht nur das. Alles, was wir von nun an versuchten, würde gründlichst unter die Lupe genommen. Jede Bürokratie muß Heißsporne genauestens im Auge behalten.

In Kalifornien hat es stets mehr abwegige und spektakuläre

Verbrechen gegeben als sonstwo, und insofern schien es mir ein guter Ausgangspunkt zu sein. John Conway war Special Agent beim lokalen FBI-Büro in San Rafael, nördlich von San Francisco. Er kannte Bob aus dem Unterricht in Quantico, besaß ausgezeichnete Beziehungen zu Beamten des kalifornischen Strafvollzugs und sagte zu, die Verbindung herzustellen und für uns die entsprechenden Vorbereitungen zu treffen. Wir wußten, daß wir jemanden brauchten, dem wir vertrauen konnten und der uns vertraute, denn falls dieses kleine Unternehmen fehlschlug, würde es reichlich Schuldzuweisungen hageln.

Der erste Gewalttäter, auf den wir uns einigten, war Ed Kemper, der seine zahlreichen Haftstrafen, die sich zu mehrmals »lebenslänglich« addierten, in der California State Medical Facility von Vacaville, etwa auf halbem Weg zwischen San Francisco und Sacramento, verbüßte. Wir hatten seinen Fall an der National Academy gelehrt, ohne je persönlichen Kontakt mit ihm gehabt zu haben, also schien er uns ein guter Ausgangspunkt. Ob er einwilligen würde, mit uns zu sprechen, war noch die Frage.

Die Fakten des Falles waren gut dokumentiert. Edmund Emil Kemper III wurde am 18. Dezember 1948 in Burbank, Kalifornien, geboren. Er wuchs mit zwei jüngeren Schwestern in einer kaputten Familie auf: Seine Mutter Clarnell und sein Vater Ed Jr. stritten sich ununterbrochen und trennten sich schließlich. Nachdem Ed eine ganze Reihe »merkwürdiger« Verhaltensweisen an den Tag gelegt hatte – unter anderem zerstückelte er zwei Hauskatzen und trieb rituelle Todesspiele mit seiner älteren Schwester Susan –, schickte seine Mutter ihn zu dem von der Familie getrennt lebenden Vater. Als er dort ausriß und wieder zu seiner Mutter lief, schickte man ihn zu seinen Großeltern väterlicherseits auf eine abgelegene kalifornische Farm am Fuße der Sierra. Dort fühlte er sich allein und langweilte sich zu Tode, weit weg von seiner Familie und dem schwachen Trost, den die vertraute Umgebung seiner Schule ihm hatte bieten können. Und dort – an einem Nachmittag im August 1963 – erschoß der große, kräftige Vierzehnjährige seine Großmutter Maude mit einem Gewehr vom Kaliber .22 und stach danach mehrmals mit einem Küchenmesser auf ihre Leiche ein. Sie hatte darauf bestanden, daß er ihr im Haushalt helfen und nicht mit seinem Großvater, den er lieber mochte, hinaus aufs Feld gehen sollte. Da er wußte, daß Großvater Ed das, was er gerade getan hatte, nicht eben gutheißen würde, erschoß er auch ihn, als der nach Hause kam, und ließ die Leiche auf dem Hof liegen. Als er später von der Polizei verhört wurde, zuckte er mit den Schultern und sagte: »Ich wollte nur wissen, was es für ein Gefühl ist, Grandma zu erschießen.«

Die scheinbare Unmotiviertheit des Doppelmordes brachte Ed eine Diagnose ein, die »passiv-aggressive Persönlichkeitsstörung« lautete, und daraufhin eine Einweisung ins Atascadero State Hospital für geisteskranke Straftäter. Man entließ ihn 1969 im Alter von einundzwanzig Jahren, gegen den Rat staatlicher Psychiater, und gab ihn in die Obhut seiner Mutter, die inzwischen ihren dritten Mann verlassen hatte und als Sekretärin an der neueröffneten University of California in Santa Cruz arbeitete. Inzwischen war Ed Kemper zwei Meter groß und wog um die hundertfünfzig Kilo.

Zwei Jahre lang ging er allen möglichen Jobs nach, fuhr mit seinem Wagen auf Straßen und Highways herum und machte es sich zur Gewohnheit, junge Anhalterinnen aufzugabeln. Santa Cruz und die Umgebung schienen magnetische Anziehungskraft auf hübsche kalifornische Studentinnen zu haben, und Kemper war in seiner Jugend in mancher Hinsicht zu kurz gekommen. Zwar lehnte man ihn bei der Highway Patrol ab, aber er bekam einen Job beim State Highway Department.

Am 7. Mai 1972 nahm er zwei Freundinnen vom Fresno State College mit, Mary Ann Pesce und Anita Luchessa. Er fuhr mit ihnen in eine abgelegene Gegend, erstach die beiden jungen Frauen, dann brachte er die Leichen ins Haus seiner Mutter, wo er Polaroids von ihnen machte, sie sezierte und mit verschiedenen Organen herumspielte. Anschließend packte er den Rest in Plastiktüten, vergrub die Leichen in den Bergen von Santa Cruz und warf die Köpfe in eine tiefe Schlucht neben der Straße.

Am 14. September nahm Kemper Aiko Koo, ein fünfzehnjähriges High-School-Mädchen, mit, erstickte sie, verging sich an der Leiche und nahm sie zum Sezieren mit nach Hause. Am nächsten Morgen, als er den staatlichen Psychiatern, die seinen Geisteszustand einschätzen und bewerten sollten, einen Routinebesuch abstattete, lag Koos Kopf in seinem Kofferraum. Das Gespräch aber lief gut, und die Psychiater erklärten, er sei sich selbst und anderen keine Gefahr mehr, und empfahlen, die Akte über seine Jugendstrafe zu versiegeln. Kemper hatte seine wahre Freude an diesem symbolischen Akt. Dieser untermauerte seine Verachtung für das System und gleichzeitig sein Gefühl der Überlegenheit. Wieder fuhr er in die Berge, wo er die Einzelteile von Koos Leiche in der Nähe des Boulder Creek vergrub.

(Zur Zeit von Kempers Aktivitäten konnte Santa Cruz den unrühmlichen Titel der »Serienmörderhauptstadt der Welt« für sich in Anspruch nehmen. Herbert Mullin, ein intelligenter, gutaussehender, paranoid-schizophrener Täter, ermordete sowohl Männer als auch Frauen – wie er behauptete – auf Drängen von Stimmen hin, die ihn lenkten, damit er half, die Umwelt zu retten. Aus ähnlichem Motiv heraus hatte ein vierundzwanzigjähriger, eigenbrötlerischer Automechaniker, der im Wald außerhalb der Stadt wohnte, John Linley Frazier, ein Haus niedergebrannt und eine sechsköpfige Familie umgebracht, als Warnung an alle, die die Natur zerstören wollen. »Materialismus muß sterben, oder die Menschheit muß enden«, stand auf dem Zettel unter dem Scheibenwischer des Rolls Royce der Familie. Es schien, als fände jede Woche eine weitere Greueltat statt.)

Am 9. Januar 1973 nahm Kemper die Studentin Cindy Schall aus Santa Cruz mit, zwang sie mit vorgehaltener Waffe in den Kofferraum und erschoß sie dann. Ganz, wie er es sich zur Gewohnheit gemacht hatte, brachte er ihre Leiche zum Haus seiner Mutter, drang auf seinem Bett in sie ein, sezierte sie in der Badewanne, tütete dann die Reste ein und warf sie bei Carmel über die Klippen ins Meer. Eine Neuerung war, daß er Cindy Schalls Kopf mit dem Gesicht nach oben im Hof begrub, mit Blick auf das Schlafzimmer seiner Mutter, da sie immer gewollt hatte, »daß die Leute zu ihr aufsehen«.

Inzwischen war Santa Cruz starr vor Entsetzen über den »Coed Killer«. Man warnte junge Frauen davor, sich von Fremden mitnehmen zu lassen, besonders von Leuten, die nicht der scheinbar sicheren Gemeinschaft der Universität angehörten. Doch Kempers Mutter arbeitete am College, und somit hatte er einen Aufkleber der Universität am Wagen.

Keinen Monat später nahm Kemper Rosalind Thorpe und Alice Liu mit, die er beide erschoß und dann in den Kofferraum hievte. Zu Hause ließ er ihnen dieselbe Behandlung angedeihen wie den vorherigen Opfern. Er warf ihre zerstückelten Leichen in den Eden Canyon bei San Francisco, wo man sie eine Woche später fand.

Sein Zwang zum Töten eskalierte in sogar für ihn selbst beunruhigendem Maße. Er dachte daran, alle Leute im Block zu erschießen, entschied sich am Ende jedoch dagegen. Er hatte eine bessere Idee – etwas, wovon er merkte, daß er es schon immer hatte tun wollen. Am Osterwochenende ging Kemper, während seine Mutter schlief, in ihr Zimmer und schlug wiederholt mit einem Tischlerhammer auf sie ein, bis sie tot war. Dann enthauptete er sie und vergewaltigte ihre kopflose Leiche. Schließlich schnitt er ihr den Kehlkopf heraus und warf diesen in den Müllschlucker. »Das schien mir nur angemessen«, erklärte er später der Polizei, »nachdem sie mich all die Jahre so gegängelt und genervt und angeschrien hatte.«

Doch als er den Müllschlucker betätigen wollte, klemmte dieser und warf ihm den blutigen Kehlkopf wieder entgegen. »Noch im Tod hat sie genervt. Ich konnte sie einfach nicht zum Schweigen bringen!«

Dann rief er Sally Hallett an, eine Freundin seiner Mutter, und lud sie zu einem »Überraschungsessen« ein. Als sie kam, schlug er sie mit einem Knüppel nieder, erwürgte sie, hackte ihr den Kopf ab und ließ die Leiche in seinem Bett liegen, während er sich im Bett seiner Mutter schlafen legte. Am Morgen des Ostersonntags stieg er in seinen Wagen und fuhr ziellos durch die Gegend. Ständig hörte er Radio; er erwartete, daß er landesweite Berühmtheit erlangt hätte. Doch es kam nichts.

Kurz vor Pueblo in Colorado – benommen und erschöpft vom Mangel an Schlaf, enttäuscht, daß seine große Geste keinen tieferen Eindruck hinterlassen hatte – hielt er an einer Telefonzelle am Straßenrand, rief bei der Polizei von Santa Cruz an und gestand – nach mehreren Versuchen, die Beamten davon zu überzeugen, daß er die Wahrheit sagte – sowohl die Morde als auch die Tatsache, daß er der »Coed Killer« war. Dann wartete er geduldig, bis ein Streifenwagen ihn abholte.

Kemper wurde wegen achtfachen Mordes verurteilt. Als man ihn fragte, was er für eine angemessene Strafe hielt, erwiderte er: »Tod durch Folter«.

Obwohl John Conway im Vorfeld bereits Vereinbarungen mit der Gefängnisleitung getroffen hatte, beschloß ich, daß es das beste wäre, »kalt« um Gespräche mit Gefangenen zu ersuchen, wenn wir dort wären – selbst wenn es bedeutete, daß wir die Reise vielleicht umsonst unternahmen. Nichts bleibt in einem Gefängnis geheim, und wenn sich herumsprach, daß ein bestimmter Insasse Beziehungen zum FBI pflegte, würde man in ihm einen Spitzel oder Schlimmeres vermuten. Tauchten wir unangemeldet auf, wäre den Gefangenen klar, daß wir in einem Fall ermittelten und keine vorherigen Vereinbarungen getroffen oder Deals ausgehandelt hatten. Somit war ich in gewisser Weise überrascht, daß Ed Kemper tatsächlich einwilligte, mit uns zu sprechen. Offensichtlich hatte ihn schon seit einiger Zeit niemand mehr nach seinen Verbrechen befragt, und er war neugierig, was wir vorhatten.

Der Besuch eines Hochsicherheitsgefängnisses ist eine höchst unerquickliche Erfahrung, selbst für einen Bundesbeamten. Zuerst muß man seine Schußwaffe aushändigen, denn selbstverständlich sollen keine Waffen in den Zellentrakt gelangen. Als zweites wird man aufgefordert, eine Verzichtserklärung zu unterzeichnen, in der man bestätigt, daß man das Gefängnis von jeglicher Verantwortung befreit, falls man als Geisel genommen wird, und man sich darüber im klaren ist, daß es in einem solchen Fall keine Verhandlungen gibt. Einen FBI-Beamten in der Hand zu haben könnte ein enormer Verhandlungsposten sein. Nachdem diese Formalitäten geklärt waren, führte man Bob Ressler, John Conway und mich in einen Raum mit einem Tisch und Stühlen, wo wir auf Ed Kemper warten sollten.

Als sie ihn hereinbrachten, fiel mir zuallererst auf, wie riesenhaft dieser Mann war. Ich hatte gewußt, daß er groß war und in

Schule und Nachbarschaft wegen seiner Körpergröße als Außenseiter gegolten hatte, aber aus der Nähe betrachtet war er einfach gigantisch. Er hätte ohne weiteres jeden von uns auseinandernehmen können. Er hatte längeres dunkles Haar, einen dichten Schnauzer und trug ein offenes Arbeitshemd mit weißem T-Shirt, das seinen mächtigen Wanst umspannte.

Außerdem wurde bald klar, daß Kemper ein heller Bursche war. Gefängnisakten stuften seinen IQ bei 145 ein, und während der zahlreichen Stunden, die wir mit ihm verbrachten, sorgten Bob und ich uns, daß er vielleicht viel klüger war als wir. Er saß schon lange ein und hatte viel Zeit gehabt, über sein Leben und seine Taten nachzudenken, und als er merkte, daß wir seine Akten sorgsam gelesen hatten und wußten, ob er uns zum Narren hielt, öffnete er sich und erzählte stundenlang.

Seine Haltung war weder großspurig und arrogant noch reumütig und zerknirscht. Er sprach mit sanfter Stimme, wirkte ziemlich kühl, analytisch und irgendwie abwesend. Tatsächlich war es im Verlauf des Gespräches oft schwierig, ihn zu unterbrechen, um eine Frage zu stellen. Weinerlich wurde er nur, als er sich daran erinnerte, wie seine Mutter ihn behandelt hatte.

Da ich den Kurs »Angewandte Kriminalpsychologie« unterrichtet hatte, ohne genau zu wissen, ob alles, was ich sagte, stimmte, interessierte ich mich für die alte Frage, ob Verbrecher geboren oder geformt werden. Obwohl es nach wie vor keine definitive Antwort gibt und vielleicht auch niemals geben wird, warfen Kempers Darstellungen doch einige faszinierende Fragen auf.

Es war unstreitig, daß Eds Eltern eine schreckliche Ehe geführt hatten. Er erzählte uns, daß er von klein auf seinem Vater so ähnlich gesehen hatte, daß seine Mutter ihn haßte. Dann wurde seine Größe zum Thema. Mit zehn Jahren war er für sein Alter bereits ein Riese, und Clarnell fürchtete, er könne seine Schwester Susan belästigen. Daher ließ sie ihn in einem fensterlosen Kellerraum neben der Heizung schlafen. Jeden Abend, wenn es Zeit wurde, schlafen zu gehen, sperrte Clarnell ihn im Keller ein, während Susan und sie nach oben in ihre Zimmer gingen. Das machte ihm schrecklich angst und schürte abgrundtiefen Haß gegen die beiden Frauen. Hinzu kam die endgültige Trennung seiner Mutter von Eds Vater. Wegen seiner Größe, seiner Schüchternheit und weil ihm zu Hause das Rollenbild fehlte, mit dem er sich hätte identifizieren können, war Ed von jeher zurückgezogen und »anders« gewesen. Als er dann erst wie ein Gefangener im Keller eingesperrt war, so daß er sich schmutzig und gefährlich fühlen mußte, ohne eigentlich etwas Unrechtes getan zu haben, erblühte seine mörderische Phantasie erst richtig. Damals tötete und verstümmelte er die beiden Hauskatzen, eine mit seinem Taschenmesser, die andere mit einer Machete. Später sollten wir feststellen, daß dieser kindliche Wesenszug von Grausamkeit gegenüber kleinen Tieren der Grundpfeiler dessen war, was man später die »Mordtriade« nennen sollte, zu der außerdem ungewöhnlich langes Bettnässen und das Zündeln gehören.

Es ist zugleich traurig und ironisch, daß Eds Mutter in Santa Cruz sowohl bei Vorgesetzten als auch bei Schülern sehr beliebt war. Man hielt sie für eine sensible, warmherzige Person, zu der man gehen konnte, wenn man Probleme hatte oder sich einfach etwas von der Seele reden mußte. Doch zu Hause behandelte sie ihren verängstigsten Sohn wie ein Ungeheuer.

Du wirst niemals eins von diesen College-Mädchen kennenlernen oder heiraten, lautete ihre unüberhörbare Botschaft. Die sind alle viel zu gut für dich. Da sie ihn unaufhörlich mit dieser Haltung konfrontierte, faßte Ed irgendwann den Entschluß, ihren Erwartungen zu entsprechen.

Auf ihre eigene Art und Weise – das muß gesagt werden – versuchte sie sehr wohl, für ihn zu sorgen. Als er Interesse daran äußerte, zur California Highway Patrol zu gehen, bemühte sie sich darum, daß seine Jugendstrafe gelöscht wurde, damit das »Stigma«, seine Großeltern ermordet zu haben, nicht sein ganzes Leben überschattete.

Dieser Wunsch, für die Polizei zu arbeiten, war eine weitere interessante Offenbarung, die bei unseren Studien über Serienmörder immer und immer wieder auftauchte. Als die drei gängigsten Motive von Serienvergewaltigern und -mördern fanden wir: Dominanz, Manipulation und Kontrolle. Wenn man bedenkt, daß die meisten dieser Leute zornige, erfolglose Verlierer sind, die das Gefühl haben, sie seien im Leben zu kurz gekommen, und daß die meisten von ihnen physisch oder emotional gequält wurden, wie auch Ed Kemper, kann es nicht überraschen, daß eine ihrer wichtigsten Phantasien die Polizeiarbeit ist.

Ein Polizist symbolisiert Macht und öffentliches Ansehen. Wird es von ihm verlangt, ist er autorisiert, schlechten Menschen im Namen des Gemeinwohls Schmerzen zuzufügen. Bei unseren Recherchen stießen wir darauf, daß zwar nur wenige Polizisten die Seiten wechseln und schwere Verbrechen verüben, oft genug jedoch Serientäter in ihrem Bemühen, Polizist zu werden, gescheitert waren und Jobs in verwandten Berufen angenommen hatten, wie etwa bei Sicherheitsdiensten oder als Nachtwächter. Wir begannen, in einigen Persönlichkeitsprofilen zu sagen, der Unbekannte fahre einen Wagen, der einem Polizeifahrzeug ähnelt, etwa einen Ford Crown Victoria oder einen Chevrolet Caprice. Manchmal, wie etwa im Fall der Kindermorde von Atlanta, hatte der Täter einen gebrauchten und »abgerüsteten« Polizeiwagen gekauft.

Noch verbreiteter ist der »Polizeifan«. Ed Kemper erzählte uns, er sei in Bars gegangen, in denen sich Polizisten herumtrieben, um Gespräche aufzufangen. Es gab ihm das Gefühl, ein Insider zu sein, stellvertretend die Macht eines Polizisten zu haben. Und während der »Coed Killer« wütete, hatte er einen direkten Draht, um Informationen über den Fortgang der Ermittlungen zu erhalten, was ihm ermöglichte, die nächsten Schritte der Polizei vorherzusagen. Tatsächlich hatte Kemper, als er am Ende seiner langen, blutigen Mission von Colorado aus telefonierte, einige Probleme, die Cops von Santa Cruz davon zu überzeugen, daß er keineswegs einen schlechten Scherz machte, sondern daß der »Coed Killer« wirklich ihr alter Kumpel Ed sein sollte. Nach allem, was wir gelernt haben, gehen wir inzwischen routinemäßig davon aus, daß ein Täter versuchen wird, sich in die Ermittlungen einzuschmeicheln. Jahre später sagte mein Kollege Gregg McCrary während der Arbeit an den Arthur Shawcross-Prostituiertenmorden in Rochester, New York, korrekt voraus, daß sich der Mörder als jemand herausstellen würde, den viele Polizisten gut kannten und der sie in ihren Lieblingslokalen begeistert aushorchte.

Besonders interessierte ich mich für Kempers Methoden. Daß er wiederholt mit solchen Verbrechen in derselben Gegend davonkam, bedeutete, daß er etwas »richtig« machte, daß er analysierte, was er tat, und lernte, seine Technik zu perfektionieren. Man darf nicht vergessen, daß das Jagen und Töten für diese Leute das Wichtigste im Leben ist, ihr wichtigster »Job«, und daß sie ständig daran denken. Ed Kemper wurde so »gut« bei dem, was er tat, daß eines Tages, als er wegen eines defekten Rücklichts mit zwei Leichen im Kofferraum angehalten wurde, der Polizist noch vermerkte, wie freundlich er gewesen sei, und ihn ohne Verwarnung gehen ließ. Anstatt schreckliche Angst vor der Entdeckung und Verhaftung zu haben, war das für Kemper Teil der Spannung. Leidenschaftslos erklärte er uns, daß er, falls der Polizist in den Kofferraum gesehen hätte, bereit gewesen sei, ihn zu töten. Bei anderer Gelegenheit wickelte er einen Mann vom Sicherheitsdienst der Universität ein, während in seinem Auto zwei Frauen ihren Schußwunden erlagen. Beide waren bis zum Hals in Decken gewickelt, eine gleich neben ihm auf dem Beifahrersitz, die andere im Fond. Ruhig und etwas verlegen erklärte Kemper, die Mädchen seien betrunken und er bringe sie nach Hause. Der letzte Teil dieser Aussage war korrekt. Und bei wieder anderer Gelegenheit nahm er eine Frau mit ihrem kleinen Sohn mit und hatte vor, beide umzubringen. Doch als er anfuhr, sah er im Rückspiegel, daß der Begleiter der Frau sein Kennzeichen notiert hatte. Also blieb er vernünftig, fuhr Mutter und Sohn, wohin sie wollten und setzte sie dort ab.

Klug wie er war, hatte Kemper im Gefängnis an psychologischen Tests teilgenommen, so daß er sämtliche Fachworte kannte und uns eine Analyse seines Verhaltens bis ins kleinste psychiatrische Detail geben konnte. Alles an seinen Taten war Teil der Herausforderung, Teil des Spiels, selbst die Frage, wie die Opfer ins Auto zu locken waren, ohne daß er sich verdächtig machte. Er erzählte uns, wenn er bei einem hübschen Mädchen hielt, habe er sie gefragt, wohin sie wolle, dann habe er auf seine

Uhr gesehen, als müßte er sich entscheiden, ob seine Zeit dafür reichte. Er wollte ihr das Gefühl geben, er sei ein vielbeschäftigter Mann, der Wichtigeres zu tun habe, als Anhalterinnen mitzunehmen, damit sie beruhigt einstieg. Abgesehen davon, daß es uns einen Blick in die Methoden eines Mörders erlaubt, wies diese Art der Information auf etwas Wichtiges hin: Der gesunde Menschenverstand – Stichworte, Körpersprache und so weiter –, mit dem wir andere Menschen einschätzen und augenblicklich Urteile über sie fällen, versagt angesichts von Soziopathen oft. Für Ed Kemper beispielsweise *hatte* es höchste Priorität, eine hübsche Tramperin mitzunehmen, und er hatte lange, konzentriert und analytisch darüber nachgedacht, wie er sein Ziel am besten erreichen konnte. Länger, konzentrierter und analytischer, als eine junge Frau es von ihrer Perspektive aus tat, wenn sie ihm begegnete.

Manipulation. Dominanz. Kontrolle. Das sind die drei Losungen gewaltorientierter Serientäter. Alles, was sie tun und denken, ist darauf ausgerichtet, ihr ansonsten leeres Leben auszufüllen.

Der wahrscheinlich entscheidendste Einzelfaktor in der Entwicklung eines Serienvergewaltigers oder -mörders ist die Phantasie. Und das meine ich im weitesten Sinne. Ed Kempers Phantasien bildeten sich früh heraus, und sie alle hatten mit der Beziehung zwischen Sexualität und Tod zu tun. Zu dem Spiel, das seine Schwester mit ihm spielen mußte, gehörte, daß er an einen Stuhl gefesselt wurde, als säße er in der Gaskammer. Seine sexuellen Phantasien endeten – sofern sie andere einbezogen – mit dem Tod der Partnerin und ihrer Zerstückelung. Aufgrund seines Minderwertigkeitsgefühls fühlte sich Kemper in einer normalen Beziehung zu einem Mädchen nicht wohl. Er konnte sich nicht vorstellen, daß irgendein Mädchen ihn wollte. Also mußte er das irgendwie kompensieren. Er mußte seine Partnerin vollständig besitzen, was bedeutete: Er mußte ihr ganzes Leben besitzen.

»Lebend waren sie distanziert, teilten nichts mit mir«, erklärte er bei einem Geständnis, das vor Gericht verlesen wurde. »Ich habe versucht, eine Beziehung aufzubauen. Wenn sie starben, habe ich an nichts anderes denken können, als daß sie mir gehören würden.«

Bei den meisten Sexualmördern gibt es mehrere Schritte auf dem Weg von der Phantasie zur Realität, oft begleitet von Pornographie, morbiden Experimenten mit Tieren und Grausamkeit gegenüber Gleichaltrigen. Im letzten Punkt kann der Täter ihnen die schlechte Behandlung direkt »heimzahlen«. In Kempers Fall fühlte sich der Junge von den anderen Kindern wegen seiner Körpergröße und seiner Art ausgestoßen. Und er erzählte uns, daß er, bevor er die beiden Hauskatzen zerstückelte, eine Puppe seiner Schwester genommen und ihr Kopf und Hände abgeschnitten hatte, um zu üben, was er mit Lebewesen anstellen wollte.

Auf einer anderen Ebene sollte Kempers Phantasie ihn von seiner dominanten Mutter befreien, die ihn quälte, und alles, was er als Mörder getan hat, läßt sich in diesem Zusammenhang erklären. Man darf mich nicht falsch verstehen: Das alles soll nicht entschuldigen, was er getan hat. Alles in meiner eigenen Geschichte und Erfahrung sagt mir, daß Menschen für ihre Taten verantwortlich sind. Meiner Meinung nach ist Ed Kemper aber ein Beispiel für jemanden, der nicht als Serienmörder geboren, sondern zu einem gemacht wurde. Hätte er dieselben Mordphantasien gehabt, wenn er in einer stabileren und liebevolleren Umgebung aufgewachsen wäre? Wer weiß? Aber hätte er sie auf dieselbe Art und Weise in die Tat umgesetzt, wenn es nicht diese unglaubliche Wut gegen eine dominante weibliche Persönlichkeit in seinem Leben gegeben hätte? Ich glaube nicht; denn die gesamte Entwicklung in Kempers Karriere als Mörder läßt sich als Versuch erklären, es seiner Mutter heimzuzahlen. Als er sich schließlich dazu bringen konnte, diesen letzten Akt zu vollziehen, hatte das Drama ein Ende.

Das war ein weiteres Charakteristikum, auf das wir immer wieder stoßen sollten. Nur selten richtet ein Täter seine Wut auf das Objekt seiner Verachtung. Obwohl Kemper uns erklärte, er sei manchmal nachts auf Zehenspitzen mit einem Hammer in das Zimmer seiner Mutter geschlichen und habe sich vorgestellt, ihr damit den Schädel einzuschlagen, brauchte er doch

133

mindestens sechs Morde, bis er tatsächlich den Mut zu dem aufbrachte, was er eigentlich tun wollte. Und wir haben viele andere Variationen dieser Ersatzstrategie erlebt. Beispielsweise ist es unter Serienmördern verbreitet, nach der Tat eine Art »Trophäe« vom Opfer mitzunehmen, etwa einen Ring oder eine Kette. Diesen Schmuck gibt der Mörder dann seiner Frau oder Freundin, selbst wenn diese die »Ursache« seines Zorns sein sollte. Normalerweise sagt er dann, er habe es gekauft oder vielleicht auch gefunden. Wenn er dann sieht, daß sie es trägt, durchlebt er die Erregung des Tötens neu und findet sowohl die Dominanz als auch die Kontrolle über sie wieder, da er weiß, daß er auch seiner Partnerin hätte antun können, was er seinem unglücklichen Opfer angetan hat.

Schließlich begannen wir in unserer Analyse, die Komponenten des Verbrechens in Elemente wie das Verhalten vor und nach der Tat aufzuteilen. Kemper hatte jedes seiner Opfer verstümmelt, was uns anfangs an einen Sadisten denken ließ. Doch die Verstümmelungen waren allesamt erst nach dem Tod des Opfers vorgenommen worden, nicht als es noch lebte, und so handelte es sich dabei nicht um Folter. Nachdem ich Kemper einige Stunden lang zugehört hatte, wurde mir klar, daß die Zerstückelung eher fetischistischen als sadistischen Zwecken diente und mehr mit der Phantasie des Besitzens zu tun hatte.

Gleichermaßen bedeutsam fand ich seinen Umgang mit den Leichen und wie er sich ihrer entledigte. Die ersten Opfer wurden sorgsam weit entfernt vom Haus seiner Mutter begraben. Die späteren, darunter auch seine Mutter und deren Freundin, hatte er praktisch einfach liegenlassen. Dieses Verhalten und seine ausschweifenden Fahrten durch die Stadt mit Leichen und Leichenteilen im Auto schienen mir ein Versuch zu sein, die Gesellschaft zu verhöhnen, von der er meinte, sie verhöhne und verstoße ihn.

Wir führten im Laufe der Jahre mehrere längere Gespräche mit Kemper, von denen jedes informativ war, jedes erschütternd detailliert. Dort saß ein Mann, der kaltblütig intelligente junge Frauen in der Blüte ihres Lebens abgeschlachtet hatte. Dennoch wäre es unehrlich, wenn ich sagen würde, ich hätte Ed nicht gemocht Er war freundlich, offen, sensibel und hatte Sinn für Humor. Sofern man so etwas überhaupt sagen kann, muß ich doch zugeben, daß ich gern mit ihm zusammen war. Ich möchte nicht, daß er frei herumläuft, und in seinen lichtesten Momenten möchte auch er es nicht. Doch meine persönlichen Empfindungen ihm gegenüber – damals wie heute – weisen auf einen wichtigen Punkt für jeden hin, der mit gewaltbereiten Wiederholungstätern zu tun hat. Viele dieser Männer sind charmant, gewandt und können sich sehr gut ausdrücken.

Wie konnte dieser Mann etwas so Schreckliches tun? Es muß irgendwelche mildernden Umstände geben. Das sagt man sich, wenn man mit einigen von ihnen spricht. Man kann das ganze Ausmaß ihrer Taten nicht begreifen. Und das ist der Grund, warum Psychiater, Richter und Bewährungshelfer sich so oft täuschen lassen, was ein Thema ist, zu dem wir später noch im einzelnen kommen werden.

Vorerst gilt: *Will man den Künstler verstehen, muß man sich sein Werk ansehen.* Das sage ich meinen Leuten immer. Man kann Picasso nicht verstehen oder würdigen, ohne seine Bilder zu betrachten. Die erfolgreichen Serienmörder planen ihr Werk so sorgsam wie ein Maler ein Gemälde. Sie betrachten das, was sie tun, als ihre »Kunst« und verfeinern sie im Laufe der Zeit. Meine Einschätzung eines Menschen wie Ed Kemper basiert also zum Teil darauf, daß ich mich mit ihm getroffen und auf persönlicher Ebene mit ihm kommuniziert habe. Der Rest ist das Studium und Verständnis seines »Werkes«.

Die Gefängnisbesuche wurden zur regelmäßigen Praxis, wenn Bob Ressler oder ich unterwegs waren und die Zeit und Gelegenheit fanden. Wo immer ich war, stellte ich fest, wo sich die nächstgelegene Haftanstalt befand und wer unter den Insassen von Interesse sein mochte.

Nachdem wir eine Weile so vorgegangen waren, verfeinerten wir unsere Technik. Gewöhnlich waren wir viereinhalb Tage pro Woche eingespannt, daher versuchte ich, einige der Gespräche abends oder am Wochenende zu führen. Die Abende waren oft schwierig, weil die meisten Gefängnisse nach dem Abendessen einen Zählappell durchführen und danach niemand mehr in den Zellentrakt darf. Aber nach einer Weile versteht man die Regeln und paßt sich ihnen an. Ich stellte fest, daß mir die FBI-Marke Zutritt zu fast allen Haftanstalten und dazu einen Termin mit dem Direktor verschaffte, und so begann ich, unangemeldet aufzutauchen, was oft am besten funktionierte. Je mehr Gespräche ich führte, desto sicherer wurde ich bei dem, was ich unterrichtete und altgedienten Cops erzählte. Endlich hatte ich das Gefühl, mein Unterricht bekäme eine Art realistische Basis, daß es sich nicht nur um wiedergekäute Anekdoten der Leute handelte, die dabeigewesen waren.

Es war nicht notwendigerweise so, daß meine Gesprächspartner tiefe Einsichten in ihre Verbrechen und Psychen zuließen. Vieles von dem, was sie uns erzählten, gab nur ihre Aussage im Verfahren wieder, oder es handelte sich um eigennützige Erklärungen, die sie schon oft abgegeben hatten. Alles mußte in harter Arbeit und durch ausgiebige Nachprüfungen unsererseits interpretiert werden. Allerdings erlaubten uns diese Gespräche Einblicke darin, wie der Verstand des Täters funktionierte, und wir konnten ein Gefühl für sie entwickeln, was uns ermöglichte, in ihren Fußstapfen zu wandeln.

In den ersten Wochen und Monaten unseres informellen Forschungsprogramms schafften wir es, mit mehr als einem halben Dutzend Mördern und verhinderten Mördern zu sprechen. Zu letzteren gehörten George Wallaces Attentäter Arthur Bremmer (Strafanstalt Baltimore), Sarah Jane Moore und Lynette »Squeaky« Fromme, die beide versucht hatten, Präsident Ford zu ermorden (Alderson, West Virginia), und Frommes Guru Charles Manson in San Quentin, nicht weit von San Francisco und der verfallenden Gefängnisinsel Alcatraz entfernt.

Jeder, der mit der Strafverfolgung zu tun hatte, interessierte sich für Manson. Die grauenvollen Mordfälle Tate und LaBianca in Los Angeles lagen schon zehn Jahre zurück, aber noch immer war Manson der berühmteste und gefürchtetste Häftling der Welt. Der Fall wurde in Quantico regelmäßig im Unterricht behandelt, und obwohl die Fakten klar waren, hatte ich doch nicht das Gefühl, als wüßten wir, was diesen Mann eigentlich bewegte. Ich hatte keine Ahnung, was wir von ihm erwarten konnten, aber ich dachte mir, daß jemand, der derart erfolgreich andere seinem Willen unterordnen konnte, ein wichtiger Gesprächspartner sein müßte. Bob Ressler und ich trafen ihn in einem kleinen Konferenzraum abseits des Hauptzellenblocks von San Quentin. Der Raum hatte drahtverstärkte Glasscheiben auf drei Seiten. Hier sprachen die Häftlinge mit ihren Anwälten.

Mein erster Eindruck von Manson war, daß es sich bei ihm um das diametrale Gegenteil von Kemper handelte. Seine Augen waren wild und wachsam, und seine Bewegungen hatten etwas Beunruhigendes, Rastloses an sich. Er war viel kleiner und schmächtiger, als ich ihn mir vorgestellt hatte. Nicht größer als einssechzig. Wie hatte dieser schwächlich wirkende, kleine Mann einen solchen Einfluß auf seine berüchtigte »Familie« ausüben können?

Eine Antwort ergab sich sofort, als er sich auf die Lehne eines Stuhls am Kopfende des Tisches setzte, damit er auf uns herabsehen konnte, wenn er mit uns sprach. Während der ausgiebigen Vorbereitungen, die ich für dieses Gespräch getroffen hatte, war ich darauf gestoßen, daß er stets auf einem großen Felsen im Wüstensand gesessen hatte, wenn er zu seinen Jüngern sprach, um sich für seine Bergpredigt zu erhöhen. Er stellte von vornherein klar, daß er trotz des Prozesses und der ausschweifenden Medienberichterstattung nicht wüßte, wieso er eigentlich im Gefängnis saß. Schließlich hatte er doch niemanden umgebracht. Er betrachtete sich selbst als Sündenbock der Gesellschaft, als unschuldiges Symbol für Amerikas dunkle Seite. Das Hakenkreuz, das er sich während des Prozesses in die Stirn geritzt hatte, war als blasse Narbe immer noch zu erkennen. Nach wie vor hielt er über hilfreiche Dritte Kontakte zu seinen weiblichen Gefolgsleuten in anderen Gefängnissen.

In einer Hinsicht zumindest glich er Ed Kemper und so vielen der anderen Männer, mit denen wir sprachen, doch: Er hatte eine schreckliche Kindheit gehabt und kaum so etwas wie Erziehung genossen, falls diese beiden Begriffe auf Mansons Geschichte überhaupt anwendbar sind.

Charles Milles Manson wurde 1934 in Cincinatti als unehelicher Sohn einer sechzehnjährigen Prostituierten namens Kathleen Maddox geboren. Sein Nachname verdankt sich einer bloßen Vermutung seiner Mutter, welcher ihrer Liebhaber der Vater war. Immer wieder wurde sie zu Haftstrafen verurteilt, brachte ihn bei einer religiösen Tante und einem sadistischen Onkel unter, die ihn eine Memme schimpften, ihm an seinem ersten Schultag Mädchenkleider anzogen und ihn dazu trieben, sich »wie ein Mann zu benehmen«. Seit er zehn war, lebte er auf der Straße, sieht man von den Zeiten in Jugendheimen und Besserungsanstalten ab. Vier Tage hielt er es in »Father Flanagan's Boys' Town« aus.

Sein Erwachsenenleben war schon früh geprägt durch Raubüberfälle, Fälschungen, Zuhälterei, Körperverletzungen und Inhaftierungen in immer strengeren Institutionen. Das FBI hatte wegen des Verschiebens gestohlener Fahrzeuge über Staatsgrenzen hinweg gegen ihn ermittelt. 1967 war er auf Bewährung aus der Haft entlassen worden, gerade rechtzeitig zum »Sommer der Liebe«. Er machte sich auf den Weg nach San Francisco, wo das Stadtviertel Haight-Ashbury alles, was an der Westküste mit Flower-power und »Sex, Drugs and Rock 'n' Roll« zu tun haben wollte, wie magisch anzog. Obwohl er sich eigentlich nur durchschnorren wollte, entwickelte sich Manson bald zum charismatischen Guru der bekifften Aussteigergeneration, als diese noch aus Teens und Twens bestand. Er spielte Gitarre und predigte vor desillusionierten Kindern rätselhafte »Wahrheiten«. Bald schon lebte er kostenlos, mit allem Sex und allen illegalen Drogen, die er haben wollte. Eine herumstreunende »Familie« beiderlei Geschlechts, manchmal bis zu 50 Leute, versammelte sich um ihn. Einer seiner »Dienste« für die Gemeinschaft bestand darin, seine Vision von der bevorstehenden Apokalypse und dem Rassenkrieg zu predigen, an dessen Ende seine »Familie« triumphieren und er als Führer dastehen sollte. Sein entscheidender Text war *Helter Skelter* vom *White Album* der Beatles.

Am Abend des 9. August 1969 brachen vier Mitglieder der Manson-Familie unter Führung von Charles »Tex« Watson in das abgelegene Haus des Regisseurs Roman Polanski und seiner

Frau, der Schauspielerin Sharon Tate, am 10050 Cielo Drive in Beverly Hills ein. Polanski war beruflich unterwegs, aber Sharon Tate und vier Gäste – Abigail Folger, Jay Sebring, Voytek Frykowski und Steven Parent – wurden auf bestialische Weise in einer krankhaften Orgie niedergemetzelt, bei der mit dem Blut der Opfer Slogans auf Wände und Leichen geschmiert wurden. Sharon Tate war im neunten Monat schwanger.

Zwei Tage später ermordeten und verstümmelten sechs Familienmitglieder – offensichtlich auf Mansons Betreiben hin – den Geschäftsmann Leno LaBianca und dessen Frau Rosemary in ihrem Haus im Silver Lake District von Los Angeles. Manson selbst nahm daran nicht teil, doch stieß er in dem folgenden Chaos dazu. Die anschließende Verhaftung von Susan Atkins, die sich an beiden Morden beteiligt hatte, wegen des Vorwurfs der Prostitution und der Brandstiftung an einem Straßenbaufahrzeug führte schließlich zu der »Familie« und dem wohl – zumindest bis zu dem Theater um O. J. Simpson – berühmtesten Prozeß der kalifornischen Geschichte. In zwei getrennten Verfahren wurden Manson und mehrere seiner Gefolgsleute zum Tode verurteilt, und zwar für die Morde in den Fällen Tate und LaBianca und in einer Reihe anderer Fälle, die man auf sie zurückführen konnte, darunter der Mord und die Verstümmelung von Donald »Shorty« Shea, einem Stuntman, der sich gelegentlich bei der »Familie« herumtrieb und den man als Polizeispitzel verdächtigte. Als die Gesetze des Staates über die Todesstrafe gekippt wurden, reduzierte man die Strafe auf »lebenslänglich«.

Charlie Manson war kein gewöhnlicher Serienmörder. Tatsächlich war fraglich, ob er eigentlich jemals jemanden eigenhändig ermordet hatte. Dennoch gab es keinen Zweifel an seinem Einfluß auf die Greueltaten, die seine Anhänger auf sein Betreiben hin und in seinem Namen verübt hatten. Ich wollte wissen, wie sich jemand vornehmen kann, ein satanischer Messias zu werden. Stundenlang mußten wir uns billige Pseudophilosophie und endloses Geschwafel anhören, aber als wir ihn zu Einzelheiten drängten und versuchten, hinter das wirre Gerede zu blicken, zeichnete sich langsam ein Bild ab.

Charlie hatte sich nicht vorgenommen, ein finsterer Guru zu

werden. Er hatte es auf Ruhm und Reichtum abgesehen. Er wollte Drummer in einer berühmten Band wie den Beach Boys werden. Sein Leben lang war er gezwungen gewesen, von seinem Köpfchen zu leben, und so hatte er extremes Geschick darin entwickelt, Leute bei der ersten Begegnung einzuschätzen und sehr schnell herauszufinden, was sie für ihn tun konnten. In meiner Einheit hätte er wunderbar die psychischen Stärken und Schwächen einer Person ausmachen und Strategien planen können, wie ein bestimmter Mörder zu finden wäre.

Als er 1967 nach seiner Entlassung auf Bewährung in San Francisco eingetroffen war, hatte er Horden verwirrter, naiver, idealistischer Kinder gesehen, die wegen seiner vermeintlichen Lebenserfahrung und Weisheit zu ihm aufblickten. Viele von ihnen, besonders die jungen Mädchen, hatten Probleme mit ihren Vätern gehabt und konnten Charlies Vergangenheit gut nachvollziehen, und er war schlau genug, sich solche herauszusuchen. Er wurde zur Vaterfigur, zu jemandem, der ihr leeres Leben mit Sex und der Erleuchtung von Drogen erfüllen konnte. Man kann nicht mit Charlie Manson im selben Raum sein, ohne daß sein Blick seine Wirkung täte – tief und durchdringend, wild und hypnotisch. Er wußte, was er mit seinen Augen tun konnte, welche Wirkung sie hatten. Er erzählte uns, seine ganze Kindheit lang hätte man ihm die Seele aus dem Leib geprügelt, und bei seiner schmächtigen Figur hatte er keine Chance, eine körperliche Auseinandersetzung zu gewinnen. Das kompensierte er, indem er sich auf die Macht seiner Persönlichkeit besann.

Was er predigte, ergab sehr wohl Sinn: Verschmutzung zerstört die Umwelt, Rassenvorurteile sind schlecht und destruktiv, Liebe ist richtig, Haß ist falsch. Doch als er die verlorenen Seelen in seinem Bann hatte, errichtete er ein klar strukturiertes System von Wahnvorstellungen, das ihm vollständige Kontrolle über ihre Gedanken und Körper gab. Er nutzte Schlafentzug, Sex, Ernährungskontrolle und Drogen, um absolute Macht über sie zu erlangen, wie über Soldaten in Kriegsgefangenschaft. Alles war schwarzweiß, und nur Charlie kannte die Wahrheit. Er spielte Gitarre und wiederholte sein simples Mantra immer und immer wieder: Nur Charlie kann die kranke und marode Gesellschaft erlösen.

Auf die grundlegende Dynamik von Führungsstärke und Gruppenautorität, die Manson uns beschrieb, sollten wir im Laufe der Jahre bei späteren Tragödien ähnlichen Ausmaßes immer wieder stoßen. Die Macht über Menschen und das Verständnis für Gescheiterte, das Manson besaß, sollten sich bei Reverend Jim Jones und dem Massenselbstmord seiner Anhänger in Guyana und später bei David Koresh auf dem Gelände der Davidianer in Waco, Texas – um nur zwei zu nennen – aufs neue zeigen. Und trotz der auffallenden Unterschiede zwischen diesen drei Männern springen die Ähnlichkeiten zwischen ihnen ins Auge. Einblicke, die wir durch die Gespräche mit Manson und seinen Anhängern bekamen, trugen zu unserem Verständnis von Koresh und seinem Vorgehen – wie auch dem anderer Sekten – bei.

Im Grunde ging es Manson nicht um seine messianische Vision, sondern schlicht um Kontrolle. Die »Helter-Skelter«-Predigt war nur eine Möglichkeit, die Kontrolle über die Gedanken der anderen zu behalten. Nur mußte Manson erfahren, daß man riskiert, die Macht über seine Schäfchen zu verlieren, wenn man sie nicht vierundzwanzig Stunden täglich überwacht. David Koresh wußte das und versteckte seine Anhänger in einer ländlichen Festung, der sie nicht entfliehen und in der sie seinem Einfluß nicht entkommen konnten.

Nachdem ich Manson gehört habe, glaube ich, daß er die Morde an Sharon Tate und ihren Freunden weder geplant noch beabsichtigt hatte, daß er tatsächlich die *Kontrolle* über die Situation und seine Anhänger verloren hat. Die Wahl des Ortes und der Opfer war offenbar willkürlich. Eines der Manson-Mädchen war in dem Haus gewesen und dachte, dort gäbe es Geld. Tex Watson, der gutaussehende Einser-Student aus Texas, wollte in der Hierarchie aufsteigen und Charlie in Einfluß und Autorität überbieten. Nachdem er wie alle anderen voll auf LSD war und sich auf die goldene Zukunft ihres gemeinsamen Führers eingeschossen hatte, entwickelte sich Watson zum Haupttäter, der die Mission zum Tate-Polanski-Haus führte und die anderen anstachelte, die genannten Grausamkeiten zu verüben.

Dann, als die unfähigen Nichtsnutze zurückkamen und Charlie erzählten, was sie getan hatten, daß Helter Skelter und das Tohuwabohu begonnen hätten, konnte er wohl nicht mehr zurück und ihnen irgendwie klarmachen, daß sie das alles etwas zu wörtlich genommen hätten. Es hätte seine Macht und Autorität zerstört. Also mußte er einen Schritt weiter gehen, als hätte er das Verbrechen und dessen Folgen beabsichtigt; deshalb führte er sie dann zum Haus der LaBiancas, wo sie es wieder taten. Bezeichnenderweise jedoch erklärte uns Manson – als wären wir beschränkt – auf die Frage, wieso er an den Morden nicht teilgenommen habe, er sei doch auf Bewährung draußen gewesen und habe seine Freiheit nicht aufs Spiel setzen können, indem er gegen die Auflagen verstieß.

Nach den Hintergrundinformationen und Gesprächen, die wir mit Manson führten, glaube ich, daß er zwar seine Anhänger zu dem gemacht hat, was sie wurden, sie ihn jedoch umgekehrt zu dem gemacht haben, was sie brauchten, und ihn zwangen, dem zu entsprechen.

Alle paar Jahre bemüht sich Manson um Bewährung, was ihm bisher jedesmal verwehrt wurde. Seine Taten sind zu bekannt und zu grausam, als daß eine Bewährungskommission dieses Risiko auf sich nehmen wollte. Ich würde ihn auch nicht freilassen. Aber müßte man ihn irgendwann entlassen, würde ich – bei allem, was ich inzwischen von ihm weiß – nicht erwarten, daß er, wie so viele andere, eine ernste Bedrohung darstellte. Ich glaube, er würde in die Wüste gehen und dort leben oder versuchen, seinen Bekanntheitsgrad in klingende Münze zu verwandeln. Aber ich nehme kaum an, daß er töten würde. Die größte Bedrohung wären die fehlgeleiteten Verlierer, die sich um ihn scharen und ihn zu ihrem Gott und Führer machen würden.

Nachdem Ressler und ich zehn bis zwölf Interviews in Gefängnissen geführt hatten, mußte jedem vernunftbegabten Beobachter klar sein, daß wir uns auf dem richtigen Weg befanden. Zum ersten Mal waren wir in der Lage, einen Zusammenhang zwischen dem, was im Kopf eines Täters vor sich ging, und den Beweisstücken, die er am Tatort zurückgelassen hatte, herzustellen.

Bis 1979 hatten wir etwa 50 Anfragen nach Täterprofilen erhalten, denen die Ausbilder neben ihrem Lehrauftrag nachzukommen versuchten. Im folgenden Jahr hatte sich die Last verdoppelt und würde es im Jahr darauf wieder tun. Inzwischen war ich vom Unterricht weitgehend befreit worden und konnte mich als einziger in der Gruppe voll auf den Einsatz konzentrieren. Nach wie vor gab ich Einführungskurse an der National Academy und unterrichtete FBI-Agenten, sofern mein Dienstplan es erlaubte, aber im Gegensatz zu den anderen wurde die Lehrtätigkeit für mich zur Nebensache. Ich bearbeitete praktisch alle Mordfälle, die hereinkamen, und sämtliche Vergewaltigungsfälle, für die Roy Hazelwood keine Zeit mehr hatte.

Was ursprünglich ein informeller Service ohne offizielle Billigung gewesen war, entwickelte sich zu einer kleinen Institution. Ich bekam den neugeschaffenen Titel eines »Leiters des Programms für die Erstellung von Verbrecherpersönlichkeits-Profilen« und begann, mit den Außenbüros die Vorlage von Fällen durch örtliche Polizeidienststellen zu koordinieren.

Einmal lag ich etwa eine Woche lang im Krankenhaus. Meine alten Football- und Boxverletzungen hatten meiner Nase geschadet, was mir das Atmen zunehmend erschwerte, und meine verdrehte Nasenscheidewand mußte begradigt werden. Ich weiß noch, wie ich dalag und kaum sehen konnte, als einer meiner Kollegen hereinkam und mir zwanzig Fallakten aufs Bett warf.

Mit jedem Gefängnisgespräch lernten wir dazu, aber es mußte eine Möglichkeit geben, einen systematisierten, brauchbaren Rahmen für unsere informelle Forschung zu schaffen. Dieser weiterführende Schritt kam durch Roy Hazelwood zustande, mit dem ich gemeinsam an einem Artikel über Lustmörder für das »FBI Law Enforcement Bulletin« arbeitete. Roy hatte mit Dr. Ann Burgess, einer Dozentin für Psychiatrische Nachsorge bei Verbrechensopfern an der University of Pennsylvania School of Nursing und Stellvertretenden Leiterin für Opferforschung am

Boston Department of Health and Hospitals, einige Recherchen durchgeführt. Burgess war eine ausgesprochen produktive Autorin und bereits weithin als eine der führenden Autoritäten bekannt, was Vergewaltigungen und deren psychologische Konsequenzen anging.

Roy holte sie zur »Spezialeinheit für Serienverbrechen«, stellte sie Bob und mir vor und beschrieb ihr, was wir taten. Sie war tief beeindruckt und erklärte, ihrer Meinung nach hätten wir die Möglichkeit, eine Art Forschung zu betreiben, wie sie auf diesem Gebiet bisher noch nie möglich gewesen sei. Sie meinte, wir könnten zum Verständnis kriminellen Verhaltens beitragen, wie es das *Diagnostische und Statistische Manual Psychischer Störungen* für das Verständnis und die Typisierung der verschiedenen Geisteskrankheiten geleistet hatte.

Wir vereinbarten eine Zusammenarbeit, wobei sich Ann um Subventionen bemühte und schließlich 400000 Dollar vom staatlich geförderten National Institute of Justice (NIJ) beschaffte. Unser Ziel war es, tiefgehende Interviews mit 36 bis 40 inhaftierten Schwerverbrechern zu führen, um zu sehen, welche Art von Schlußfolgerungen sich daraus ziehen ließen. Mit unserer Hilfe entwickelte Ann einen Fragebogen von 57 Seiten Länge, der bei jedem Gespräch auszufüllen war. Bob sollte die Gelder verwalten und als Verbindungsmann zum NIJ fungieren, und beide wollten wir – mit Hilfe von Beamten vor Ort – wieder in die Gefängnisse gehen, um mit Straftätern zu sprechen. Unsere Absicht war, die Methodik eines jeden Verbrechens und den Tatort zu beschreiben, das Verhalten vor und nach der Tat zu studieren und zu dokumentieren. Ann wollte die Daten verarbeiten, und wir wollten unsere Ergebnisse niederschreiben. Wir rechneten damit, daß das Projekt etwa drei bis vier Jahre in Anspruch nehmen würde.

Und während dieser Jahre machte die Verbrechensanalyse in der Ermittlungsarbeit den Schritt in die Neuzeit.

KAPITEL SIEBEN
Das Herz der Finsternis

Logischerweise stellt sich die Frage, wieso verurteilte Schwerverbrecher mit Beamten der Bundesregierung zusammenarbeiten sollten. Das haben wir uns selbst gefragt, als wir das Projekt begannen. Jedoch willigte die überwältigende Mehrheit der Leute, an die wir im Laufe der Jahre herangetreten sind, ein, mit uns zu sprechen, und sie taten das aus einer ganzen Reihe von Gründen.

Einigen von ihnen liegen ihre Taten ernstlich auf der Seele, und sie glauben, daß ihre Mitarbeit an einer psychologischen Studie ihnen helfen könnte, etwas wiedergutzumachen und außerdem zu lernen, sich selbst besser zu verstehen. Ich denke, Ed Kemper paßt in diese Kategorie. Andere sind – wie schon erwähnt – Polizeifans und genießen es einfach, Cops und FBI-Beamte um sich zu haben. Manche glauben, es könnte von Vorteil sein, mit den »Behörden« zusammenzuarbeiten, obwohl wir nie eine Gegenleistung versprochen haben. Manche fühlen sich übergangen und vergessen und wollen nur etwas Aufmerksamkeit und Abwechslung von der Langeweile. Und andere wiederum freuen sich einfach über die Gelegenheit, ihre mörderischen Phantasien in plastischen Einzelheiten noch einmal zu durchleben.

Wir wollten alles hören, was diese Männer uns zu sagen hatten, aber in erster Linie interessierten wir uns für einige grundlegende Fragen, die wir in einem Artikel über die Ziele unseres Projektes im »FBI Law Enforcement Bulletin« vom September 1980 umrissen haben:

1. Was bringt einen Menschen dazu, Sexualtäter zu werden, und was sind frühe Warnsignale?
2. Was fördert und was hemmt die Ausführung seiner Tat?
3. Welche Reaktionen oder Strategien eines potentiellen Opfers sind bei welchem Typus des Sexualtäters hinsichtlich einer Verhinderung der Tat erfolgreich?
4. Durch welche Hinweise lassen sich Rückschlüsse auf seine Gefährlichkeit, seine Anlage, seine Vorgehensweise ziehen und Prognosen für sein zu erwartendes Verhalten stellen?

Damit dieses Programm von Wert sein konnte – dessen waren wir uns bewußt –, mußten wir auf die Gespräche vollkommen vorbereitet und jederzeit in der Lage sein, zu durchschauen, was die einzelnen Männer uns erzählten. Denn wenn man nur einigermaßen intelligent ist, wie es viele dieser Männer sind, findet man eine Schwäche im System, die man zu seinem Vorteil nutzen kann. Die meisten Serientäter können andere von Natur aus gut manipulieren. Wenn es deiner Sache hilft, psychisch labil zu sein, kannst du psychisch labil sein. Wenn es deiner Sache hilft, reumütig und zerknirscht zu sein, kannst du reumütig und zerknirscht sein. Doch welcher Kurs ihnen auch der geeignetste zu sein schien, ich stellte doch fest, daß sich die Leute, die sich bereit erklärten, mit uns zu sprechen, alle ähnlich waren. Sie hatten nichts anderes, worüber sie nachdenken konnten, also verbrachten sie viel Zeit damit, über sich selbst und das, was sie getan hatten, zu sinnieren, und konnten es mir in allen Einzelheiten beschreiben. Unsere Aufgabe bestand darin, schon im Vorfeld genug über sie und ihre Taten in Erfahrung zu bringen, damit wir sicher sein konnten, daß sie uns die Wahrheit sagten, denn sie hatten außerdem genügend Zeit gehabt, sich abweichende Szenarien auszudenken, bei denen sie sympathischer oder schuldloser erscheinen mochten, als sie in den Akten dargestellt wurden.

Nach vielen unserer früheren Gespräche hätte ich mich am liebsten Bob Ressler – oder wer auch immer mit dabei war – zugewandt und gefragt: »Könnte es sein, daß er fälschlicherweise verurteilt wurde? Er hatte auf alles eine vernünftige Antwort. Ich frage mich, ob sie wirklich den Richtigen gefaßt haben.« Wenn wir also nach Quantico zurückkamen, prüften wir als erstes die Akten und nahmen Kontakt zu der für diesen Fall zuständigen Polizeidienststelle auf, um sicherzugehen, daß nicht ein furchtbarer Justizirrtum vorlag.

Als kleiner Junge in Chicago war Bob Ressler von dem Mord an der sechsjährigen Suzanne Degnan, die von zu Hause entführt und dann umgebracht worden war, gleichermaßen entsetzt wie fasziniert gewesen. Ihre Leiche hatte man zerteilt in der Kloake von Evanston gefunden. Ein junger Mann namens William Heirens wurde schließlich gefaßt und gestand diese Tat und zwei weitere Frauenmorde infolge außer Kontrolle geratener Einbrüche in Wohnhäuser. In einem dieser Fälle, dem Mord an Frances Brown, hatte er mit ihrem Lippenstift an die Wand gekritzelt:

>   For heAVens
>   SAke cAtch Me
>   BeFore I Kill More
>   I cannot control myselF
>
>   (Um Himmels
>   willen fangt mich
>   bevor ich weitere töte
>   ich hab mich nicht unter Kontrolle)

Heirens lastete die Morde einem gewissen George Murman (wahrscheinlich die Kurzform für *murder man*) an, der angeblich in seinem Inneren wohnte. Bob sagte, der Fall Heirens sei wahrscheinlich einer seiner frühen Antriebe gewesen, einen Beruf im Polizeidienst zu suchen.

Als das »Forschungsprojekt Verbrecherpersönlichkeit« finanziell gesichert war und lief, machten Bob und ich uns auf den

Weg, Heirens im Statesville Prison in Joliet, Illinois, zu besuchen. Er saß seit seiner Verurteilung 1946 in Haft und war die ganze Zeit über ein vorbildlicher Gefangener gewesen, der erste im ganzen Staat, der sein Vordiplom gemacht hatte. Dann nahm er ein Magisterstudium auf.

Als wir mit ihm sprachen, stritt Heirens jede Beteiligung an den Verbrechen ab und sagte, er sei Opfer eines Justizirrtums. Was wir ihn auch fragen mochten, immer hatte er eine Antwort darauf, blieb dabei, daß er ein Alibi habe und nicht mal in der Nähe eines der Tatorte gewesen sei. Er war derart überzeugend, und ich war so in Sorge, hier könnte ein schwerer Justizirrtum vorliegen, daß ich, als wir wieder nach Quantico kamen, sämtliche Akten des Falles ausgrub. Neben seinem Geständnis und anderen zwingenden Beweisen, stellte ich fest, gab es seine Fingerabdrücke, die am Tatort des Mordes von Suzanne Degnan gefunden worden waren. Nur hatte Heirens so lange in seiner Zelle gesessen und gegrübelt und sich selbst sämtliche Antworten gegeben, daß er inzwischen wahrscheinlich problemlos einen Lügendetektortest bestanden hätte.

Richard Speck, der wegen acht im Jahre 1966 begangener Morde an Schwesternschülerinnen in Chicago zu mehrmals »lebenslänglich« verurteilt worden war, stellte klar, daß er mit den anderen Mördern, die wir untersuchten, nicht in einen Topf geworfen werden wollte. »Mit denen will ich nicht auf einer Liste stehen«, erklärte er mir. »Die sind verrückt, diese Leute. Ich bin kein Serienmörder.« Er stritt nicht ab, was er getan hatte, wir sollten nur wissen, daß er nicht wie die anderen war.

In einer entscheidenden Hinsicht hatte Speck recht. Er war kein Serienmörder, der wiederholt in emotionalen Zyklen und mit Beruhigungsphasen zwischen den einzelnen Taten mordet. Er war das, was ich als Massenmörder charakterisieren würde, da er bei derselben Tat mehr als zweimal tötet. Speck war mit räuberischem Motiv in das Haus eingedrungen, weil er sich Geld beschaffen wollte, um die Stadt zu verlassen. Als die dreiundzwanzigjährige Corazon Amurao an die Tür kam, bahnte er sich den Weg mit Pistole und Messer und sagte, er wolle sie und ihre fünf Mitbewohnerinnen nur fesseln und berauben. Er trieb alle in ein Schlafzimmer. Im Laufe der nächsten Stunde kamen drei weitere Frauen von Verabredungen oder aus der Bibliothek nach Hause. Als er all die Frauen in seiner Gewalt hatte, geriet er in einen Vergewaltigungsrausch, würgte, hackte und stieß sie. Nur Amurao überlebte kauernd in einer Ecke. Speck hatte die Übersicht verloren.

Als er gegangen war, lief sie auf den Balkon und rief um Hilfe. Sie erzählte der Polizei von der »Born-to-Raise-Hell«-Tätowierung auf dem linken Unterarm des Mannes. Als Richard Franklin Speck eine Woche später nach einem gescheiterten Selbstmordversuch im örtlichen Krankenhaus erschien, wurde er an dieser Tätowierung erkannt.

Aufgrund der maßlosen Brutalität seiner Tat war Speck Thema diverser Spekulationen von medizinischen und psychologischen Fachleuten geworden. Ursprünglich hatte man verkündet, Speck leide an einer genetischen Unausgewogenheit, einem zusätzlichen männlichen (Y) Chromosom, von dem man annahm, es verstärke aggressives und asoziales Verhalten. Diese Moden kommen und gehen mit schöner Regelmäßigkeit. Vor mehr als 100 Jahren bedienten sich die damaligen Behavioristen der Phrenologie – des Studiums der Schädelform –, um Charakter und geistige Fähigkeiten zu beurteilen. In neuerer Zeit glaubte man, daß ein Elektroenzephalogramm, das ein wiederkehrendes vierzehn-plus-sechs-zackiges Muster zeigt, der Beweis für schwere Persönlichkeitsstörungen sei. Das letzte Wort in der XYY-Chromosomen-Frage ist noch nicht gesprochen, aber unbestreitbare Tatsache bleibt, daß sehr viele Männer diese genetische Konstellation haben und dabei keinerlei außergewöhnliche Aggressivität oder asoziales Verhalten an den Tag legen. Und zu allem Überfluß stellte man bei einer detaillierten Untersuchung Richard Specks fest, daß seine genetische Konstellation vollkommen normal war. Er hatte gar kein zusätzliches Y-Chromosom.

Speck, der inzwischen im Gefängnis einem Herzinfarkt erlegen ist, wollte nicht mit uns sprechen. In seinem Fall hatten wir vorher Kontakt zum Gefängnisdirektor aufgenommen, der zusagte, uns hereinzulassen, aber er hielt es für keine gute Idee, Speck im voraus über unseren Besuch zu informieren. Als wir ankamen, gaben wir dem Direktor recht. Wir konnten Speck in einer Verwahrzelle schreien und fluchen hören, in die man ihn gebracht hatte, damit wir uns seine eigentliche Zelle ansehen konnten. Die anderen Gefangenen spielten aus Sympathie für ihn verrückt. Der Direktor wollte uns die Art von Pornographie zeigen, die Speck sammelte, und dieser protestierte wütend gegen die Verletzung seiner Intimsphäre. Häftlinge hassen alles, was wie eine Durchsuchung aussieht. Ihre Zellen sind das einzig mehr oder weniger Private, was sie noch haben. Als wir durch den dreistöckigen Zellenblock von Joliet gingen – zerbrochene Scheiben und Vögel, die unter der Decke flatterten –, warnte uns der Direktor, wir sollten uns in der Mitte halten, damit uns die Häftlinge nicht mit ihrem Urin oder Kot erreichen konnten.

Da ich merkte, daß es nichts brachte, flüsterte ich dem Direktor zu, wir würden den Korridor weiter hinuntergehen, ohne bei Specks Zelle stehenzubleiben. Bei den heute wirksamen Richtlinien für derartige Verhöre hätten wir ihn vielleicht gar nicht unangemeldet sprechen dürfen. Tatsächlich wäre die gesamte Studie zur kriminellen Persönlichkeit heute wahrscheinlich sehr viel schwieriger zusammenzustellen.

Im Gegensatz zu Kemper oder Heirens war Speck nicht eben ein vorbildlicher Gefangener. Einmal hatte er einen kleinen Destillierapparat grob zurechtgebastelt und hinten in einer verborgenen Schublade im Holzschreibtisch des Wachmanns versteckt. Das Ding produzierte nur wenig Alkohol, aber gerade genug, daß der Geruch auffiel und die Wachen verrückt machte, weil sie es nicht finden konnten. Bei anderer Gelegenheit fand er einen verletzten Spatzen, der durch eines der zerbrochenen Fenster hereingeflogen war, und pflegte ihn gesund. Als der Vogel wieder stehen konnte, band er ihm einen Faden ums Bein und ließ ihn auf seiner Schulter sitzen. Irgendwann erklärte ihm ein Wachmann, daß Haustiere nicht erlaubt seien.

»Ich darf ihn nicht haben?« fuhr Speck ihn an, dann trat er an einen rotierenden Ventilator und warf den kleinen Vogel hinein.

Entsetzt sagte der Wachmann: »Ich dachte, Sie mochten den Vogel.«

»Mochte ich auch«, erwiderte Speck. »Aber wenn ich ihn nicht haben darf, dann keiner.«

Bob Ressler und ich trafen ihn in einem Verhörraum in Joliet in Begleitung seines Vertrauensmannes, ähnlich einem Vertrauenslehrer an der Schule. Wie Manson setzte sich auch Speck ans Kopfende des Tisches, saß auf einer Art Schrank, damit er auf uns herabblicken konnte. Ich begann damit, Speck zu erklären, was wir vorhatten, aber er wollte nicht mit uns sprechen, schimpfte nur über das »beschissene FBI«, das seine Zelle sehen wollte.

Wenn ich mir diese Männer anschaue, wenn ich ihnen im Konferenzraum eines Gefängnisses gegenübersitze, versuche ich mir als erstes vorzustellen, wie sie wohl ausgesehen und geklungen haben, als sie ihre Verbrechen verübten. Ich habe sämtliche Akten studiert, so daß ich weiß, was jeder einzelne von ihnen getan hat und wozu er in der Lage ist, und das muß ich dann auf den Menschen projizieren, der mir da gegenübersitzt.

Jedes polizeiliche Verhör ist eine Verführung: Jede Seite versucht, die andere dazu zu verführen, ihr zu geben, was sie will. Und man muß den Kandidaten einschätzen, bevor man weiß, wie man ihn ansprechen soll. Entsetzen oder moralische Verurteilung bringen überhaupt nichts. (»Du sadistisches Tier! Du hast einen Arm gegessen?«) Man muß herausfinden, was ihn bewegt. Bei einigen – wie Kemper – kann man geradeheraus und sachlich sein, solange man klarstellt, daß man die Fakten kennt und sie einen nicht aufs Glatteis führen können. Bei Leuten wie Speck habe ich gelernt, offensiver vorzugehen.

Wir sitzen also da im Konferenzraum, und Speck ignoriert uns demonstrativ, also wende ich mich dem Vertrauensmann zu. Er ist ein offener, geselliger Mensch, erfahren darin, Feindseligkeiten zu zerstreuen – eine der gesuchten Qualitäten von Verhandlungsführern bei Geiselnahmen. Ich spreche über Speck, als wäre er gar nicht im Raum.

»Wissen Sie, was er gemacht hat, dieser Mann? Acht Bräute hat er ermordet. Und ein paar von denen sahen ziemlich gut aus. Acht knackige Ärsche hat er uns anderen einfach weggenommen. Finden Sie das fair?«

Bob fühlt sich dabei offensichtlich unwohl. Er will sich nicht auf die Ebene des Mörders einlassen, und er ist empfindlich, was Spott über Tote angeht. Natürlich bin ich seiner Meinung, aber in Situationen wie diesen muß man – glaube ich – Grenzen überschreiten.

Der Vertrauensmann antwortet mir entsprechend, und so geht es hin und her. Wir hätten uns wie High-School-Jungs im Umkleideraum angehört, wäre es nicht um Mordopfer gegangen, was die Worte nicht unreif, sondern grotesk klingen ließ.

Speck hört uns eine Weile zu, schüttelt den Kopf und sagt: »Ihr Arschlöcher seid total verrückt. Es gibt einen feinen Unterschied zwischen uns.«

Damit wende ich mich ihm zu. »Wie zum Teufel konntest du acht Frauen auf einmal ficken? Was hattest du gefrühstückt?«

Er sieht uns an wie ein Paar Bauerntölpel. »Ich hab' nicht alle gefickt. Die ganze Geschichte ist völlig aufgeblasen worden. Ich hab' nur eine von denen gefickt.«

»Die auf der Couch?« frage ich.

»Yeah.«

So grob und abstoßend sich das alles anhören mag, fängt es doch an, mir etwas zu sagen. Erstens: So feindselig und aggressiv er auch sein mag, hat er doch kein sonderlich ausgeprägtes Macho-Selbstbewußtsein. Er weiß, daß er nicht die Kontrolle über alle Frauen auf einmal haben kann. Er ist ein Opportunist – er vergewaltigt eine, da sich die Gelegenheit bietet. Und von den Tatortfotos wissen wir, daß diejenige, die er sich ausgesucht hat, bäuchlings auf der Couch lag. Sie war für ihn nur irgendein Körper. Er mußte keinen menschlichen Kontakt zu ihr haben. Weiterhin können wir sagen, daß er weder differenziert noch geordnet denkt. Es war nicht viel dazu nötig, aus einem relativ schlichten, gelungenen Raubüberfall einen solchen Massenmord werden zu lassen. Er gibt zu, die Frauen nicht im sexuellen Wahn ermordet zu haben, sondern damit sie ihn nicht verraten konnten. Als die jungen Krankenschwestern nach Hause kommen, sperrt er eine ins Schlafzimmer, eine in den Wandschrank, als brächte er Pferde auf die Koppel. Er hat keine Ahnung, wie er mit der Situation fertig werden soll.

Interessanterweise behauptet er außerdem, daß die Wunde, derentwegen er ins Krankenhaus gegangen und schließlich erkannt worden war, keineswegs von einem Selbstmordversuch herrührte, sondern die Folge einer Kneipenschlägerei war. Ohne notwendigerweise die Bedeutung dessen, was er da sagt, zu verstehen, teilt er uns mit, daß wir ihn als »Born-to-Raise-Hell«-Macho sehen sollen, nicht als mitleiderregenden Verlierer, dessen einziger Ausweg darin besteht, sich umzubringen.

Während ich ihm also zuhöre, fange ich an, all diese Informationen in meinem Kopf einzuordnen. Sie sagen mir nicht nur etwas über Speck, sondern über diese Art von Verbrechen. Mit anderen Worten: Ich werde, wenn ich in Zukunft ähnlichen Szenarien begegne, mehr Einblick in die Sorte Mensch haben, die dafür verantwortlich ist. Und das war natürlich Sinn und Zweck unseres Programms.

Als wir die Daten der Studien verarbeiteten, versuchte ich, mich vom psychologischen Jargon der Akademiker mit ihren Fachwörtern zu entfernen, um zu klar umrissenen Konzepten zu kommen, die den Leuten bei Polizei und Justiz eine Hilfe wären. Einem Detective vor Ort zu erklären, er suche nach jemandem, der unter paranoider Schizophrenie leide, mag intellektuell interessant sein, aber es sagt ihm nichts, was ihm dabei helfen könnte, seinen Unbekannten zu finden. Eine der wichtigsten Unterscheidungen, auf die wir stießen, war die Frage, ob es sich um einen *organisierten* oder *unorganisierten* Tätern handelte oder ob er eine Mischung aus beidem war. Durch Leute wie Speck kamen wir allmählich auf das Verhaltensmuster des unorganisierten Täters.

Speck erzählte mir, er habe eine schwere Kindheit gehabt. Der einzige Punkt, in dem wir einen Nerv trafen, war, als wir ihn nach seiner Familie fragten. Als er zwanzig wurde, hatte er schon fast vierzig Verhaftungen auf seinem Konto und ein fünfzehnjähriges Mädchen zur Frau, mit einem Kind. Er verließ sie fünf Jahre später, wütend und verbittert, und erzählte uns, er habe es einfach nie fertiggebracht, sie zu töten. Allerdings ermordete er mehrere andere Frauen, darunter die Kellnerin in einer schäbigen Bar, weil die Frau auf seine Annäherungsversuche nicht eingegangen war. Weiterhin überfiel und beraubte er ein paar Monate vor den Morden an den Krankenschwestern eine fünfundsechzigjährige Frau, an der er sich auch verging. Die brutale Vergewaltigung einer älteren Frau deutet für gewöhnlich auf einen jungen Mann, möglicherweise einen Teenager, hin, unüberlegt, ohne große Erfahrung und Selbstvertrauen. Speck war bei der Vergewaltigung sechsundzwanzig. Steigt das Alter des Täters, sinken seine Überlegtheit und sein Selbstvertrauen entsprechend. Das war auch mein Eindruck von Richard Speck. Obwohl er Mitte Zwanzig war, entsprach sein Verhalten – selbst für einen Kriminellen – dem eines Jugendlichen.

Etwas wollte mir der Direktor noch zeigen, bevor wir gingen. In Joliet – wie auch in anderen Gefängnissen – arbeitete man an einem Experiment, bei dem man herausfinden wollte, ob Pastellfarben die Aggressivität dämpfen. Dahinter stand eine ganze Menge akademischer Theorie. Sie setzten sogar preisgekrönte Gewichtheber aus den Reihen der Polizei in gelbe oder rosafarbene Räume und stellten fest, daß sie nicht mehr soviel stemmen konnten wie vorher.

Also führt uns der Direktor in einen Raum am Ende des Zellenblocks und sagt: »Diese rosa Farbe soll Gewalttätern die Aggressivität nehmen. Und wenn man sie in einen solchen Raum setzt, sollen sie angeblich ruhig und passiv werden. Werfen Sie mal einen Blick hinein, und sagen Sie mir, was Sie sehen.«

»Ich sehe, daß nicht mehr viel Farbe an den Wänden ist«, antworte ich.

Er erwidert: »So ist es. Die Männer mögen diese Farbe nicht. Sie kratzen sie von der Wand und essen sie auf.«

Jerry Brudos war ein Schuhfetischist. Wenn es dabei geblieben wäre, hätte es mit ihm keine Probleme gegeben. Aufgrund einer Reihe von Umständen jedoch – darunter seine übermäßig dominante Mutter und seine eigenen Zwänge – ging es sehr viel weiter, von »etwas seltsam« bis hin zu »tödlich«.

Jerome Henry Brudos wurde 1939 in South Dakota geboren

und wuchs in Kalifornien auf. Als Fünfjähriger fand er auf einer Müllkippe ein Paar Lackschuhe mit hohen Absätzen. Als er sie mit nach Hause nahm und anprobierte, erklärte seine Mutter aufgeregt, er solle sie sofort wegwerfen. Aber er versteckte und behielt sie, bis seine Mutter sie fand, ihm wegnahm, verbrannte und ihn bestrafte. Als er sechzehn war und inzwischen in Oregon lebte, brach er regelmäßig in Nachbarhäuser ein und stahl Frauenschuhe, manchmal auch Unterwäsche, die er aufbewahrte und anprobierte. Im folgenden Jahr wurde er wegen Nötigung verhaftet, weil er ein Mädchen in sein Auto gelockt hatte, damit er sie nackt sehen konnte. Man schickte ihn mehrere Monate zur Therapie ins State Hospital von Salem, wo man feststellte, daß er nicht gefährlich sei. Nach der High-School war er kurze Zeit bei der Armee, bis man ihn wegen psychischer Probleme entließ. Noch immer brach er regelmäßig in Häuser ein und stahl Schuhe und Unterwäsche – wobei er manchmal Frauen antraf und bis zur Bewußtlosigkeit würgte –, als er aus Verantwortungsgefühl heraus die junge Frau heiratete, an die er erst kurz zuvor seine Jungfräulichkeit verloren hatte. Er besuchte eine Berufsschule und wurde Elektrotechniker.

1968, sechs Jahre später – er war inzwischen Vater zweier Kinder, setzte aber dennoch seine nächtlichen Souvenir-Beutezüge fort – stand ein neunzehnjähriges Mädchen namens Linda Slawson vor der Tür, das einen Termin zum Verkauf eines Lexikons hatte, jedoch am falschen Haus war. Die Gelegenheit nutzend, zerrte er sie in den Keller, prügelte und würgte sie. Als sie tot war, zog er sie aus und probierte verschiedene seiner gesammelten Kleidungsstücke an der Toten aus. Bevor er sich der Leiche entledigte, indem er sie im Willamette River zusammen mit einem defekten Autogetriebe versenkte, hackte er ihr den linken Fuß ab, schob ihn in einen seiner geliebten Pumps und versteckte ihn in seiner abschließbaren Tiefkühltruhe. Im Laufe der folgenden Monate tötete er noch dreimal, schnitt Brüste ab und machte von ihnen Plastikabdrücke. Er wurde von verschiedenen Studentinnen erkannt, die er mit ähnlichen Geschichten angesprochen hatte, und wurde verhaftet, als bei einem angeblichen Rendezvous die Polizei auf ihn wartete. Er gestand und bekannte sich schuldig, als klar wurde, daß er nicht wegen geistiger Verwirrung freikommen würde.

Bob Ressler und ich sprachen mit ihm in seiner ständigen Unterkunft im Oregon State Penitentiary von Salem. Er hatte ein rundes Gesicht, war korpulent, höflich und kooperativ. Als ich ihn allerdings nach Einzelheiten der Verbrechen fragte, sagte er, er habe einen Blackout wegen Hypoglykämie und könne sich nicht mehr erinnern, was er getan hatte.

»Wissen Sie, John, ich bekomme diese Anfälle von Unterzukker, und ich könnte vom Dach eines Hauses springen, ohne daß ich wüßte, was ich tue.«

Interessanterweise jedoch erinnerte sich Brudos, als er vor der Polizei sein Geständnis ablegte, so gut, daß er ihnen Details der Taten anschaulich beschreiben konnte und auch, wo die Leichen und Beweisstücke zu finden waren. Außerdem belastete er sich unabsichtlich selbst. Er hatte die Leiche eines seiner Opfer in der Garage an einen Haken gehängt, ihr seine Lieblingskleider und Schuhe angezogen und dann einen Spiegel unter sie gestellt, damit er ihr unter den Rock sehen konnte. Als er davon ein Foto machte, lichtete er sich – ohne es zu wissen – selbst darauf ab.

Trotz seiner angeblichen hypoglykämischen Blackouts zeigte Brudos viele Eigenarten eines organisierten Täters. Das hing mit der Phantasie zusammen, die er von klein auf genährt hatte. Als Teenager auf der elterlichen Farm träumte er davon, Mädchen in einen Tunnel zu locken, wo er sie zwingen konnte zu tun, was er verlangte. Einmal schaffte er es, ein Mädchen zu überreden, ihm in eine Scheune zu folgen, wo er ihr befahl, sich auszuziehen, damit er sie fotografieren konnte. Wir sehen, daß dieses Verhalten bei seinen Taten als Erwachsener eine Fortsetzung fand, doch als Teenager war er zu naiv, als daß ihm etwas anderes eingefallen wäre, als Fotos von seinem nackten Opfer zu machen. Nach dem Vorfall in der Scheune sperrte er das Mädchen in den Maisspeicher, kam einige Zeit später zurück, trug andere Kleidung, hatte sein Haar anders gekämmt und gab vor, Ed – Jerrys Zwillingsbruder – zu sein. Er ließ das zutiefst verängstigte Mädchen frei, erklärte, Jerry befinde sich in intensiver therapeutischer Behandlung, und flehte sie an, niemandem davon zu erzählen, damit sein Bruder keine Schwierigkeiten bekäme und deshalb einen weiteren »Rückfall« erlitt.

Was wir bei Jerome Brudos – neben der lehrbuchhaften Eskalation seiner Aktivitäten – deutlich sehen, ist eine kontinuierliche Verfeinerung der Phantasie. Die Erkenntnis ist weit bedeutsamer als alles, was er uns direkt hätte erzählen können. Obwohl Kemper und Brudos in Ziel und Vorgehen so verschieden sind, erkennen wir in beiden – wie in so vielen anderen – eine Besessenheit von den Details und deren »Verfeinerung« von einer Tat und einer Ebene zur nächsten. Kempers Lieblingsopfer waren hübsche Studentinnen, die er in Gedanken mit seiner Mutter in Verbindung brachte. Der weniger anspruchsvolle und intelligente Brudos gab sich eher mit Zufallsopfern zufrieden. Die Besessenheit vom Detail jedoch war dieselbe und beherrschte das Leben beider Männer.

Als Erwachsener sorgte er dafür, daß sich Darcie, seine Frau, seiner Liebe zu fetischistischer Kleidung und seinem fotografischen Ritual fügte, obwohl sie eine hausbackene Frau war, die sich dabei nicht wohl fühlte und vor ihrem Mann fürchtete. Er hatte ausgefeilte Phantasien vom Bau einer Folterkammer, mußte sich jedoch mit seiner Garage zufriedengeben. In dieser Garage stand die Tiefkühltruhe, die er abgeschlossen hielt, damit er seine liebsten Körperteile darin verwahren konnte. Wenn Darcie zum Essen Fleisch bereiten wollte, mußte sie Jerry sagen, was sie wollte, und dann brachte er es ihr. Oft beklagte sie sich bei Freundinnen, es wäre doch so viel einfacher, wenn sie selbst in der Tiefkühltruhe nachsehen und ein bestimmtes Stück aussuchen könnte. Trotz der Unbequemlichkeit fand sie es nicht so seltsam, daß sie es melden wollte. Oder falls doch, fürchtete sie sich, es zu tun.

Brudos war ein beinah klassisches Beispiel für einen Täter, der mit harmlosen Absonderlichkeiten anfängt, die allmählich eskalieren – von gefundenen Schuhen über Kleider seiner Schwester bis zu Gegenständen aus dem Besitz fremder Frauen. Erst stiehlt er nur von der Wäscheleine, dann lauert er Frauen auf, die hohe Schuhe tragen, und bricht in leere Häuser ein, dann wird er dreister und tritt den Bewohnerinnen gegenüber. Anfangs genügt es, die Kleider anzuziehen, aber schließlich braucht er einen größeren Kick und fängt an, die Mädchen zu fragen, ob er Fotos von ihnen machen darf. Dann, als eine sich nicht vor ihm ausziehen will, bedroht er sie mit dem Messer. Er tötet erst, als ein zufälliges Opfer vor seiner Tür steht. Aber als er sie dann ermordet hat und die Befriedigung spürt, wird er getrieben, es immer wieder zu tun, wobei er die Verstümmelung des Opfers jedesmal weiter treibt.

Ich will damit nicht andeuten, daß jeder Mann, dem Schuhe mit hohen Absätzen oder schwarze Spitzenunterwäsche gefallen, ein Leben als Krimineller vor sich hat. Wenn das so wäre, säßen die meisten von uns im Gefängnis. Aber wie wir bei Jerry Brudos sehen, kann diese Art von Fetischismus degenerierend sein und ist außerdem situationsabhängig. Ich will ein Beispiel geben.

Vor einiger Zeit, nicht weit von meinem damaligen Wohnort, war der Direktor einer Grundschule bekanntermaßen verrückt nach Kinderfüßen. Er spielte ein Spiel mit ihnen, bei dem er sehen wollte, wie lange er sie an Füßen oder Zehen kitzeln konnte. Wenn sie es eine gewisse Zeit aushielten, gab er ihnen Geld. Eltern wurden darauf aufmerksam, als einige Kinder im Laden Geld ausgaben, von dem sie nicht sagen wollten, woher es stammte. Als der Direktor von der Schulbehörde gefeuert wurde, protestierten weite Teile der Gemeinde. Er war ein gutaussehender Mann, er hatte eine normale Beziehung zu seiner Freundin, und er war bei Kindern und Eltern gleichermaßen beliebt. Die Lehrer glaubten, er sei verleumdet worden. Selbst wenn er ein Faible für Zehen hatte, war das im Grunde harmlos. Niemals hatte er eines der Kinder mißbraucht oder dazu angehalten, sich auszuziehen. Er war kein Mensch, der losgeht und ein Kind entführt, um es für seine perversen Gelüste zu mißbrauchen.

Ich stimme mit dieser Beurteilung überein. Die Gemeinde hatte in dieser Hinsicht von ihm keine Gefahr zu erwarten. Ich habe ihn kennengelernt, und er war freundlich und verbindlich. Aber nehmen wir an, bei einem dieser Spiele reagiert ein kleines

Mädchen abweisend, fängt an zu schreien oder droht, ihn zu verraten. Im Augenblick der Panik könnte er das Kind töten, einfach aus dem Grund, daß er nicht weiß, wie er mit der Situation fertig werden soll. Als sich der Schulrat wegen einer Beratung an meine Einheit wandte, erklärte ich ihm, ich sei der Ansicht, er habe das Richtige getan, als er den Mann entließ.

Etwa zur selben Zeit wurde ich an die University of Virginia gerufen, wo Studentinnen zu Boden gestoßen und im Durcheinander ihrer Holzschuhe beraubt worden waren. Glücklicherweise wurde keine der jungen Frauen ernstlich verletzt, und die lokale Polizei – wie auch die Collegepolizei – behandelten den Fall als eine Art Scherz. Ich traf mich mit ihnen und der Universitätsleitung, erzählte ihnen von Brudos und anderen, die ich aus Erfahrung kannte, und als ich wieder abfuhr, hatte ich sie erfolgreich zu größter Vorsicht bekehrt, und ich freue mich, sagen zu können, daß es zu keinen weiteren Zwischenfällen kam.

Wenn ich Jerry Brudos' kriminellen Werdegang betrachte, muß ich mich fragen, ob Verständnis oder Intervention zu einem frühen Zeitpunkt die Entwicklung hätte verhindern können.

In Ed Kemper sah ich einen Serienmörder, der von seiner qualvollen Kindheit geprägt war. Ich fand Jerry Brudos' Fall in gewisser Weise komplexer. Natürlich begleitete ihn seine spezielle Neigung schon sehr früh im Leben. Er war noch ein kleiner Junge, als ihn die hochhackigen Schuhe faszinierten, die er auf der Müllkippe gefunden hatte. Aber ein Teil seiner Faszination könnte gewesen sein, daß er so etwas noch nie vorher gesehen hatte; seine Mutter trug keine Pumps. Als sie dann derart heftig reagierte, wurden sie für ihn zu verbotenen Früchten. Kurz darauf stahl er Schuhe, die seiner Lehrerin gehörten. Doch als sie es herausfand, war er von ihrer Reaktion überrascht. Statt ihn zu tadeln, war sie neugierig, wieso er es getan hatte. Schon damals bekam er von erwachsenen Frauen gemischte Reaktionen auf das, was er tat, und ein vermutlich angeborener Drang wurde allmählich zu etwas Finsterem und Tödlichem.

Was wäre geschehen, wenn man die Gefahr dieser Entwicklung erkannt und gegengesteuert hätte, um seine Empfindungen in Bahnen zu lenken? Als es zu seinem ersten Mord kam, war es viel zu spät. Aber hätte dieser Prozeß irgendwo auf dem Weg dorthin aufgehalten werden können? Durch die Studien und meine Arbeit seither bin ich sehr, sehr pessimistisch geworden, was auch nur im entferntesten an eine Rehabilitation der meisten von sexuellen Motiven getriebenen Mörder glauben läßt. Wenn irgend etwas Hoffnungen wecken könnte, dann müßte es in einem sehr viel früheren Stadium geschehen, weit vor dem Punkt, an dem die Phantasie in die Realität umgesetzt wird.

Als meine Schwester Arlene noch ein Teenager war, sagte meine Mutter immer, sie könne viel über die Jungen herausfinden, mit denen Arlene ausging, indem sie fragte, wie sie zu ihren Müttern stünden. Wenn der Junge Liebe und Respekt für seine Mutter empfand, spiegelte das aller Wahrscheinlichkeit nach seine Beziehungen zu Frauen im allgemeinen wider. Wenn er seine Mutter für eine Schlampe, eine Hure oder Nervensäge hielt, standen die Chancen ziemlich gut, daß er am Ende andere Frauen ebenso behandelte.

Nach meiner Erfahrung traf meine Mutter mit diesen Beobachtungen den Nagel auf den Kopf. Ed Kemper schlug eine Schneise der Vernichtung durch das kalifornische Santa Cruz, bis er endlich den Mut aufbrachte, die Frau zu töten, die er wirklich haßte. Monte Rissell, der als Teenager in Alexandria, Virginia, fünf Frauen vergewaltigte und ermordete, erklärte uns, wenn man ihm gestattet hätte, bei seinem Vater – statt bei seiner Mutter – zu bleiben, als ihre schwer gestörte Ehe auseinanderging, wäre er jetzt vermutlich Anwalt und nicht »Lebenslänglicher« im Richmond Penitentiary, wo wir mit ihm sprachen.

Bei Monte Ralph Rissell konnten wir mehr Teile des Puzzles zusammensetzen. Mit sieben Jahren war Monte zum Zeitpunkt der Scheidung das jüngste von drei Geschwistern. Die Mutter zog mit ihnen nach Kalifornien, wo sie wieder heiratete, viel Zeit allein mit ihrem neuen Mann verbrachte und die Kinder oft sich selbst überließ. Monte geriet schon früh in Schwierigkeiten, schrieb obszöne Graffiti an Schulwände und nahm Drogen.

Dann schoß er nach einem Streit mit einer Schrotflinte auf seinen Cousin. Er behauptete, sein Stiefvater habe ihm die Waffe erst gegeben, nach den spontanen Schüssen jedoch zerbrochen und damit auf Monte eingeprügelt.

Als Monte zwölf war, scheiterte auch diese zweite Ehe und die Familie zog nach Virginia zurück. Monte erklärte uns, er habe geglaubt, er und seine Schwester seien dafür verantwortlich. Von nun an eskalierte seine kriminelle Karriere: Fahren ohne Führerschein, Einbruch, Autodiebstahl, dann Vergewaltigung.

Sein Übergang zum Mord war sehr aufschlußreich. Auf der High-School – als Bewährungsauflage in psychiatrischer Behandlung – erhält er einen Brief von seiner Freundin. Sie ist ihm schulisch ein Jahr voraus und inzwischen auf dem College. In dem Brief erklärt sie ihre Beziehung für beendet. Sofort setzt er sich in seinen Wagen und fährt zu ihrer Uni, wo er das Mädchen mit einem neuen Freund sieht.

Anstatt unverhohlen seinen Zorn gegen den Menschen zu richten, der ihn hervorgerufen hat, fährt er zurück nach Alexandria, wappnet sich mit ein paar Bieren und Marihuana und sitzt stundenlang grübelnd in seinem Wagen auf dem Parkplatz vor seinem Apartment herum.

Gegen zwei oder drei Uhr morgens sitzt er noch immer da, als ein weiterer Wagen mit einer Frau am Steuer auftaucht. Spontan beschließt Rissell, sich zu nehmen, was er verloren hat. Er geht zu dem Wagen hinüber, zieht eine Waffe und zwingt die Frau, mit ihm in eine einsame Gegend in der Nähe des Gebäudes zu kommen.

Rissell war ruhig, besonnen und präzise, als er Bob Ressler und mir sein Vorgehen beschrieb. Ich hatte seinen IQ im Vorfeld nachgeschlagen, und der lag über 120. Ich kann nicht sagen, daß ich sonderlich viel Reue bemerkt hätte. Abgesehen von den seltenen Tätern, die sich stellen oder Selbstmord begehen, bereuen die meisten nur, gefaßt und inhaftiert worden zu sein. Aber er spielte seine Taten nicht herunter, und ich hatte sehr wohl das Gefühl, als gebe er uns einen korrekten Bericht. Und das Verhalten, das er bisher beschrieben hatte und noch beschreiben würde, enthielt mehrere entscheidende Einblicke.

Erstens findet diese Tat nach einem Ereignis oder Zwischenfall statt, den wir als »Auslöser« bezeichnen. Dieses Muster finden wir immer wieder. Alles kann ein Auslöser sein: Verschiedenste Dinge belasten jeden einzelnen von uns. Doch die beiden am weitesten verbreiteten sind – was nicht überraschen kann – der Verlust des Arbeitsplatzes und der Verlust von Frau oder Freundin.

Als Ergebnis unserer Studien über Leute wie Monte Rissell kamen wir zu der Erkenntnis, daß diese Auslöser so sehr Teil der Dynamik von Serienmorden ist, daß wir, wenn wir bestimmte Umstände an einem Tatort vorfinden, ohne weiteres genau sagen können, was der Auslöser im vorliegenden Fall war. In Jud Rays Alaska-Mordfall, den ich im vierten Kapitel angesprochen habe, führten das Timing und die Details eines dreifachen Mordes an einer Frau und ihren beiden kleinen Töchtern Jud zu der Vorhersage, daß der Mörder seine Freundin *und* seinen Job verloren hatte. Beides traf tatsächlich zu. Und die Freundin hatte den Täter ausgerechnet wegen seines Chefs verlassen, der ihn daraufhin feuerte, weil er ihn loswerden wollte.

Am selben Abend also, als Monte Rissell sein Mädchen mit einem Studenten sieht, begeht er seinen ersten Mord. Das allein ist bedeutsam genug. Aber warum und wie es genau passiert ist, erklärt uns noch weit mehr.

Durch Zufall stellt sich heraus, daß Rissells Opfer eine Prostituierte war, was uns zwei Dinge verrät: Sie hat nicht die gleiche Angst vor Sex mit einem Fremden wie jemand mit anderem Beruf, und obwohl sie Angst hat, besitzt sie wahrscheinlich einen ziemlich ausgeprägten Überlebensinstinkt. Als er sie also für sich allein hat und deutlich wird, daß er sie mit vorgehaltener Waffe vergewaltigen will, versucht sie, die Situation zu entschärfen, indem sie ihren Rock hebt und den Angreifer fragt, wie er es am liebsten hat.

Aber anstatt ihn sanfter und sensibler werden zu lassen, weckt dieses Verhalten nur seinen Zorn. »Es war, als wollte diese Nutte mich lenken.« Offensichtlich täuschte sie zwei bis drei Orgasmen vor, um ihn zu besänftigen, aber das machte alles nur noch schlimmer. Wenn sie diese Vergewaltigung »genießen«

konnte, verstärkte das nur sein Gefühl, daß Frauen Huren sind. In seinen Gedanken wurde sie entpersönlicht, und die Vorstellung, sie zu töten, fiel ihm leicht.

Eine andere Frau dagegen ließ er gehen, als sie ihm erzählte, sie mache sich Sorgen um ihren Vater, der an Krebs leide. Rissells Bruder hatte Krebs gehabt, also konnte er mit ihr fühlen. Sie war zur Person geworden, ganz das Gegenteil der Prostituierten oder der jungen Krankenschwester, die von Richard Speck ermordet wurde, als sie bäuchlings auf der Couch lag.

Das alles aber deutet an, wieso es so schwierig ist, allgemeine Ratschläge zu erteilen, wie eine Frau sich in einer Vergewaltigungssituation verhalten sollte. Je nach der Persönlichkeit des Vergewaltigers und seiner Motivation für das Verbrechen könnte es das beste sein, entweder mitzumachen oder zu versuchen, sich aus der Situation herauszureden. Dies könnte aber auch alles nur noch schlimmer machen. Widerstand oder Gegenwehr bei einem Vergewaltiger, der sich seine Macht beweisen muß, könnte ihn von vornherein aufhalten. Widerstand gegen einen Vergewaltiger, den die Angst des Opfers erregt, könnte das Opfer das Leben kosten, wenn es nicht kräftig genug ist oder schnell genug davonlaufen kann. Der Versuch, so zu tun, als würde es einem gefallen, da der Vergewaltiger sonst sexuell nicht genügen kann, ist nicht notwendigerweise die beste Strategie. Es sind Verbrechen der Wut, der Feindseligkeit und der Machtbehauptung. Sex ist dabei nebensächlich.

Nach der Vergewaltigung der Frau, die er vom Parkplatz entführt hat, ist Rissell so wütend, daß er noch nicht weiß, was er mit seinem Opfer anfangen will. An diesem Punkt jedoch tut sie, was viele von uns als logisch empfinden würden: Sie versucht wegzulaufen. Das verstärkt nur noch sein Gefühl, sie würde die Situation bestimmen, nicht er. Wie wir Rissell in einem Artikel über unsere Studien für das »American Journal of Psychiatry« zitiert haben: »Sie wollte in die Schlucht rennen. Da hab' ich sie gepackt. Ich hatte sie im Polizeigriff. Sie war größer als ich. Ich hab' angefangen, sie zu würgen ... Sie ist gestolpert ... Wir sind einen Hang runtergerollt, ins Wasser. Ich hab' ihren Kopf gegen einen Stein geschlagen und unter Wasser gedrückt.«

Wir lernen hier, daß das Verhalten des Opfers für die Analyse der Tat ebensowichtig ist wie das des Täters. War es ein gefährdetes Opfer oder nicht? Was hat sie gesagt oder getan, und hat es den Täter angestachelt oder aufgehalten? Worum ging es bei ihrer Begegnung?

Die Opfer, die Rissell sich suchte, waren erreichbar – in und um sein Wohnhaus herum. Und hatte er erst einmal getötet, war dieses Tabu nicht mehr vorhanden. Er merkte, daß er es tun konnte, daß er Freude dabei empfand und entkommen konnte. Hätte man uns in seinem Fall gebeten, ein Persönlichkeitsprofil des Täters zu erstellen, wäre für uns einige Erfahrung von seiner Seite erkennbar gewesen, irgendein Gewaltverbrechen, bei dem es nicht um Mord ging – das es tatsächlich auch gab. Was wir, ehrlich gesagt, wahrscheinlich falsch vorausgesagt hätten, zumindest anfangs, wäre sein Alter gewesen. Zum Zeitpunkt seines ersten Mordes war Rissell kaum neunzehn. Wir hätten einen Mann von Mitte bis Ende Zwanzig vermutet.

Doch Rissells Fall demonstriert, daß das Alter für unsere Arbeit eine relative Frage ist. 1989 wurde Gregg McCrary aus meiner Einheit wegen einer Reihe von rätselhaften Prostituiertenmorden nach Rochester, New York, gerufen. In enger Zusammenarbeit mit Captain Lynde Johnson und einer erstklassigen Polizeitruppe entwickelte Gregg ein detailliertes Profil und schlug eine Strategie vor, die schließlich zur Festnahme und erfolgreichen Verurteilung von Arthur Shawcross führte. Als wir uns später das Profil ansahen, stellten wir fest, daß Gregg ihn fast perfekt beschrieben hatte – Rasse, Persönlichkeit, Berufstyp, Lebensumstände, Auto, Hobbys, Vertrautheit mit einer bestimmten Gegend, Verhältnis zur Polizei; im Grunde alles bis aufs Alter. Gregg hatte einen Mann von Ende Zwanzig bis Anfang Dreißig vorausgesagt, der mit Morden schon einigermaßen vertraut war. Tatsächlich war Shawcross fünfundvierzig. Es stellte sich heraus, daß er wegen Mordes an zwei kleinen Kindern (wie Prostituierte und Ältere sind Kinder besonders gefährdet) fünfzehn Jahre im Gefängnis gesessen hatte, wodurch er vorläufig aus dem Verkehr gezogen worden war. Nur Monate nach seiner Entlassung, noch während der Bewährung, machte er dort weiter, wo er aufgehört hatte.

Wie Arthur Shawcross zum Zeitpunkt seiner Morde, so hatte auch Monte Rissell unter Bewährung gestanden. Und wie Ed Kemper war auch er in der Lage, einen Psychiater davon zu überzeugen, daß er ausgezeichnete Fortschritte machte, während er in Wahrheit mordete. Es ist die kranke Version des alten Witzes, wie viele Psychiater nötig sind, um eine Glühbirne auszuwechseln – wobei die Antwort lautet: einer, aber nur, wenn die Birne sich auch wechseln lassen *möchte*. Fachleute auf dem Gebiet der Psychiatrie sind es gewohnt, den Betreffenden selbst berichten zu lassen, wenn es um Fortschritte geht, und das setzt voraus, daß der Patient »gesund« werden will. Es hat sich als unglaublich einfach herausgestellt, manche Psychiater zu täuschen, und die meisten besseren sagen, der einzige einigermaßen verläßliche Hinweis auf Gewalt sei eine gewalttätige Vergangenheit. Ich kann nur hoffen, daß wir mit der Studie zu Täterpersönlichkeiten und unserer Arbeit seither zumindest erreicht haben, daß man sich auf dem Gebiet der Psychiatrie der beschränkten Brauchbarkeit von Patientenberichten bewußt geworden ist, sofern kriminelles Verhalten im Spiel ist. Schon von Natur aus weiß ein Serienmörder oder -vergewaltiger zu manipulieren, ist narzißtisch und absolut egozentrisch. Einem Bewährungshelfer oder Gefängnispsychiater erzählt er alles, was diese hören wollen, was immer nötig ist, damit er aus dem Gefängnis freikommt oder weiter frei herumlaufen kann.

Als uns Rissell seine späteren Morde beschreibt, sehen wir eine stetige Entwicklung. Es störte ihn, daß sein zweites Opfer ihm mit Fragen löcherte: »Sie wollte wissen, wieso ich das machte, wieso ich sie ausgesucht hatte, ob ich keine Freundin hätte, was mein Problem sei, was ich vorhätte.«

Sie fuhr den Wagen, während die Waffe auf sie gerichtet war, und wie schon das erste Opfer versuchte auch sie zu entkommen. An dem Punkt wurde ihm klar, daß er sie töten mußte, und er stach ihr mehrfach in die Brust.

Beim dritten Mord war dann alles ziemlich einfach. Er hatte aus seinen bisherigen Erfahrungen gelernt und ließ nicht zu, daß sein Opfer mit ihm sprach. Die Frau sollte nicht zur Person werden. »Ich dachte mir, zwei hab' ich schon umgebracht. Da kommt es auf die hier auch nicht mehr an.«

An diesem Punkt seiner Entwicklung ließ er die Frau frei, die sich um ihren krebskranken Vater sorgte. Doch bei den letzten beiden Morden stand seine Absicht fest. Die eine wurde ertränkt, die andere erstochen – mit fünfzig bis hundert Stichen, nach seiner eigenen Schätzung.

Wie fast alle anderen zeigte uns auch Rissell, daß die Phantasie schon lange vor den eigentlichen Vergewaltigungen und Morden existierte. Wir fragten ihn, woher er seine Ideen hatte. Wie sich herausstellte, stammten sie aus verschiedensten Quellen, aber eine davon – sagte er – sei es gewesen, über David Berkowitz zu lesen.

David Berkowitz – anfangs bekannt als der ».44-Caliber-Killer«, später dann, nachdem er während seiner Schreckensherrschaft über New York City begonnen hatte, an Zeitungen zu schreiben, als »Son of Sam« – war eher eine Attentäterpersönlichkeit als ein typischer Serienmörder. Im Laufe von fast genau einem Jahr – vom Juli 1976 bis zum Juli 1977 – wurden sechs junge Männer und Frauen ermordet und weitere verletzt, alle in abgelegenen Waldstücken, die gern von Liebespärchen aufgesucht wurden, und alle mit einer schußstarken Handfeuerwaffe.

Wie eine ganze Reihe von Serienmördern kam auch Berkowitz aus einer Adoptivfamilie, was er erst erfuhr, als er schon in der Armee war. Er hatte nach Vietnam gewollt, landete jedoch in Korea, wo er bei einer Prostituierten seine erste sexuelle Erfahrung machte und sich einen Tripper holte. Als er vom Militärdienst entlassen wurde und wieder nach New York City kam, begann er die Suche nach seiner leiblichen Mutter, die er auf Long Island fand, wo sie mit ihrer Tochter, seiner Schwester, lebte. Zu seiner großen Überraschung und Enttäuschung wollten sie nichts mit ihm zu tun haben. Er war scheu, unsicher und wütend gewesen, und jetzt erblühte er zu einem potentiellen Mörder. In der Armee hatte er das Schießen gelernt. Er ging nach Texas und erstand eine Charter Arms Bulldog – eine Handfeuerwaffe vom Kaliber .44 mit großer Durchschlagskraft –, mit der er sich größer und mächtiger fühlte. Er fuhr hinaus zu den Müllkippen von New York und übte mit seiner Waffe, indem er auf kleine Ziele schoß, bis aus ihm ein guter Schütze geworden war. Und dann ging der Mann – tagsüber ein kleiner Postangestellter – nachts auf die Jagd.

Wir sprachen mit Berkowitz im Attica State Prison, wo er für jeden seiner sechs Morde eine Strafe von fünfundzwanzig Jahren bis »lebenslänglich« verbüßte, nachdem er sich schuldig bekannt hatte, obwohl er seine Verbrechen später abstritt. Er war 1979 das Opfer eines beinahe tödlichen Anschlags im Gefängnis geworden, als ihm von hinten die Kehle durchgeschnitten wurde. Die Wunde hatte mit sechsundfünfzig Stichen genäht werden müssen, und der Täter wurde nie gefaßt. Daher kamen wir unangemeldet zu ihm, wollten ihn nicht weiter in Gefahr bringen. Mit Hilfe des Gefängnisdirektors hatten wir den Großteil unseres Fragebogens schon im voraus ausgefüllt, so daß wir gut vorbereitet waren.

Für dieses bestimmte Treffen hatte ich einige visuelle Hilfen mitgebracht. Wie schon erwähnt, hatte mein Vater in New York bei einer Zeitung gearbeitet und war Vorsitzender der Druckergewerkschaft von Long Island gewesen. Er hatte mich mit Boulevardzeitungen versorgt, deren Schlagzeilen den »Son of Sam« behandelten.

Ich halte die New Yorker *Daily News* hoch, dann reiche ich sie ihm über den Tisch und sage: »David, in hundert Jahren wird sich niemand mehr an Bob Ressler oder John Douglas erinnern, sehr wohl aber an den ›Son of Sam‹. Tatsächlich haben wir momentan einen Fall in Wichita, Kansas, in dem ein Mann fast ein halbes Dutzend Frauen ermordet hat und sich selbst ›BTK Strangler‹ nennt. Es bedeutet ›bind, torture, kill‹ (fesseln, foltern, töten). Und er schreibt Briefe, in denen es um Sie geht. Er schreibt über David Berkowitz, den ›Son of Sam‹. Er will wie Sie sein, weil Sie solche Macht haben. Es würde mich nicht wundern, wenn er Ihnen einen Brief hier ins Gefängnis schreibt.«

Berkowitz ist nicht gerade das, was ich als charismatischen Menschen bezeichnen würde, und schon immer hat er stets noch nach der kleinsten Anerkennung gesucht. Seine hellblauen Augen versuchten ständig herauszufinden, ob jemand ehrliches Interesse an ihm zeigte oder ihn auslachte. Als er hörte, was ich zu sagen hatte, leuchteten seine Augen.

»Da Sie nie Gelegenheit hatten, vor Gericht auszusagen«, fahre ich fort, »weiß die Öffentlichkeit über Sie nur, daß Sie ein wilder Mann sind. Aber nach diesen Gesprächen, die wir führen, wissen wir, daß es noch eine andere Seite geben muß, eine sensible Seite, eine Seite, die von Ihrer Vergangenheit beeinflußt wurde. Und wir wollen, daß Sie Gelegenheit bekommen, uns davon zu erzählen.«

Er zeigt seine Empfindungen nicht eben offen, aber er spricht ohne viel Zögern mit uns. Er gibt zu, mehr als 2000 Brände in Brooklyn und Queens gelegt zu haben, die er in peinlich genauen Tagebucheintragungen festgehalten hat. Das ist ein Punkt, in dem er einer Attentäterpersönlichkeit gleicht – ein Einzelgänger, der von seinem Tagebuch besessen ist. Ein weiterer Punkt ist, daß er keinen körperlichen Kontakt mit dem Opfer will. Er ist kein Vergewaltiger oder Fetischist. Er sucht keine Andenken. Falls er überhaupt einen sexuellen Anreiz empfindet, dann liegt dieser im Schießen selbst.

Die Brände, die er gelegt hatte, fielen meist in die Kategorie »Ärgernisse« – Mülltonnen und leerstehende Gebäude. Wie viele Brandstifter masturbierte er, während er die Flammen sah, und dann noch einmal, wenn die Feuerwehr kam, um sie zu löschen. Das Zündeln paßt außerdem zu den beiden anderen Elementen der »Mordtriade«: Bettnässen und Tierquälerei.

Für mich waren diese Gefängnisinterviews immer wie das Waschen von Gold. Meist bekommt man wertlose Kiesel, aber stößt man dann auf echtes Gold, war es alle Mühe wert. Und das war ganz sicher der Fall mit David Berkowitz.

Sehr, sehr interessant war für uns der Umstand, daß er – als er sich an diese Liebespaare heranpirschte – nicht auf die meist männlich besetzte Fahrerseite tritt, was die größere Bedrohung bedeutet hätte, sondern auf die Beifahrerseite. Das – wie auch der Umstand, daß er aus einer typischen Polizeihaltung heraus schießt – zeigt uns, daß sich sein Haß, seine Wut auf die Frau richtet. Die zahlreichen Schüsse deuten – ganz wie mehrfache Stichwunden – das Ausmaß dieser Wut an. Der männliche Begleiter ist schlicht zur falschen Zeit am falschen Ort. Wahrscheinlich gibt es keinerlei Blickkontakt zwischen Täter und Opfer. Alles geschieht aus der Distanz. Er konnte seine Traumfrau besitzen, ohne daß sie je zur Person werden mußte.

Gleichermaßen interessant und ein weiteres Goldstück, das Teil unserer generellen Wahrnehmung von Serienmördern wurde, ist Berkowitz' Erklärung, daß er jede Nacht auf die Jagd ging. Wenn er kein Zufallsopfer finden konnte, kehrte er in die Gegenden zurück, in denen er früher schon Erfolg gehabt hatte, ging zu den Tatorten (manch anderer Täter kehrte wieder dorthin zurück, wo er Leichen zurückgelassen hatte) oder den Grabstellen und rollte auf der Erde herum, um die Phantasie immer wieder neu zu durchleben.

Aus demselben Grund machen andere Serienmörder Fotos oder Videoaufnahmen von ihren Verbrechen. Ist das Opfer erst tot und seine Leiche verschwunden, wollen sie die Möglichkeit haben, die Erregung noch einmal zu durchleben, die Phantasie auszufeilen, es wieder und wieder zu tun. Berkowitz brauchte weder Schmuck noch Unterwäsche, noch Körperteile, noch sonst etwas als Souvenir. Er erklärte uns, allein schon, wieder dort zu sein, genügte ihm. Dann ging er zurück nach Hause, masturbierte und durchlebte die Phantasie erneut.

Diese Einsicht würde für uns große Wirkung haben. Schon immer hatte die Polizei vermutet, daß Mörder zum Tatort zurückkehren, doch konnte niemand es beweisen oder genau erklären, wieso sie es taten. Durch Häftlinge wie Berkowitz stellten wir fest, daß die Vermutung zutraf, wenn auch nicht immer aus den Gründen, die wir angenommen hatten. Sicher kann Reue im Spiel sein. Doch wie Berkowitz uns gezeigt hat, kann es noch andere Gründe geben. Wenn man erst versteht, warum ein bestimmter Tätertypus zum Tatort zurückkehrt, kann man Strategien planen, wie mit ihm umzugehen ist.

Der Name »Son of Sam« stammte von einem unbeholfen geschriebenen Brief an den Police Captain Joseph Borelli, den späteren Chief of Detectives der New Yorker Polizei. Der Brief wurde in der Nähe der Opfer Alexander Esau und Valentina Suriani in der Bronx gefunden. Wie alle anderen wurden auch diese beiden aus nächster Nähe erschossen. In dem Brief stand:

Ich bin zutiefst gekränkt, daß Sie mich einen Fraunhasser nennen. Bin ich nicht. Aber ich bin ein Monster. Ich bin der »Son of Sam«. Ich bin ein kleiner Teufelsbraten.

Wenn Vater Sam betrunken ist, dann wird er böse. Er schlägt seine Familie. Manchmal fesselt er mich an der Rückwand vorn im Haus. Manchmal sperrt er mich auch in die Garage ein. Sam trinkt gern Blut.

»Geh hinaus und töte«, befiehlt Vater Sam.

Hinter unserem Haus ruhen manche. Die meisten jung – vergewaltigt und ermordet – ausgeblutet – nur noch Knochen.

Pap Sam schließt mich auch auf dem Dachboden ein. Ich kann nicht raus, aber ich sehe aus dem Bodenfenster die Welt vorüberziehen.

Ich fühle mich wie ein Außenseiter. Ich bin auf einer anderen Wellenlänge als alle anderen – zum Töten programmiert.

Um mich aufzuhalten, müssen Sie mich töten. Achtung an alle Polizei: Schießt zuerst – schießt, um zu töten, oder bleibt mir aus dem Weg, sonst müßt ihr sterben!

Papa Sam ist alt geworden. Er braucht Blut, um seine Jugend zu erhalten. Er hat zu viele Herzinfarkte. »Ugh, dat Herz, dat tut weh, Sonnyboy.«

Am meisten fehlt mir meine schöne Prinzessin. Sie ruht in unserem Damenhaus. Aber ich seh sie bald.

Ich bin das »Monster« – »Beelzebub« – der kleine, dicke Behemoth.

Ich jage gern. Streife durch die Straßen auf der Suche nach schöner Beute – leckerem Fleisch. Die Fraun von Queens sind die schönzen. Ich muß das Wasser sein, das sie trinken. Ich leb für die Jagd – mein Leben. Blut für Papa.

Mr. Borelli, Sir, ich möchte nicht mehr töten. Nein, Sur, nicht mehr, aber »ehre deinen Vater«.

Ich möchte mit der Welt Liebe machen. Ich liebe Menschen.

Ich gehöre nicht auf diese Welt. Schickt mich in den Schweinestall zurück.
An die Menschen von Queens: Ich liebe euch. Ich möchte euch allen frohe Ostern wünschen. Möge Gott euch segnen, in diesem Leben wie auch im nächsten. Und fürs erste sage ich auf Wiedersehen und gute Nacht.
POLIZEI: Euch sollen meine Worte verfolgen:
Ich komme wieder!
Ich komme wieder!
Was heißen soll – bang, bang, bang, bang – ugh!!
Mit mörderischen Grüßen
Mr. Monster

Dieser unbedeutende Niemand war zu landesweiter Berühmtheit gelangt. Mehr als hundert Detectives kamen zusammen und bildeten etwas, was als Task Force Omega bekannt wurde. Weiter gingen wilde, wahnsinnige Mitteilungen ein, darunter Briefe an Zeitungen und einzelne Journalisten wie den Kolumnisten Jimmy Breslin. Die Stadt war entsetzt. Im Postamt – das erzählte er uns – machte es ihm einen Riesenspaß, Leute zu belauschen, die sich über den »Son of Sam« unterhielten, ohne zu wissen, daß er hinter ihnen stand.
Der nächste Übergriff fand in Bayside, Queens, statt, aber sowohl der Mann als auch die Frau überlebten. Fünf Tage später hatte ein Pärchen in Brooklyn nicht solches Glück: Stacy Moskowitz starb auf der Stelle, Robert Violante überlebte, verlor durch die Verletzungen jedoch sein Augenlicht.
Der »Son of Sam« wurde schließlich gefaßt, weil er seinen Ford Galaxy am Abend seines letzten Mordes zu nah an einem Feuerhydranten geparkt hatte. Ein Zeuge aus der Gegend erinnerte sich daran, daß er gesehen hatte, wie ein Polizeibeamter einen Strafzettel ausstellte, und als man diesen zurückverfolgte, stieß man auf David Berkowitz. Als die Polizei ihn stellte, sagte er nur: »Tja, erwischt.«
Nach seiner Verhaftung erklärte Berkowitz, »Sam« beziehe sich auf seinen Nachbarn Sam Carr, dessen schwarzer Labradorhund Retriever Harvey ein 3000 Jahre alter Dämon sei, der

David das Töten befohlen habe. Irgendwann schoß er mit einer .22er Pistole tatsächlich auf diesen Hund, doch der überlebte. Sofort wurde er von Psychiatern als paranoid-schizophren eingestuft, wobei alle möglichen Interpretationen seiner zahlreichen Briefe abgegeben wurden. Die »schöne Prinzessin« seines ersten Briefes sei offensichtlich Donna Lauria, eines seiner Opfer, deren Seele ihm nach deren Tod von Sam versprochen worden war.

Am bedeutsamsten war für mich an diesen Briefen – mehr noch als ihr Inhalt – die Veränderung der Handschrift. Im ersten Brief ist sie sauber und ordentlich, dann wird sie allmählich schlechter, bis sie fast nicht mehr zu lesen ist. Die Rechtschreibfehler häufen sich. Es ist, als hätten zwei verschiedene Menschen diese Briefe geschrieben. Das habe ich ihm gezeigt. Er hatte es gar nicht gemerkt. Hätte ich ein Persönlichkeitsprofil von ihm erstellt, hätte ich an der Verschlechterung der Handschrift erkannt, daß er verletzbar war, kurz davor, irgendeinen dummen Fehler zu begehen – wie etwa vor einem Hydranten zu parken –, der der Polizei helfen würde, ihn zu fassen. Es wäre der richtige Zeitpunkt für eine proaktive Strategie gewesen.

Der Grund, warum Berkowitz sich uns gegenüber öffnete, lag, so glaube ich, in den ausgiebigen Vorbereitungen, die wir zu diesem Fall getroffen hatten. Schon früh im Gespräch kamen wir auf diesen 3000 Jahre alten Hund zu sprechen, der ihn zu seinen Taten getrieben hätte. Für Psychiater war diese Geschichte heilig, und man glaubte, sie erkläre sein Motiv. Ich aber wußte, daß diese Geschichte erst nach seiner Verhaftung entstanden war. Sie war sein Ausweg. Als er also anfing, von diesem Hund zu erzählen, sagte ich einfach: »He, David, hören Sie auf mit dem Quatsch. Der Hund hatte nichts damit zu tun.«

Er lachte und nickte und gab zu, daß ich recht hatte. Wir hatten mehrere lange psychologische Dissertationen zu den Briefen gelesen. Eine verglich ihn mit der Figur des Jerry in Edward Albees Stück *Die Zoogeschichte*. Ein anderer versuchte, Berkowitz' psychopathologischen Zustand aufzuzeigen, indem er das Geschriebene Wort für Wort analysierte. Aber David warf ihnen nur einen trickreichen Ball zu, den sie verpaßten.

Die simple Tatsache ist, daß David Berkowitz nicht ertragen konnte, wie seine Mutter und andere Frauen in seinem Leben ihn behandelt hatten, und er meinte, ihnen nicht genügen zu können. Die Vorstellung, sie zu besitzen, wurde zu tödlicher Realität. Wichtig waren für uns die Details.

Mit Bob Resslers geschickter Verwaltung der NIJ-Gelder und Ann Burgess' Zusammenstellung der Gespräche hatten wir 1983 eine detaillierte Studie über 36 Personen beendet. Außerdem sammelten wir Daten von 118 ihrer Opfer, vornehmlich Frauen.

Aus dieser Studie entwickelte sich ein System zum besseren Verständnis und zur Klassifizierung von Gewalttätern. Zum ersten Mal konnten wir wirklich damit beginnen, eine Verbindung zwischen dem, was im Kopf eines Täters vorgeht, und den Beweisen herzustellen, die er am Tatort zurückgelassen hat. Das wiederum half uns, ihn wirksamer zu jagen, zu fassen und wirkungsvoller zu verurteilen. Damit gingen wir die alte Frage nach dem Wahnsinn und dem »Was muß das für ein Mensch sein?« an.

1988 stellten wir unsere Erkenntnisse in einem Buch mit dem Titel *Sexual Homicide: Patterns and Motives* zusammen. Während wir hier schreiben, wird die siebente Auflage gedruckt. Soviel wir allerdings auch gefunden haben, mußten wir doch in unserer Schlußfolgerung einräumen, daß »diese Studie weit mehr Fragen aufwirft als beantwortet«.

Die Reise in die Gedankenwelt des Gewaltverbrechers bietet ständig neue Entdeckungen. Serienmörder sind definitionsgemäß »erfolgreiche« Mörder, die aus ihren Erfahrungen lernen. Wir müssen uns bemühen, schneller zu lernen als sie.

KAPITEL ACHT
Der Mörder dürfte eine Sprachstörung haben

Irgendwann im Jahr 1980 fand ich in meiner Lokalzeitung einen Artikel über eine ältere Frau, die von einem unbekannten Eindringling sexuell mißbraucht, mißhandelt und dann neben ihren beiden erstochenen Hunden schwer verletzt zurückgelassen worden war. Für die Polizei sah es aus, als hätte der Täter einige Zeit am Tatort zugebracht. Die Bevölkerung war sprachlos und entsetzt.

Ein paar Monate später fragte ich Pam, als ich von einer Reise zurückkam, ob es in dem Fall inzwischen Neuigkeiten gegeben habe. Sie verneinte und erklärte mir, es gebe auch keine Verdächtigen. Ich antwortete, das sei sehr schade, denn nach allem, was ich gelesen und gehört hatte, klang der Fall leicht lösbar. Er fiel nicht unter die Zuständigkeit der Bundesregierung, und man hatte uns nicht hinzugerufen, aber als Bürger entschloß ich mich zu sehen, was ich tun konnte.

Ich fuhr zum Polizeirevier, stellte mich vor, erklärte dem Chief, womit ich mich beschäftigte, und fragte, ob ich mit den Detectives, die diesen Fall bearbeiteten, sprechen dürfe. Dankbar nahm er mein Angebot an.

Der leitende Detective hieß Dean Martin. Ich weiß nicht mehr, ob ich mich mit Jerry-Lewis-Witzen zurückhalten konnte, wahrscheinlich aber nicht. Er zeigte mir die Akten, darunter die Tatortfotos. Auf diese Frau war mit unglaublicher Vehemenz eingeprügelt worden. Und als ich mir das Material ansah, bekam ich langsam eine klare Vorstellung vom Täter und der Dynamik des Verbrechens.

»Okay«, sagte ich zu den Detectives, die mir höflich, wenn vielleicht auch etwas skeptisch lauschten, »folgendes nehme ich an.« Es handelt sich um einen sechzehn- bis siebzehnjährigen High-School-Schüler. Bei älteren Opfern eines sexuellen Übergriffs suchen wir immer nach einem jungen Täter, nach jemandem, der unsicher ist, ohne große oder sogar ganz ohne Erfahrung. Ein jüngeres, kräftigeres und forderndes Opfer würde ihm angst machen. Er wirkt unordentlich und hat struppiges Haar. An diesem speziellen Abend hat seine Mutter oder sein Vater ihn vor die Tür gesetzt, und er wußte nicht, wohin er gehen sollte. In dieser Situation wird er nicht allzuweit laufen. Statt dessen sucht er den nächstgelegenen und am leichtesten zugänglichen Unterschlupf, den er finden kann. Er hat keine Beziehungen zu Mädchen oder anderen Jungen, bei denen er unterkommen könnte, bis sich der Sturm zu Hause gelegt hat. Aber während er draußen herumläuft und sich elend fühlt, machtlos und wütend darüber, kommt er zum Haus dieser Frau. Er weiß, daß sie allein lebt, denn er hat schon dort gearbeitet oder ein paar Gelegenheitsjobs für sie erledigt. Er weiß, daß sie keine sonderliche Bedrohung darstellt.

Also bricht er ein, sie protestiert vielleicht oder fängt an, ihn anzuschreien, vielleicht hat sie auch schreckliche Angst. Wie auch immer sie reagiert haben mag, es erregt ihn und gibt ihm Macht. Er will sich und der Welt zeigen, was für ein Mann er ist. Er will sie vergewaltigen, kann aber nicht eindringen. Also schlägt er sie zusammen und kommt dabei irgendwann zu dem Schluß, daß es besser wäre, sie umzubringen, da sie ihn identifizieren könnte. Er trägt keine Maske: Es war ein spontanes Verbrechen, kein geplantes. Aber sie ist derart traumatisiert, daß sie, obwohl sie überlebt, der Polizei keine Beschreibung geben kann.

Nach dem Überfall weiß er noch immer nicht, wo er hin soll, und sie ist für ihn ganz sicher keine Bedrohung mehr. Er weiß, daß sie abends keinen Besuch mehr erwartet, also bleibt er und ißt und trinkt, weil er inzwischen Hunger hat.

Ich breche meine Darstellung ab und erkläre, dort draußen gebe es jemanden, auf den diese Beschreibung paßt. Wenn sie ihn finden könnten, hätten sie ihren Täter.

Ein Detective sieht einen anderen an. Einer der beiden muß grinsen. »Sind Sie Hellseher, Douglas?«

»Nein«, sage ich, »aber mein Job wäre um vieles einfacher, wenn ich es wäre.«

»Vor zwei Wochen hatten wir eine Hellseherin hier, Beverly Newton, und die hat so ziemlich dasselbe gesagt.«

Hinzu kam, daß meine Beschreibung auf jemanden paßte, der in der Nähe wohnte und den man kurz als Täter ins Auge gefaßt hatte. Nach unserem Treffen verhörten sie ihn erneut. Es fanden sich nicht genügend Beweise, um ihn festhalten zu können, und sie holten kein Geständnis aus ihm heraus. Kurz darauf zog er weg.

Der Chief und die Detectives wollten wissen, wie ich auf derart spezifische Umstände kommen konnte, wenn ich doch kein Hellseher war. Ein Teil der Antwort ist, daß ich genügend Gewaltverbrechen gegen die verschiedensten Arten von Menschen gesehen, oft genug Verbindungen zwischen Beweisen in jedem dieser Fälle hergestellt und mit genügend Gewaltverbrechern gesprochen hatte, so daß ich ein Verhaltensmuster im Kopf hatte, welche Art von Verbrechen von welcher Art Mensch verübt wird. Wäre es allerdings so einfach, könnten wir Täterprofilerstellung per Handbuch unterrichten oder der Polizei ein Computerprogramm anbieten, das für jeden Tatumstand eine Liste von Tätercharakteristika ausspuckt. Tatsache ist, daß wir bei unserer Arbeit oft Computer einsetzen und diese zu eindrucksvollen Dingen fähig sind, es jedoch einige komplexe Zusammenhänge gibt, die sie einfach nicht erfassen können. Bei der Profilerstellung ist es wie mit dem Schreiben. Man kann einem Computer alle grammatikalischen, syntaktischen und stilistischen Regeln eingeben, trotzdem kann er damit kein Buch schreiben.

Ich versuche bei einem Fall alles Beweismaterial, mit dem ich arbeiten kann – Berichte, Tatortfotos und Beschreibungen, Aussagen der Opfer und Autopsiebefunde –, zu nehmen und mich dann geistig und emotional in die Haut des Täters zu versetzen. Ich versuche, so zu denken wie er. Wie das geht, kann ich nicht genau sagen, ebensowenig wie die Autoren – zum Beispiel Tom Harris, der mich vor Jahren konsultiert hat – genau sagen können, wie sie ihre Figuren zum Leben erwecken. Sollte es eine hellseherische Komponente dabei geben, würde ich mich davor nicht verstecken, obwohl ich es eher im Bereich des kreativen Denkens ansiedeln möchte.

Hellseher können bei Ermittlungen in Kriminalfällen gelegentlich hilfreich sein. Ich habe schon erlebt, daß es funktioniert. Manche von ihnen besitzen die Fähigkeit, sich unterbewußt auf bestimmte, subtile Details an einem Tatort zu konzentrieren und aus diesen logische Schlußfolgerungen zu ziehen, ganz wie ich es tue und wie ich es meinen Leuten beizubringen versuche. Aber immer rate ich Ermittlern, daß ein Hellseher stets die allerletzte Zuflucht sein sollte, und wenn man einen befragt, sollte man ihn nicht mit Polizisten zusammenbringen, die Details des Falles kennen. Denn gute Hellseher sind fähig, kleine, nonverbale Hinweise aufzunehmen, und ein Hellseher kann überraschen und sich seine Glaubwürdigkeit erwerben, indem er Fakten des Falles nennt, die man schon kennt, ohne notwendigerweise tiefere Einblicke in das zu haben, was man nicht weiß, aber herausfinden möchte. Bei den Kindermorden von Atlanta tauchten Hunderte von Wahrsagern in der Stadt auf und boten ihre Dienste der Polizei an. Sie brachten alle möglichen Beschreibungen von Mördern und Methoden. Wie sich herausstellte, kam keine davon der Wahrheit auch nur nahe.

Etwa zur selben Zeit, als ich mich mit der lokalen Polizeidienststelle zusammensetzte, riefen Police Departments aus der Umgebung der San Francisco Bay wegen einer Serie von Morden auf Wanderwegen in dichtbewaldeter Gegend an, zwischen denen man einen Zusammenhang hergestellt und die man alle einem Unbekannten zugeschrieben hatte, den die Presse den »Trailside Killer« nannte.

Es hatte im August 1979 begonnen, als Edda Kane, eine sportliche vierundvierzigjährige Bankangestellte, verschwand, während sie allein den östlichen Gipfel des Mount Tamalpais erwandern wollte, von dem aus man einen wunderschönen Blick über die Golden Gate Bridge und die San Francisco Bay hat und der unter dem Spitznamen »Sleeping Lady« bekannt ist. Als Kane bei Einbruch der Dunkelheit noch nicht zu Hause war, rief ihr Mann besorgt die Polizei. Am nächsten Nachmittag fand ein Suchhund ihre Leiche, nackt bis auf eine Socke, das Gesicht zu Boden gewandt, kniend, als habe sie um ihr Leben gebettelt. Der Gerichtsmediziner stellte als Todesursache eine einzelne Kugel im Hinterkopf fest. Nichts deutete auf Notzucht hin. Der Mörder hatte drei Kreditkarten und zehn Dollar Bargeld mitgenommen, aber ihren Ehering und anderen Schmuck zurückgelassen.

Im folgenden März wurde die Leiche der dreiundzwanzigjährigen Barbara Schwartz im Mount Tamalpais Park entdeckt. Man hatte ihr wiederholt in die Brust gestochen, offenbar ebenfalls, während sie kniete. Im Oktober kehrte Anne Alderson nicht vom Joggen um den Park zurück. Ihre Leiche fand man am folgenden Nachmittag mit einer Schußwunde an der rechten Kopfseite. Im Gegensatz zu den bisherigen Opfern war Alderson vollständig bekleidet, saß mit dem Gesicht nach oben an einen Stein gelehnt, und nur ihr rechter goldener Ohrring fehlte. Der vor Ort wohnende Verwalter des Mount Tamalpais, John Henry, sagte, sie sei ihm am Morgen ihres letzten Tages im Amphitheater des Parks aufgefallen, wo sie sich allein den Sonnenaufgang ansah. Zwei weitere Zeugen hatten sie keine halbe Meile von dort entfernt gesehen, wo Edda Kanes Leiche gefunden worden war.

Ein vielversprechender Verdächtiger war Mark McDermand, dessen invalide Mutter und schizophrener Bruder erschossen in ihrer Hütte auf dem Mount Tamalpais aufgefunden worden waren. Nach elf Tagen Flucht stellte sich McDermand dem Detective Captain Robert Gaddini vom Marin County. Die Beamten waren in der Lage, eine Verbindung zwischen ihm und den Morden an seiner Familie herzustellen, aber wenn er auch schwerbewaffnet war, paßte doch keine der Waffen vom Kaliber .44 oder .38 zu den Wanderweg-Morden. Und dann fingen die Morde wieder an.

Im November erschien die fünfundzwanzigjährige Shauna May nicht zu einem Treffen mit zwei Wanderfreunden im Point Reyes Park, einige Meilen nördlich von San Francisco. Zwei Tage später fanden Suchtrupps ihre Leiche in einem flachen Grab neben der verwesenden Leiche einer anderen Frau, der zweiundzwanzigjährigen Diana O'Connell, einer New Yorkerin, die einen Monat zuvor im Park verschwunden war. Beiden Frauen hatte man in den Kopf geschossen. Am selben Tag wurden zwei weitere Leichen im Park entdeckt, die des neunzehnjährigen Richard Stowers und seiner achtzehnjährigen Verlobten Cynthia Moreland, die beide seit Mitte Oktober vermißt wurden. Untersuchungsbeamte fanden heraus, daß sie am selben langen Wochenende um den Columbus Day ermordet worden waren wie Anne Alderson.

Die anfänglichen Morde hatten bereits Angst und Schrecken unter den Wanderern in der Gegend verbreitet. Auf Hinweistafeln wurde Leuten, insbesondere Frauen, geraten, nicht allein in den Wald zu gehen. Als jedoch vier Leichen an einem einzigen Tag entdeckt wurden, war der Teufel los. Sheriff G. Albert Howenstein Jr. vom Marin County hatte verschiedene Zeugenaussagen von Leuten gesammelt, die die Opfer kurz vor deren Tod mit fremden Männern gesehen hatten, aber in entscheidenden Punkten – wie Alter und Gesichtszüge – widersprachen die Beschreibungen einander. Das ist im übrigen auch bei Einzelmorden nicht ungewöhnlich, ganz zu schweigen von Mehrfachmorden über einen Zeitraum von Monaten. Eine ungewöhnliche Zweistärken-Brille, die offenbar dem Täter gehörte, wurde am Fundort der Leiche von Barbara Schwartz entdeckt. Howenstein veröffentlichte Informationen zu Brille und Gläserstärke, schickte sie an sämtliche Augenoptiker der Gegend. Der Rahmen stammte offensichtlich aus Gefängnisbeständen, weshalb Captain Gaddini Kontakt zum kalifornischen Justizministerium aufnahm, um Unterlagen zu sämtlichen kürzlich entlassenen Gewalttätern mit Strafakten über Sexualverbrechen gegen Frauen zu bekommen. Mehrere Strafverfolgungsbehörden, darunter auch das San Francisco Field Office des FBI, arbeiteten inzwischen aktiv an diesem Fall.

In der Presse gab es Spekulationen darum, ob es sich bei dem Trailside Killer in Wahrheit um den Zodiac Killer aus Los Angeles handelte, den man nie hatte identifizieren können und der seit 1969 nicht mehr aktiv war. Vielleicht hatte der Zodiac Killer die ganze Zeit über wegen einer anderen Tat im Gefängnis gesessen und war von ahnungslosen Strafvollzugsbehörden entlassen worden. Doch im Gegensatz zum Zodiac fühlte sich der Trailside Killer keineswegs genötigt, die Polizei zu verhöhnen oder auch nur in Kontakt mit ihr zu treten.

Sheriff Howenstein holte Dr. R. William Mathis, einen Psychologen aus Napa, hinzu. Da ihm die rituellen Aspekte der Fälle ins Auge stachen, sagte Dr. Mathis, er gehe davon aus, daß der Täter Souvenirs behalte, und jeder, der als verdächtig gelte, solle vor seiner Verhaftung eine Woche lang beschattet werden, weil er die Polizei möglicherweise zur Mordwaffe oder anderen Beweisstücken führen könne. Was Erscheinungsbild und Verhaltenscharakteristika anging, beschrieb Mathis einen gutaussehenden Mann mit einnehmendem Wesen.

Auf Mathis' Rat hin stellten Howenstein und Gaddini verschiedene proaktive Fallen, darunter männliche Parkwächter, die sich als weibliche Wanderer ausgaben, aber nichts von allem funktionierte. Der öffentliche Druck auf die Behörden war enorm. Der Sheriff erklärte der Bevölkerung, der Mörder laure seinen Opfern auf und füge ihnen ein seelisches Trauma zu, bevor er sie ermorde. Wahrscheinlich mußten sie um ihr Leben betteln.

Als die FBI-Außenstelle in San Rafael uns in Quantico um Hilfe ersuchte, nahm sie zuerst Kontakt zu Roy Hazelwood auf, unserem führenden Experten für Vergewaltigungen und Gewalttaten gegen Frauen. Roy ist ein sensibler, mitfühlender Mensch, und der Fall berührte ihn tief. Ich weiß noch, wie er ihn mir beschrieb, als wir vom Unterrichtsgebäude zurück in unseren Bürotrakt gingen, nachdem er gerade eine Stunde gegeben hatte. Ich bekam fast den Eindruck, als fühlte sich Roy persönlich verantwortlich, als wären die gemeinschaftlichen Bemühungen des FBI mit etwa zehn kooperierenden Behörden nicht genug, als müßte *er* den Fall lösen und den Täter vor Gericht stellen.

Im Gegensatz zu mir unterrichtete Roy Vollzeit. Ich hatte meine Verpflichtungen in dieser Hinsicht fast vollständig aufgegeben und war der einzige in der »Spezialeinheit für Serienverbrechen«, der ausschließlich an Fällen arbeitete und Täterprofile erstellte. Also bat mich Roy, nach San Francisco zu fliegen und der Polizei vor Ort weiterzuhelfen.

Wie ich schon bemerkt habe, gibt es meist Ärger, wenn sich das FBI in einen Fall einmischt. Einiges davon stammt noch aus den Hoover-Zeiten, als oft das Gefühl aufkam, das FBI dränge sich auf, um öffentlichkeitswirksame Fälle an sich zu reißen. Meine Einheit kann nur eingreifen, wenn wir von der zuständigen Dienststelle gerufen werden, sei es nun ein lokales Polizeirevier oder das FBI selbst. Beim Trailside-Fall allerdings hatte das Sheriff's Department von Marin County das FBI frühzeitig hinzugeholt, und bei der Medienaufmerksamkeit, die der Fall weckte, hatte ich – ehrlich gesagt – das Gefühl, als wären sie froh, daß jemand wie ich kam und ihnen die Last abnahm, zumindest für eine Weile.

Im Sheriff's Department sah ich alles Material zu den Fällen durch, auch die Tatortfotos. Besonders interessierte mich die Beobachtung von Detective Sergeant Rich Keaton, daß sämtliche Morde an abgeschiedenen, dichtbewaldeten Stellen mit einem Baldachin aus Laub geschehen waren, der den Himmel fast vollständig verdeckte. Keiner dieser Orte war mit dem Auto zu erreichen, nur zu Fuß, wobei mindestens eine Meile zurückzulegen war. Die Stelle, an der Anne Alderson ermordet wurde, lag nah an einer schmalen Straße, einer Abkürzung zum Amphitheater des Parks. Das alles ließ vermuten, daß es sich bei dem Mörder um einen Einheimischen handeln mußte, der mit der Gegend gut vertraut war.

Ich hielt meinen Vortrag in einem großen Ausbildungsraum im Sheriff's Department von Marin County. Die Bänke waren im Halbkreis angeordnet, wie bei einer medizinischen Vorlesung. Unter den 50 bis 60 Leuten im Raum befanden sich etwa zehn FBI-Agenten, der Rest waren Cops und Detectives. Als ich meinen Blick über die Köpfe meiner Zuhörer schweifen ließ, fielen mir bei einigen die grauen Haare auf – erfahrene Veteranen, die man aus dem Ruhestand geholt hatte, um diesen Mörder zu fassen.

Als erstes widersprach ich dem Profil, das bereits ausgearbeitet worden war. Ich war nicht der Ansicht, daß wir es mit einem gutaussehenden, charmanten, gebildeten Mann zu tun hätten. Die zahlreichen Stichwunden und Überraschungsangriffe von hinten sagten mir, daß wir es mit einem ungeselligen (wenn auch nicht notwendigerweise asozialen) Typus zu tun hatten, zurückgezogen, unsicher und unfähig, seine Opfer in ein Gespräch zu verwickeln, den richtigen Spruch zu bringen, sie zu dem, was er wollte, zu verleiten, zu bewegen, zu überreden. Die Frauen waren alle körperlich fit. Der Überraschungsangriff war ein deutlicher Hinweis darauf, daß er sein Opfer nur kontrollieren konnte, wenn er es überwältigt hatte, bevor es reagierte.

Das waren keine Taten von jemandem, der seine Opfer kannte. Die Tatorte waren abgeschieden und nicht einzusehen, was bedeutete, daß der Mörder im Grunde soviel Zeit hatte, wie er wollte, um seine Phantasien an jedem Opfer auszuleben. Es gab keine Vergewaltigung, nur an den Leichen machte er sich zu schaffen. Masturbation wahrscheinlich, aber kein Geschlechtsverkehr. Die Opfer waren von unterschiedlichem Alter und Körperbau, anders als bei einem gewandten, geschickten Mörder wie Ted Bundy, dessen Opfer meist dem immer gleichen Bild entsprachen: hübsche Mädchen im Studentenalter, mit langem dunklem Haar und Mittelscheitel. Der Trailside Killer hatte keine Vorlieben, er war wie eine Spinne, die darauf wartet, daß irgendein Insekt in ihr Netz fliegt. Ich erklärte den versammelten Beamten, ich ginge davon aus, daß der Täter eine einschlägige Vergangenheit habe. Ich stimmte Captain Gaddini darin zu, daß er im Gefängnis gesessen hatte. Zu früheren Taten mochten Vergewaltigungen gehören, wahrscheinlicher noch Vergewaltigungsversuche, aber keine Morde. Es mußte einen Auslöser gegeben haben. Mit Sicherheit ging ich davon aus, daß es sich um einen Weißen handelte, da sämtliche Opfer weiß waren, und ich meinte, er hätte einen handwerklichen Beruf als Mechaniker oder ähnliches. Wegen der Effizienz der Morde und seines Erfolgs darin, der Polizei bisher entkommen zu sein, schätzte ich sein Alter auf Anfang bis Mitte Dreißig. Außerdem hielt ich ihn für ziemlich aufgeweckt. Wenn man je seinen IQ messen würde, ergäbe sich ein weit überdurchschnittlicher Wert. Und wenn man sich seinen Werdegang ansehen würde, fände man eine Folge von mindestens zweien dieser Probleme: Bettnässen, Brandstiftereien und Tierquälereien.

»Eins noch«, fügte ich nach bedeutungsvoller Pause hinzu. »Der Mörder dürfte eine Sprachstörung haben.«

Es war nicht schwer, die Mienen im Raum zu lesen. Endlich verliehen sie dem Ausdruck, was sie die ganze Zeit über schon gedacht hatten: *Dieser Kerl redet nur Scheiße!*

»Wie kommen Sie darauf?« fragte ein Cop sarkastisch. »Sehen die Wunden für Sie wie ›Stotterstiche‹ aus?« Er grinste über seine »Entdeckung« einer neuen Tötungsmethode.

Nein, erklärte ich, es sei nur eine Kombination aus induktiver und deduktiver Logik, bei der so gut wie alle anderen Faktoren der Fälle berücksichtigt würden, alle Faktoren, die ich bereits durchgegangen war. Die abgeschiedenen Örtlichkeiten, an denen er ziemlich sicher keinen Kontakt zu Dritten haben würde, der Umstand, daß keines der Opfer im Beisein anderer Leute angesprochen oder zum Mitkommen überredet wurde, der Umstand, daß er meinte, er müsse sogar mitten im Niemandsland auf Überraschungsangriffe bauen – das alles zeigte mir, daß wir es mit jemandem zu tun hatten, der wegen irgendeines Makels verunsichert war oder sich dafür schämte. Ein ahnungsloses Opfer zu überwältigen, zu dominieren und zu kontrollieren war seine Methode, dieses Handicap zu überwinden.

Ich räumte ein, es könne sich auch um eine andere Art von Gebrechen oder Behinderung handeln. Vom psychologischen oder verhaltenstheoretischen Standpunkt aus betrachtet könne er ein unattraktiver Mensch sein, jemand mit schlimmen Aknenarben, Polio, einer Prothese, irgend etwas in der Art. Nur war bei der Art von Angriff, die wir hier beobachtet hatten, eine Prothese und auch jede Art von Verkrüppelung auszuschließen. Und bei den verschiedenen Zeugenaussagen und all den Menschen, die sich zum Zeitpunkt der Morde im Park aufgehalten hatten, hätten wir von jemandem mit irgendeiner offensichtlichen Entstellung längst gehört. Eine Sprachstörung dagegen war etwas, wofür sich der Täter sehr wohl schämen und was ihn so sehr belasten konnte, daß es seine normalen Sozialkontakte hemmte, aber unter anderen Menschen fiel er äußerlich nicht weiter auf. Man wußte erst davon, wenn er den Mund aufmachte.

Wenn man einem ganzen Raum voller erfahrener Cops solche Ratschläge gibt, während viel auf dem Spiel steht und Presse und Öffentlichkeit ihnen im Nacken sitzen, ist das definitiv eine schwer erträgliche Situation, wie ich sie gern bei Verhören schaffe, der ich aber selbst lieber entgehe. Leider ist das nicht so einfach möglich. Ständig verfolgt einen der Gedanke, den einer der anwesenden Detectives an diesem Nachmittag formulierte: »Was ist, wenn Sie sich täuschen, Douglas?«

»Es kann sein, daß ich mich in einigen Punkten täusche«, räumte ich so wahrheitsgemäß wie möglich ein. »Ich könnte mich im Alter irren. Ich könnte mich irren, was den Beruf angeht oder seinen IQ. Aber ganz sicher irre ich mich nicht, was Rasse oder Geschlecht angeht oder darin, daß er ein Arbeiter ist. Und in diesem Fall irre ich mich auch nicht darin, daß er eine Art Defekt haben muß, der ihn besonders stört. Möglicherweise handelt es sich dabei nicht um eine Sprachstörung, aber ich glaube doch.«

Als ich fertig war, konnte ich nicht sagen, wieviel Eindruck ich gemacht hatte oder ob irgendwas davon hängengeblieben war. Aber einer der Cops kam hinterher zu mir und sagte: »Ich weiß nicht, ob Sie recht haben oder nicht, John, aber wenigstens haben Sie den Ermittlungen eine Richtung gegeben.« Das ist immer gut zu hören, auch wenn man lieber die Luft anhält, bis man sieht, was diese Ermittlungen zu Tage führen. ich flog nach Quantico zurück, und die versammelte Polizei der Bay Area machte sich ans Werk.

Am 29. März schlug der Mörder wieder zu, wobei er diesmal auf ein junges Pärchen im Henry Cowell Redwoods State Park bei Santa Cruz schoß. Als er Ellen Marie Hansen, einer zwanzigjährigen Studentin an der University of California-Davis, erklärte, daß er sie vergewaltigen würde, begehrte sie dagegen auf, woraufhin er das Feuer mit einer Pistole vom Kaliber .38 eröffnete, sie auf der Stelle tötete und Steven Haertle schwer verwundete, den er – im Glauben, er sei tot – dort liegenließ. Doch Haertle war in der Lage, eine, wenn auch lückenhafte, Beschreibung eines Mannes mit schiefen, gelben Zähnen abzugeben. Die Polizei untermauerte das mit Hilfe von weiteren Zeugenaussagen und war so in der Lage, einen solchen Mann mit einem roten, ausländischen Wagen neueren Baujahrs – möglicherweise einem Fiat – in Verbindung zu bringen, obwohl auch diese Beschreibung wiederum von früheren erheblich abwich. Haertle meinte, der Täter sei fünfzig bis sechzig, mit einem Hang zur Glatze. Die Ballistiker stellten den Zusammenhang mit den früheren Trailside-Morden her.

Am 1. Mai verschwand die hübsche, blonde zwanzigjährige Heather Roxanne Scaggs. Sie besuchte eine Berufsschule in San Jose, und ihr Freund, ihre Mutter und ihre Mitbewohnerin erinnerten sich daran, daß sie gesagt hatte, sie sei mit einem gewissen David Carpenter, einem Lehrer dieser Schule, verabredet, da dieser ein Treffen mit einem Freund vereinbart hatte, von dem sie ein Auto kaufen wollte. Carpenter war fünfzig Jahre alt, was für ein solches Verbrechen ungewöhnlich ist.

Von diesem Punkt an fügte sich eins zum anderen, und das Netz begann sich zu schließen. Carpenter fuhr einen roten Fiat mit defektem Auspuff. Dieses letzte Detail gehörte zu den Informationen, die die Polizei bisher nicht veröffentlicht hatte.

David Carpenter hätte schon früher identifiziert und verhaftet werden können. Tatsache ist, daß er unglaubliches Glück hatte und außerdem zahlreiche Zuständigkeitsbereiche eingebunden waren, was die Jagd erschwerte. Er war wegen Sexualdelikten in Haft gewesen. Ironischerweise wurde er in den Bewährungsunterlagen nicht als Sexualtäter geführt, da Kalifornien ihn entlassen hatte, damit er eine Bundesstrafe verbüßen konnte, und wenn er auch frei herumlief, befand er sich technisch gesehen doch im Gewahrsam der Bundesbehörden. Er war also durch die Maschen geschlüpft. Ein weiterer Zufall war, daß Carpenter und sein zweites Opfer Barbara Schwartz, an deren Leichenfundort er seine Brille zurückgelassen hatte, zum selben Optiker gingen! Leider hatte dieser den Zettel nicht gesehen, den das Sheriff's Department verschickte.

Andere Zeugen meldeten sich, darunter auch eine ältere Frau, die in dem Mann auf der montierten Zeichnung im Fernsehen den Purser eines Schiffes erkannt hatte, mit dem sie und ihre Kinder vor zwanzig Jahren nach Japan gefahren waren. Dieser Mann, der ihrer jungen Tochter ständig in unangemessener Form seine Aufwartung gemacht habe, hätte ihr eine Gänsehaut verursacht.

Und Peter Berest, Geschäftsführer einer Sparkassenfiliale in Daly City, erinnerte sich an seine hübsche, feinfühlige und vertrauenswürdige Teilzeit-Kassiererin, die Schülerin Anna Kelly Menjivar, die seit Ende Dezember vermißt gemeldet war. Zwar hatte man ihr Verschwinden bisher noch nicht mit den Trailside-Morden in Verbindung gebracht, aber ihre Leiche war ebenfalls im Mount Tamalpais Park gefunden worden. Berest erinnerte sich daran, wie nett und freundlich sich Ann stets einem heftig stotternden Stammkunden gegenüber verhalten hatte, über den Berset später erfuhr, daß er 1960 wegen eines Überfalls auf eine junge Frau im Presidio, dem Militärgelände an der Nordspitze von San Francisco, verhaftet worden war.

Die Polizei von San Jose und das FBI beschatteten Carpenter und nahmen ihn schließlich fest. Es stellte sich heraus, daß er der Sohn einer dominanten Mutter war, die ihn körperlich mißhandelt hatte, und eines Vaters, der das gleiche zumindest auf psychische Weise tat – ein Kind von überdurchschnittlicher Intelligenz, das wegen seines Stotterns ausgelacht wurde. Seine Kindheit war außerdem gezeichnet von chronischem Bettnässen und Tierquälereien. Als Erwachsener verwandelten sich sein Zorn und seine Frustration in unberechenbare Wutausbrüche und einen scheinbar unstillbaren Geschlechtstrieb.

Das erste Verbrechen, für das er gefaßt und inhaftiert wurde – der Überfall mit Hammer und Messer auf eine Frau im Presidio –, geschah, nachdem seine ohnehin gespannte Ehe durch die Geburt eines Kindes weiter belastet worden war. Während des brutalen Überfalls und kurz vorher, so berichtete das Opfer, habe das schreckliche Stottern aufgehört.

Wegen all der Anfragen, die von Absolventen der National Academy eingingen, hatte FBI-Direktor William Webster 1978 den Ausbildern der »Spezialeinheit für Serienverbrechen« offiziell die Genehmigung erteilt, Beratungen für Täterprofilerstellungen anzubieten. Anfang der achtziger Jahre war dieser Service überaus beliebt. Ich verbrachte meine gesamte Arbeitszeit mit Fällen, und Ausbilder wie Bob Ressler und Roy Hazelwood übten ihre Beraterfunktionen aus, sofern ihre Lehrtätigkeit es zuließ. Aber trotz des Umstands, daß wir uns bei dem, was wir taten, und den Ergebnissen, die wir zu erzielen glaubten, ein gutes Gefühl hatten, wußte niemand von den Leuten ganz oben, ob die Mittel und die Arbeitskraft des FBI damit auch sinnvoll eingesetzt waren. 1981 dann stellte die dafür zuständige Einheit beim FBI – damals unter Leitung von Howard Teten, der von der »Behavioral Science Unit« hinübergewechselt war – die erste eingehende Kosten-Nutzen-Rechnung dessen auf, was sich damals schlicht »Psychological Profiling Program« nannte. Teten, mit dessen informellen Beratungen dieses Programm einmal begonnen hatte, wollte sehen, ob es wirklich seine Wirkung tat und ob das Hauptquartier es fortsetzen sollte.

Ein Fragebogen wurde entwickelt und an unsere Klienten verschickt – Beamte und Detectives aus allen Bereichen der Strafverfolgungsbehörden, die unsere Dienste in Anspruch genommen hatten. Darunter fielen Dienststellen der Polizei von Städten, Bezirken und Staaten, Sheriff's Departments, FBI-Außenbüros, die Highway Patrol und Ermittlungsbehörden der einzelnen Bundesstaaten. Zwar hatten die meisten Anfragen mit Mordfällen zu tun, aber Tetens Einheit sammelte darüber hinaus Daten zu unseren Beratungen bei Fällen von Vergewaltigung, Entführung, Erpressung, Nötigung, Kindesmißbrauch, Geiselnahme, bei Unfallopfern und Leuten, die Selbstmord begehen wollten.

Die Profilerstellung war vielen beim FBI nach wie vor eine nebulöse, schwer einzuschätzende Angelegenheit. Viele sahen sie als Zauberei oder Schwarze Magie, und einige andere hielten sie für Augenwischerei. Daher wußten wir, daß die Studie eindringliche und beweisbare Erfolge nachweisen mußte, damit nicht sämtliche Facetten der »Spezialeinheit für Serienverbrechen«, die nicht mit der Lehrtätigkeit zusammenhingen, über Bord gingen.

Daher waren wir sowohl hoch erfreut als auch erleichtert, als die Analyse im Dezember 1981 bei uns einging. Ermittler aus dem ganzen Land setzten sich begeistert für uns ein und drängten darauf, das Programm fortzuführen. Der letzte Absatz des Begleitbriefes faßt es zusammen:

> Die Einschätzung zeigt, daß das Programm tatsächlich erfolgreicher ist, als wir alle gedacht haben. Die »Spezialeinheit für Serienverbrechen« ist für ihre großartige Leistung gar nicht hoch genug zu loben.

Die Detectives stimmten im allgemeinen darin überein, daß wir am hilfreichsten waren, wenn es darum ging, die Liste der Verdächtigen einzugrenzen und den Ermittlungen einen engeren Blickwinkel zu verleihen. Ein Beispiel war der brutale und erschreckend sinnlose Mord an Francine Elveson im Oktober 1979 in der Bronx, in der Nähe einiger der Lieblingsorte von David Berkowitz. Tatsächlich wurde bei der New Yorker Polizei die Sorge wach, ein Bewunderer des »Son of Sam« könne sich von seinem Helden inspirieren lassen. Dieser Fall wird in Quantico im Unterricht behandelt, weil er ein gutes Beispiel dafür ist, wie wir auf ein Profil kamen und wie die Polizei es einsetzte, um ein unbegreifliches, seit langem ungelöstes Verbrechen aufzuklären.

Francine Elveson war eine sechsundzwanzigjährige Lehrerin für behinderte Kinder und arbeitete in einer Kindertagesstätte. Mit ihren 45 Kilo und einer Körpergröße von unter einem Meter fünfzig brachte sie ein seltenes Einfühlungsvermögen für ihre Schüler mit, da sie selbst an Kyphoskoliose, einer Rückgratverkrümmung, litt. Scheu und nicht sonderlich auf gesellschaftliches Leben erpicht, lebte sie bei ihren Eltern in einer Wohnung im Pelham Parkway House.

Wie gewöhnlich hatte sie morgens um halb sieben die Wohnung verlassen, um zur Arbeit zu fahren. Gegen zwanzig nach acht fand ein Junge aus dem Haus ihre Brieftasche zwischen dem zweiten und dritten Stock. Er hatte keine Zeit, etwas deswegen zu unternehmen, da er zur Schule mußte, also behielt er sie, bis er zum Mittagessen nach Hause kam, dann gab er sie seinem Vater. Dieser ging kurz vor drei am selben Nachmittag zur Wohnung der Elvesons und gab die Brieftasche bei Francines Mutter ab, die daraufhin in der Kindertagesstätte anrief, um Francine wissen zu lassen, daß man ihre Brieftasche gefunden hatte. Mrs. Elveson erfuhr, daß ihre Tochter an diesem Tag nicht bei der Arbeit erschienen war. Besorgt durchsuchte sie mit ihrer anderen Tochter und einer Nachbarin das Gebäude.

Im Dachgeschoß am oberen Ende der Treppe stießen sie auf einen Anblick von überwältigendem Grauen. Francines nackte Leiche war von derart schweren Mißhandlungen übersät, daß der Gerichtsmediziner später Brüche von Kiefer, Nase und Wangenknochen diagnostizierte. Alle Zähne waren locker. Francines gespreizte Arme und Beine waren mit ihrem eigenen Gürtel und ihren Nylonstrümpfen gefesselt, aber der Gerichtsmediziner stellte fest, daß sie schon tot war, als man das getan hatte. Die Brustwarzen waren ihr nach dem Tod abgeschnitten und auf die Brust gelegt worden. Die Unterhose hatte man ausgezogen und ihr über den Kopf gestülpt, so daß sie ihr Gesicht verdeckte, und an den Schenkeln und Knien fanden sich Bißspuren. Die zahlreichen Schnittwunden an der Leiche gingen allesamt nicht tief und deuteten auf ein kleines Taschenmesser hin. Ihren Schirm und ihren Kugelschreiber hatte man in ihre Vagina gestoßen, und ihr Kamm steckte im Schamhaar. Die Ohrringe lagen zu beiden Seiten ihres Kopfes. Bei der Untersuchung der Todesursache wurde festgestellt, daß sie mit dem Riemen ihrer eigenen Handtasche stranguliert worden war. Auf ihren Oberschenkel hatte der Mörder »Ihr könnt mich nicht aufhalten« gekritzelt, auf ihren Bauch »Fuck you«, beides mit dem Kugelschreiber, den er ihr in die Vagina gestoßen hatte. Der zweite bedeutsame Punkt am Tatort war der Umstand, daß der Mörder neben der Leiche seinen Darm entleert und die Exkremente mit einem von Francines Kleidungsstücken bedeckt hatte.

Mrs. Elveson erklärte der Polizei unter anderem, daß ein

Goldanhänger in Form des hebräischen Buchstabens *chai* für »Viel Glück« nicht mehr um Francines Hals hing. Als die Mutter die Form des Anhängers beschrieb, wurde den Detectives klar, daß ihre Leiche feierlich so hingelegt worden war, daß sie ihn nachformte.

Man fand Samenspuren auf ihrer Leiche, aber die DNS-Analyse war in der Gerichtsmedizin 1979 noch nicht bekannt. Es fanden sich weder Verletzungen an den Händen noch Blutspuren oder Hautfragmente unter ihren Fingernägeln, was darauf hindeutete, daß es keinen Kampf gegeben hatte. Der einzige greifbare gerichtsmedizinische Beweis war ein einzelnes negroides Haar, das bei der Autopsie an der Leiche gefunden wurde.

Bei der Untersuchung des Tatorts und der Sichtung der Fakten kamen die Detectives zu dem Schluß, daß der Überfall stattgefunden hatte, als Francine die Treppe hinunterging. Nachdem man sie bewußtlos geprügelt hatte, wurde sie auf den obersten Treppenabsatz gezerrt. Die Autopsie ergab, daß sie nicht vergewaltigt worden war.

Wegen der grauenvollen Umstände zog dieser Fall große Aufmerksamkeit und eine ausgiebige Medienberichterstattung nach sich. Eine Einsatzgruppe von 26 Detectives wurde zusammengestellt, die mehr als 2000 potentielle Zeugen und Verdächtige verhörten und sämtliche bekannten Sexualstraftäter im Bereich von New York City überprüften. Nach einem Monat jedoch schienen die Ermittlungen noch immer nirgendwohin zu führen.

Da sie sich dachten, es könne nicht schaden, auch eine andere Meinung zu hören, nahmen Detective Tom Foley und Lieutenant Joe D'Amico Kontakt mit Quantico auf. Sie kamen mit Akten, Berichten, Tatortfotos und Autopsieprotokollen zu uns. Roy Hazelwood, Dick Ault, Tony Rider (der später Chef der »Spezialeinheit für Serienverbrechen« werden sollte) und ich trafen uns mit ihnen im Speiseraum.

Nachdem wir sämtliche Beweisstücke und Unterlagen durchgegangen waren und ich versucht hatte, mich in die Lage sowohl des Opfers als auch des Mörders zu versetzen, entwikkelte ich ein Täterprofil. Ich schlug vor, daß die Polizei nach einem unscheinbaren Weißen zwischen fünfundzwanzig und fünfunddreißig suchen solle, wahrscheinlich ziemlich genau dreißig, äußerlich unordentlich, arbeitslos, ein Nachtmensch, der in einem Umkreis von einer halben Meile vom Gebäude bei seinen Eltern oder einer älteren Verwandten lebte, alleinstehend war, keine Beziehungen zu Frauen und keine engen Freunde hatte, die High-School oder das College abgebrochen hatte, keinen Militärdienst abgeleistet hatte; nach einem Mann, dessen Selbstachtung gering war, der weder ein Auto noch einen Führerschein besaß, der sich momentan oder zu einem früheren Zeitpunkt in einer psychiatrischen Anstalt befand oder befunden hatte und verschreibungspflichtige Medikamente bekam, einen Selbstmordversuch durch Erhängen oder Ersticken hinter sich hatte, weder Drogen nahm noch trank und eine große Sammlung von Pornographie zum Thema Fesselungen und Sadomasochismus besaß. Es war sein erster Mord, wahrscheinlich sein erstes schweres Verbrechen, aber wenn man ihn nicht faßte, sicher nicht sein letztes.

»Diesen Mörder müssen Sie nicht in der Ferne suchen«, erklärte ich den Ermittlern. »Und Sie haben mit dem Mann bereits gesprochen.« Sicher hatten sie ihn und andere aus seiner Familie schon befragt, da sie in derselben Gegend wohnten. Die Polizei fand ihn wahrscheinlich kooperativ, vielleicht etwas übereifrig. Möglicherweise suchte er sie sogar auf, mischte sich in die Ermittlungen ein, um sicherzugehen, daß sie ihm nicht zu nahe kamen.

Vielen Leuten, die mit unseren Techniken nicht vertraut waren, muß es wie Hokuspokus vorgekommen sein. Aber wenn man es methodisch durchgeht, erkennt man langsam, wie wir auf unsere Eindrücke und Empfehlungen kommen.

Als erstes kamen wir zu dem Schluß, daß es sich um ein Gelegenheitsverbrechen handelte, eine spontane Tat. Francines Eltern erklärten uns, sie habe manchmal den Fahrstuhl genommen und manchmal die Treppe. Was ihr an einem bestimmten Morgen lieber war, ließ sich nicht vorhersagen. Hätte der Mörder ihr im Treppenhaus aufgelauert, hätte er sie ohne weiteres verpassen können und wäre wahrscheinlich auf andere Leute gestoßen, bevor er Francine zu Gesicht bekam.

Alles, was beim Überfall und an der Leiche Verwendung fand, gehörte dem Opfer. Der Mörder hatte nichts zum Tatort mitgebracht, nur vielleicht das kleine Taschenmesser. Er hatte ihr nicht aufgelauert und war nicht mit der Absicht zum Tatort gegangen, dort ein Verbrechen zu verüben.

Das wiederum führte uns zur nächsten Schlußfolgerung. Wenn der Unbekannte nicht mit der Absicht ins Gebäude gekommen war, dieses Verbrechen zu verüben, mußte er aus anderem Grunde dort gewesen sein. Und um vor sieben Uhr dort sein zu können und Francine auf der Treppe zu begegnen, mußte er entweder im selben Haus wohnen, dort arbeiten oder sich zumindest ziemlich gut auskennen. Das konnte ein Postbote oder Arbeiter der Telefon- oder Elektrizitätsgesellschaft sein, obwohl ich es für unwahrscheinlich hielt, da es keine Zeugenaussagen darüber gab und jemand in einer solchen Situation nicht in der Lage wäre, sich die Zeit zu lassen, die er sich ganz offenbar für sie genommen hatte. Nach dem Überfall auf der Treppe wußte er, daß er sie zum Treppenabsatz im Dachgeschoß bringen konnte, ohne Störungen befürchten zu müssen. Außerdem mußte er, da niemand im Haus etwas oder jemanden Ungewöhnliches gesehen hatte, ins Bild passen. Francine hatte weder geschrien noch sich gewehrt, was hieß, daß sie ihn wahrscheinlich kannte, zumindest vom Sehen.

Aufgrund des sexuellen Aspekts des Überfalls waren wir sicher, daß wir es mit einem Mann zu tun hatten, der mehr oder weniger in ihrem Alter war, also zwischen fünfundzwanzig und fünfunddreißig Jahren. Allein deswegen war ich bereit, den Fünfzehnjährigen auszuschließen, der die Brieftasche gefunden hatte (ebenso dessen vierzigjährigen Vater). Nach meinen Erfahrungen konnte ich mir nicht vorstellen, daß jemand in dem Alter die Leiche so behandelt hätte. Nicht einmal Monte Rissel, ein extrem »frühreifer« Vergewaltiger, hatte ein derartiges Verhalten gezeigt. Das deutete auf eine Sexualphantasie hin, die sich über Jahre hinweg entwickelt hatte. Außerdem war der Fünfzehnjährige schwarz.

Obwohl man bei der Untersuchung der Leiche das negroide Haar gefunden hatte, war ich überzeugt davon, daß wir es mit einem weißen Mörder zu tun hatten. Nur sehr selten stießen wir auf Fälle, bei denen Rassengrenzen überschritten wurden, und wenn doch, fanden sich gewöhnlich andere Beweise, um das zu untermauern. In diesem Fall war nichts zu finden, und erst selten – wenn überhaupt – hatte ich solche Verstümmelungen durch einen schwarzen Täter erlebt. Ein ehemaliger schwarzer Hauswart des Gebäudes, der seine Schlüssel nie zurückgegeben hatte, schien den meisten verdächtig zu sein, aber ich glaubte nicht, daß er es war, erstens wegen des eben genannten Verhaltensmusters und zweitens, weil einige Mieter ihn bestimmt erkannt hätten.

Die Polizisten wollten wissen, welche Erklärung ich für das Haar hatte, das einen schwarzen Täter vermuten ließ? Ich hatte keine, was mich in gewisser Weise beunruhigte, aber dennoch war ich sicher, daß ich richtiglag.

Es handelte sich in diesem Fall um ein »risikoreiches« Verbrechen und ein »risikoarmes« Opfer. Sie hatte keine männlichen Begleiter, war weder Prostituierte noch Drogenkonsumentin, weder ein hübsches Kind auf freier Wildbahn noch in einem üblen Viertel weit weg von zu Hause. Das Wohnhaus war zu etwa 50% mit Schwarzen, zu 40% mit Weißen und zu 10% mit Hispanics belegt. Ähnliche Verbrechen waren weder hier noch sonst irgendwo im Viertel bekanntgeworden. Der Täter hätte einen weit »sichereren« Ort suchen können, um ein Sexualverbrechen zu begehen. Das deutete – in Verbindung mit der mangelnden Vorbereitung – auf einen unorganisierten Täter hin.

Eine Verbindung anderer Faktoren ermöglichte mir – zusammengenommen – ein klareres Bild von dem Persönlichkeitstyp, der Francine Elveson ermordet hatte. Es war zu grauenhaften sexuellen Verstümmelungen und der Masturbation über der Leiche gekommen, jedoch nicht zum Geschlechtsverkehr. Das Eindringen mit Regenschirm und Kugelschreiber waren sexuelle Ersatztaten. Ganz offensichtlich war der erwachsene Mann, den wir suchten, ein unsicherer, sexuell unreifer und ungenügender Mensch. Die Masturbation deutete darauf hin, daß er eine Art Ritual auslebte, dem er schon eine Weile nachhing. Die Masturbationsphantasie war durch grobe sadistisch-masochistisch orientierte Pornografie geschürt worden, ebenfalls ein Hinweis auf einen Mann, der sexuell nicht genügen konnte. Nicht zu vergessen: Er hatte sie erst gefesselt, nachdem sie bewußtlos oder totgeschlagen war. Die Wahl eines kleinen, körperlich zerbrechlichen Opfers, das dennoch aus dem Hinterhalt überfallen und eilig neutralisiert werden mußte, bevor er seine Gewaltphantasien an ihm ausleben konnte, bestätigte das nur noch. Hätte er seine sadistischen Vorhaben an einem lebenden, wachen Opfer ausgeführt, hätte sich dadurch ein anderes Persönlichkeitsbild ergeben. So wie die Dinge standen, hatte er große Schwierigkeiten mit seinen Beziehungen zu Frauen. Wenn er überhaupt Verabredungen hatte, was ich bezweifelte, würde er sich weit jüngere suchen, bei denen er bessere Chancen hatte, sie zu dominieren oder zu kontrollieren.

Der Umstand, daß er sich in dem Wohnhaus aufhielt, während andere Leute wie Francine auf dem Weg zur Arbeit waren, zeigte mir, daß er keinen Vollzeit-Job ausübte. Wenn er überhaupt Arbeit hatte, dann nur Teilzeit, wahrscheinlich nachts, und er verdiente nicht viel damit.

Daraus schloß ich, daß er nicht allein leben konnte. Im Gegensatz zu geschickteren Mördern wäre dieser Mann nicht dazu in der Lage, seine seltsamen Interessen vor Leuten seines Alters geheimzuhalten, was bedeutete, daß er kaum Freunde und keinen Mitbewohner hatte. Wahrscheinlich wäre er ein Nachtmensch und machte sich nicht viel Gedanken um sein Äußeres. Da er nicht mit Freunden zusammenlebte und sich keine eigene Wohnung leisten konnte, mußte er bei seinen Eltern wohnen oder, was noch wahrscheinlicher war, wie ich fand, bei einem einzelnen Elternteil oder einer weiblichen Verwandten, etwa einer Schwester oder Tante. Er könnte sich kein Auto leisten, was bedeutete, daß er entweder öffentliche Verkehrsmittel zum Haus benutzt hatte, gelaufen war oder dort wohnte. Ich konnte mir nicht vorstellen, daß er so früh am Morgen einen Bus genommen hatte, was darauf hindeutete, daß er im Haus oder etwa im Umkreis einer halben Meile wohnen mußte.

Dann war da noch die Plazierung der verschiedenen rituellen Objekte – die abgeschnittenen Brustwarzen, die Ohrringe, die Lage der Leiche selbst. Diese Art zwanghaften Verhaltens inmitten des Wahnsinns schier wahlloser Gewalt sagte mir, daß der Täter schwere psychologische und psychiatrische Probleme hatte. Ich nahm an, daß er verschreibungspflichtige Medikamente bekam oder zumindest bekommen hatte. Das und der Umstand, daß dieses Verbrechen am frühen Morgen stattgefunden hatte, deutete darauf hin, daß Alkohol bei dieser Person keine Rolle spielte. Worum es sich bei seiner Labilität oder Psychose auch handeln mochte, es wurde schlimmer und mußte anderen um ihn herum aufgefallen sein. Frühere Selbstmordversuche, besonders der Versuch, sich zu strangulieren – die Mordmethode, die er auf Francine angewandt hatte – waren sehr gut möglich. Ich hätte wetten können, daß er sich zur Behandlung in einer psychiatrischen Klinik befand oder befunden hatte. Aus diesem Grund schloß ich einen militärischen Hintergrund aus und hielt ihn eher für jemanden, der die High-School oder das College abgebrochen hatte und voll unerfüllten Ehrgeizes war. Ich war mir einigermaßen sicher, daß es der erste Mord dieses Mannes war, aber wenn er damit durchkäme, wäre es sicher nicht sein letzter. Ich erwartete nicht, daß er gleich wieder zuschlagen würde. Dieser Mord würde ihn für Wochen bis Monate ausfüllen. Aber irgendwann, wenn die Umstände günstig waren und sich wieder mal ein Gelegenheitsopfer anbot, würde er wieder zuschlagen. Das sagten mir die Botschaften, die er auf die Leiche geschrieben hatte.

Die Positionierung der Leiche in dieser erniedrigenden, ritualistischen Pose sagte mir, daß er seine Tat nicht sonderlich bereute. Wäre ihre Leiche bedeckt gewesen, hätte ich gedacht, die Unterhose auf ihrem Gesicht könne ein Anzeichen dafür sein, daß es ihm irgendwie leid täte und er ihr eine gewisse Würde lassen wollte, aber das war durch die Entblößung der Leiche ausgeschlossen. Daher galt das Bedecken des Gesichts eher der Entpersonifizierung und war keineswegs ein Zeichen von Sorge.

Interessanterweise nahm er ihre Kleidung, um seine eigenen Exkremente zu bedecken. Hätte er sie am Tatort offen liegenlassen, hätte man dieses als Teil seiner rituellen Phantasie und weiteres Zeichen der Verachtung diesem bestimmten Opfer oder Frauen im allgemeinen gegenüber interpretieren können. Doch der Umstand, daß er sie verdeckt hatte, deutete an, daß er entweder lange dort gewesen war und nicht wußte, wohin er gehen sollte, oder daß er seine Nerven nicht unter Kontrolle hatte – oder beides. Aufgrund früherer Erfahrungen sah ich in seiner Unfähigkeit, sich nicht so lange beherrschen zu können, eine mögliche Folge seiner Medikation.

Nachdem sie das Profil bekommen hatten, machten sich die Polizisten wieder an ihre lange Liste von Verdächtigen und Zeugen. Sie strichen einen bekannten ehemaligen Sexualtäter von der Liste, der inzwischen verheiratet war und zwei Kinder hatte. Auf der vorläufigen Endliste fanden sich zweiundzwanzig Namen, und unter diesen Verdächtigen stach einer hervor, weil er dem Profil am nächsten kam.

Sein Name war Carmine Calabro. Ein arbeitsloser Schauspieler, dreißigjährig und weiß, der immer wieder mal bei seinem verwitweten Vater im selben Haus wie die Elvesons wohnte, ebenfalls im dritten Stock. Er war unverheiratet und hatte Aussagen zufolge Schwierigkeiten, Beziehungen zu Frauen aufrechtzuerhalten. Er hatte die High-School geschmissen und keine militärische Erfahrung. Als die Polizei sein Zimmer durchsuchte, fand sie eine ausgiebige Sammlung von sadomasochistischen Pornos. Er hatte ein paar Selbstmordversuche durch Erhängen oder Ersticken unternommen – sowohl vor als auch nach dem Mord an Francine Elveson.

Aber er hatte ein Alibi. Meiner Vermutung entsprechend hatte die Polizei seinen Vater befragt, wie man es mit allen Bewohnern des Hauses getan hatte. Mr. Calabro hatte ihnen erklärt, Carmine befinde sich in stationärer Behandlung in einer psychiatrischen Klinik, wo man ihn wegen seiner Depressionen behandelte. Aus diesem Grund hatte die Polizei ihn bisher als Täter ausgeschlossen.

Mit dem Täterprofil bewaffnet, machten sie sich augenblicklich wieder an die Arbeit und stellten bald fest, wie lasch die

Sicherheitsvorkehrungen in dieser Klinik waren. Daraufhin war man in der Lage, mit Gewißheit festzustellen, daß Carmine am Abend vor dem Mord an Francine Elveson ohne Erlaubnis – er war einfach hinausspaziert – das Gelände verlassen hatte.

Dreizehn Monate nach dem Mord wurde Carmine Calabro verhaftet, und die Polizei nahm einen Gebißabdruck von ihm. Drei Zahnärzte der Gerichtsmedizin bestätigten, daß seine Zähne mit den Bißspuren an Francines Leiche übereinstimmten. Das sollte der Hauptbeweis während des Prozesses werden, bei dem Calabro seine Schuld bestritt und der mit einer Verurteilung wegen Mordes und einer Haftstrafe von fünfundzwanzig Jahren bis »lebenslänglich« endete.

Das negroide Haar, so stellte sich heraus, hatte im übrigen nichts mit alledem zu tun. Das Büro des Gerichtsmediziners unternahm eine sorgfältige Untersuchung der Vorgänge und stellte fest, daß der Leichensack, mit dem man Francine Elveson zum Leichenschauhaus transportiert hatte, für ein schwarzes, männliches Opfer benutzt und zwischen den beiden Transporten nicht korrekt gereinigt worden war. Es zeigt, daß gerichtsmedizinische Beweismittel allein in die Irre führen können, und wenn sie dem allgemeinen Eindruck des Ermittlers für den Fall widersprechen, sollte man sie sorgfältig betrachten, bevor man sie als sicher ansieht.

Die Lösung dieses Falles war für uns alle erfreulich, um so mehr noch, als daß wir die Leute, mit denen wir in New York arbeiteten, überzeugt hatten, darunter die klügsten und gebildetsten Polizisten im Dienst. In einem Artikel über das Täterprofilprogramm in »Psychology Today« vom April 1983 sagte Lieutenant D'Amico: »Sie hatten ihn so treffend beschrieben, daß ich das FBI fragte, wieso sie uns nicht auch noch seine Telefonnummer gegeben hätten.«

Nach dem Erscheinen dieses Artikels schrieb uns Calabro aus der Clinton Correctional Facility in Dannemora, New York, obwohl weder sein Name noch der von Francine Elveson in dem Artikel erschienen war. In einem weitschweifigen Brief voller Grammatik- und Rechtschreibfehler hatte er im allgemeinen schmeichelhafte Dinge über das FBI und die New Yorker Polizei zu sagen, bekräftigte nachhaltig seine Unschuld, stellte sich in eine Reihe mit David Berkowitz und George Metesky und schrieb: »Ich widerspreche nicht Ihrem Profil des Täters in diesem Fall, und ehrlich gesagt bin ich in zwei Punkten zutiefst davon überzeugt, daß Sie recht haben.«

Weiterhin fragte er, ob man uns über das Haar informiert habe, das am Leichnam gefunden worden war und ihn sicher exkulpieren (mein Wort, nicht seines) würde. Dann fragte er seltsamerweise, wann wir auf das Profil gekommen seien und ob wir sämtliche Beweismittel hätten. Wenn ja, wollte er die Sache ruhenlassen, aber wenn nicht, wollte er uns wieder schreiben.

Ich hielt diesen Brief für eine Einladung, Calabro in unsere Studien einzuschließen. Daher fuhren Bill Hagmeier und Rosanne Russo, eine der ersten weiblichen Agenten in der »Spezialeinheit für Serienverbrechen«, im Juli 1983 nach Clinton, um Calabro zu fragen. Sie beschrieben ihn als nervös, aber höflich und kooperativ, ganz wie er es der Polizei gegenüber gewesen war. Er konzentrierte sich heftigst auf seine Unschuld und die bevorstehende Berufung, indem er darauf hinwies, daß er zu Unrecht aufgrund der Bißspuren verurteilt worden war. Aus diesem Grunde hatte er sich sämtliche Zähne ziehen lassen, damit »sie mich nicht mehr anklagen können«, und zeigte stolz seinen leeren Mund vor. Abgesehen davon war das Gespräch in vielerlei Hinsicht ein Aufguß des Briefes, obwohl Hagmeier und Russo sagten, er habe einiges Interesse an dem gezeigt, was sie vorhatten, und habe nicht gewollt, daß sie gingen. Selbst im Gefängnis blieb er ein Einzelgänger.

In zweifle nicht daran, daß Carmine Calabro unter schweren psychischen Störungen leidet. Nichts an seinem Fall, seinem Hintergrund oder unserer Kommunikation mit ihm deutet auf irgend etwas hin, was der Normalität auch nur nahekäme. Gleichzeitig glaube ich dennoch, daß er – wie die meisten gestörten Menschen – den Unterschied zwischen falsch und richtig sehr wohl kannte. Diese bizarren und kranken Phantasien zu haben ist kein Verbrechen. Willentlich die Wahl zu treffen, diese auf Kosten anderer auszuleben, ist es mit Sicherheit.

KAPITEL NEUN
In der Haut des Täters

Mittlerweile, Anfang der achtziger Jahre, bearbeitete ich bis zu hundertfünfzig Fälle pro Jahr und war ebenso viele Tage unterwegs. Langsam fühlte ich mich wie Lucille Ball in dem berühmten Fabrik-Sketch von *I Love Lucy*, als sie versucht, schneller als das Fließband zu arbeiten – je mehr ich gefordert wurde, desto panischer mußte ich darum kämpfen, nicht in Rückstand zu geraten. Mir einen kleinen Vorsprung herauszuarbeiten, um vielleicht einmal kurz durchatmen zu können, war schlicht unmöglich.

Als unsere Arbeit und ihre Ergebnisse bekannt wurden, kamen Anfragen aus den ganzen Vereinigten Staaten und dem Ausland. Wie auf einer Unfallstation mußte ich anfangen, Fälle nach Priorität zu ordnen. So widmete ich mich umgehend Sexualmorden, bei denen weitere Menschenleben gefährdet waren.

Bei älteren Fällen und solchen, bei denen der unbekannte Täter nicht mehr aktiv zu sein schien, fragte ich bei der Polizei an, warum man uns eingeschaltet hatte. Manchmal drängte die Familie des Opfers auf eine Aufklärung. Das war sicher verständlich, und sie hatten auch mein ganzes Mitgefühl, aber ich konnte es mir einfach nicht leisten, wertvolle Zeit mit einer Analyse zu vergeuden, die in den lokalen Dienststellen ins Archiv wanderte.

Bei akuten Fällen war es wichtig zu wissen, woher sie kamen. In der Anfangszeit des Programms weckte alles, was von den ganz großen Police Departments – etwa NYPD oder LAPD – kam, mein Mißtrauen, und ich fragte sie, wieso sie sich überhaupt an unsere Einheit in Quantico gewandt hatten. Mal ging es um eine rechtliche Streitigkeit mit dem FBI, etwa um die Frage, wer die Überwachungsfilme bekam, wer das Verhör führte und wer eine Reihe von Banküberfällen bearbeitete. Oder der Fall war ein Politikum, und die lokalen Dienststellen wollten, daß jemand anderes in die Schußlinie kam. Diese Überlegungen bestimmten die Art und Weise, wie ich auf eine Anfrage reagierte, und sie halfen mir herauszufinden, ob ein bestimmter Fall zu lösen war.

Anfangs hatte ich schriftlich Analysen abgegeben. Als die Fälle jedoch derart zunahmen, hatte ich dafür keine Zeit mehr. Ich machte mir Notizen, während ich eine Akte durchsah. Wenn ich mit dem Ermittler vor Ort sprach – entweder persönlich oder am Telefon –, ging ich meine Notizen durch und rief mir den Fall dabei ins Gedächtnis. Normalerweise machten die Cops selbst ausgiebig Aufzeichnungen zu dem, was ich ihnen erzählte. Bei den seltenen Gelegenheiten, wenn ein Cop bei mir im Raum war und er nur zuhörte, ohne irgend etwas aufzuschreiben, verlor ich schnell die Geduld, sagte ihm, es sei sein Fall, nicht meiner, und wenn er unsere Hilfe wolle, sollte er besser seinen Arsch bewegen und genauso hart arbeiten wie ich.

Ich hatte so was schon so oft gemacht, daß ich – wie ein Arzt – wußte, wie lange jeder »Termin« dauern sollte. Wenn ich den Fall durchgegangen war, wußte ich, ob ich helfen konnte oder nicht. Dann konzentrierte ich mich auf die Analyse des Tatorts und des Opferverhaltens. Warum wurde dieses Opfer aus allen anderen potentiellen Opfern ausgewählt? Wie wurde es ermordet? Nach Beantwortung dieser beiden Fragen konnte man sich der eigentlichen Frage stellen: Wer?

Wie Sherlock Holmes war auch ich mir über eins schnell im klaren: Je gewöhnlicher ein Verbrechen war, desto weniger Verhaltenshinweise gab es, mit denen man arbeiten konnte. Bei Straßenüberfällen wäre ich keine große Hilfe gewesen. Sie sind zu verbreitet, das Verhalten zu simpel, und daher ist die Menge der Verdächtigen nahezu unübersehbar. Analog liefert eine einzelne Schuß- oder Stichwunde als Ansatz ein schwierigeres Szenario als mehrere Wunden, eine Tat unter freiem Himmel ist schwieriger aufzuklären als eine, die drinnen stattgefunden hat, ein einzelnes gefährdetes Opfer wie eine Prostituierte gibt uns nicht so viele Informationen wie eine ganze Serie von Morden.

Als erstes sah ich mir immer den Bericht des Gerichtsmediziners an, um etwas über die Art der Wunden zu erfahren, die Todesursache, ob es einen sexuellen Angriff gegeben hatte, und wenn ja, welcher Art dieser gewesen war. Die Qualität der Arbeit eines Gerichtsmediziners variierte bei den Tausenden von Polizeibezirken im ganzen Land. Manche waren ausgebildete Pathologen, und deren Arbeit war erstklassig. Als beispielsweise Dr. James Luke Gerichtsmediziner in Washington, D.C., war, konnten wir immer mit vollständigen, detaillierten und präzisen Protokollen rechnen. Nach seiner Pensionierung wurde Dr. Luke ein wichtiger Berater meiner Einheit in Quantico. Andererseits erlebte ich in kleinen Orten unten im Süden, daß der Coroner gleichzeitig der örtliche Bestattungsunternehmer war. Dessen Vorstellung von einer Obduktion bestand darin, am Tatort aufzutauchen, die Leiche mit dem Fuß anzustoßen und zu sagen: »Tja, der Mann ist tot.«

Nachdem ich die leichenspezifischen Befunde durchgegangen war, las ich den vorläufigen Polizeibericht. Als der erste Beamte eingetroffen war – was hatte er da gesehen? Danach ist es immer möglich, daß etwas am Tatort verändert wurde, entweder von ihm oder jemandem aus dem Team. Es war wichtig für mich, mir die Szenerie – wie der Täter sie zurückgelassen hatte – so genau wie möglich vorzustellen. Ich wollte wissen, ob sie so geblieben war. Wenn zum Beispiel auf dem Gesicht des Opfers ein Kissen lag – wer hatte es dorthin gelegt? War es schon da, als der Beamte eintraf? Hatte jemand aus der Familie es aus Pietätsgründen dorthin getan? Oder gab es eine andere Erklärung? Schließlich sah ich mir die Tatortfotos an und versuchte, das Bild in meinem Kopf zu vervollständigen.

Die Fotos waren nicht immer von bester Qualität, besonders

damals, als die meisten Dienststellen noch schwarzweiß fotografierten. Daher bat ich um eine schematische Zeichnung des Tatorts, auf der sämtliche Richtungen und Fußabdrücke eingetragen waren. Falls die Beamten etwas Besonderes bemerkt hatten, was ich mir ansehen sollte, bat ich sie, es auf der Rückseite des Fotos zu vermerken, damit ich beim ersten Durchgang nicht von den Beobachtungen eines anderen beeinflußt würde. Ebensowenig wollte ich wissen, ob sie einen bestimmten Verdächtigen ganz oben auf ihrer Liste stehen hatten, oder ich bat sie, mir das in einem versiegelten Umschlag beizulegen, damit ich meine eigene Analyse objektivieren konnte.

Weiterhin war es wichtig herauszufinden, ob etwas vom Opfer oder dem Tatort entfernt worden war. Normalerweise war unschwer festzustellen, ob Geld, Wertsachen oder auffälliger Schmuck entwendet worden waren – alles Fakten, die auf das Motiv des Täters hinweisen konnten. Andere Geschehnisse sind nicht immer so leicht nachzuvollziehen.

Wenn mir ein Detective erklärte, es sei nichts entwendet worden, fragte ich: »Woher wissen Sie das? Wollen Sie behaupten, Sie würden bemerken, wenn jemand einen BH oder eine Unterhose aus der Schublade Ihrer Frau oder Freundin mitnehmen würde? Wenn ja, wären Sie ein ziemlich kranker Mann.« Etwas Unauffälliges wie eine Haarspange oder eine Locke könnte fehlen, und das wäre schwer auszumachen. Allein die Tatsache, daß nichts zu fehlen *schien*, war meiner Ansicht nach nie ein verläßlicher Befund. Und wenn wir einen Täter schließlich faßten und seine Wohnung durchsuchten, stießen wir oft auf überraschende Andenken.

Von Anfang an war klar, daß eine Menge Leute – beim FBI und in anderen Stellen – nicht richtig verstanden, was wir trieben. Das wurde mir während eines zweiwöchigen Kurses deutlich, den Bob Ressler und ich 1981 in New York leiteten. Etwa hundert Detectives nahmen daran teil, hauptsächlich vom NYPD, aber auch von anderen Behörden aus dem Bereich New York.

Eines Morgens stehe ich vor der Unterrichtsstunde zum Thema Täterprofile vorn im Raum und baue den großen Dreiviertelzoll-Sony-Videorecorder auf, den wir damals benutzten. Ein offensichtlich überarbeiteter Detective mit fahlen, blutunterlaufenen Augen spaziert an mir vorbei und sagt: »Sie machen dieses Profilzeug, oder?«

»Ja, genau«, antworte ich und wende mich dem klobigen Recorder zu. »Und das hier ist meine Profilmaschine.«

Skeptisch sieht er mich an, wie ein erfahrener Kriminalbeamter einen Verdächtigen, bleibt dann aber stehen.

»Geben Sie mir Ihre Hand«, sage ich. »Ich zeige Ihnen, wie es geht.«

Zögernd reicht er mir seine Hand. Bei einem Dreiviertelzoll-Recorder ist das Kassettenfach ziemlich groß. Ich nehme seine Hand, schiebe sie in das Fach und drehe an ein paar Reglern. Ressler ist irgendwo im Raum und bereitet sein Material vor. Er hört mich und will schon herüberkommen, weil er fürchtet, ich könnte mir gleich Prügel einfangen.

Aber der Mann sagt: »Und was ist jetzt mein Profil?«

Ich sage: »Warten Sie die Stunde ab. Dann sehen Sie, wie es läuft.«

Zum Glück muß der Mann während des Unterrichts herausgefunden haben, was los war, als ich die Profilerstellung erklärt und den Videorecorder für seinen eigentlichen Zweck benutzt habe: zur Demonstration! Und er hat mir hinterher auch nicht aufgelauert. Aber diese Geschichte verdeutlicht, daß ich mir immer gewünscht hatte, es wäre so einfach, ein brauchbares Täterprofil zu bekommen. Nur ist es nicht nur unmöglich, einfach seine Hand (oder sonst irgendein Körperteil) in eine Maschine zu stecken, um ein Profil zu bekommen, sondern Computerexperten haben seit Jahren gemeinsam mit Strafverfolgungsbehörden daran gearbeitet, Programme zu entwickeln, die die Logik nachvollziehen, die wir anwenden. Bisher haben sie noch nicht viel erreicht.

Tatsache ist, daß zur Profilerstellung und Tatortanalyse mehr gehört, als nur Daten einzugeben und sie durchzukauen. Um ein guter *profiler* zu sein, muß man ein breites Spektrum von Beweisen und Daten bewerten. Aber außerdem muß man in der Lage sein, in der Haut sowohl des Täters als auch des Opfers zu stecken.

Man muß den Tatort in seiner Phantasie neu erschaffen. Man muß soviel wie möglich über das Opfer wissen, damit man einschätzen kann, wie es vielleicht reagiert hat. Man muß sich in die Lage der Frau versetzen, wenn der Angreifer sie mit einer Pistole oder einem Messer, einem Stein, seinen Fäusten oder sonstwas bedroht. Man muß ihre Angst fühlen können, wenn er sich ihr nähert. Man muß ihren Schmerz fühlen können, wenn er sie vergewaltigt oder schlägt, oder auf sie einsticht. Man muß sich vorstellen können, was sie durchmacht, wenn er sie zur Befriedigung seiner sexuellen Bedürfnisse foltert. Man muß verstehen, wie es ist, vor Entsetzen und Qualen zu schreien und zu wissen, daß es nichts nützt, daß es ihn nicht aufhalten wird. Man muß wissen, wie es war. Für den Beamten bedeutet das eine schwere Belastung, die noch schwerer wird, wenn es sich bei dem Opfer um ein Kind oder eine alte Frau handelt.

Als der Regisseur und die Schauspieler von *Das Schweigen der Lämmer* nach Quantico kamen, um sich auf den Film vorzubereiten, nahm ich Scott Glenn mit in mein Büro. Er sollte den Jack Crawford spielen – den Special Agent, von dem man sagt, er sei mir nachempfunden. Glenn war ein ziemlich liberal eingestellter Mensch, der mit ganzem Herzen an Rehabilitation von Straftätern, die Erlösung und das Gute im Menschen glaubte. Ich zeigte ihm einige Tatortfotos, mit denen wir täglich umgingen. Ich spielte ihm Aufnahmen von Mördern vor, die aufgezeichnet hatten, wie sie ihre Opfer folterten. Ich forderte ihn auf, sich anzuhören, wie eines von zwei Mädchen aus Los Angeles in einem Lieferwagen von zwei Mördern, die erst kurz zuvor aus dem Gefängnis entlassen worden waren, aus Spaß zu Tode gefoltert wurde.

Glenn brach in Tränen aus, als er die Bänder hörte. Er sagte zu mir: »Ich hatte keine Ahnung, daß es Menschen gibt, die so etwas tun können.« Glenn – ein intelligenter, begeisterter Vater zweier Töchter – sagte, nachdem er das alles gehört und gesehen habe, könne er die Todesstrafe nicht mehr ablehnen: »Die Erfahrungen in Quantico haben meine Ansichten darüber grundsätzlich verändert.«

Ebenso schwierig jedoch ist es, sich in die Lage des Täters zu versetzen, zu denken, wie er denkt, gemeinsam mit ihm zu planen, seine Genugtuung zu verstehen und zu empfinden, in diesem Augenblick, in dem seine aufgestauten Phantasien wahr werden und er endlich die Macht hat, einen anderen Menschen vollständig zu manipulieren und zu beherrschen. Ich muß auch in den Fußstapfen des Mörders wandeln.

Die beiden Männer, die die Mädchen in dem Lieferwagen gefoltert und ermordet hatten, hießen Lawrence Bittaker und Roy Norris. Sie hatten sogar einen Spitznamen für ihren Lieferwagen: Murder Mac. Sie lernten sich kennen, als beide eine Strafe in der *California Men's Colony* von San Luis Obispo verbüßten. Bittaker saß wegen Körperverletzung mit Waffengewalt, Norris war wegen Vergewaltigung verurteilt. Als sie ihr gemeinsames Interesse daran entdeckten, junge Frauen zu beherrschen und ihnen Schmerzen zuzufügen, wurde ihnen klar, daß sie verwandte Seelen waren. Und als man sie beide 1979 auf Bewährung entließ, trafen sie sich in Los Angeles in einem Motel und schmiedeten Pläne, für jede Altersstufe zwischen dreizehn und neunzehn Jahren ein Mädchen zu entführen, zu vergewaltigen, zu foltern und zu töten. Sie hatten ihre Pläne bereits an fünf Mädchen in die Tat umgesetzt, als das sechste nach seiner Vergewaltigung fliehen und zur Polizei laufen konnte.

Norris, der psychisch Schwächere der beiden, brach beim Polizeiverhör schließlich zusammen, gestand und willigte im Tausch gegen eine Verschonung vor der Todesstrafe ein, als Belastungszeuge gegen den noch sadistischeren und aggressiveren Bittaker aufzutreten. Er führte die Polizei zu verschiedenen Leichen. Eine, die inzwischen in der kalifornischen Sonne zum Skelett geworden war, hatte noch immer einen Eispickel im Ohr.

Bemerkenswert ist an diesem Fall – abgesehen von der Tragödie der Opfer und der unfaßbaren Niedertracht, junge Mädchen, wie Norris sagte, »aus Spaß« zu foltern – die unterschiedliche Verhaltensdynamik der beiden Täter. Grundsätzlich finden wir in einer solchen Konstellation einen dominanteren und einen eher gefügigen Partner, und oft einen eher strukturierten und einen weniger strukturierten. Serienmörder sind ohnehin schwache Charaktere, und diejenigen, die Partner brauchen, um ihr Werk zu vollbringen, sind die Schwächsten von allen.

So grauenvoll ihre Verbrechen waren (und Lawrence Bittaker gehört zu den verabscheuungswürdigsten Menschen, mit denen ich je zu tun hatte), sind sie leider kein Einzelfall.

Wie Bittaker und Norris lernten sich auch James Russell Odom und James Clayton Lawson jr. im Gefängnis kennen. Es war Mitte der Siebziger, und beide saßen wegen Vergewaltigung im Atascadero State Mental Hospital in Kalifornien. Wenn ich ihre Akten recht bedenke, würde ich Russell Odom als psychopathisch und Clay Lawson eher als schizophren einstufen. Noch in Atascadero beschrieb Clay Russell gegenüber detailliert, was er tun wollte, sobald er draußen wäre. Dazu gehörte, Frauen einzufangen, ihnen die Brüste abzuschneiden, ihre Eierstöcke zu entfernen und ihnen Messer in die Vagina zu stoßen. Er sagte, er fühle sich von Manson und dessen Anhängern inspiriert. Lawson stellte klar, daß einen Geschlechtsverkehr zu erzwingen nicht zu seinen Plänen gehörte. Es war nicht »sein Ding«.

Für Odom dagegen war Geschlechtsverkehr sehr wohl »sein Ding«, und sobald er draußen war, fuhr er mit seinem hellblauen 74er VW Käfer bis nach Columbia, South Carolina, wo Lawson als Klempner arbeitete und nach der Bewährung bei seinen Eltern wohnte. (VW Käfer scheinen damals, wie ich bereits erwähnte, die Lieblingsautos von Serienmördern gewesen zu sein – wie auch von FBI-Agenten ohne Rücklagen.) Odom meinte, daß sie mit ihren ähnlichen und doch verschiedenen Interessen ein gutes Team abgeben würden und jeder seine eigene Absichten verwirklichen könne.

Wenige Tage nach Odoms Ankunft machen sich die beiden mit dem 74er Ford Comet, der Lawsons Vater gehört, auf die Suche nach einem Opfer. Sie halten an einem 7-Eleven am U.S. Highway 1 und entdecken hinter dem Tresen eine junge Frau, die ihnen gefällt. Nur sind zu viele Leute da, so daß sie wegfahren und in ein Pornokino gehen.

Ich glaube, es ist wichtig, hier zu betonen, daß sie, als sie merkten, daß eine erfolgreiche Entführung nicht möglich war, ohne auf Widerstand zu treffen oder zumindest dabei beobachtet zu werden, verschwanden, ohne das geplante Verbrechen verübt zu haben. Beide Männer waren geistig gestört, und in Lawsons Fall liegt es nahe, von krimineller Gestörtheit auszugehen. *Nur wenn die Umstände für den Erfolg ihres Verbrechens ungünstig zu sein schienen, ließen sie davon ab.* Sie standen nicht unter einem *Zwang*, die Tat auszuführen. Noch einmal: Meiner Ansicht und Erfahrung nach befreit der Zustand geistiger Verwirrung allein den Täter nicht von seiner Schuldhaftigkeit. Lebt er nicht vollständig in seiner Wahnwelt und versteht sein Handeln in der realen Welt nicht, hat er die *Wahl*, ob er jemandem Schmerz zufügen will oder nicht. Die wirklichen Verrückten sind leicht zu fangen, Serienmörder nicht.

Am nächsten Abend – nach ihrem ersten Versuch – fahren Odom und Lawson in ein Autokino. Als der Film zu Ende ist, kurz nach Mitternacht, fahren sie wieder zum 7-Eleven. Sie gehen hinein und kaufen ein paar Kleinigkeiten – Schokoladenmilch, eine Tüte Erdnüsse, eine Gurke. Diesmal sind sie die einzigen im Laden, also entführen sie die junge Verkäuferin, indem sie sie mit Odoms Waffe bedrohen, einer .22er Lawson hat eine .32er-Pistole in der Tasche. Als die Polizei später eintrifft, nachdem sie von einem Kunden alarmiert worden ist, der den Laden unbeaufsichtigt vorgefunden hat, stellen sie fest, daß die Kasse unberührt ist, das Notizbuch der Frau hinter dem Tresen liegt und nichts Wertvolles mitgenommen wurde.

Die beiden Männer fahren an einen abgelegenen Ort. Odom befiehlt der jungen Frau, sich zu entkleiden, dann vergewaltigt er sie auf dem Rücksitz des Wagens. Währenddessen steht Lawson draußen vor der Fahrertür, sagt, Odom solle sich beeilen und ihn ranlassen. Nach etwa fünf Minuten ejakuliert Odom, zieht seine Hosen hoch und steigt aus dem Wagen, macht Platz für Lawson.

Odom entfernt sich vom Wagen, um, so sagt er später, sich zu übergeben. Lawson behauptet später, Odom habe ihm gesagt: »Wir müssen sie loswerden«, obwohl Lawson ihr das Versprechen abgenommen habe, daß sie die beiden nicht verraten würde, wenn sie sie laufen ließen. Jedenfalls hört Odom die Frau fünf Minuten später aus dem Wagen schreien: »Mein Hals!« Als er dort ankommt, hat Lawson ihr die Kehle durchgeschnitten und verstümmelt ihre nackte Leiche mit einem Messer, das er am Abend zuvor im 7-Eleven gekauft hat.

Am nächsten Tag, als die beiden mit Odoms VW unterwegs sind, um die Kleider des Opfers loszuwerden, die sie zu zwei Bündeln verschnürt haben, erzählt ihm Lawson, daß er versucht habe, die Geschlechtsorgane der Frau zu essen, ihm dabei aber übel geworden sei.

Die grauenvoll verstümmelte Leiche wurde bald entdeckt, und wenige Tage nach dem Mord wurden die beiden Täter verhaftet. Russell Odom fürchtete um sein Leben und gestand bereitwillig die Vergewaltigung, stritt jedoch jede Beteiligung an dem Mord ab.

In seiner Aussage gegenüber der Polizei stellte Clay Lawson klar, daß er keinen Geschlechtsverkehr mit dem Opfer gehabt habe: »Ich habe das Mädchen nicht vergewaltigt, ich wollte sie nur vernichten.« Er versuchte zweifellos seine Lage für den Prozeß zu verbessern.

Die Fälle wurden getrennt verhandelt. Odom bekam »lebenslänglich« plus vierzig Jahre für Vergewaltigung, unerlaubten Waffenbesitz und Beihilfe zum Mord. Lawson wurde wegen Mordes verurteilt und am 8. Mai 1976 auf dem elektrischen Stuhl hingerichtet.

Wie bei Bittaker und Norris ist auch dieser Fall durch eine Mischung von Verhaltensweisen – und daher auch verhaltenspsychologischer Beweisstücke – charakterisiert, einfach durch die Beteiligung zweier unterschiedlicher Personen. Das Verstümmeln von Leichen ist Zeichen eines »desorganisierten« Persönlichkeitstyps, während Samen in der Vagina des Opfers auf einen »organisierten« Typ hindeuten. Wir haben den Odom/Lawson-Fall in Quantico im Unterricht behandelt, und ich hatte ihn noch im Hinterkopf, als ich einen Anruf von Chief John Reeder vom Logan Township Police Department in Pennsylvania bekam. Es war noch am Anfang meiner Karriere als *profiler*. Reeder war Absolvent der National Academy, und über

Special Agent Dale Frye von der FBI-Außenstelle in Johnstown hatten er und Oliver E. Mattas jr., der Bezirksstaatsanwalt des Blair County, um Hilfe in einem Fall ersucht, bei dem eine junge Frau namens Betty Jane Shade vergewaltigt, ermordet und verstümmelt worden war.

Man präsentierte mir folgende Fakten: Vor etwa einem Jahr, am 29. Mai 1979, war die zweiundzwanzigjährige Frau gegen 22 Uhr 15 von ihrem Babysitter-Job nach Hause geeilt. Vier Tage später stolperte ein Mann, der behauptete, einen Spaziergang durch die Natur gemacht zu haben, über ihre entsetzlich verstümmelte, aber gut erhaltene Leiche auf einer illegalen Müllkippe am Wopsonock Mountain bei Altoona. Ihr langes blondes Haar war abgeschnitten und hing an einem nahen Baum. Der County Coroner Charles R. Burkey erklärte der Lokalzeitung, es sei der »gräßlichste« Todesfall, den er je untersucht habe. Er stellte fest, daß Betty Jane Shade sexuell mißbraucht worden war, ihr Unterkiefer gebrochen, ihre Augen blaugeprügelt, die Leiche von zahllosen Messerstichen übersät. Die Todesursache sei ein massiver Schlag auf den Kopf gewesen, und zu den nachträglichen Verstümmelungen gehörten diverse Stichwunden, das Entfernen beider Brüste und ein Schnitt von der Vagina des Opfers zum Rektum.

Obwohl der teilweise noch unverdaute Inhalt ihres Magens darauf hindeutete, daß man sie kurz nach ihrem Verschwinden getötet hatte, war ihre Leiche zu gut erhalten, als daß sie vier Tage auf der Müllkippe gelegen haben konnte. Es gab keinen Ungezieferbefall, wie man ihn normalerweise erwarten würde. Außerdem war die Polizei Klagen wegen des illegalen Mülls am Berg nachgegangen, so daß man die Leiche sicher schon früher gefunden hätte.

Ich sah mir sämtliche Unterlagen zu dem Fall an, die Reeder mir geschickt hatte, und besaß am Ende ein Profil, das ich ihm während eines längeren Telefongesprächs mitteilte. Während dieser Besprechung versuchte ich, die Polizei über die Prinzipien der Profilerstellung und die Merkmale der Dinge aufzuklären, nach denen wir suchten. Ich war der Meinung, sie sollten nach einem weißen Mann zwischen siebzehn und fünfundzwanzig fahnden, wobei ich anmerkte, daß er, wenn er weit draußen in der Provinz lebte, auch älter sein konnte, weil die soziale Entwicklung dort langsamer vonstatten gehen könne. Er könnte dünn bis drahtig sein, ein Einzelgänger, auf der High-School nicht gerade ein Überflieger, introvertiert, wahrscheinlich ein Konsument von Pornographie. Seine Kindheit sei vermutlich »klassisch« traumatisierend verlaufen – eine kaputte Familie ohne Vater, aber mit einer dominanten, übermäßig fürsorglichen Mutter. Sie könnte ihm den Eindruck vermittelt haben, daß alle Frauen schlecht wären, nur sie nicht. Daher fürchtete der Täter Frauen und konnte nicht mit ihnen umgehen – was erklärte, daß er sie so schnell bewußtlos schlagen mußte.

Der Täter hatte die Frau sehr gut gekannt. Das wurde an den schweren Gesichtsverletzungen deutlich. Er hatte eine ungeheure Wut in sich und versuchte, sie durch Verstümmelung von Gesicht, Brust und Genitalien zu entpersonifizieren. Das Abschneiden ihres Haars sagte mir etwas anderes: Obwohl man auch darin den Versuch der Entpersonifizierung sehen konnte, wußte ich durch meine Beschäftigung mit dem Opfer, daß Betty Shade eine ordentliche, besonders reinliche Frau und stolz auf ihr gepflegtes, hübsch gekämmtes Haar gewesen war. Daher war das Abschneiden eine Kränkung, eine erniedrigende Geste. Und diese Demütigung wies ebenfalls auf jemanden hin, der sie gut kannte. Dennoch fand sich kein Hinweis auf sadistische Handlungen oder Folterqualen vor ihrem Tod, wie es bei Bittaker und Norris der Fall gewesen war. Hier handelte es sich nicht um jemanden, der seine sexuelle Befriedigung darin fand, einem anderen Menschen Schmerzen zuzufügen.

Ich riet der Polizei, nicht nach dem »kontaktfreudigen Gebrauchtwagenhändler-Typ« zu suchen. Wenn dieser Mann überhaupt berufstätig war, dann in einem untergeordneten Job als Hausmeister oder Arbeiter. Jemand, der eine Leiche auf einer solchen Müllkippe ablud, mußte einer niedrigen Tätigkeit nachgehen, irgend etwas, das mit Dreckarbeit zu tun hatte. Der Zeitpunkt der Entführung, die fehlenden Brüste, die Tatsache, daß die Leiche offenbar transportiert worden war, und schließlich das Aufsuchen der Müllkippe sagten mir, daß er hauptsächlich in den Nachtstunden lebte. Ich erwartete, daß er zum Friedhof kommen würde, vielleicht zur Beerdigung, um die Sache in seinem Kopf so zu drehen, bis er selbst davon überzeugt war, daß er eine »normale« Beziehung zu Betty Jane gehabt hatte. Aus diesem Grund hielt ich einen Lügendetektor für zwecklos, selbst wenn sie schon einen Verdächtigen hatten. Die Chancen standen gut, daß er irgendwo zwischen ihrem Zuhause und der Stelle wohnte, an der man sie gesehen hatte, als sie von ihrem Job als Babysitter kam.

Zwar hatte die Polizei nichts, was für eine Verhaftung gereicht hätte, aber man erklärte mir, es gebe zwei Tatverdächtige. Einer davon war der bei Betty Jane im Hause wohnende Freund und (nach eigenen Angaben) Verlobte Charles F. Soult jr., genannt Butch. Den mußte man ganz sicher im Auge behalten. Aber die Polizei hatte es vor allem auf den anderen abgesehen: den Mann, der die Leiche gefunden hatte und dessen Geschichte irgendwie unstimmig war. Er war Maschinenschlosser bei der Eisenbahn, krank geschrieben. Er sagte, er habe einen Spaziergang durch die Natur gemacht, hatte die Leiche aber auf einer Müllkippe gefunden. Ein älterer Herr, der seinen Hund ausführte, sagte, er habe gesehen, wie dieser Mann dort gepinkelt habe. Er war für eine längere Wanderung unpassend gekleidet gewesen, und obwohl es geregnet hatte, war er vollkommen trocken gewesen. Er wohnte vier Blocks von Betty Jane Shade Haus entfernt und hatte bereits mehrmals erfolglos mit ihr auszugehen versucht. Bei seinen Begegnungen mit der Polizei war er nervös und sagte, er habe Angst gehabt, den Leichenfund der Polizei zu melden, weil er nicht gewollt habe, daß man ihm das Verbrechen in die Schuhe schob – eine typische Ausflucht eines Täters, der proaktiv vortritt, um sich in die Ermittlungen einzubringen, und versucht, den Verdacht von sich abzulenken. Er war Biertrinker und Kettenraucher, sicher kräftig genug, um zu töten und die Leiche eigenhändig wegzuschaffen. Er war für sein asoziales Verhalten bekannt. Am Abend des Mordes hatte er angeblich allein mit seiner Frau ferngesehen, weshalb beide kein überzeugendes Alibi hatten. Ich erklärte den Beamten vor Ort, so jemand würde einen Anwalt einschalten und von diesem

Zeitpunkt an unkooperativ werden. Genau das habe er getan, berichteten sie. Er hatte sich einen Anwalt genommen und wollte sich partout keinem Lügendetektortest unterziehen.

Das alles klang ziemlich vielversprechend. Am meisten störte mich jedoch, daß er verheiratet war, zwei Kinder hatte und mit seiner Frau zusammenwohnte. Das paßte nicht in mein Profil. Ein verheirateter Täter hätte einen ausgeprägten sadistischen Zorn auf Frauen gezeigt. Er hätte den Mord in die Länge gezogen, die Frau vor dem Tod schwer mißbraucht, aber nicht hinterher verstümmelt. Außerdem war er dreißig, was mir etwas alt erschien.

Der Verlobte der Frau, Charles Soult, sah in meinen Augen vielversprechender aus. Auf ihn paßten praktisch sämtliche Elemente des Profils. Seine Eltern hatten sich getrennt, als er klein war. Seine Mutter war eine dominante Person, die sich übermäßig in das Leben ihres Sohnes einmischte. Mit seinen sechsundzwanzig Jahren war er linkisch im Umgang mit Frauen. Er erklärte der Polizei, er habe erst zwei sexuelle Erlebnisse in seinem Leben gehabt, beide mit einer älteren Frau, die sich über ihn lustig gemacht habe, weil er keinen hochbekam. Er sagte, Betty und er seien sehr verliebt gewesen und hätten heiraten wollen, obwohl sie sexuelle Beziehungen zu anderen Männern gehabt habe. Ich war mir sicher, daß sie, wenn sie noch gelebt hätte, eine gänzlich andere Geschichte erzählt hätte. Bei der Beerdigung, so sagte er, hätte er am liebsten den Sarg ausgegraben und sich zu ihr gelegt. Und als er von der Polizei verhört wurde, weinte er unablässig über den Verlust seiner Verlobten.

Butch Soult und sein Bruder Mike arbeiteten als Müllmänner, erklärten mir die Polizeibeamten.

»Das klingt ziemlich gut«, erwiderte ich.

Sie hatten Zugang zu der Müllkippe, Grund genug, davon zu wissen und dorthin zu fahren, und schließlich ein Fahrzeug, mit dem sie sie hinbringen konnten.

Doch so plausibel mir Butch als Verdächtiger erschien, störten mich doch zwei Dinge: Erstens war er, wie ich schon erwartet hatte, ein kleinwüchsiger Einfaltspinsel, kaum größer als

Betty Jane. Ich glaubte nicht, daß er in der Lage wäre, die Leiche zu transportieren oder in die froschähnliche Position mit gespreizten Beinen und gekrümmten Knien zu zwingen, in der man sie gefunden hatte. Zweitens hatte man Samen in der Vagina entdeckt, was auf eine gewöhnliche Vergewaltigung hindeutete. Es hätte mich nicht überrascht, Sperma auf der Leiche zu finden, in ihrer Unterwäsche oder anderer Kleidung, aber nicht das. Wie David Berkowitz müßte dieser Mann ein Onanist sein, aber kein Vergewaltiger. Er müßte seine sexuelle Befriedigung indirekt finden. Es paßte nicht zusammen.

Es stellte sich als die Tat einer zugleich organisierten und unorganisierten Persönlichkeit dar, in mancher Hinsicht ähnlich dem Mord an Francine Elveson in New York, mit demselben Überraschungsangriff, den Verstümmelungen von Gesicht und Genitalien. Während Francine Elvesons Brustwarzen abgeschnitten waren, hatte man Betty Jane Shades gesamte Brüste entfernt.

Aber in dem New Yorker Fall hatte der größere Carmine Calabro das kleingewachsene Opfer zwei Stockwerke nach oben getragen und zurückgelassen. Und die Ejakulation war vollständig masturbatorisch erfolgt.

Wenn ich die Lehre aus dem Fall Odom/Lawson bedachte, blieb eigentlich nur eine logische Möglichkeit. Ich hielt es für wahrscheinlich, daß Butch Soult Betty Jane nach ihrer Arbeit auf der Straße traf, sie Streit bekamen, er sie zusammenschlug und sie möglicherweise das Bewußtsein verlor, woraufhin er sie an einen abgelegenen Ort brachte. Weiterhin glaubte ich, er könne den Schlag ausgeführt haben, der sie getötet hatte, ihr das Haar abgeschnitten, die Leiche verstümmelt und die Brüste als Andenken behalten haben. Nur war sie zwischen dem Zeitpunkt des ersten Übergriffs und dem eigentlichen Mord vergewaltigt worden, und ich konnte mir nicht vorstellen, daß ein unorganisierter, sexuell unreifer, von seiner Mutter dominierter junger Mann wie Soult dazu in der Lage gewesen wäre. Und ich glaubte nicht, daß er die Leiche allein transportiert hatte.

Es lag nahe, in Butchs Bruder Mike den zweiten Täter zu sehen. Er hatte denselben familiären Hintergrund und denselben

Job. Er hatte einige Zeit in einer psychiatrischen Klinik verbracht und war als gewalttätig, verhaltensgestört und jähzornig bekannt. Der große Unterschied bestand darin, daß er verheiratet war, obwohl die Mutter auch sein Leben unverändert bestimmte. An dem Abend, als Betty Jane Shade entführt wurde, bekam Mikes Frau im Krankenhaus ein Baby. Ihre Schwangerschaft war für Mike ein großer Streß gewesen und hatte außerdem die Gelegenheit zum Geschlechtsverkehr für ihn beeinträchtigt. Es schien gut möglich, daß Butch nach dem Überfall in Panik seinen Bruder herbeigerufen hatte, der die junge Frau vergewaltigte, während Butch dabei zusah, und ihm dann nach dem Mord half, sich der Leiche zu entledigen.

Ich erklärte der Polizei, eine indirekte Annäherung zu versuchen sei das beste. Leider hatte man Butch schon mehrfach verhört und einem Lügendetektortest unterzogen. Wie ich bereits erwartet hatte, ergab die Untersuchung keine Täuschung seinerseits, sondern nur übersteigerte emotionale Reaktionen. Ich war der Meinung, es sei am erfolgversprechendsten, sich jetzt auf Mike zu konzentrieren, indem man ihn deutlich darauf hinwies, daß er ja »nur« Geschlechtsverkehr mit Betty Jane gehabt und dann geholfen habe, die Leiche wegzuschaffen, daß ihm jedoch, wenn er nicht mit uns zusammenarbeite, das Wasser ebenso bis zum Hals stünde wie seinem Bruder.

Die Taktik funktionierte. Beide Brüder – und ihre Schwester Cathy Wiesinger, die behauptete, Betty Janes beste Freundin gewesen zu sein – wurden verhaftet. Nach Mikes Angaben war Cathy beim Wegschaffen der Leiche beteiligt gewesen.

Was also war geschehen? Ich glaubte, Butch habe versucht, Sex mit dieser attraktiven und sexuell erfahrenen Frau zu haben, jedoch nicht gekonnt. Seine Aggression baute sich auf, bis er kurz davor stand auszurasten. Nach seinem Überfall auf Betty Jane geriet er in Panik und rief seinen Bruder an. Aber seine Wut wuchs dann noch, als er sah, daß Mike mit ihr Geschlechtsverkehr haben konnte, er selbst jedoch nicht. Seine Wut lebte fort, und vier Tage später verstümmelte er die Leiche, um »das letzte Wort« zu haben.

Eine Brust des Opfers wurde gefunden. Mike erklärte der Polizei, Butch habe die andere versteckt, was mich nicht überraschte. Sie wurde nie entdeckt.

Charles »Butch« Soult wurde wegen Mordes verurteilt und Mike nach einer Übereinkunft in eine psychiatrische Klinik eingewiesen. Chief Reeder äußerte öffentlich, wir seien unmittelbar am erfolgreichen Abschluß der Ermittlungen und auch daran beteiligt gewesen, Aussagen von den Tätern zu bekommen. Wir hatten im Gegenzug Glück, mit einem lokalen Partner wie ihm arbeiten zu können, der in unseren Methoden ausgebildet war und die Art der Zusammenarbeit zwischen der Polizei und Quantico verstand.

Aufgrund dieser guten Verbindung waren wir in der Lage, einen Mörder und seinen Komplizen auszuschalten, bevor sie wieder zuschlagen konnten. Chief Reeder und seine Männer und Frauen konnten sich wieder daranmachen, den Frieden in Logan Township, Pennsylvania, zu bewahren. Und ich machte mich wieder an meine hundertfünfzig Fälle, in der Hoffnung, daß ich etwas gelernt hatte, um wenigstens in *einem* Fall in der Haut von Täter und Opfer stecken zu können.

KAPITEL ZEHN
Jeder hat seinen Stein

Vor Jahren, als ich mich nach meinem fehlgeschlagenen College-Experiment in Montana zu Hause aufhielt, saß ich eines Abends mit meinen Eltern in einer Pizzeria namens »Coldstream« in Uniondale, Long Island. Als ich eben von meinem Stück Von-allem-etwas-mit-viel-Käse abbiß, sagte meine Mutter aus heiterem Himmel: »John, hast du schon mal sexuelle Beziehungen zu einer Frau gehabt?«

Ich schlucke trocken, versuche herunterzubekommen, was ich eben abgebissen habe. Das ist nicht die Art von Frage, die neunzehn- oder zwanzigjährige Kids Mitte der Sechziger von ihren Müttern erwarten. Ich suche bei meinem Vater Unterstützung, aber er sitzt mit versteinerter Miene da, ebenso überrascht wie ich.

»Also, hast du?« drängt sie. Sie war nicht von ungefähr eine Holmes.

»Äh ... ja, Mom. Hab' ich.«

Ich sehe die Empörung auf ihrem Gesicht. »Und wer war es?« will sie wissen.

»Ach ... na ja ...« Irgendwie habe ich den Appetit verloren. »Eigentlich waren es mehrere.«

Ich erzähle ihr nicht, daß eine davon eine Minderjährige aus einem Heim für ledige Mütter in Bozeman war. Aber man hätte glauben können, ich hätte ihr eben erzählt, wo ich die

Leichen versteckt habe, nachdem ich sie zerstückelt hatte, und zwar direkt in ihrem Keller. »Wer wird dich jetzt noch heiraten?« klagt sie.

Wiederum wende ich mich an meinen ungewohnt stillen Vater. *Komm schon, Dad, hilf mir doch!*

»Ach, ich weiß nicht, Dolores. Das ist doch heute keine große Sache mehr.«

»Es war immer eine *große Sache*, Jack«, widerspricht sie, dann wendet sie sich wieder mir zu. »Was würde passieren, John, wenn deine zukünftige Frau dich eines Tages fragen würde, ob du Beziehungen zu anderen Frauen gehabt hast, bevor du sie kennengelernt hast?«

Ich erstarre mitten im Kauen. »Mom, ich würde ihr die Wahrheit sagen.«

»Nein, das solltest du nicht«, meldet sich mein Vater.

»Was meinst du damit, Jack?« fragt meine Mutter. *Okay, Dad, sehen wir uns mal an, wie du da jetzt wieder rauskommst.*

Das Verhör endet in einer beklemmenden Sackgasse. Ich bin mir nicht sicher, ob ich irgend etwas aus diesem Erlebnis gelernt habe. Entweder habe ich Pam von meiner Vergangenheit erzählt, oder sie hat ihre Vermutungen. Jedenfalls war sie bereit, mich zu heiraten, trotz aller Ängste meiner Mutter. Aber wenn ich aus meiner Perspektive als Kriminalbeamter, als *profiler* und Experte in Verhaltensforschung und Verbrechenspsychologie, an dieses Verhör zurückdenke, dämmert mir eine wichtige Erkenntnis. Nicht mal mit allem Training und all der großen analytischen Erfahrung, die ich inzwischen besitze, wäre ich der Befragung durch meine Mutter besser gewachsen gewesen!

Weil sie mich mit ihren Fragen auf eine schmerzliche Wahrheit hinwies.

Ich will noch ein anderes Beispiel geben. Seit ich Leiter der Täterprofilerstellung beim FBI geworden war, hatte ich alle anderen Mitarbeiter persönlich ausgewählt und ausgebildet. Ich pflegte meine Beziehungen zu allen Männern und Frauen, die in meinem Team gewesen waren, besonders intensiv. Die meisten von ihnen sind inzwischen selbst bekannt geworden. Aber wenn ich unter ihnen einen echten »Jünger« hatte, dann war es Greg Cooper. Greg gab mit Anfang dreißig seinen prestigeträchtigen Job als Polizeichef einer Stadt in Utah auf und schloß sich dem FBI an, nachdem er Referate von Ken Lanning und Bill Hagmeier bei einem Seminar gehört hatte. Er tat sich im Field Office von Seattle hervor, hatte aber immer schon davon geträumt, nach Qantico zu kommen, um dort in der »Spezialeinheit für Serienverbrechen« zu arbeiten. Er hatte meine Täterprofile und Analysen zum Green River Killer angefordert und studiert, und als ich nach Seattle flog, um an einer Fernsehsondersendung mit dem Titel *Manhunt Live* teilzunehmen, meldete er sich freiwillig als mein Chauffeur und Begleiter. Als ich Chef der neu organisierten Investigative Support Unit wurde, arbeitete Greg in einer FBI-Außenstelle im kalifornischen Orange County und wohnte in Laguna Niguel. Ich holte ihn nach Quantico, wo er außergewöhnlich gute Arbeit leistete.

Als er zur Einheit kam, erhielt er ein unterirdisches, fensterloses Büro, das er mit Jana Monroe teilte, die früher bei der Mordkommission gearbeitet hatte, bevor sie FBI-Agentin wurde, und die neben anderen großen Qualitäten ganz zufällig auch eine umwerfend attraktive Blondine ist. Nicht viele Männer würden das als erschwerte Bedingungen empfinden, aber Greg ist zufällig bekennender Mormone, ein begeisterter Familienmensch mit fünf süßen Kindern und einer hübschen Frau namens Rhonda, für die es ein großes Opfer war, aus ihrem kalifornischen Paradies ins verschlafene, heiße und feuchte Virginia zu ziehen. Jedesmal, wenn sie sich nach seinem Kollegen im Büro erkundigte, druckste er herum und versuchte, das Thema zu wechseln.

Schließlich, nachdem er bereits sechs Monate bei uns arbeitet, bringt Greg Rhonda zur Weihnachtsparty mit. Ich bin nicht da, weil ich in einer anderen Stadt einen Fall bearbeite, aber die extrovertierte Jana ist natürlich da. Und wie so oft auf Partys trägt sie ein raffiniertes, schlichtes, kurzes und knalleroges rotes Kleid mit tiefem Ausschnitt.

Als ich wiederkomme, erklärt mir Jim Wright, mein Stellvertreter, nach der Party seien zwischen Rhonda und Greg die Fetzen geflogen. Sie ist nicht gerade glücklich darüber, daß er seine Tage mit einer schönen, toughen, charmanten Agentin verbringt, die sich auf dem Schießplatz ebenso gewandt bewegt wie auf dem Tanzparkett.

Also lasse ich Greg von meiner Sekretärin aus einer Besprechung holen und sage ihm, daß ich ihn sofort sprechen muß. Mit besorgter Miene kommt er in mein Büro. Er ist erst sechs Monate bei uns, diese Einheit war sein Traumjob, und er will seine Sache wirklich gut machen.

»Schließen Sie die Tür, Greg. Setzen Sie sich.« Das tut er, noch verstörter durch den Klang meiner Stimme. »Ich hatte eben Rhonda am Apparat«, fahre ich fort. »Wie ich höre, gibt es da Probleme.«

»Sie hatten eben Rhonda am Apparat?« Er sieht mich nicht mal an. Er starrt auf das Telefon auf meinem Schreibtisch.

»Hören Sie, Greg«, sagte ich in meinem sanftesten Tonfall. »Ich würde Sie gern decken, aber wenn Sie mit Jana unterwegs sind, kann ich da nicht irgendwelche Extra-Vorkehrungen treffen. Damit müssen Sie schon selbst fertig werden. Rhonda weiß offenbar, was zwischen Jana und Ihnen ...«

»Nichts ist zwischen Jana und mir!« stößt er hervor.

»Ich weiß, daß dieser Job einigen Druck mit sich bringt. Aber Sie haben eine tolle Frau, süße Kinder. Werfen Sie das nicht alles weg.«

»Es ist nicht, was Sie denken, John. Es ist nicht, was sie denkt. Sie müssen mir glauben.« Und die ganze Zeit über starrt er nur das Telefon an. Schweiß steht ihm auf der Stirn. Ich sehe, wie die Schlagader an seinem Hals pulsiert. Gleich geht er baden.

An diesem Punkt lasse ich locker. »Sie müßten sich jetzt mal selbst sehen, Sie armer Teufel!« Ich grinse triumphierend. »Und Sie wollen Leute verhören?« Damals bereitete er gerade ein Kapitel für das *Crime Classification Manual* vor. »Haben Sie irgendwas getan, wofür Sie sich schuldig fühlen müßten?«

»Nein, John. Ich schwöre!«

»Aber sehen Sie! Sie sind Wachs in meinen Händen! Sie waren Polizeichef. Sie haben Erfahrung in Verhörtechniken. Und trotzdem konnte ich Sie springen lassen wie ein Jojo. Was sagen Sie dazu?«

In diesem Moment, als er sichtbar erleichtert aufatmete, hatte er nichts zu seiner Verteidigung vorzubringen, aber er verstand, was ich sagen wollte. Ich wußte, daß ich ihn so herumstoßen konnte, weil man es mit mir schon ebenso erfolgreich getan hatte und wieder tun könnte, wenn die Situation danach wäre.

Wir alle sind verwundbar. Dabei ist es gleichgültig, wieviel man weiß, wie erfahren man ist, wie viele Verhöre man erfolgreich geführt hat. Es ist egal, ob man die Technik beherrscht. Jeden von uns kann man drankriegen, wenn man nur herausfindet, wo und wie wir zu verwunden sind.

Das hatte ich bei meinen ersten Täterprofilen gelernt und brachte es später oft ins Spiel, nicht nur bei Auftritten vor meinem Team. Es war das erste Mal, daß ich ein Verhör »inszeniert« hatte.

Im Dezember 1979 rief Special Agent Robert Leary vom FBI-Außenbüro in Rome, Georgia, an, um mir die Details eines besonders grauenvollen Falles zu schildern. Er bat mich dann, diesem Mord höchste Priorität einzuräumen. In der Woche zuvor war Mary Frances Stoner, ein zwölfjähriges hübsches, offenes Mädchen in Adairsville, etwa eine halbe Stunde von Rome entfernt, verschwunden, nachdem der Schulbus sie an der Einfahrt zum Haus ihrer Eltern abgesetzt hatte, welches etwa hundert Meter abseits der Straße lag. Ihre Leiche wurde später zirka zehn Meilen entfernt in einem Waldstück von einem Pärchen gefunden, dem ihr hellgelber Mantel über ihrem Kopf aufgefallen war. Sie riefen die Polizei und ließen den Tatort unberührt – eine wichtige und richtige Entscheidung. Als Todesursache stellte man einen Schlag auf den Kopf mit einem stumpfen Gegenstand fest. Entsprechend ergab die Obduktion eine Schädelfraktur, hervorgerufen von einem großen Stein. (Auf den Tatortfotos liegt ein blutiger Stein gleich neben ihrem Kopf.) Spuren am Hals deuteten weiter darauf hin, daß sie von hinten gewürgt worden war.

Bevor ich mir die Unterlagen ansah, wollte ich soviel wie möglich über das Opfer erfahren. Alle hatten nur Bestes über

Mary Frances zu sagen. Man beschrieb sie als freundlich allen gegenüber, gesellig und charmant. Sie war süß und unschuldig, war Tambourmajorin in der Schulband gewesen, die ihre Uniform oft auch in der Schule trug. Sie war eine niedliche Zwölfjährige, die wie zwölf aussah und nicht versuchte, als achtzehn durchzugehen. Sie hatte keine häufig wechselnden Freunde und noch nie mit Drogen oder Alkohol zu tun gehabt. Bei der Autopsie stellte man eindeutig fest, daß sie noch Jungfrau war, als sie vergewaltigt wurde. Grundsätzlich war sie das, was wir als wenig gefährdetes Opfer in einer ungefährlichen Umgebung bezeichnen würden.

Nach Robert Learys Einführung und dem Studium von Akten und Tatortfotos hielt ich kurz folgende Fakten bezüglich des möglichen Täters fest:

Profil:
Geschlecht – m
Rasse – w
Alter – Mitte bis Ende Zwanzig
Ehestand – verheiratet: Probleme oder geschieden
Militär – unehrenhaft, ausgemustert
Beruf – Handwerker: Elektriker, Klempner
IQ – durchschnittlich bis überdurchschnittlich
Ausbildung – höchstens High-School; ohne Abschluß
Vorstrafen – Brandstiftung, Vergewaltigung
Persönlichkeit – selbstbewußt, großspurig,
Lügendetektortest bestanden
Farbe Fahrzeug – schwarz oder blau
Verhör – direkt, Projektion

Es war meiner Auffassung nach eine Gelegenheitsvergewaltigung und der Mord weder geplant noch beabsichtigt. Das unordentliche Erscheinungsbild der Kleidung an der Leiche deutete darauf hin, daß sich Mary Frances ausziehen mußte und dann nach der Vergewaltigung eilig wieder anziehen durfte. Auf den Fotos war zu sehen, daß ein Schuh nicht zugebunden war, und im Bericht war vermerkt, daß man Blut in ihrer Unterhose gefunden hatte. An Rücken, Hinterteil und Füßen fand man keine Spuren von Erde, was darauf hindeutete, daß sie in einem Auto vergewaltigt worden war, nicht auf dem Waldboden, wo man ihre Leiche gefunden hatte.

Als ich mir die eher routinemäßig gefertigten Tatortfotos konzentriert ansah, verstand ich langsam, was geschehen war. Ich konnte mir den Ablauf vorstellen.

Aufgrund ihres Alters wie auch ihrer offenen, vertrauensvollen Art war es leicht gewesen, Mary Frances in einer scheinbar sicheren Umgebung wie der Bushaltestelle anzusprechen. Der Unbekannte lockte sie wahrscheinlich zu seinem Wagen und packte sie dann, oder er bedrohte sie mit einer Waffe. Der abgelegene Fundort deutete darauf hin, daß er die Gegend gut kannte und wußte, daß er dort ungestört sein würde.

An der Art der Entführung sah ich, daß es sich nicht um ein geplantes Verbrechen handelte, sondern um eines, das sich dem Täter anbot, als er zufällig an der Haltestelle vorbeifuhr. Ganz wie im Odom/Lawson-Fall wäre das Verbrechen nicht geschehen, wenn noch jemand anderes zum richtigen Zeitpunkt dort gewesen wäre. Im Kopf des phantasiegesteuerten Täters verwandelte sich die unschuldige Offenheit des sonnigen Mädchens in sexuelle Bereitschaft und den Wunsch nach Intimkontakt zu ihm.

Natürlich sah die Wahrheit ganz anders aus. Nachdem er sie überfallen hatte, war sie sicher völlig entsetzt gewesen, hatte schreckliche Schmerzen erduldet, um Hilfe gerufen und um ihr Leben gebettelt. Die Phantasie, die er sich seit Jahren ausgeschmückt hatte, war die eine Sache, die Realität war längst nicht so berückend. Er hatte die Kontrolle über die Situation mit dem kleinen Mädchen verloren und merkte, was er angerichtet hatte.

An diesem Punkt wird ihm klar, daß er nur entkommen kann, wenn er sie tötet. Weil sie aber um ihr Leben fürchtet, ist es weit schwieriger, sie unter Kontrolle zu halten, als er gedacht hat. Um es sich also einfacher zu machen, um zu erreichen, daß sie tut, was er von ihr will, sagt er, sie solle sich schnell anziehen, dann werde er sie laufen lassen – entweder ließe er sie wegrennen oder fessele sie an einen Baum und ginge selbst.

Kaum wendet sie ihm den Rücken zu, tritt er hinter sie und würgt sie, wahrscheinlich bis zur Bewußtlosigkeit. Doch zum Erwürgen eines Menschen muß man sehr kräftige Arme haben. Schon vorher war er nicht in der Lage, sie unter Kontrolle zu halten, und er kann die Sache nicht zu Ende bringen. Er zerrt sie unter einen Baum, hebt den nächsten Stein auf, den er finden kann, und läßt ihn drei- bis viermal auf ihren Kopf fallen, bis sie tot ist.

Ich ging nicht davon aus, daß der Täter Mary Frances wirklich gut gekannt habe; sie hatten sich jedoch vermutlich im Ort schon häufiger gesehen, so daß sie ihn wiedererkannte und er Phantasien sie betreffend hatte entwickeln können. Wahrscheinlich hatte er gesehen, wie sie in ihrer kleinen Uniform der Tambourmajorin zur Schule ging.

An dem Mantel, der über ihrem Kopf ausgebreitet lag, sah ich, daß der Täter wegen des Mordes Schuldgefühle hatte. Mir war klar, daß die Zeit gegen die Polizei arbeitete. Bei dieser Art von Verbrechen und diesem Typ eines intelligenten, strukturierten Täters würde es immer schwerer werden, ein Geständnis zu bekommen, je länger der Täter darüber nachdenken, die Tat rationalisieren und sie als Schuld des Opfers rechtfertigen konnte. Selbst ein Lügendetektortest würde bestenfalls ein unklares Ergebnis bringen. Und sobald er das Gefühl hatte, daß der Druck nachließ und er keinen Verdacht erwecken würde, wenn er aus der Stadt fortzog, würde er sich in einen anderen Teil des Landes absetzen, wo er schwer zu finden und das nächste kleine Mädchen in Gefahr wäre.

Ich war mir sicher, daß der Unbekannte aus derselben Gegend wie die Zwölfjährige kam und die Polizei ihn sicher schon verhört hatte. Er hatte sich vermutlich kooperativ, wenn auch anmaßend verhalten, und sollte die Polizei ihn beschuldigt haben, wäre er deswegen nicht gleich zusammengebrochen. Ich erklärte den Beamten, ein so komplexes Verbrechen wäre wohl nicht seine erste Straftat, obwohl es möglicherweise sein erster Mord war. Sein blaues oder schwarzes Auto wäre vermutlich einige Jahre alt, weil er sich kein neues leisten konnte, aber es wäre funktionstüchtig und gepflegt. Alles darin hätte seinen

Platz. Meiner Erfahrung nach bevorzugen geordnete, zwanghafte Menschen dunklere Autos.

Nachdem er das alles gehört hatte, sagte einer der Beamten am Telefon: »Sie haben gerade einen Mann beschrieben, den wir als Verdächtigen in diesem Fall haben laufen lassen.« Nach wie vor stand er wegen eines anderen Verbrechens unter Verdacht, und er entsprach haargenau dem Profil. Sein Name war Darrell Gene Devier, ein Weißer, vierundzwanzig Jahre alt, der zweimal verheiratet und geschieden war und momentan bei seiner ersten Ex-Frau lebte. Er war Landschaftsgärtner in Rome und hatte dort unter dringendem Verdacht gestanden, ein dreizehnjähriges Mädchen vergewaltigt zu haben, war jedoch nie angeklagt worden. Nach seiner ersten Scheidung war er zum Militär gegangen, dem Dienst jedoch oft ferngeblieben und nach sieben Monaten entlassen worden. Er fuhr einen drei Jahre alten schwarzen Ford Pinto, der ordentlich gepflegt war. Er gab zu, als Jugendlicher wegen Besitzes eines Molotow-Cocktails verhaftet worden zu sein. Nach der achten Klasse war er von der Schule abgegangen, aber Intelligenztests bestätigten ihm einen IQ zwischen 100 und 110.

Man hatte ihn befragt, um herauszufinden, ob er etwas gesehen oder gehört hatte, da er vor Mary Frances Entführung zwei Wochen lang im Auftrag der Elektrizitätsgesellschaft die Bäume in der Straße der Stoners beschnitten hatte. Die Polizei sagte, er sei noch am selben Tag für einen Lügendetektortest vorgesehen.

Das sei keine gute Idee, erklärte ich dem Beamten. Dadurch würden sie nichts erfahren, und der Verdächtige würde nur lernen, mit Verhörsituationen umzugehen. Damals hatten wir nicht viel Erfahrung, was Verhöre anging, aber durch die Gefängnisgespräche und die laufende Serienmörder-Studie wußte ich, wovon ich sprach. Und als sie mich am nächsten Tag zurückriefen, erzählten sie mir, der Lügendetektortest habe kein Ergebnis erbracht.

»Da er jetzt weiß, daß er die Maschine besiegen kann, gibt es nur eine Möglichkeit, ihn zu kriegen«, sagte ich. »Inszenieren Sie das Verhör nachts auf dem Revier. Der Verdächtige wird sich gleich unwohler fühlen, und das macht ihn angreifbarer. Außerdem merkt er dann, wie ernst es Ihnen ist. Er weiß, daß es keine Unterbrechung wie Mittag- oder Abendessen geben wird, und er weiß, daß er nicht als Trophäe für die Medien präsentiert wird, wenn er zusammenbricht. Lassen Sie die örtliche Polizei und das Atlanta Field Office des FBI dieses Verhör gemeinsam durchführen, um eine gemeinsame Front zu bieten und anzudeuten, daß das ganze Gewicht der Regierung der Vereinigten Staaten gegen ihn steht. Stapeln Sie dicke Ordner mit seinem Namen auf den Tischen vor ihm, selbst wenn darin nur leere Blätter sind.

Am wichtigsten aber: Legen Sie – ohne ein Wort darüber zu verlieren – den blutigen Stein auf einen niedrigen Tisch im Winkel von fünfundvierzig Grad aus seiner Blickrichtung, damit er den Kopf drehen muß, wenn er ihn sehen will. Beobachten Sie genau seine nonverbalen Hinweise – sein Verhalten, Atmung, Transpiration, sichtbaren Puls. Wenn er der Mörder ist, wird er den Stein nicht ignorieren können, auch wenn Sie dessen Bedeutung weder erwähnt noch erklärt haben.«

Es war wichtig, Druck auszuüben. Offen gesagt, benutzte ich den Fall Stoner als Experimentierfeld für meine Theorien. Viele der Techniken, die wir später verfeinerten, hatten hier ihren Ursprung.

»Er wird nicht gestehen«, fuhr ich fort. »Georgia ist ein Staat, in dem es die Todesstrafe noch gibt, und selbst wenn er nur ins Gefängnis kommt, wird man ihn als Kinderschänder vergewaltigen, sobald er das erste Mal unter die Dusche geht. Sämtliche Häftlinge werden es auf ihn abgesehen haben.

Setzen Sie dunkles, verunsicherndes Licht ein, und lassen Sie nicht mehr als zwei Beamte zur Zeit am Verhör teilnehmen, vorzugsweise einen vom FBI und einen vom Adairsville Police Department. Sie müssen so tun, als ob Sie den Mann verstehen, nachfühlen, was ihm durch den Kopf geht und unter welchem Druck er steht. Sosehr es Sie auch anwidern mag, Sie müssen die Schuld dem Opfer zuschieben. Deuten Sie an, daß sie ihn verführt hat. Fragen Sie, ob sie ihn zum Narren gehalten hat, ob sie ihn gereizt hat, ob sie ihm mit Erpressung gedroht hat. Bieten Sie ihm ein Szenario, bei dem er sein Gesicht wahren kann. Geben Sie ihm eine Möglichkeit, sein Handeln zu erklären.«

Ich wußte aus all den Fällen, bei denen ein stumpfer Gegenstand oder ein Messer das Tatwerkzeug gewesen war, daß es nahezu unvermeidlich war, daß der Täter zumindest Spuren vom Blut des Opfers abbekam. Das ist so bekannt, daß man es in diesem Verhör verwenden konnte. »Wenn er zu schwafeln anfängt, wenn auch nur ein wenig«, sagte ich, »sehen Sie ihm direkt in die Augen und erklären Sie ihm, das Verwirrendste am ganzen Fall sei die Tatsache, daß sich Marys Blut an seiner Kleidung gefunden habe.«

»Wir wissen, daß Sie Blut abbekommen haben, Gene, an den Händen, an der Kleidung. Für uns ist die Frage nicht: ›Haben Sie es getan?‹ Wir wissen, daß Sie es getan haben. Die Frage ist: ›Warum?‹ Wir glauben zu wissen, warum, und wir verstehen das. Sie müssen uns nur sagen, ob wir recht haben.«

Und genauso kam es dann. Sie holten Devier ab. Sofort starrt er den Stein an, fängt an zu schwitzen und schwer zu atmen. Seine Körpersprache unterscheidet sich vollkommen von der in den vorangegangenen Verhören: zögerlich, defensiv. Die Beamten projizieren Schuldfrage und Verantwortung auf das Mädchen, und als es den Anschein hat, als würde er mitspielen, bringen sie das Blut ins Spiel. Das wirft ihn aus der Bahn. Man erkennt, daß man den Richtigen erwischt hat, oft daran, wenn er den Mund hält und aufmerksam zuhört, während man spricht. Ein Unschuldiger wird schreien und aufbegehren. Und selbst wenn ein Schuldiger schreit, um zu zeigen, daß er unschuldig ist, merkt man den Unterschied.

Devier gesteht die Vergewaltigung und gibt dem Beamten recht damit, daß sie ihm gedroht hat. Bob Leary sagt ihm, ihm sei klar, daß er nicht vorgehabt habe, Mary zu töten. Hätte er es vorgehabt, hätte er etwas Wirkungsvolleres als einen Stein genommen. Am Ende gesteht er den Mord und auch die Vergewaltigung in Rome im Jahr zuvor. Darrell Gene Devier wurde der Vergewaltigung und des Mordes an Mary Frances Stoner angeklagt, für schuldig befunden und zum Tode verurteilt. Er wurde am 18. Mai 1995 in Georgia auf dem elektrischen Stuhl hingerichtet, fast sechzehn Jahre nach dem Mord und seiner Verhaftung. Das sind fast vier Jahre mehr, als Mary Frances auf der Welt war.

Ich habe festgestellt, daß der Schlüssel zum Erfolg bei dieser Art von Verhör darin liegt, kreativ zu sein, seine Phantasie zu benutzen. Ich mußte mich fragen: »Was würde mich treffen, wenn ich es getan hätte?« Wir alle sind verwundbar. Für jeden von uns liegt der wunde Punkt woanders. In meinem Fall, bei meiner schludrigen Buchführung, könnte mein Aufsichtsbeamter aus der Buchhaltung mich wahrscheinlich zu sich rufen und bräuchte nur einen meiner Spesenbelege auf seinem Schreibtisch liegen zu haben, um mich ins Schwitzen zu bringen. Irgendwas geht immer.

Jeder hat seinen Stein.

Die Lektionen, die wir aus dem Fall Devier gelernt haben, lassen sich weit über die gestörte Welt der Sexualmörder hinaus anwenden – ob es dabei um Unterschlagung, Korruption, Ermittlungen im organisierten Verbrechen, Hehlerei oder eine korrupte Gewerkschaft geht, in die man eindringen muß, ist nicht von Bedeutung. Die Prinzipien sind immer die gleichen. In jedem dieser Fälle würde ich raten, sich auf denjenigen einzuschießen, den man für das »schwächste Glied« hält, sich etwas zu überlegen, womit man ihn einfangen kann, um ihm zu zeigen, worauf er sich eingelassen hat, und ihn zur Mitarbeit zu bewegen, um die anderen zu erwischen.

Bei jeder Art von Konspiration ist das ein zentraler Punkt. Man möchte einen von ihnen umdrehen, damit er zum Zeugen der Anklage wird, und dann sehen, wie das ganze Kartenhaus in sich zusammenfällt. Die Frage, an wen man sich wendet, ist absolut entscheidend, denn sucht man sich den Falschen und kann ihn nicht umdrehen, gibt er allen anderen einen Tip, und man steht wieder ganz am Anfang.

Nehmen wir an, wir ermitteln in einem Fall öffentlicher Korruption in einer großen Stadt, und wir vermuten, daß acht bis zehn Leute einer bestimmten Behörde darin verwickelt sind. Und nehmen wir an, der oberste oder der zweite Mann in der Behörde wäre der beste »Fang«. Als wir ein Profil des Mannes erstellen, finden wir jedoch heraus, daß er trotz korrupten Verhaltens die Lage im Griff hat. Er trinkt nicht, hat keine Affären, ist ein echter Familienmensch – keine Krankheiten, keine Geldsorgen, keine erkennbaren Schwächen. Sollte das FBI an ihn herantreten, ist es sehr wahrscheinlich, daß er einfach alles abstreitet, uns zum Teufel schickt und die anderen warnt.

An so jemanden kommt man durch die kleineren Fische heran, ganz wie im organisierten Verbrechen. Wenn wir die Vorstrafen durchgehen, sticht vielleicht einer aus der Menge heraus. Er steht nicht weit oben, vielleicht ein kleiner Angestellter, der den Schreibkram erledigt. Er macht den Job schon zwanzig Jahre und hat alles, was er besitzt, in diese Sache gesteckt. Er hat finanzielle und gesundheitliche Sorgen; beides macht ihn sehr angreifbar.

Als nächstes geht es darum, den richtigen Mann für die Leitung des Verhörs auszuwählen. Ich nehme für gewöhnlich jemanden, der etwas älter und respekteinflößender als der Verdächtige selbst ist, gut gekleidet, eine imponierende Erscheinung, jemand, der freundlich und offen sein kann, so daß der Verdächtige sich entspannt, dann aber auch absolut ernst und zielstrebig, sobald die Umstände es erforderlich machen.

Wenn in den kommenden Wochen beim Verdächtigen ein Urlaub bevorsteht oder vielleicht der Geburtstag oder gar der Hochzeitstag, rate ich, das Verhör zu verschieben, um diesen Umstand zu nutzen. Wenn man ihn einkassiert und er merkt, daß es die letzten Ferien sein könnten, die er mit seiner Familie verbringt, sofern er nicht kooperiert, bekommt man dadurch ein weiteres Druckmittel in die Hand.

Eine »Inszenierung« kann im Umgang mit nicht-gewalttätigen Tätern ebenso wirksam sein wie im Mordfall Stoner. Bei jeder großen oder noch laufenden Ermittlung rate ich, alles vorhandene Material an einem Ort zu konzentrieren, ob es nun speziell diesem Fall gilt oder nicht. Wenn man beispielsweise einen Konferenzraum für seine »Sondereinheit« übernommen hat und alle Beamten, Schreibkräfte und Akten dort zusammenfaßt, zeigt man seinem Verdächtigen, wie ernst man es meint. Dieser Eindruck wird noch unterstrichen, wenn man die Wände vielleicht mit Vergrößerungen von Beschattungsfotos und anderen Dingen »dekoriert«, die zeigen, wie wichtig und offiziell diese aktuelle Ermittlung ist. Videobildschirme, auf denen die Verdächtigen zu sehen sind, stellen oft das Tüpfelchen auf dem i dar.

Zu meinen Lieblingseffekten gehören Poster, auf denen die Strafen vermerkt sind, die bei einer Verurteilung drohen. Das ist nicht sonderlich tiefsinnig, aber es hilft, den Druck auf den Verdächtigen zu erhöhen und ihn daran zu erinnern, was auf dem Spiel steht. Ich will den Druck so stark wie möglich haben.

Ich war schon immer der Ansicht, daß die späten Abend- und frühen Morgenstunden oft die besten Zeiten sind, um ein Verhör durchzuführen. Die Menschen sind dann oft entspannter und gleichzeitig verletzlicher. Außerdem vermittelt man, wenn alle Beamten auch selbst die Nächte durcharbeiten, daß dieser Fall eine große Sache und man selbst wild entschlossen ist. Eine weitere praktische Überlegung, die für nächtliche Verhöre spricht, ist, daß der Verdächtige nicht von den anderen gesehen werden sollte. Wenn er meint, man hätte ihn »erkannt«, läßt sich über nichts mehr verhandeln.

Die Grundlage eines jeden Deals müssen die Wahrheit und ein Appell an die Vernunft und den gesunden Menschenverstand des Verdächtigen sein. Die Inszenierung selber weckt nur die Aufmerksamkeit für die entscheidenden Elemente. Würde ich das Verhör eines der Korruption Verdächtigen durchführen, würde ich ihn vielleicht spätabends zu Hause anrufen und etwas sagen wie: »Sir, es ist sehr wichtig, daß wir uns noch heute unterhalten. Einige Beamte sind in diesem Augenblick schon auf dem Weg zu Ihnen.« Ich würde hervorheben, daß er nicht verhaftet sei und nicht mit den FBI-Agenten gehen müsse. Aber ich würde ihm eindringlich raten, sie zu begleiten, da es möglicherweise seine letzte Chance sei. Es bestünde kein Anlaß, ihm zu diesem Zeitpunkt seine Rechte vorzulesen, da er nicht unter Anklage stehe.

Ist er im Gebäude, lasse ich ihn erst mal zur Ruhe kommen. Wenn das gegnerische Football-Team im letzten Spielzug ein Feldtor schießen muß, um das Spiel zu gewinnen, nimmt man eine Auszeit, damit der betroffene Schütze Zeit hat, darüber nachzudenken. Jeder, der schon mal vor einem wichtigen Termin beim Arzt warten mußte, weiß, wie wirkungsvoll das sein kann.

Wenn er dann in mein Büro kommt, schließe ich die Tür, zeige mich bewußt warmherzig und freundlich, ein Gespräch unter Männern. Ich würde ihn beim Namen nennen. »Ich möchte noch mal darauf hinweisen, daß Sie nicht verhaftet sind«, würde ich wiederholen. »Sie können jederzeit gehen, und meine Leute fahren Sie wieder nach Hause. Aber ich glaube, Sie sollten sich anhören, was ich zu sagen habe. Es könnte das wichtigste Gespräch Ihres Lebens werden.«

Ich könnte ihn nach dem Datum fragen, um sicherzugehen, daß wir auf derselben Wellenlänge sind.

»Uns ist klar, daß Sie unter einer Krankheit leiden. Eine Schwester steht auf Abruf bereit.« Das entspräche den Tatsachen. Einer der Gründe, aus denen wir uns diesen Mann ausgesucht hätten, wäre diese spezielle »wunde Stelle«.

Dann reden wir Tacheles. Ich würde betonen, daß sich das FBI darüber im klaren ist, daß es sich bei ihm um einen kleinen Fisch handelt, daß er für das, was er getan hat, mies bezahlt wurde, daß er nicht eigentlich der ist, den wir haben wollen. »Im Augenblick verhören wir viele Leute, die mit diesem Fall in Zusammenhang stehen. Das Schiff sinkt, keine Frage. Sie können mit untergehen oder nach einem Rettungsring greifen, bevor Sie ertrinken. Wir wissen, daß weit mächtigere Leute Sie mißbraucht und ausgenutzt haben. Wir halten einen Staatsanwalt bereit, der Ihnen einen Deal anbietet, falls Sie das wollen.«

Zur Abrundung würde ich betonen: »Denken Sie daran, daß wir Ihnen dieses Angebot nur dieses eine Mal machen können. Ich habe zwanzig Leute, die an diesem Fall arbeiten. Wir könnten losgehen und alle verhaften, wenn wir müßten. Sie glauben doch nicht, daß nicht ein anderer in die Knie geht, wenn Sie es nicht tun? Und dann saufen Sie mit dem Schiff ab. Wenn Sie mit den Hauptverantwortlichen untergehen wollen, ist das Ihre Sache. Aber heute abend ist die letzte Gelegenheit, daß wir so miteinander reden können. Wollen Sie mit uns zusammenarbeiten?«

Wenn ja – und es ist tatsächlich in seinem Interesse, wenn er es tut –, dann lesen wir ihm seine Rechte vor und lassen ihn einen Anwalt anrufen. Aber als vertrauensbildende Geste bitte ich ihn wahrscheinlich, telefonisch ein Treffen mit einem der anderen Mitspieler zu vereinbaren. Man möchte schließlich nicht, daß er es sich anders überlegt und einen Rückzieher macht. Hat man den ersten auf seiner Seite, ergibt sich alles andere meist von selbst.

Das alles funktioniert so wirkungsvoll – selbst wenn man schon im voraus erkennt, was wir vorhaben –, weil es gewöhnlich sowohl für den verhörenden Beamten als auch den Verdächtigen von Vorteil ist. Denn die Wahrheit kommt zutage, und das Leben, die aktuelle Situation und die emotionalen Bedürfnisse des Verdächtigen werden berücksichtigt. Selbst wenn ich als Verdächtiger, dem man ein solches Angebot macht, wüßte, daß die ganze Sache für mich inszeniert worden wäre, würde ich es annehmen, weil es meine beste Chance ist. Die Strategie hinter einem solchen Verhör ist dieselbe, die ich für den Mordfall Stoner entwickelt hatte. Ich überlege mir: »Womit wäre ich zu treffen?«

Denn jeder hat seinen Stein.

Gary Trapnell, der wegen bewaffneten Raubüberfalls und Flugzeugentführung im Bundesgefängnis von Marion, Illinois, saß, als ich ihn befragte, ist nicht weniger intelligent und einsichtiger als jeder andere Kriminelle, den ich studiert habe. Er war derart überzeugt von seinen Fähigkeiten, daß er mir versicherte, er könne jeden Gefängnispsychiater glauben machen, er befinde sich in einem beliebigen Geisteszustand, den ich mir aussuchen könne. Weiterhin war er überzeugt, er könne sich dem Gesetz entziehen, wenn er draußen wäre.

»Sie können mich nicht fassen«, versicherte er mir.

»Okay, Gary«, sagte ich. »Nehmen wir an, Sie wären draußen. Sie sind schlau genug, um zu wissen, daß Sie jeden Kontakt zu Ihrer Familie abbrechen müssen, um dem FBI zu entkommen.

Nun weiß ich, daß Ihr Vater ein hochrangiger, vielfach ausgezeichneter Offizier war. Sie haben ihn wirklich geliebt und respektiert. Sie wollten sein wie er. Und Ihre Verbrechen begannen, nachdem er gestorben war.«

An seinem Gesichtsausdruck erkannte ich, daß ich richtiglag, daß ich einen Nerv getroffen hatte.

»Ihr Dad ist auf dem Arlington National Cemetary begraben. Angenommen, ich würde meinen Leuten sagen, sie sollten um Weihnachten herum, an seinem Geburtstag oder Todestag an seinem Grab auf der Lauer liegen?«

Unwillkürlich breitete sich ein sarkastisches Grinsen auf Trapnells Gesicht aus. »Erwischt!« erklärte er.

Darauf war ich gekommen, weil ich wieder versucht hatte, mich an seine Stelle zu versetzen. Ich hatte versucht, mir vorzustellen, was mich selbst treffen würde. Und meine Erfahrung sagt mir, daß man jeden mit irgend etwas treffen kann, wenn man nur herausfindet, was es ist.

Bei mir selbst könnte es etwas Ähnliches sein wie das, was ich gegen Trapnell eingesetzt hatte; ein bestimmtes Datum könnte der emotionale Auslöser sein.

Meine Schwester Arlene hatte eine hübsche blonde Tochter namens Kim. Sie kam an meinem Geburtstag, dem 18. Juni, zur Welt, und schon immer habe ich eine besondere Verbindung zu ihr empfunden. Als sie sechzehn war, starb Kim im Schlaf. Wir konnten den genauen Grund nie feststellen. Nun hat es sich ergeben – was den Schmerz, aber auch die positive Erinnerung an sie nur noch verstärkt –, daß meine älteste Tochter Erika, die jetzt im Collegealter ist, Kim sehr ähnlich sieht. Ich bin mir sicher, daß Arlene Erika niemals sehen kann, ohne an Kim zu denken und sich vorzustellen, was heute wohl aus Kim geworden wäre. Meiner Mutter geht es ebenso.

Wenn ich *mich* als ermittelnder Beamter im Auge hätte, würde ich den Kontakt kurz vor meinem Geburtstag aufnehmen. Ich bin voll Vorfreude, fiebere der Feier mit meiner Familie entgegen. Aber ich denke außerdem an meine Nichte Kim – den gemeinsamen Geburtstag, wie sehr sie Erika gleicht –, und ich fühle mich dadurch angreifbar. Sollte ich Fotos der beiden Mädchen an der Wand sehen, wächst die Wahrscheinlichkeit, daß ich die Fassung verliere.

Daran ändert nichts, daß ich weiß, welche Strategie auf mich angewendet wird. Es macht nichts, daß ich sie selbst entwickelt habe. Wenn der auslösende Streßfaktor eine ehrliche, tiefe Sorge anspricht, wird die Taktik wahrscheinlich funktionieren. Der eben genannte wunde Punkt könnte meiner sein. Der Ihrige wäre ein anderer, und wir müßten im Vorfeld herausfinden, was es sein könnte. Aber es gäbe bestimmt etwas.

Denn jeder hat seinen Stein.

KAPITEL ELF
Atlanta

Im Winter des Jahres 1981 glich Atlanta einer belagerten Stadt. Es hatte in aller Stille anderthalb Jahre zuvor begonnen, fast unbemerkt. Bevor es vorbei war – falls es tatsächlich jemals vorbei sein sollte –, war es zur größten und vielleicht berühmtesten Personenfahndung der US-amerikanischen Geschichte geworden, die eine ganze Stadt politisierte und die Nation spaltete, wobei jeder Schritt der Ermittlungen von bitterem Streit begleitet war.

Am 28. Juli 1979 wurde die Polizei auf einen fauligen Gestank im Wald abseits der Niskey Lake Road aufmerksam gemacht, und sie entdeckte die Leiche des dreizehnjährigen Alfred Evans. Er war seit drei Tagen vermißt worden. Bei der Untersuchung des Tatortes entdeckte die Polizei in etwa fünfzehn Metern Entfernung eine weitere Leiche, zum Teil verwest. Es war der vierzehnjährige Edward Smith, der vier Tage vor Alfred verschwunden war. Beide Jungen waren schwarz. Der Gerichtsmediziner stellte fest, daß Alfred Evans wahrscheinlich stranguliert worden war, während man Edward Smith definitiv mit einer Waffe vom Kaliber .22 erschossen hatte.

Am 8. November wurde die Leiche des neunjährigen Yusuf Bell in einer verlassenen Schule entdeckt. Er war seit Ende Oktober vermißt und ebenfalls erwürgt worden. Acht Tage später fand man die Leiche des vierzehnjährigen Milton Harvey in der

Nähe der Kreuzung Redwine Road und Desert Drive im East-Point-Viertel von Atlanta. Er wurde seit Anfang September vermißt, und wie bei Alfred Evans ließ sich auch hier keine definitive Todesursache feststellen. Auch diese beiden Kinder waren schwarz. Nur fanden sich nicht genügend ähnliche Beweise von Bedeutung wie in den anderen Fällen. Leider verschwinden in einer Stadt von der Größe Atlantas ständig Kinder. Manche davon werden eben einfach tot aufgefunden.

Am Morgen des 5. März 1980 machte sich ein zwölfjähriges Mädchen namens Angel Lanier auf den Weg zur Schule, traf dort jedoch nie ein. Fünf Tage später fand man ihre Leiche, mit einem Elektrokabel gefesselt und geknebelt, neben einer Straße. Sie war vollständig bekleidet, einschließlich ihrer Unterwäsche, aber man hatte ihr eine weitere Unterhose in den Mund gestopft. Als Todesursache stellte man Strangulation durch einen Strick fest. Der Gerichtsmediziner fand keinen Hinweis auf sexuellen Mißbrauch.

Der elfjährige Jeffrey Mathis verschwand am 12. März. Zu diesem Zeitpunkt sah das Atlanta Police Department noch immer keinen Zusammenhang zwischen den sechs schwarzen Kindern, die entweder tot waren oder vermißt wurden. Es gab die gleiche Zahl an Unterschieden wie Gemeinsamkeiten bei diesen Fällen, und bisher hatte man noch nicht ernsthaft die Möglichkeit erwogen, daß einige oder alle miteinander zu tun hatten.

Aber die Bevölkerung tat es. Am 15. April schloß sich Yusuf Bells Mutter Camille mit anderen Eltern von vermißten oder toten schwarzen Kindern zusammen und verkündete die Bildung des »Committee to Stop Children's Murders«. Sie bemühten sich um Hilfe von offizieller Seite und darum, daß jemand wahrnahm, was um sie herum geschah. So etwas sollte in Atlanta, der kosmopolitisch eingestellten Hauptstadt des New South, nicht geschehen dürfen. Es war eine Stadt im Umbruch, angeblich »zu beschäftigt für den Rassenhaß«, die sich mit Maynard Jackson eines schwarzen Bürgermeisters und mit Lee Brown eines schwarzen Safety Commissioners rühmte, zuständig für die öffentliche Sicherheit.

Das Grauen nahm kein Ende. Am 19. Mai fand man den vierzehnjährigen Eric Middlebrook keine fünfhundert Meter von seinem Zuhause entfernt ermordet auf. Todesursache war ein Schlag mit einem stumpfen Gegenstand auf den Kopf. Am 9. Juni verschwand der zwölfjährige Christopher Richardson. Und am 22. Juni wurde das zweite Mädchen, die achtjährige LaTonya Wilson, in den frühen Morgenstunden des Sonntags aus ihrem Schlafzimmer entführt. Zwei Tage später fand man die Leiche des zehnjährigen Aaron Wyche unter einer Brücke im DeKalb County. Er war erstickt worden, und sein Genick war gebrochen. Anthony »Tony« Carter, neun Jahre alt, wurde am 6. Juni hinter einem Lagerhaus an der Wells Street aufgefunden, das Gesicht ins Gras gedrückt, gestorben an zahlreichen Stichwunden. Da kein Blut am Tatort gefunden wurde, war klar, daß die Leiche von woanders hierher transportiert worden war.

Der Zusammenhang war nicht mehr zu übersehen. Public Safety Commissioner Brown stellte die Sondereinheit »Missing and Murdered Task Force« zusammen, der am Ende mehr als fünfzig Leute angehörten. Dennoch ging es weiter. Earl Terrell wurde am 31. Juli an der Redwine Road als vermißt gemeldet, in der Nähe der Stelle, wo man Milton Harveys Leiche gefunden hatte. Und als schließlich der zwölfjährige Clifford Jones erwürgt in einer Gasse abseits der Hollywood Road aufgefunden wurde, war die Polizei endlich bereit, einen Zusammenhang zwischen den Morden zu sehen, und erklärte, daß die Ermittlungen von nun an unter dieser Annahme geführt würden.

Bis zu diesem Punkt war das FBI nicht berechtigt, an einem Fall mitzuarbeiten, der bei aller Abscheulichkeit eine Serie von nur lokalen Verbrechen war. Ein Durchbruch für die Untersuchungen ergab sich beim Verschwinden von Earl Terrell. Seine Familie hatte mehrere Anrufe bekommen, in denen ein Lösegeld für ihren Sohn gefordert wurde. Der Anrufer deutete an, Earl sei nach Alabama gebracht worden. Das angebliche Überschreiten von Bundesstaatsgrenzen machte die Bundesbestimmungen für Entführungsfälle anwendbar und erlaubte dem FBI, eigene Ermittlungen zu führen. Bald jedoch wurde klar, daß der Erpresseranruf eine Falschmeldung gewesen war. Die

Hoffnungen, daß Earl noch lebte, schwanden, und das FBI mußte sich zurückziehen.

Ein weiterer Junge, der elfjährige Darron Glass, wurde am 16. September als vermißt gemeldet. Bürgermeister Maynard Jackson bat in Washington um Hilfe, insbesondere sollte das FBI umfassende Ermittlungen über die verschwundenen und ermordeten Kinder in Atlanta anstellen. Da die Zuständigkeiten nach wie vor ungeklärt waren, wies Generalstaatsanwalt Griffin Bell das FBI an, zu ermitteln, ob die Entführungen der bisher noch nicht aufgefundenen Kinder unter Bundesrecht zu verfolgen waren. Mit anderen Worten: Hatten die Verbrechen staatenübergreifenden Charakter? Zusätzlich wurde das Atlanta Field Office mit der Frage betraut, ob tatsächlich ein Zusammenhang zwischen den Fällen bestand. Damit bedeutete man dem FBI: Löst die Fälle und findet den Mörder so schnell wie möglich.

Natürlich hatten die Medien die Panik unter den Menschen aufgegriffen. Die wachsende Anzahl junger schwarzer Gesichter, die regelmäßig in den Zeitungen veröffentlicht worden waren, wurde zur Anklage kollektiver Schuld. Handelte es sich hier um eine Verschwörung zum Massenmord an der schwarzen Bevölkerung und deren schwächsten Mitgliedern? Steckte der Ku-Klux-Klan, eine Nazi-Partei oder irgendeine andere haßgesteuerte Gruppierung dahinter, anderthalb Jahrzehnte nach der Einführung der Bürgerrechte? Handelte es sich um einen Wahnsinnigen mit einer individuellen Gier, kleine Kinder zu ermorden? Die letztgenannte Möglichkeit schien die unwahrscheinlichste von allen. Die Kinder wurden in extrem kurzen Abständen gefunden. Und während die überwältigende Mehrheit von Serienmördern bisher weiß gewesen war, töteten sie doch fast nie außerhalb ihrer eigenen Rasse. Serienmord ist ein persönliches Verbrechen, kein politisches.

Das allerdings gab dem FBI eine zusätzliche Berechtigung, bei diesem Fall einzugreifen. Falls sich der staatenübergreifende Gesichtspunkt nicht bestätigen sollte, blieb uns noch immer der Auftrag festzustellen, ob die Verbrechen unter die sogenannte »44 Classification« fielen: Verstoß gegen bundesweite Bürgerrechte.

Als Roy Hazelwood und ich nach Atlanta flogen, gab es bereits sechzehn Tote in Serie, und es war kein Ende abzusehen. Inzwischen hatte die Beteiligung des FBI einen Namen: ATKID, auch genannt »Major Case 30«, obwohl es nur wenig öffentliches Aufsehen gab, als das FBI hinzugezogen wurde. Die Polizei von Atlanta wollte nicht, daß jemand ihnen die Schau stahl, und das FBI-Büro in Atlanta wollte keine Erwartungen wecken, die es möglicherweise nicht erfüllen konnte.

Die Wahl meines Begleiters fiel logischerweise auf Roy Hazelwood. Von allen Ausbildern der Spezialeinheit erstellte Roy die meisten Täterprofile, hielt an der National Academy Seminare über Gewaltverbrechen ab und bearbeitete viele der Vergewaltigungsfälle, die man unserer Einheit übertrug. Unser hauptsächliches Ziel war es, für uns selbst festzustellen, ob es einen Zusammenhang zwischen den Fällen gab, und wenn ja, ob es sich um eine Konspiration handelte.

Wir arbeiteten die umfangreichen Akten des Falles durch – Tatortfotos, Beschreibungen der Kleidung, die jedes der Kinder getragen hatte, als es aufgefunden wurde, Aussagen von Zeugen aus der Gegend, Autopsieprotokolle. Wir befragten Verwandte der Kinder, um zu sehen, ob es Gemeinsamkeiten unter den Opfern gab. Die Polizei fuhr uns in den Vierteln herum, aus denen die Kinder verschwunden waren, und brachte uns an jeden einzelnen Fundort.

Ohne unsere Eindrücke auszutauschen, unterzogen Roy und ich uns psychometrischen Tests, die ein forensischer Psychologe durchführte und die wir ausfüllten, als wären wir die Mörder. Der Test fragte Motive, Werdegang und Familienleben ab – alles, was wir in ein Profil übernehmen würden. Der Arzt, der den Test überwachte, war erstaunt darüber, daß unsere Ergebnisse fast identisch waren.

Mit dem, was wir zu sagen hatten, machten wir uns nicht gerade beliebt.

Erstens glaubten wir nicht, daß es sich um Ku-Klux-Klan-Morde handelte. Zweitens waren wir fast sicher, daß der Täter schwarz war. Und drittens bestand ein Zusammenhang zwischen vielen Mordopfern und Vermißten, aber das galt nicht für alle Fälle. Das FBI von Georgia hatte mehrere Hinweise auf eine Verbindung zum Ku-Klux-Klan bekommen, doch die ließen wir unberücksichtigt. Betrachtet man die rassistischen Verbrechen seit dem Beginn des 19. Jahrhunderts, so stellt man fest, daß es sich dabei meist um höchst symbolische Taten mit großer Öffentlichkeitswirkung handelt. Ein Lynchmord soll eine öffentliche Demonstration sein und auch von der Öffentlichkeit als solche wahrgenommen werden. Eine solche Tat oder auch andere Rassenmorde sind Terrorismus und müssen, um ihre Wirkung zu tun, deutlich wahrnehmbar sein. Die Männer des Ku-Klux-Klan tragen ihre weißen Laken nicht, um damit im Unterholz zu verschwinden. Hätte sich eine rassistische Gruppe schwarze Kinder überall in Atlanta als Opfer ausgesucht, hätte sie nicht Monate verstreichen lassen, bis Polizei und Öffentlichkeit herausgefunden hatten, was vor sich ging. Wir hätten erwartet, aufgeknüpfte Leichen mitten auf einem Marktplatz zu finden, und die Botschaft wäre deutlich gewesen. In all den vorliegenden Fällen war kein derartiges Verhalten zu erkennen.

Die Fundorte der Leichen lagen in vorwiegend oder ausschließlich schwarzen Gegenden der Stadt. Ein Weißer – ganz zu schweigen von mehreren Weißen – hätte sich in diesen Gegenden nicht aufhalten können, ohne aufzufallen. Die Polizei hatte sich ausgiebig umgehört und keine Hinweise auf irgendwelche Weißen in der Nähe der Kinder oder der Fundorte bekommen. In diesen Gegenden war rund um die Uhr Leben auf der Straße, so daß hier ein Weißer nicht einmal im Schutz der Nacht vollkommen unbemerkt hätte auftauchen können. Außerdem sagte uns unsere Erfahrung, daß sich Sexualmörder ihre Opfer meist aus ihrer eigenen Rasse suchen. Obwohl es keinen klaren Hinweis auf sexuellen Mißbrauch gab, entsprachen diese Verbrechen eindeutig einem sexuell gesteuerten Verhaltensmuster.

Es gab eine klare Verbindung zwischen den Opfern: Sie waren jung und aufgeschlossen und erfahren im Leben auf der Straße, aber unerfahren und eher naiv, was die Welt jenseits ihres Viertels anging. Wir sahen in ihnen den Typ Kind, der anfällig für einen guten Spruch oder Trick war, wenn er vom Richtigen kam. Der Täter mußte ein Auto besitzen, da die Kinder verschleppt worden waren. Und wir meinten, er müsse so etwas wie Erwachsenen-Autorität besitzen. Viele dieser Kinder lebten in sehr ärmlichen Verhältnissen. In manchen der Elternhäuser gab es weder Strom noch fließendes Wasser.

Aufgrund dieser Tatsache und des relativ niedrigen Bildungsgrades dieser Kinder glaubte ich nicht, daß es schwer gewesen war, sie zu ködern. Um das zu testen, schickten wir verdeckte Beamte aus Atlanta in diese Viertel, wo sie sich meist als Arbeiter ausgaben und einem Kind fünf Dollar boten, damit es ihnen bei irgend etwas half. Man versuchte es mit schwarzen Beamten und mit weißen Beamten, und das schien egal zu sein. Diese Kinder waren so verzweifelt ums Überleben bemüht, daß sie für fünf Dollar nahezu alles machten. Man mußte nicht sonderlich gerissen sein, um sie für sich zu gewinnen. Weiterhin zeigte das Experiment, daß Weiße in diesen Gegenden besonders auffielen.

Ich sagte schon, daß wir einen deutlichen Zusammenhang zwischen den Fällen fanden, nur schien er nicht auf ausnahmslos alle zuzutreffen. Nachdem wir die Opfer und ihre Lebensumstände sorgsam untersucht und die Ergebnisse ausgewertet hatten, glaubte ich weder, daß die beiden Mädchen von dem Haupttäter getötet worden waren, noch überhaupt von ein und demselben Mann. Die Art und Weise der Entführung von LaTonya Wilson aus ihrem Schlafzimmer war zu ungewöhnlich. Bei den Jungen sah ich eine Verbindung zwischen den »sanften Morden«, den Strangulationen, nicht notwendigerweise aber zwischen den unbekannten Todesursachen. Andere Hinweise führten uns zu der Überzeugung, daß wir es nicht mit einem einzelnen Täter zu tun hatten. Belastende Beweise deuteten in zwei Fällen darauf hin, daß der Täter aus der Familie des Opfers stammte, doch als FBI-Direktor William Webster dieses bei einer Pressekonferenz verkündete, wurde er von der Presse niedergemacht. Neben der politischen Brisanz einer solchen Aussage hatte sie zur Folge, daß jede Familie, deren Fall man von der »Missing and Murdered«-Liste strich, von der Zuwendung der Spendengelder, die inzwischen aus dem ganzen Land eintrafen, ausgeschlossen wurde.

Zwar waren wir der Ansicht, daß mehr als eine Person für die Morde verantwortlich war – dennoch schien es uns, als hätten wir es mit einem bestimmten Täter zu tun, der hier auf Raubzug ging, und er würde weitertöten, bis man ihn gefunden hatte. Roy und ich erstellten das Profil eines Schwarzen, alleinstehend, zwischen fünfundzwanzig und neunundzwanzig. Er mußte Polizeifan sein, ein streifenwagenähnliches Fahrzeug besitzen, und irgendwann würde er sich in die laufenden Ermittlungen einschalten. Er hatte eine Art Polizeihund, entweder einen Deutschen Schäferhund oder einen Dobermann. Er hatte keine Freundin, würde sich zu kleinen Jungen hingezogen fühlen, obgleich wir keine Anzeichen für Vergewaltigungen oder sexuellen Mißbrauch fanden. Das deutete meiner Ansicht nach auf sexuelle Unzulänglichkeit hin. Er hatte irgendeinen Trick oder Kniff, den er bei Kindern zum Anlocken anwendete; ich vermutete irgend etwas mit Musik oder Schauspielerei. Er hatte einen guten Spruch drauf, konnte die geweckten Erwartungen aber nicht einlösen. An einem bestimmten Punkt schon früh in der Bekanntschaft wies das Kind ihn zurück, oder zumindest mußte der Täter es als Zurückweisung erleben und sich dann genötigt fühlen, es zu töten.

Die Polizei von Atlanta ging alle bekannten Pädophilen und Sexualtäter durch und hatte schließlich eine Liste von etwa fünfzehnhundert möglichen Verdächtigen beisammen. Polizeibeamte und FBI-Agenten besuchten Schulen, befragten Kinder, um herauszufinden, ob welche unter ihnen von männlichen Erwachsenen angesprochen worden waren und es weder ihren Eltern noch der Polizei erzählt hatten. Sie fuhren in Bussen mit, verteilten Flugblätter mit den Fotos der vermißten Kinder, fragten, ob jemand sie gesehen hätte, besonders in Begleitung von Männern. Zivilbeamte trieben sich in Schwulenbars herum und versuchten, Gespräche zu belauschen und Spuren aufzunehmen.

Nicht alle stimmten mit unserer Theorie überein. Und nicht alle waren glücklich, uns in der Stadt zu haben. An einem der Tatorte in einem verlassenen Wohnhaus kam ein schwarzer Cop auf mich zu und sagte: »Sie sind der Douglas, stimmt's?«

»Ja, das stimmt.«

»Ich habe Ihr Täterprofil gesehen. Das ist ein Haufen Scheiße.« Ich war nicht sicher, ob er wirklich meine Arbeit beurteilte oder den ständigen Behauptungen der Zeitungen Glauben schenkte, es gäbe keine schwarzen Serienmörder. Das stimmte nicht so ganz: Uns waren Fälle von schwarzen Serienmördern bekannt, die Prostituierte oder eigene Familienmitglieder getötet hatten, aber es gab nicht viele, die Fremde ermordeten, und keinen einzigen, auf den die hier erkennbare Vorgehensweise zutraf.

»Hören Sie, ich muß nicht hier sein«, sagte ich. »Ich habe nicht darum gebeten, herkommen zu dürfen.« Die Frustrationsschwelle war niedrig. Alle Beteiligten wollten den Fall lösen, aber jeder wollte es allein tun. Wie so oft wußten Roy und ich, daß wir dort waren, damit man jemanden hatte, dem man die Schuld zuschieben konnte, falls es schiefging.

Neben der Klan-Spekulation gab es alle möglichen Arten von Verschwörungstheorien, eine abwegiger als die andere. Mehrere Kinder wurden mit fehlenden Kleidungsstücken aufgefunden, aber niemals waren es die gleichen. Stattete dieser Mörder sein ganz privates Model zu Hause aus, wie Ed McGein es mit den Hautpartien der Frauen getan hatte? War bei den letzteren Morden eine Entwicklung im Verhalten des Unbekannten auszumachen, weil er die Leichen leichter auffindbar zurückließ? Oder war es möglich, daß der Unbekannte Selbstmord begangen hatte und ein Nachahmer an seine Stelle getreten war?

Für mich passierte der erste echte Fortschritt, als ich bereits wieder in Quantico war. Im Polizeirevier von Conyers, einem kleinen Ort etwa zwanzig Meilen von Atlanta entfernt, war ein Anruf eingegangen. Sie glaubten, sie hätten endlich eine Spur. Ich hörte mir das Band in Larry Monroes Büro an, gemeinsam mit Dr. Park Dietz. Bevor Monroe Leiter der Spezialeinheit wurde, war er einer der herausragenden Ausbilder in Quantico gewesen. Wie Ann Burgess war auch Park Dietz von Roy Hazelwood in die Einheit geholt worden. Damals war er an der Harvard-Universität und gerade dabei, sich in Polizeikreisen einen

Namen zu machen. Inzwischen lebt er in Kalifornien und ist wohl der führende Gerichtspsychiater der USA, außerdem arbeitet er regelmäßig als Berater für unsere Einheit.

Der Anrufer auf dem Band gab vor, der Kindermörder von Atlanta zu sein, und nannte den Namen des letzten bekannten Opfers. Er war offensichtlich weiß, klang wie ein typischer Redneck und kündigte an, »noch mehr von diesen Nigger-Kids« umzubringen. Außerdem beschrieb er eine bestimmte Stelle an der Sigmon Road in Rockdale County, wo die Polizei eine weitere Leiche finden würde.

Ich erinnere mich noch an die Euphorie im Raum, die ich leider zunichte machen mußte. »Das ist nicht der Mörder«, erklärte ich, »aber Sie müssen ihn fassen, weil er weiter anrufen und nerven wird, solange er da draußen rumläuft.«

Trotz der heftigen Gegenreaktion war ich sicher, daß ich recht hatte. Ich hatte kurz vorher eine ähnliche Situation erlebt, als Bob Ressler und ich drüben in England gewesen waren, um einen Kurs in Bramshill, der britischen Polizeiakademie (einem britischen Gegenstück zu Quantico) etwa eine Stunde außerhalb von London, zu geben. England stand ganz unter dem Eindruck der Morde des Yorkshire-Ripper. Der Mörder, der offenbar die Whitechapel-Morde der spätviktorianischen Zeit nachahmte, erschlug und erstach Frauen oben im Norden des Landes, meist Prostituierte. Bislang hatte es acht Morde gegeben. Drei weiteren Frauen war es gelungen, ihm zu entkommen, ohne jedoch eine Täterbeschreibung geben zu können. Die geschätzte Altersspanne reichte vom Teenager bis zum Endfünfziger. Es war die größte Menschenjagd in der britischen Geschichte. Am Ende hatte die Polizei fast eine viertel Million Einzelverhöre im ganzen Land geführt.

Polizeidienststellen und Zeitungen hatten Briefe von »Jack the Ripper« bekommen, der die Taten gestand. Dann traf mit der Post eine zwei Minuten lange Tonbandkassette bei Chefinspektor George Oldfield ein, auf der die Polizei verhöhnt und weitere Taten angedroht wurden. Wie in Atlanta schien auch dieses den großen Durchbruch zu versprechen. Das Band wurde kopiert und im ganzen Land vorgespielt – im Fernsehen und im Radio, unter gebührenfreien Telefonnummern, über Lautsprecheranlagen bei Fußballspielen –, in der Hoffnung, daß jemand die Stimme erkannte.

Man hatte uns gesagt, John Domaille befände sich in Bramshill, wenn wir da seien. Er ist ein berühmter Polizist und Leiter der Ermittlungen im Ripper-Fall. Man hat ihm gesagt, daß diese beiden Leute mit ihren Täterprofilen vom FBI da seien und wir uns vielleicht zusammensetzen sollten. Also sitzen Bob und ich nach dem Unterricht im Academy Pub, als dieser Mann hereinkommt, von jemandem an der Bar begrüßt wird, hinübergeht und sich mit ihm unterhält. Wir verstehen seine Gesten und wissen, daß er sich über die beiden Amis lustig macht. Ich sage zu Ressler: »Ich wette, das ist er.«

Und schon zeigt man ihm, wo wir sitzen, und er kommt mit den anderen an unseren Tisch und stellt sich vor. Ich sage: »Ich sehe, Sie haben keine Akten mitgebracht.«

Er beginnt mit Ausflüchten, wie kompliziert der Fall sei und daß er uns in so kurzer Zeit nicht auf den Stand der Ermittlungen bringen könne und so weiter.

»Gut«, erwidere ich. »Wir haben genug eigene Fälle. Dann bleib' ich hier nur sitzen und trink' noch was.«

Diese Friß-oder-stirb-Haltung weckt das Interesse der Briten. Einer von ihnen fragt, was wir bräuchten, um ein Profil zu erstellen. Ich erkläre ihm, er solle erst mal die Tatorte beschreiben. Er berichtet, daß der Unbekannte die Frauen in eine hilflose Situation bringt und sie dann mit einem Hammer oder Messer überfällt. Er verstümmelt sie, wenn sie tot sind. Die Stimme auf dem Band klang für einen Prostituiertenmörder reichlich wortgewandt und gebildet. Also sage ich: »Nach den Tatorten, die Sie mir beschrieben haben, und dieser Tonaufnahme, die ich in den Staaten gehört habe, ist das nicht der Ripper. Sie vergeuden Ihre Zeit damit.«

Ich erklärte, der Mörder, hinter dem er her sei, würde nicht den Kontakt zur Polizei suchen. Es müsse ein völlig unauffälliger Einzelgänger von Ende Zwanzig oder Anfang Dreißig sein, getrieben von pathologischem Haß auf Frauen, ein Schulabbrecher, möglicherweise ein Lastwagenfahrer, da es den Anschein hatte, als käme er viel herum. Die Prostituiertenmorde waren sein Versuch, Frauen im allgemeinen zu bestrafen.

Trotz der Unmengen an Zeit und Geld, die man in die Verbreitung des Tonbandes investiert hatte, sagte Domaille: »Wissen Sie, das hatte ich schon befürchtet«, und änderte später den Fortgang der Ermittlungen. Als der fünfunddreißigjährige Lastwagenfahrer Peter Sutcliffe per Zufall am 2. Januar 1981 verhaftet wurde – auf dem Höhepunkt der Morde in Atlanta – und man in ihm den Ripper erkannte, hatte er kaum Ähnlichkeit mit dem Mann, der das Band aufgenommen und verschickt hatte. Der Betrüger entpuppte sich als pensionierter Polizist, der aus bestimmten Gründen Wut auf Inspector Oldfield gehabt hatte.

Nachdem ich mir das Band aus Georgia angehört hatte, sprach ich mit der Polizei in Conyers und Atlanta und schlug spontan einen Weg vor, wie man diesen Trittbrettfahrer ausschalten könnte. Wie beim Nachahmer des Rippers klang auch dieser Mann höhnisch und überheblich. »Nach dem Tonfall seiner Stimme und dem, was er sagt, zu urteilen, hält er uns allesamt für Schwachköpfe«, sagte ich. »Das sollten wir nutzen.«

Ich riet ihnen, sich so dumm zu geben, wie er sie empfand. »Fahrt zur Sigmon Road, aber sucht die *andere* Straßenseite ab, ignoriert ihn völlig. Er wird euch beobachten, und vielleicht habt ihr Glück und schnappt ihn vor Ort. Wenn nicht, wird er euch zumindest anrufen und erzählen, was für Idioten ihr seid und daß ihr an der falschen Stelle gesucht habt.« Park Dietz ist begeistert.

Die Polizei macht ein Riesentheater um die Suche nach der Leiche, verwechselt die Straßenseiten – und, tatsächlich, der Mann ruft wieder an, um ihnen zu sagen, wie dumm sie sind. Sie haben die Falle vorbereitet, verfolgen den Anruf zurück und holen diesen älteren Redneck direkt aus seinem Wohnzimmer. Um sicherzugehen, daß er wirklich keine Ahnung hat, durchsuchen sie die richtige Gegend um die Sigmon Road, aber natürlich findet sich dort keine Leiche.

Der Zwischenfall von Conyers war nicht die einzige falsche Fährte in diesem Fall. Umfangreiche Ermittlungen bringen oft eine ganze Menge davon mit sich, und die Morde in Atlanta machten da keine Ausnahme. Neben der Straße, im Wald, wo man die ersten skelettierten Reste gefunden hatte, entdeckten Detectives ein Herrenmagazin mit Sperma auf einigen Seiten. Das FBI-Labor war in der Lage, Fingerabdrücke davon zu nehmen und auf diesem Wege die Identität des Mannes festzustellen. Es ist ein Weißer, der einen Lieferwagen fährt, und er ist Kammerjäger. Die psychologische Symbolkraft ist natürlich sehr stark: Für einen Soziopathen ist es nur ein kleiner Schritt von der Vernichtung von Ungeziefer zur Vernichtung von schwarzen Kindern. Wir wissen bereits, daß viele Serienmörder zu Tatorten und Stellen zurückkehren, an denen sie Leichen abgeladen haben. Die Polizei vermutet, daß er mit seinem Wagen an der Straße hält, den Ort seines Sieges betrachtet und masturbiert, während er sich an die erregenden Gefühle bei der Jagd und beim Mord erinnert.

Diese Informationen gelangen bis zum Direktor des FBI, zum Generalstaatsanwalt, bis ganz hinauf ins Weiße Haus. Sie alle warten sehnsüchtig darauf, die Erklärung herauszugeben, daß wir den Kindermörder von Atlanta gefaßt haben. Eine Presseerklärung wird vorbereitet. Erstens ist er weiß. Zweitens ist er glücklich verheiratet. Ich denke, es muß einen anderen Grund geben, warum dieser Mann dort gewesen ist.

Man bringt ihn zum Verhör. Er streitet alles ab. Sie zeigen ihm das Magazin mit dem Sperma auf den Seiten. Sie sagen ihm, sie hätten seine Fingerabdrücke darauf gefunden. Okay, räumt er ein, er sei dort entlanggefahren und habe es aus dem Wagen geworfen. Das macht keinen Sinn. Er fährt dort, mit einer Hand am Lenkrad, die andere an sich selbst, und bringt es fertig, das Heft so aus dem Wagen zu schmeißen, daß es mitten im Wald landet? Er müßte einen Arm wie der Footballstar Johnny Unitas haben.

Als er merkt, daß er ernstlich in der Klemme steckt, gibt er zu, daß seine Frau schwanger ist, jeden Tag niederkommen könnte und er seit Monaten keinen Sex mehr hatte. Um nicht die Frau zu betrügen, die er liebt und die das gemeinsame Kind in sich trägt, fährt er zum 7-Eleven, kauft dieses Magazin, fährt in der Mittagspause raus in den Wald, um sich Erleichterung zu verschaffen.

Der Mann hatte mein Mitgefühl. Er denkt sich, er fährt irgendwohin, wo er keinen stört, tut keinem was zuleide, und schon weiß der Präsident der Vereinigten Staaten von Amerika, daß er sich im Wald einen runtergeholt hat!

Als sie den Trittbrettfahrer in Conyers gefaßt haben, dachte ich, das war es. Wenigstens haben wir diesen Rassisten aus dem Weg geschafft, damit die Polizei sich auf ihre Ermittlungen konzentrieren kann. Nur hatte ich eine Sache nicht mitbedacht, und das war die aktive Rolle der Presse. Seither habe ich immer darauf geachtet, diesen Punkt nicht aus den Augen zu verlieren.

Zum einen wurde mir klar, daß die umfassende Medienpräsenz für den Kindermörder allein schon eine Befriedigung bedeutete. Nur hatte ich nicht damit gerechnet, daß er *gezielt* auf Medienberichte *reagierte*.

Die Presse war so begierig auf einen Durchbruch in diesem Fall, daß sie die Suche der Polizei an der Sigmon Road, die nichts erbrachte, in ihren Berichten ausgiebig behandelte. Bald danach schon *wurde* eine Leiche an der Sigmon Road in Rockdale County aufgefunden, und zwar die des fünfzehnjährigen Terry Pue.

Für mich ist das eine außerordentlich bedeutsame Entwicklung, die am Beginn einer Strategie steht, wie der Mörder zu fassen sein könnte. Es bedeutet, daß er die Presse verfolgt und darauf reagiert, was sie berichtet. Er weiß, daß die Polizei keine Leiche an der Sigmon Road finden wird, weil er dort keine zurückgelassen hat. Aber nun zeigt er, wie überlegen er ist, wie er die Presse und die Polizei manipulieren kann. Er demonstriert seine Arroganz und seine Verachtung. Er *kann* eine Leiche an der Sigmon Road abladen, wenn er nur will! Er hat sein Verhaltensmuster durchbrochen und ist zwanzig oder dreißig Meilen gefahren, nur um dieses Spiel zu spielen. Wir wissen, daß er uns beobachtet, also wollen wir mal sehen, ob wir das nicht nutzen können, um sein Verhalten zu beeinflussen.

Hätte ich das vorher gewußt oder die Möglichkeit in Betracht gezogen, hätte ich mir überlegt, die ganze Gegend um die Sigmon Road beschatten zu lassen, aber dafür war es jetzt zu spät. Wir mußten den Blick nach vorn richten und sehen, was wir tun konnten.

Ich hatte verschiedene Ideen. Frank Sinatra und Sammy Davis jr. kamen nach Atlanta, um ein Benefizkonzert für die Familien der Opfer im Omni Coliseum zu geben. Das Ereignis wurde breit behandelt, und ich war absolut sicher, daß der Täter beim Konzert war. Die Frage war, wie man ihn unter den mehr als zwanzigtausend Besuchern herausfinden konnte.

Roy Hazelwood und ich hielten den Täter für einen Polizeifan. Das konnte der Schlüssel sein. »Geben wir ihm eine Freikarte«, schlug ich vor.

Wie gewöhnlich sahen mich die Polizisten und die Leute vom Atlanta Field Office an, als wäre ich verrückt. Also erklärte ich es ihnen. Wir verkünden, daß – da so viele Leute erwartet werden – zusätzlich Sicherheitskräfte nötig sind. Wir bieten eine geringe Bezahlung an, erwarten, daß jeder Bewerber sein eigenes Fahrzeug mitbringt (da wir wissen, daß unser Mann eins besitzt), und erklären, daß Leute mit Erfahrung in Polizeiarbeit bevorzugt genommen werden. Wir führen die Bewerbungsgespräche im Omni Coliseum durch und verwenden dabei versteckte Videokameras. Wir schließen die Gruppen aus, die uns nicht interessieren – Frauen, ältere Leute usw. –, und konzentrieren uns vor allem auf junge schwarze Männer. Jeder muß einen Bewerbungsbogen ausfüllen, auf dem er seine Erfahrungen auflisten soll: zum Beispiel als Krankentransportfahrer, ob er sich schon mal für einen Job bei Polizei oder Sicherheitsdiensten beworben hat – alles, was uns helfen kann, unseren Verdächtigen einzukreisen. Wahrscheinlich können wir die Gruppe auf zehn bis zwölf Leute reduzieren, die wir dann mit den anderen Beweisen vergleichen.

Die Idee ging bis hinauf zum Stellvertretenden Generalstaatsanwalt. Das Problem ist, daß jedesmal, wenn eine große Organisation nicht strikt nach Vorschrift arbeitet, »Analysenparalyse« einsetzen kann. Als mein Vorgehen schließlich genehmigt wird, soll das Konzert bereits am nächsten Tag stattfinden, und der lahme Versuch, »Sicherheitskräfte« zu rekrutieren, kommt zu diesem Zeitpunkt viel zu spät.

Ich hatte noch einen Plan. Ich wollte Holzkreuze aufstellen lassen, etwa dreißig Zentimeter hoch. Einige würde man unter den Familien verteilen, andere als Mahnmale an Tatorten aufstellen. Ein größeres Kreuz würde zum kollektiven Gedenken an die Kinder in einer Kirche aufgestellt. Wäre das erst veröffentlicht, würde der Mörder einige dieser Orte aufsuchen, besonders die abgelegenen. Vielleicht würde er sogar versuchen, eines der Kreuze mitzunehmen. Wenn wir die entsprechenden Orte beschatten ließen, so glaubte ich, hätten wir gute Chancen, ihn zu schnappen.

Nur brauchte das FBI Wochen, um diesen Plan zu genehmigen. Dann brach ein Kleinkrieg darum aus, wer die Kreuze anfertigte – sollte es die Ausstattungsabteilung beim FBI machen, die Tischlerei in Quantico, oder sollte das Büro in Atlanta sie in Auftrag geben? Schließlich wurden die Kreuze tatsächlich gebaut, aber als sie endlich zu gebrauchen waren, hatten die weiteren Ereignisse des Falls uns längst überrollt.

Im Februar war die Stadt fast außer Kontrolle. Psychologen schwärmten aus, gaben ihre eigenen »Profile« aus, von denen sich viele drastisch voneinander unterschieden. Die Presse sprang auf jede Möglichkeit an, zitierte jeden, der nur im Entferntesten mit dem Fall zu tun hatte und zu reden bereit war. Das nächste Opfer, das auftauchte, nachdem man Terry Pues Leiche an der Sigmon Road gefunden hatte, war der zwölfjährige Patrick Baltzar; er lag neben dem Buford Highway in DeKalb County. Wie Terry Pue war auch er erwürgt worden. Zu diesem Zeitpunkt erklärte jemand von der Gerichtsmedizin, daß man an Patrick Baltzars Leiche Haare und Fasern gefunden hatte, die mit denen an fünf früheren Leichen übereinstimmten. Diese anderen gehörten zu denen, die ich ein und demselben Mörder zugeschrieben hatte. Die Entdeckung dieser gerichtsmedizinischen Funde wurde in aller Ausführlichkeit veröffentlicht.

Und mir ging ein Licht auf. *Er wird versuchen, die Leichen in den Fluß zu werfen.* Jetzt weiß er, daß wir Haare und Fasern haben. Eine frühere Leiche, die von Patrick Rogers, war im Dezember auf der Cobb County-Seite des Chattahoochee River gefunden worden: Todesursache war ein Schlag auf den Kopf mit einem stumpfen Gegenstand gewesen. Aber Patrick war fünfzehn Jahre alt, einsdreiundsiebzig groß und wog dreiundsiebzig Kilo. Die Polizei glaubte nicht, daß es einen Zusammenhang zu den anderen Fällen gäbe. Ich hatte weiter das Gefühl, daß der Mörder von jetzt an zum Fluß gehen würde, wo das Wasser seine Spuren beseitigte.

Wir müssen die Flußläufe überwachen, sagte ich, besonders den Chattahoochee, die Hauptwasserstraße, welche die nordwestliche Grenze der Stadt zum benachbarten Cobb County darstellt. Aber mehrere Behörden waren zuständig, je eine für jedes County, dazu das FBI, und niemand konnte die Verantwortung übernehmen. Bis eine gemeinsame Überwachungsoperation vom FBI und Leuten der Sondereinheit organisiert war, war es bereits April.

Es war jedoch kaum überraschend, daß in der Zwischenzeit die nächste Leiche – der dreizehnjährige Curtis Walker – oben im South River gefunden wurde. Die nächsten beiden – Timmy Hill, dreizehn, und Eddie Duncan, mit einundzwanzig der Älteste – tauchten im Abstand von einem Tag im Chattahoochee River auf. Im Gegensatz zu den früheren Opfern, die zumeist vollständig bekleidet aufgefunden worden waren, hatte man diese drei Leichen bis auf die Unterhosen ausgezogen – auch das eine Möglichkeit, eventuell vorhandene Haare und Fasern zu entfernen.

Wochen vergingen, während derer die Überwachungsteams auf ihren Posten warteten, die Brücken und Orte beschatteten, an denen man sich einer Leiche entledigen konnte. Doch nichts geschah. Es war zu spüren, daß die Behörden die Geduld verloren und das Gefühl hatten, als führte das alles zu nichts. Da kein Fortschritt zu erkennen war, einigte man sich darauf, die Operation zum Schichtwechsel um 6 Uhr morgens am 22. Mai abzuschließen.

Gegen 2 Uhr 30 an genau diesem Morgen schob ein Rekrut der Polizeiakademie mit Namen Bob Campbell seine letzte Schicht am Ufer des Chattahoochee unterhalb der Jackson Parkway Bridge. Er sah, wie ein Wagen hinüberfuhr und plötzlich auf der Brückenmitte stehenblieb.

»Ich hab' eben lautes Platschen gehört!« meldete er aufgeregt in sein Sprechfunkgerät. Er richtete seine Taschenlampe auf das

Wasser und sah die Wellen. Der Wagen wendete und kam wieder über die Brücke, von wo aus ein wartendes Fahrzeug ihm folgte und ihn schließlich stoppte. Es war ein 70er Chevy Kombi, und der Fahrer war ein kleiner, kraushaariger, dreiundzwanzig Jahre alter, sehr hellhäutiger Schwarzer namens Wayne Bertram Williams. Er war freundlich und kooperativ. Er gab vor, Konzertveranstalter zu sein, und sagte, er wohne bei seinen Eltern. Die Polizisten befragten ihn und warfen einen Blick in seinen Wagen, bevor sie ihn laufen ließen. Aber sie verloren seine Spur nie wieder.

Zwei Tage später fand man die nackte Leiche des siebenundzwanzigjährigen Nathaniel Cater flußabwärts, nicht weit von der Stelle, wo die Leiche des einundzwanzigjährigen Jimmy Ray Payne einen Monat zuvor an die Wasseroberfläche getrieben war. Es gab nicht genügend Beweise, um Williams zu verhaften oder einen Durchsuchungsbefehl zu bekommen, aber er wurde intensiv und rund um die Uhr beschattet.

Bald merkte er, daß die Polizei ihm folgte, und verführte sie zu wilden Verfolgungsjagden durch die ganze Stadt. Er fuhr sogar zum Haus von Safety Commissioner Lee Brown und fing an zu hupen. Er hatte eine Dunkelkammer in seinem Haus, und bevor er dingfest gemacht werden konnte, wurde er dabei beobachtet, wie er auf seinem Hof Fotos verbrannte. Außerdem wusch er seinen Wagen aus.

Wayne Williams entsprach unserem Täterprofil in jeder Hinsicht, sogar einschließlich der Tatsache, daß er einen Deutschen Schäferhund besaß. Er war ein Polizeifan, der einige Jahre zuvor verhaftet worden war, weil er sich als Streifenbeamter ausgegeben hatte. Danach hatte er einen ehemaligen Polizeiwagen gefahren und den Polizeifunk abgehört, um an Tatorten Fotos zu machen. Rückblickend erinnerten sich mehrere Zeugen daran, ihn an der Sigmon Road gesehen zu haben, als die Polizei auf den telefonischen Hinweis reagierte und nach der nicht vorhandenen Leiche suchte. Dort hatte er Fotos gemacht, die er der Polizei anbot. Außerdem fanden wir heraus, daß er tatsächlich auf dem Wohltätigkeitskonzert im Omni gewesen war.

Ohne ihn zu verhaften, bestellte das FBI ihn zum Verhör, wo

er sich kooperativ gab und nicht nach einem Anwalt rief. Die Berichte, die ich bekommen hatte, vermittelten mir den Eindruck, als wäre das Verhör nicht ordentlich geplant oder organisiert worden. Es war zu plump und zu direkt abgelaufen. Und zu diesem Zeitpunkt hielt ich ihn durchaus für überführbar. Man erzählte mir, er habe sich nach dem Gespräch noch im Büro herumgetrieben und so getan, als wolle er sich über Polizei- und FBI-Dinge unterhalten. Als er an diesem Tag jedoch ging, wußte ich, daß sie niemals ein Geständnis aus ihm herausbekommen würden. Er ließ sich auf einen Lügendetektortest ein, der ergebnislos ausging. Später, als Polizei und FBI einen Durchsuchungsbefehl hatten und das Haus absuchten, das er mit seinen Eltern, einem pensionierten Lehrerehepaar, teilte, fand man Bücher, in denen stand, wie man einen Lügendetektor austricksen kann.

Der Durchsuchungsbefehl wurde am 3. Juni ausgestellt. Obwohl Williams seinen Wagen ausgewaschen hatte, fand die Polizei Haare und Fasern, die einen Zusammenhang zwischen ihm und zwölf der Morde herstellten, genau denjenigen, die ich in meinem Profil als zusammengehörig eingestuft hatte.

Die Beweise waren zwingend. Sie fanden nicht nur Haare und Fasern, die eine Verbindung zwischen den Leichen und Williams' Zimmer, Haus und Auto zeigten, sondern Larry Peterson vom kriminaltechnischen Labor fand Fasern von Kleidungsstücken der Opfer, die sie schon Tage vor ihrem Verschwinden getragen hatten. Mit anderen Worten: Es gab in einigen Fällen schon vor den Morden eine Verbindung zwischen den Opfern und Williams.

Am 21. Juni wurde Wayne B. Williams wegen des Mordes an Nathaniel Cater verhaftet. Die Ermittlungen in den anderen Fällen dauerten an. Bob Ressler und ich waren im Hampton Inn in der Nähe von Newport News, Virginia, und sprachen vor einer Versammlung der Southern States Correctional Association, als die Verhaftung bekannt wurde. Ich war eben erst aus England vom Yorkshire-Ripper-Fall zurück, und ich sprach über meine Arbeit an Serienmorden. Im vorangegangenen März hatte die Illustrierte *People* eine Geschichte über Ressler und mich gebracht und darüber, daß wir den Mörder von Atlanta suchten. In diesem Artikel, an dem wir auf Drängen des Headquarters mitgearbeitet hatten, hatte ich Bestandteile des Profils genannt, insbesondere, daß unser Täter schwarz sei. Die Geschichte hatte bundesweit einige Aufmerksamkeit erregt. Als mir nun also Fragen aus dem Publikum von über fünfhundert Leuten gestellt wurden, fragte mich jemand nach meiner Meinung zu der Verhaftung von Williams.

Ich erwähnte einiges zum Hintergrund der Geschichte und unserer Arbeit daran, und wie wir zu unserem Profil gekommen waren. Ich sagte, er entspreche dem Profil, und fügte vorsichtig hinzu, falls sich herausstellen sollte, daß er es gewesen sei, käme er »für einen guten Teil der Fälle in Frage«.

Ich wußte nicht, daß der Fragesteller ein Reporter war, obwohl ich die Frage selbst dann sicher genauso beantwortet hätte. Am nächsten Tag zitierte man mich in der *Newport News-Hampton Press* mit den Worten: »Er kommt für einen guten Teil der Morde in Frage«, wobei meine entscheidende Einschränkung ausgelassen wurde.

Die Geschichte ging durch die Medien, und am nächsten Tag wurde ich im ganzen Land zitiert, in sämtlichen Nachrichtensendungen, in allen großen Zeitungen, darunter in einer Geschichte im *Atlanta Constitution* unter der Überschrift »FBI-Mann: Williams könnte viele auf dem Gewissen haben.«

Ich bekam Anrufe von überall. Fernsehkameras standen in der Lobby des Hotels und sogar vor meinem Zimmer. Ressler und ich mußten die Feuerleiter hinunterklettern, um hinauszukommen.

Im Hauptquartier war der Teufel los. Es sah aus, als hätte ein FBI-Agent, der mit dem Fall betraut war, Wayne Williams ohne Verfahren für schuldig erklärt. Auf dem Weg nach Quantico versuchte ich Larry Monroe, dem Leiter unserer Einheit, am Mobiltelefon zu erklären, was tatsächlich vorgefallen war. Er und der Stellvertretende Direktor Jim McKenzie versuchten, mir zu helfen und ein gutes Wort für mich beim OPR, dem Office of Professional Responsibility des FBI, einzulegen, wo man sich mit derartigen Verfehlungen beschäftigte.

Ich weiß noch, wie ich im obersten Stockwerk der Bibliothek von Quantico saß, wo ich normalerweise in aller Ruhe meine Täterprofile schrieb. Außerdem gab es dort Fenster, anders als in unseren unterirdischen Büros. Monroe und McKenzie kamen, um mit mir zu reden. Beide hatten mich gefördert. Ich war der einzige, der ausschließlich Profile erstellte, ich war vollkommen ausgebrannt, weil ich überall gleichzeitig sein sollte, Atlanta hatte mich emotional geschafft, und der einzige Dank, den ich erhielt, war die Drohung mit einer Abmahnung für eine Aussage, die von den Medien aus dem Zusammenhang gerissen worden war.

Wir hatten einen großen Erfolg für die Technik der Täterprofilerstellung und Verbrechensanalyse errungen. Unsere Einschätzung des Täters und dessen, was er als nächstes tun würde, hatte exakt gestimmt. Alle Augen waren auf uns gerichtet, vom Weißen Haus abwärts. Ich hatte mich weit aus dem Fenster gelehnt, und wenn ich es vermasselt oder mich getäuscht hätte, wäre das Programm gestorben.

Schon immer hatte man uns gesagt, daß dieser Job ein großes Risiko, aber auch großen Nutzen mit sich brächte. Maßlos enttäuscht erklärte ich Monroe und McKenzie, meiner Ansicht nach wäre es »großes Risiko und kein bißchen Nutzen«. Ich sagte, es sei den Aufwand nicht wert, und knallte meine Aktenordner auf den Tisch. Jim McKenzie sagte, wahrscheinlich hätte ich recht, aber sie wollten mir nur helfen.

Als ich zum Headquarter fuhr, um vor dem OPR zu erscheinen, mußte ich als erstes eine Verzichtserklärung unterschreiben, was meine Rechte anging. Gerechtigkeit draußen aufrechtzuerhalten und sie gleichzeitig im Inneren zu praktizieren, war nicht unbedingt dasselbe. Zuerst zückten sie eine Ausgabe von *People*. Jackie Onassis war auf dem Umschlag.

»Hat man Sie nicht davor gewarnt, solche Interviews zu geben?«

Nein, sagte ich, das Interview sei genehmigt worden. Und auf der Versammlung hätte ich über Serienmörder im allgemeinen gesprochen, als jemand den Fall Wayne Williams erwähnt hätte. Ich war bei der Formulierung meiner Antwort vorsichtig gewesen. Ich hatte keinen Einfluß darauf, wie sie weitergetragen wurde.

Vier Stunden lang nahmen sie mich in die Mangel. Ich mußte eine Erklärung schreiben, die Zeitungsberichte und das, was vorgefallen war, Punkt für Punkt durchgehen. Und als ich fertig war, sagte man mir nichts, gab mir keinen Hinweis darauf, was mit mir geschehen würde. Ich hatte das Gefühl, daß ich dem FBI freiwillig unendlich viel von meinem Leben geopfert hatte – Freizeit, Zusammensein mit meiner Familie und anderes mehr – und daß man mich jetzt bestrafen wollte, mich für eine Zeit ohne Bezahlung auf Eis legen, vielleicht sogar ganz rauswerfen wollte. In den folgenden Wochen wollte ich buchstäblich morgens nicht aus dem Bett.

Da schrieb mir mein Vater einen Brief. Darin erzählte er von der Zeit, als man ihn beim *Brooklyn Eagle* entlassen hatte. Auch er war deprimiert gewesen. Er hatte hart geschuftet, gute Arbeit geleistet, aber trotzdem hatte er das Gefühl, als hätte er sein Leben nicht mehr im Griff. Er erklärte mir, wie er gelernt hatte, sich dem zu stellen, was das Leben einem an Steinen in den Weg legt, und seine inneren Kräfte neu zu ordnen, um sich für den nächsten Tag zu wappnen. Diesen Brief trug ich lange in meiner Brieftasche mit mir herum, noch viele Monate nach diesem Zwischenfall.

Nach fünf Monaten entschloß sich das OPR, mich zu rügen und darauf hinzuweisen, daß man mich nach dem Artikel in *People* gewarnt habe, vor der Presse über laufende Ermittlungen zu sprechen. Dieser schriftliche Tadel kam von Direktor Webster höchstpersönlich.

Aber obwohl ich sauer war, blieb mir nicht viel Zeit, darüber zu brüten, wenn ich den Job nicht ganz hinwerfen wollte. Wie auch immer ich damals zum FBI insgesamt gestanden haben mochte, war mir die Arbeit selbst doch viel zu wichtig. Nach wie vor hatte ich laufende Fälle in den ganzen Vereinigten Staaten, und der Prozeß gegen Wayne Williams stand bevor. Es wurde Zeit, sich dem nächsten Tag zu stellen.

Der Prozeß gegen Wayne Williams begann im Januar 1982 nach sechstägiger Wahl der Geschworenen. Die Liste bestand am Ende vornehmlich aus Farbigen, neun Frauen und drei Männer. Obwohl wir ihn für mindestens zwölf der Kindermorde für verantwortlich erachteten, wurde Williams in nur zwei Fällen angeklagt – Nathaniel Cater und Jimmy Ray Payne. Paradoxerweise waren ausgerechnet diese beiden über zwanzig Jahre alt gewesen.

Williams wurde von einem bekannten Anwaltsteam aus Jackson, Mississippi, vertreten, Jim Kitchens und Al Binder, dazu von einer Frau aus Atlanta namens Mary Welcome. Wichtigste Anklagevertreter waren Gordon Miller und Jack Mallard, Stellvertretende Bezirksstaatsanwälte aus dem Fulton County. Aufgrund meiner Arbeit in der Ermittlungsphase des Falles bat mich das Büro des Bezirksstaatsanwalts, im Verlaufe des Prozesses als Berater zu fungieren. Während eines Großteils des Prozesses saß ich direkt hinter dem Tisch der Anklagevertreter.

Würde der Prozeß heute abgehalten, wäre ich in der Lage, hinsichtlich der Vorgehensweise, Merkmalen der Handschrift und Verbindungen zwischen den Fällen auszusagen, wie ich es schon oft getan habe. Und falls es zu einer Verurteilung käme, könnte ich, während man über das Strafmaß beriet, meine professionelle Ansicht zur Gefährlichkeit des Angeklagten äußern. Doch damals, 1982, wurde das, was wir taten, von den Gerichten noch nicht anerkannt, und daher konnte ich die Anklage nur hinsichtlich der Strategie beraten.

Die meisten Argumente der Staatsanwälte bezogen sich auf ungefähr siebenhundert Beweisstücke von Haaren und Fasern, die Larry Peterson und Special Agent Hal Deadman, ein Experte vom FBI-Labor in Washington, sorgsam analysiert hatten. Obwohl Williams nur in zwei Fällen angeklagt wurde, erlaubte das Gesetz in Georgia dem Staat, andere Fälle, zu denen es eine Verbindung gab, mit ins Verfahren einfließen zu lassen, was in Mississippi nicht möglich war und worauf die Verteidigung sich nicht vorbereitet hatte. Das Problem für die Anklage bestand darin, daß Williams sanftmütig, kontrolliert, redegewandt und freundlich war. Mit seiner dicken Brille, den weichen Gesichtszügen und zarten Händen sah er eher aus wie der Pillsbury Doughboy als ein Serienmörder, der viele Kinder auf dem Gewissen hatte. Er war dazu übergegangen, Presseerklärungen abzugeben, daß er unschuldig sei und es sich bei seiner Verhaftung um einen rassistischen Akt handle. Kurz vor Prozeßbeginn sagte er in einem Interview: »Ich würde das FBI mit den Keystone Cops und die Polizei von Atlanta mit *Wagen 54, bitte melden...* vergleichen.«

Niemand von den Anklagevertretern hegte die Hoffnung, daß Williams aussagen würde, nur ich hielt es für möglich. Nach seinem Verhalten während der Taten und diesen öffentlichen Erklärungen hielt ich ihn für so arrogant und selbstbewußt, daß er glauben mochte, er könne den Prozeß so manipulieren, wie er die Öffentlichkeit, die Presse und die Polizei manipulierte.

In einem vertraulichen Treffen der Verfahrensbeteiligten im Amtszimmer von Richter Clarence Cooper sagte Al Binder, sie würden einen prominenten forensischen Psychologen aus Phoenix mit Namen Michael Brad Bayless hinzuziehen, der aussagen wollte, daß das Täterprofil nicht auf Williams zutreffe und daß dieser zu diesen Morden nicht fähig gewesen sei. Dr. Bayless hatte Williams in drei Einzelgesprächen untersucht.

»Gut«, erwiderte Gordon Miller. »Sie holen ihn hinzu, und wir bringen im Gegenzug einen FBI-Agenten, der alles, was in diesem Fall bisher geschehen ist, vorhergesagt hat.«

»Verdammt, den wollen wir sprechen«, sagte Binder. Miller erklärte ihm, ich säße schon fast den gesamten Prozeß über hinter dem Tisch der Anklagevertreter.

Ich traf mich jedoch mit beiden Seiten. Wir benutzten den Raum der Geschworenen. Ich erklärte der Verteidigung meinen Werdegang und sagte, falls sie Probleme damit hätten, daß ich FBI-Agent und kein Arzt sei, könne ich einen Psychiater hinzuziehen, mit dem wir arbeiteten, beispielsweise Park Dietz, damit er sich den Fall ansehe, und ich sei sicher, daß er die gleichen Aussagen wie ich machen würde.

Binder und seine Mitarbeiter schienen fasziniert von dem, was ich zu sagen hatte. Sie waren freundlich und respektvoll, und Binder erzählte mir sogar, sein Sohn wolle FBI-Agent werden.

Letztendlich sagte Bayless niemals aus. In der Woche nach

Prozeßende erklärte er Reportern der Tageszeitungen *Atlanta Journal* und *Atlanta Constitution,* er sei der Ansicht, Williams sei emotional des Mordes fähig, er zeige eine »unreife Persönlichkeit«, und seiner Meinung nach sei das Motiv hinter den Morden »Macht und ein besessener Zwang zur Kontrolle«. Er sagte, Williams habe von ihm gefordert, er solle »entweder das eine oder das andere tun, entweder meinen Bericht ändern und bestimmte Dinge nicht sagen, oder gar nicht aussagen«. Er erklärte, eines der entscheidenden Probleme für die Verteidigung sei es gewesen, daß Williams darauf bestanden habe, alles persönlich zu kontrollieren.

Das alles fand ich extrem interessant, da es das Profil bestätigte, das Roy Hazelwood und ich erstellt hatten. Im Verlauf des Prozesses jedoch fand ich eine andere Sache fast genauso interessant.

Wie die meisten Teilnehmer, die nicht aus dieser Stadt kamen, wohnte ich im Marriott-Hotel in der Nähe des Gerichtsgebäudes. Eines Abends aß ich allein im Speisesaal, als dieser gepflegt wirkende Schwarze an meinen Tisch kommt und sich mir als Dr. Brad Bayless vorstellt. Ich sage ihm, ich weiß, wer er ist und wieso er zu mir kommt. Er fragt, ob er sich setzen darf.

Ich stelle klar, daß ich es für keine gute Idee halte, daß wir zusammen gesehen werden, wenn er morgen für die Verteidigung aussagen will. Aber Bayless sagt, genau darum mache er sich Sorgen, setzt sich und fragt, was ich über ihn und seine Arbeit weiß. Eine ganze Menge. Ich halte ihm eine meiner Mini-Lektionen zur Verbrechenspsychologie und bemerke, daß er, wenn er so aussagt, wie die Verteidigung es von ihm will, sich und seinen ganzen Berufsstand in Verlegenheit bringt. Als er vom Tisch aufsteht, gibt er mir die Hand und sagt, er würde wirklich gern nach Quantico kommen und an einem unserer Kurse teilnehmen. Ich zwinkere ihm zu und sage: »Mal sehen, wie Sie sich morgen vor Gericht machen.«

Und siehe da, am nächsten Tag stelle ich fest, daß Dr. Bayless wieder nach Arizona geflogen ist, ohne seine Aussage zu machen. Vor dem Richter beklagt sich Binder über die »Macht der Anklage« und daß sie seine wichtigsten Zeugen verschreckt. Das hatte ich nicht beabsichtigt, wenn es sich wirklich so verhielt, aber ganz sicher würde ich nicht davor zurückschrecken, wenn sich mir die Chance bot. In Wahrheit war Dr. Bayless wohl zu integer, um die Dinge nicht zu sagen, wie er sie sah, oder sich von der einen oder anderen Seite für deren eigene Zwecke benutzen zu lassen.

Im Namen der Anklage hatten Hal Deadman und Larry Peterson ihre Sache mit den Beweisstücken der Haare und Fasern sehr gut gemacht, aber es waren hochkomplizierte Zusammenhänge, und von daher gab das keine sonderlich dramatische Vorführung ab. Dauernd ging es darum, daß sich die eine Teppichfaser in die eine Richtung windet und die andere Faser in die andere Richtung. Schließlich hatten sich Fasern von allen zwölf Opfern auf Williams' lila-grünem Laken gefunden. Die meisten davon wurden mit dem Teppich in Williams' Schlafzimmer in Verbindung gebracht, etwa die Hälfte mit dem Wohnzimmerteppich, die gleiche Anzahl mit seinem 70er Chevrolet, und in allen Fällen – bis auf einen – ließen sich Verbindungen zum Haar von Sheba herstellen, dem Schäferhund des Angeklagten.

Als die Verteidigung an der Reihe war, präsentierten sie einen gutaussehenden und charmanten Kennedy-Doppelgänger aus Kansas, der die Geschworenen oft anlächelte, als er versuchte, Deadman's Aussage zu entkräften. Am Ende der Sitzung, als sich das Team der Anklage zusammensetzte, um durchzugehen, was an diesem Tag passiert war, lachten alle darüber, daß dieser gutaussehende Bursche aus Kansas in keiner Weise überzeugend gewesen war.

Sie fragten mich nach meiner Meinung.

Ich hatte die Geschworenen beobachtet. Ich sagte: »Ich will euch Jungs mal was sagen: Ihr werdet den Fall verlieren.« Sie waren schockiert, und es war das allerletzte, was sie hören wollten.

»Ihr fandet ihn vielleicht nicht überzeugend«, erklärte ich, »aber die Geschworenen glauben ihm.« Ich wußte, wovon Hal Deadman redete, aber trotzdem fiel es mir schwer, es nachzuvollziehen. Die Zeugen der Verteidigung mochten mehr als schlicht gewesen sein, aber man hatte ihnen leichter folgen können.

Sie waren zu höflich, um mir zu sagen, daß ich nicht mehr alle Tassen im Schrank hätte, aber scharfsinniger *profiler*, der ich war, merkte ich doch, daß ich hier nicht mehr erwünscht war. Auf mich wartete eine ganze Wagenladung von Fällen, und ich bereitete mich auf den Prozeß im Mordfall Mary Frances Stoner vor. Und auch die lange Zeit auf Reisen begann, ihren Tribut zu fordern. Ich bekam Eheprobleme, da ich kaum noch Zeit für meine Familie hatte, ich fand kaum noch die Zeit für das Training, das mir nötig zu sein schien, ich war ständig gestreßt. Ich rief Larry Monroe in Quantico an und erklärte ihm, ich käme zurück.

Kaum bin ich wieder am National Airport und will nach Hause fahren, da erhalte ich die Nachricht, daß die Anklagevertretung es sich anders überlegt hat. Langsam glauben sie, daß einige der Dinge, die ich gesagt habe, tatsächlich eintreffen könnten. Sie möchten, daß ich wieder nach Atlanta komme, um ihnen zu helfen, die Zeugen der Verteidigung auseinanderzunehmen.

Also fliege ich zwei Tage später wieder zurück. Jetzt sind sie wesentlich offener, bitten mich um Rat. Und zur großen Überraschung aller entschließt sich Wayne Williams zur Aussage – wie von mir vorhergesagt. Er wird von seinem Anwalt Al Binder befragt, der eine tiefe, sonore Stimme hat. Wie er sich so vorbeugt, wenn er die Fragen stellt, sieht er aus wie ein Hai, daher sein Spitzname »Jaws«.

Immer wieder weist er die Geschworenen auf denselben Punkt hin. »Sehen Sie ihn an! Sieht er aus wie ein Serienmörder? Sehen Sie ihn an. Stehen Sie auf, Wayne«, sagt er und fordert ihn auf, seine Hände auszustrecken. »Sehen Sie, wie weich seine Hände sind. Glauben Sie, er hätte die Kraft, jemanden zu ermorden, jemanden mit diesen Händen zu erwürgen?«

Binder ruft Williams nach der Hälfte des einen Tages in den Zeugenstand und behält ihn den ganzen nächsten Tag dort. Und Williams machte diese Sache für sich selbst ganz großartig, ganz wie ich es vermutet hatte. Er war absolut glaubwürdig als unschuldiges Opfer eines in die Enge getriebenen, von Rassenvorurteilen geprägten Systems, das dringend einen Verdächtigen brauchte und schließlich einen gefunden hatte.

Nun war das nächste Problem für die Anklage, wie er ins Kreuzverhör zu nehmen war. Der Stellvertretende Bezirksstaatsanwalt Jack Mallard ist an der Reihe. Er ist der Mann der Stunde. Er spricht mit dunkler, langsam dahinfließender Stimme und Südstaatenakzent.

Ich hatte keine Ausbildung genossen, was Gerichtsverhandlungen und Zeugenbefragungen anging, aber einen Instinkt für das, was dazu gehörte. Im Grunde basierte alles auf der Idee, sich »in die Haut des anderen zu versetzen«. Ich fragte mich, was würde mich aufregen? Und die Antwort, auf die ich kam, war, von jemandem befragt zu werden, der wußte, daß ich schuldig war, egal, was ich ihn glauben machen wollte.

Ich sagte zu Mallard: »Kennen Sie noch diese alte Fernsehshow *This Is Your Life?* Das müssen Sie mit ihm machen. Sie müssen ihn so lange wie möglich im Zeugenstand halten und ihn brechen. Aufgrund seiner krankhaft kontrollierenden, starren Persönlichkeit ist er besessen und zwanghaft. Um zu seiner Härte vorzudringen, muß man den Druck auf ihn aufrechterhalten, die Spannung durchziehen, indem man jeden Aspekt seines Lebens anspricht, selbst Dinge, die eher unwichtig scheinen, wie etwa, wo er zur Schule gegangen ist. Bleiben Sie am Ball. Und dann, wenn Sie ihn zermürbt haben, müssen Sie ihn körperlich berühren, genau wie Binder es getan hat. Was für die Verteidigung gut ist, ist auch gut für die Anklage. Gehen Sie nah heran, brechen Sie in seine Sphäre ein, und treffen Sie ihn unvorbereitet. Bevor die Verteidigung Einspruch erheben kann, fragen Sie ihn leise: ›Waren Sie in Panik, Wayne, als Sie diese Kinder ermordet haben?‹«

Und als es dann soweit ist, macht Mallard genau das. In den ersten Stunden des Kreuzverhörs kann er Williams nicht erschüttern. Er erwischt ihn bei ein paar offensichtlichen Ungereimtheiten, aber er bleibt stets derselbe ruhige »Wie-könnte-ich-so-etwas-tun?«-Williams. Der grauhaarige Mallard in seinem eleganten Anzug geht systematisch sein ganzes Leben durch, und dann, als der richtige Zeitpunkt gekommen ist, tritt er nah an Williams heran, legt seine Hand auf dessen Arm und sagt mit leiser Stimme im gedehnten Süd-Georgia-Akzent:

»Wie war das, Wayne? Wie war es, als Sie Ihre Hände um den Hals des Opfers gelegt haben? Waren Sie in Panik? War es Panik?«

Und mit schwacher Stimme sagt Williams: »Nein.«

Dann fängt er sich. Er bekommt einen Wutanfall. Er zeigt auf mich und schreit: »Sie tun alles, damit dieses FBI-Profil auf mich paßt, und ich werde Ihnen dabei nicht behilflich sein!«

Die Verteidigung rastet aus. Williams spielt verrückt, geifert über »FBI-Schläger« und nennt die Anklagevertreter »Idioten«. Aber es war der Wendepunkt des Prozesses, sogar Geschworene sagten das im nachhinein. Mit offenen Mündern saßen sie da. Zum ersten Mal hatten sie die andere Seite von Wayne Williams gesehen. Sie sahen die Verwandlung mit ihren eigenen Augen. Sie konnten erkennen, zu welcher Gewalt er in der Lage war. Mallard zwinkerte mir zu, dann nahm er sich wieder Williams im Zeugenstand vor.

Nach seinem Ausbruch vor Gericht war mir klar, daß er seine einzige Chance darin sah, etwas von dem Mitgefühl, das er im Laufe des Prozesses aufgebaut hatte, wieder zurückzuerlangen. Ich tippte Mallard an die Schulter und sagte: »Paß auf, Jack. Heute in einer Woche ist Williams krank.« Ich weiß nicht, wie ich auf eine Woche kam, aber genau eine Woche später wurde der Prozeß unterbrochen und Williams eilig mit Magenschmerzen ins Krankenhaus gebracht. Man konnte nichts feststellen und entließ ihn wieder.

In ihrem Plädoyer vor den Geschworenen hielt Williams' Anwältin Mary Welcome einen Fingerhut in die Luft und fragte: »Wollen Sie, daß dieser Mann wegen eines Fingerhutes voller Beweise schuldig gesprochen wird?« Sie hielt ein Stück grünen Teppich aus ihrem Büro hoch und sagte, wie weitverbreitet diese Teppichbeläge seien. Wie könne man einen Mann verurteilen, weil er einen grünen Teppich habe?

Am selben Tag ging ich mit einigen anderen FBI-Agenten zu ihrer Kanzlei. Wir gingen in ihrer Abwesenheit hinein, traten in ihr Büro und nahmen ein paar Fasern mit. Wir ließen sie von Experten unter dem Mikroskop untersuchen und gaben das Beweisstück an die Anklage weiter, um zu demonstrieren, daß die

Fasern ihres Teppichs vollkommen anders waren als die Fasern des Teppichs im Haus der Williams.

Am 27. Februar 1982 kamen die Geschworenen nach elfstündiger Beratung zu einem Schuldspruch in beiden Mordfällen. Wayne B. Williams wurde zu zwei lebenslänglichen Haftstrafen verurteilt, die er in der Valdosta Correctional Institution im Süden von Georgia verbüßt. Noch immer beteuert er seine Unschuld, und der Streit um seine Taten und das Urteil hat nie ein Ende gefunden. Sollte er es jemals schaffen, einen neuen Prozeß zu bekommen, bin ich mir sicher, daß das Ergebnis dasselbe sein wird.

Trotz der Behauptungen seiner Anhänger glaube ich, daß die forensischen und verhaltenspsychologischen Beweise Wayne Williams als den Mörder von elf jungen Männern in Atlanta entlarven. Trotz der Behauptungen seiner Ankläger glaube ich, daß es keine zwingenden Beweise gibt, die ihn mit allen oder auch nur den meisten toten und vermißten Kindern, die in dieser Stadt zwischen 1979 und 1981 gefunden wurden, in Verbindung bringen. Trotz allem, was manche Leute gern glauben würden, sterben nach wie vor schwarze und weiße Kinder auf mysteriöse Weise, in Atlanta wie in anderen Städten. Wir haben Anhaltspunkte, wer einige der anderen ermordet hat. Es handelt sich nicht um einen Einzeltäter, und die Wahrheit ist unangenehm. Bisher fanden sich jedoch weder Beweise, noch wurde Anklage erhoben.

Ich habe einige schmeichelhafte Briefe und Erwähnungen hinsichtlich meiner Mitarbeit am Mordfall Wayne Williams eingestrichen, darunter vom Büro des Bezirksstaatsanwalt von Fulton County, in dem stand, von mir wäre die Idee für die erfolgreiche Strategie im Kreuzverhör gekommen, und einen von John Glover, dem SAC vom Atlanta Field Office, in dem die gesamten ATKID-Ermittlungen zusammengefaßt wurden. Einer der bewegendsten und erfreulichsten kam von Al Binder, dem leitenden Anwalt der Verteidigung, der mir schrieb, wie beeindruckt er von unserer Arbeit sei.

Diese Schreiben trafen etwa zur selben Zeit wie die schriftliche Rüge ein. Jim McKenzie, der wegen dieser Wendung äußerst aufgebracht war, hatte mich für eine Belobigung vorgesehen, nicht nur wegen des Williams-Falles, sondern für fünf weitere Fälle, zu deren Aufklärung ich beigetragen hatte.

Diese kam im Mai. Nun hielt ich also vom Direktor ein Lob und einen schriftlichen Tadel zum selben Fall in den Händen. In der Belobigung stand, daß »Sie durch Ihr Talent, Ihr Pflichtbewußtsein und Ihre professionelle Einstellung den guten Ruf des FBI im ganzen Land gefördert haben. Sie dürfen versichert sein, daß Ihre wertvollen Dienste anerkannt werden.« Dieses Lob wurde durch die »erhebliche« Summe von 250 Dollar veredelt, was etwa einen Nickel pro Stunde bedeutete. Prompt spendete ich das Geld dem Navy Relief Fund zugunsten der Familien von Männern und Frauen, die im Dienste für ihr Land den Tod gefunden haben.

Hätten wir es heutzutage mit einem Fall wie den Kindermorden von Atlanta zu tun, bin ich mir ziemlich sicher, daß wir den Täter erheblich früher fassen könnten, bevor die Spur von Tod und Leid so entsetzlich lang ausfiele. Wir alle würden in der Koordination unserer Bemühungen weit wirkungsvoller arbeiten. Unsere proaktiven Techniken sind ausgeklügelter und gründen sich auf breitere Erfahrungen. Wir wüßten, wie wir das Verhör anstellen müßten. Wir würden den Durchsuchungsbefehl besser planen und ihn bekommen, bevor die entscheidenden Beweise vernichtet wären.

Aber welche Fehler uns auch unterlaufen sein mögen – der ATKID-Fall stellte doch einen Wendepunkt für unsere Einheit dar. Wir hatten uns zu Wort gemeldet, den Wert unserer Arbeit bewiesen, weltweit Respekt bei Strafverfolgungsbehörden erlangt und auf diese Weise geholfen, weitere Mörder hinter Gitter zu bringen.

KAPITEL ZWÖLF
Einer von uns

Judson Ray ist eine der lebenden Legenden von Quantico. Doch fast wäre es dazu nicht gekommen. Als er im Februar 1982 als FBI-Agent des Atlanta Field Office am ATKID-Fall arbeitete, versuchte seine Frau, ihn ermorden zu lassen.

Wir erfuhren zum ersten Mal voneinander während des »Forces of Evil«-Falles Anfang 1978, auch wenn wir uns nicht direkt kennenlernten. Ein Serienmörder, den man »Stocking Strangler« (»Strumpfwürger«) getauft hatte, hatte sechs ältere Frauen in Columbia, Georgia, überfallen, nachdem er in ihre Häuser eingebrochen war. Er hatte jede einzelne von ihnen mit ihren eigenen Nylonstrümpfen erdrosselt. Sämtliche Opfer waren Weiße, und forensische Beweise, die der Gerichtsmediziner an einigen der Leichen gefunden hatte, deuteten darauf hin, daß der Würger selbst ein Schwarzer sein mußte.

Dann erhielt der Polizeichef einen beunruhigenden Brief mit einem Briefkopf der U.S. Army, worin behauptet wurde, der Würger stamme aus einer Gruppe von sieben Leuten, die sich »Forces of Evil« (»Kräfte des Bösen«) nannten. In dem Brief wurde die Vermutung geäußert, der Stocking Strangler sei schwarz, und damit gedroht, es werde als Vergeltungsmaßnahme eine schwarze Frau ermordet, wenn der Strangler bis zum 1. Juni nicht gefaßt sei. Sie gaben vor, bereits eine Frau namens Gail Jackson entführt zu haben. Sei der »S-Strangler« nicht bis

»1 Sept« gefaßt, werde die Zahl der Opfer »verdoppelt«. In dem Brief stand, das Briefpapier sei gestohlen worden und die gesuchte Gruppe stamme aus Chicago.

Die Sache war ein einziger Alptraum. Ein brutaler Mörder, der in Columbus herumschlich, war schlimm genug. Eine organisierte und zu Mord bereite Vergeltungsaktion konnte einen tiefen Graben durch die Stadt ziehen.

Weitere Briefe folgten, die den ersten um eine Forderung nach 10 000 Dollar Lösegeld ergänzten, während die Polizei hektisch, wenn auch erfolglos nach einem der sieben weißen Männer fahndete. Gail Jackson war eine Prostituierte, in den Bars um Fort Benning wohlbekannt. Tatsächlich wurde sie vermißt.

Jud Ray war Schichtleiter beim Columbus Police Department. Als Vietnamveteran der Army und schwarzer Polizeibeamter, der sich hochgearbeitet hatte, war ihm klar, daß die aufgewühlte Lokalbevölkerung erst zur Ruhe kommen würde, wenn der Stocking Strangler und die Organisation der »Forces of Evil« neutralisiert würden. Als jeder Fortschritt bei den Ermittlungen – trotz Zeit und Mühen, die man darauf verwendete – ausblieb, sagte ihm sein Polizisteninstinkt, daß man den falschen Leuten auf die falsche Weise auf der Spur sei. Ray versuchte, sich über bundesweite Entwicklungen in der Strafverfolgung auf dem laufenden zu halten, und hatte von einem »Profilerstellungsprogramm« in Quantico gehört. Er schlug vor, daß seine Dienststelle Kontakt zur Spezialeinheit für Serienverbrechen aufnehmen sollte.

Am 31. März wurden wir vom FBI Georgia gebeten, den Fall zu analysieren. Trotz allem, was im ersten Brief behauptet wurde, waren wir ziemlich sicher, daß es sich bei der Verbindung zur Army und zu Fort Benning nicht um einen Zufall handelte. Bob Ressler, der früher bei der Militärpolizei gewesen war, übernahm die Leitung.

Drei Tage später reichten wir unseren Bericht ein. Wir waren der Ansicht, es gäbe keinen Beweis dafür, daß die »Forces of Evil« tatsächlich sieben weiße Männer waren. Tatsächlich glaubten wir nicht, daß es sich überhaupt um Weiße handelte.

Vermutlich handelte es sich um einen einzelnen Schwarzen, der versuchte, die Aufmerksamkeit von sich abzulenken und davon, daß er bereits Gail Jackson ermordet hatte. Sein militärischer Gebrauch der Daten (»1 June«) und seine Verwendung von »Meter« statt »feet« oder »yards« machte deutlich, daß er dem Militär angehörte. Die Briefe waren nahezu analphabetisch, was einen Offizier ausschloß, da der besser ausgebildet wäre. Bob hielt ihn für einen Panzersoldaten oder Militärpolizisten, zwischen fünfundzwanzig und dreißig Jahre alt. Möglicherweise hatte er schon zwei Morde begangen, wahrscheinlich ebenfalls an Prostituierten – darauf zielte sein Hinweis, es werde »doppelt so viele Opfer« geben –, und wir waren der Ansicht, daß er mit einiger Wahrscheinlichkeit selbst der Stocking Strangler wäre.

Als unser Profil in Fort Benning in den Bars und Nachtclubs, wo das Opfer verkehrt hatte, verteilt wurde, stießen die Beamten der Militär- und Zivilpolizei auf den Namen William H. Hance, ein sechsundzwanzigjähriger Spezialist einer Artillerie-Einheit im Stützpunkt. Hance gestand die Morde an Gail Jackson, Irene Thirkield und einer weiteren Frau, einer Soldatin namens Karen Hickman in Fort Benning im vorangegangenen Herbst. Er gab auch zu, daß er die Forces of Evil erfunden hatte, um die Polizei von seiner Fährte abzubringen.

Der eigentliche Stocking Strangler aber wurde anhand einer Fotografie von einem Zeugen am Tatort als Carlton Gary erkannt, ein siebenundzwanzigjähriger Schwarzer, in Columbus geboren und aufgewachsen. Er wurde nach einer Reihe von Restaurantüberfällen gefaßt, konnte jedoch entkommen und wurde erst im Mai 1984 erneut verhaftet. Sowohl Hance als auch Gary wurden für ihre Verbrechen zum Tode verurteilt.

Als das öffentliche Leben wieder seinen gewohnten Gang ging, ließ Jud Ray sich beurlauben, um ein Programm an der University of Georgia zu leiten, das Minderheiten und Frauen für Berufe in der Strafverfolgung rekrutieren sollte. Danach wollte Ray wieder als Polizist arbeiten. Aber seine militärische und kriminalpolizeiliche Erfahrung – ganz zu schweigen von der Tatsache, daß er schwarz war und sich das FBI verzweifelt bemühte, als ein Arbeitgeber zu gelten, der allen gleiche Chancen bot –, brachte ihm ein Angebot vom FBI ein, das er annahm. Das erste Mal traf ich Jud Ray, als er in Quantico am Einführungstraining teilnahm. Später wurde er dem Atlanta Field Office zugeteilt, wo seine Erfahrung und seine Kenntnis der Menschen und der lokalen Gegebenheiten sehr geschätzt wurden.

Wir lernten uns Ende 1981 kennen, als ich mich wegen ATKID in Atlanta aufhielt. Wie alle anderen in der Außenstelle war auch Jud heftig an den Ermittlungen beteiligt. Jeder Agent gehörte zu einem Team, das jeweils fünf ATKID-Fälle bearbeitete, und Jud hatte ein enormes Arbeitspensum zu bewältigen.

Außerdem kriselte es in seiner Ehe. Seine Frau trank, beschimpfte ihn, benahm sich unberechenbar. »Ich erkenne diese Frau nicht wieder«, sagte er. Schließlich, eines Sonntag abends, hatte er ihr ein Ultimatum gestellt: Entweder sie änderte sich und suchte Hilfe, oder er würde seine beiden Töchter – im Alter von achtzehn Monaten und acht Jahren – mitnehmen und seine Frau verlassen.

Zu seiner großen Überraschung sah Jud zunächst tatsächlich positive Anzeichen. Sie wurde ihm und den Mädchen gegenüber aufmerksamer. »Sie veränderte sich fast von einem Tag auf den anderen. Sie hörte auf zu trinken«, erinnerte er sich. »Sie war direkt in mich vernarrt. Zum ersten Mal in dreizehn Jahren Ehe stand sie morgens auf, um mir Frühstück zu machen. Plötzlich war sie all das geworden, was ich mir schon immer gewünscht hatte.«

Aber dann fügte er hinzu: »Ich hätte wissen müssen, daß es zu schön war, um wahr zu sein. Und das ist etwas, was ich später Polizisten beibrachte. Wenn deine Ehefrau plötzlich einen radikalen Wandel in ihrem Verhalten zeigt – ob positiv oder negativ –, solltest du von vornherein mißtrauisch sein.«

In Wahrheit nämlich hatte Juds Frau bereits beschlossen, ihn ermorden zu lassen, und wollte Zeit gewinnen, bis alles arrangiert war. Wenn sie ihren Plan erfolgreich über die Bühne brachte, könnte sie das Demütigende einer häßlichen Scheidung umgehen, die beiden Kinder behalten und eine Viertelmillion Dollar Lebensversicherung kassieren. Besser, die trauernde, gutbetuchte Witwe eines ermordeten Polizisten zu sein, wird sie sich gedacht haben, als eine geschiedene Ehefrau, allein auf der Welt.

Unbemerkt waren zwei Männer Jud mehrere Tage lang auf jedem Schritt und Tritt gefolgt, um sich mit seinen Gewohnheiten vertraut zu machen. Sie lauerten morgens vor seinem Apartment und folgten ihm jeden Tag auf dem Interstate-Highway 20 bis nach Atlanta. Sie wollten eine Gelegenheit abpassen, ihn in wehrloser Lage zu erwischen, damit der Mord sauber und die Flucht ohne Zeugen zu bewerkstelligen wäre.

Aber bald merkten sie, daß sie ein Problem hatten. Jud war lange genug Polizeibeamter, um die erste Regel stets instinktiv zu befolgen: Halte deine Schußhand frei. Wo auch immer die beiden Möchtegern-Killer ihn aufspürten, schien seine rechte Hand doch schußbereit.

Sie kehrten zu Mrs. Ray zurück und erklärten ihr, sie wollten Jud auf dem Parkplatz vor dem Apartment erwischen, aber er sei immer in der Lage, eher zu ziehen als sie! Mrs. Ray müsse etwas wegen der rechten Hand unternehmen.

Da sie sich nicht aufhalten lassen wollte, besorgte sie einen Trinkbecher und schlug vor, Jud solle den morgens mit zur Arbeit nehmen. »Dreizehn Jahre lang hat sie weder mir noch den Mädchen je Frühstück gemacht, und jetzt wollte sie mich dazu bringen, diesen verdammten Becher mitzunehmen.«

Jud weigerte sich. Nach all den Jahren konnte er sich einfach nicht daran gewöhnen, mit der linken Hand am Lenkrad zu fahren, während die rechte mit dem Kaffeebecher beschäftigt war. Das war noch zu Zeiten, als Dosenhalter in Autos nicht so verbreitet waren. Wären sie es gewesen, hätte diese Geschichte wahrscheinlich ein anderes Ende genommen.

Die beiden Männer kamen erneut zu Mrs. Ray. »Wir können ihn nicht auf dem Parkplatz erledigen«, berichtete einer von beiden. »Wir müssen es drinnen tun.« Nun wurde der Mord für Anfang Februar vereinbart. Mrs. Ray war mit den beiden Mädchen am frühen Abend unterwegs, und Jud blieb allein zu Hause. Die Männer kamen ins Gebäude, liefen den Flur hinunter bis an die Wohnungstür und klingelten. Ihr Pech war, daß sie die falsche Apartmentnummer hatten. Als ein weißer Mann an die Tür tritt, fragen die beiden, wo der Schwarze stecke, der dort wohne. Nichtsahnend erklärt er ihnen, daß sie an der falschen Wohnung sind. Mr. Ray wohne gegenüber.

Aber nun hat ein Nachbar die Männer gesehen. Sollte der Mord an diesem Abend geschehen, wird er sich an die beiden Schwarzen erinnern, die ihn gefragt haben, wo Jud Ray wohnt. Also gehen sie wieder.

Später kommt Mrs. Ray nach Hause und geht davon aus, daß »der Job erledigt« ist. Zögernd sieht sie sich um, dann schleicht sie ins Schlafzimmer, bereitet sich innerlich auf den Anruf bei der Polizei vor, der sie sagen will, daß ihrem Mann etwas Schreckliches zugestoßen sei.

Sie kommt ins Schlafzimmer und sieht Jud dort auf dem Bett liegen. Noch immer schleicht sie herum. Er drehte sich um und sagt:»Was, zum Teufel, machst du da?«, woraufhin sie ausflippt und ins Badezimmer rennt.

Aber auch an den folgenden Tagen bleibt sie freundlich und aufmerksam, und Jud glaubt weiter, sie habe sich tatsächlich verändert. So naiv er das rückblickend auch finden mag, wünschte er sich damals doch, daß nach so vielen unerfreulichen Jahren in der Beziehung wirklich alles besser geworden sei.

Zwei Wochen später, 21. Februar 1981. Inzwischen arbeitet Jud am Mordfall Patrick Baltzar. Es scheint der große Durchbruch in den ATKID-Ermittlungen zu sein, weil Haare und Fasern an der Leiche eines Zwölfjährigen gefunden wurden, die mit Proben übereinstimmen, welche man an früheren Opfern des Mörders gefunden hatte.

An diesem Abend kocht Juds Frau italienisch. Er ahnt nicht, daß sie die Spaghettisoße mit Phenobarbital, einem Barbiturat, versetzt hat. Wie es geplant war, geht sie mit den beiden Töchtern ihre Tante besuchen.

Später ist Jud allein im Schlafzimmer. Er glaubt, vorn in der Wohnung Geräusche zu hören. Das Licht im Flur wird dunkler. Jemand hat die Glühbirne im Zimmer seiner älteren Tochter herausgedreht. Dann hört er gedämpfte Stimmen auf dem Flur.

Einer der Täter hat die Nerven verloren, und die beiden Männer diskutieren, was sie tun sollen. Er weiß nicht, wie sie reingekommen sind, aber das ist im Augenblick auch egal. Sie sind da.

»Wer ist da?« ruft Jud.

Plötzlich fällt ein Schuß, der ihn jedoch verfehlt. Jud wirft sich zu Boden, aber eine zweite Kugel trifft ihn in den linken Arm. Es ist noch immer dunkel. Er versucht, sich hinter dem Doppelbett zu verstecken.

»Wer ist da?« ruft er. »Was wollt ihr?«

Ein dritter Schuß trifft das Bett gleich neben ihm. Seine Überlebensreflexe funktionieren. Instinktiv versucht er festzustellen, was für einen Waffentyp sie verwenden. Ist es eine Smith & Wesson, haben sie noch drei Kugeln. Ist es ein Colt, haben sie nur noch zwei.

»Hey, Mann!« schreit er. »Was soll das? Wieso wollt ihr mich umbringen? Nehmt, was ihr wollt, und verschwindet. Ich hab' euch nicht gesehen. Also laßt mich am Leben.«

Keine Antwort. Aber jetzt kann Jud sie erkennen, sieht ihre Umrisse im Mondlicht.

Heute abend sollst du sterben, sagt sich Jud. Aus dieser Sache kommst du niemals raus. Aber du weißt, wie es ist. Du willst nicht, daß hier morgen die Detectives reinkommen und sagen: »Das arme Schwein, mit dem konnte man es machen. Er läßt sie einfach reinspazieren und sich von ihnen abknallen.« Jud findet, daß die Detectives, die den Tatort sehen, wissen sollen, daß er sich gewehrt hat.

Als erstes muß er an seine Waffe kommen, die am Boden auf der anderen Seite des Bettes liegt. Aber ein Doppelbett kann ganz schön im Weg sein, vor allem, wenn einen jemand erschießen will.

Dann hört er: »Keine Bewegung, du Schwein!«

In der Dunkelheit fängt er an, sich Stück für Stück an den Rand des Bettes und zu seiner Waffe vorzuarbeiten.

Er kommt näher, quälend langsam, aber er braucht mehr Hebelkraft, um seinen letzten Schwung wirkungsvoll einzusetzen. Als er sich mit vier Fingern an der Kante festhält, rollt er sich zu Boden, landet jedoch mit der rechten Hand unter seiner

Brust. Und da sein linker Arm verletzt ist, hat er nicht mehr genügend Kraft in der Linken, um nach der Waffe zu greifen.

In diesem Moment springt der Schütze aufs Bett. Aus kürzester Entfernung schießt er auf Jud.

Ihm ist, als hätte ihn ein Esel getreten. Etwas in ihm kollabiert. Damals kennt er die medizinischen Details nicht, aber die Kugel ist in seinen Rücken eingedrungen, hat den rechten Lungenflügel erwischt, ist zwischen der dritten und vierten Rippe durchgeschlagen und vorn aus der Brust ausgetreten, um dann in die rechte Hand zu dringen, auf der er immer noch liegt.

Der Schütze springt vom Bett, beugt sich über ihn, fühlt seinen Puls. »Da hast du's, Scheißkerl!« verkündet er und verschwindet.

Jud steht unter Schock. Er liegt am Boden und hyperventiliert. Er weiß nicht, was mit ihm passiert.

Dann glaubt er, er wäre wieder in einem Gefecht in Vietnam. Er kann den Rauch riechen, sieht das Mündungsfeuer. Aber er kann nicht atmen. Er denkt: »Vielleicht bin ich nicht wirklich in Nam. Vielleicht träume ich das hier nur. Aber wieso fällt mir dann das Atmen so schwer?«

Er gibt sich alle Mühe aufzustehen. Er taumelt hinüber zum Fernseher und stellt ihn an. Vielleicht erfährt er so, ob er träumt. Johnny Carson und die *Tonight*-Show erscheinen. Er berührt den Bildschirm, will wissen, ob alles real ist – und hinterläßt einen Streifen von feuchtem Blut auf dem Glas.

Er braucht Wasser. Er schleppt sich ins Badezimmer, dreht den Hahn auf und versucht, Wasser mit den Händen zu schöpfen. Da sieht er die Kugel, die in seiner rechten Hand steckt, und das Blut, das über seine Brust rinnt. Jetzt weiß er, was mit ihm geschehen ist. Er stolpert ins Schlafzimmer zurück, legt sich ans Fußende des Bettes und wartet auf den Tod.

Aber er ist schon viel zu lange Cop. Er kann nicht so lautlos abtreten. Er steht wieder auf, schleppt sich zum Telefon und wählt die 0. Als sich die Vermittlung meldet, schnappt er nach Luft, erklärt ihr, daß er FBI-Agent ist und angeschossen wurde. Sofort stellt sie ihn zum DeKalb County Police Department durch.

Eine junge Polizeibeamtin kommt an den Apparat. Jud erklärt ihr, daß er vom FBI ist und angeschossen wurde. Aber er kriegt die Worte kaum heraus. Man hat ihm Drogen gegeben, er hat eine Menge Blut verloren, seine Worte kommen genuschelt hervor.

»Wie meinen Sie das, Sie sind vom FBI?« will sie wissen. Jud hört, wie sie ihrem Sergeant zuruft, sie hätte da einen Betrunkenen in der Leitung, der behaupte, er sei vom FBI. Was sagt der Sergeant? Der Sergeant sagt, sie soll auflegen.

Da schaltet sich die Vermittlung ein und erklärt ihnen, er sei echt und sie müßten sofort einen Notarztwagen schicken. Sie läßt erst locker, als die beiden einwilligen.

»Die Vermittlung hat mir das Leben gerettet«, erklärte Jud später.

Er verlor das Bewußtsein, als sie sich einschaltete, und kam erst wieder zu sich, als ihm das Notarztteam die Sauerstoffmaske aufs Gesicht setzte. »Nicht auf Elektroschock vorbereiten«, hört er jemanden sagen. »Das überlebt er nicht.«

Man bringt ihn ins DeKalb General Hospital, wo ein Chirurg Dienst hat. Und während er dort in der Notaufnahme auf seiner Trage liegt und die Ärzte versuchen, ihm das Leben zu retten, weiß er Bescheid.

Mit der Klarheit, die die Schwelle zum Tod mit sich bringt, sagt er zu sich selbst: »Das war keine Vergeltung. Ich habe eine Menge Leute hinter Gitter gebracht, aber die könnten mir nie so nahe kommen. Das kann nur jemand, dem ich uneingeschränkt vertraue.«

Als Jud vom Operationssaal auf die Intensivstation gebracht wird, ist John Glover, der Dienststellenleiter in Atlanta, schon da. Glover trägt seit Monaten die Last von ATKID auf seinen Schultern, und nun das. Wie die schwarzen Kids und wie Jud selbst ist auch Glover schwarz, einer der hochrangigsten Schwarzen beim FBI. Er fühlt mit Jud mit.

»Such meine Frau«, flüstert Jud ihm zu. »Bring sie dazu, dir zu sagen, was passiert ist.«

Glover denkt, Jud phantasiere noch, doch der Arzt versichert, er sei bei vollem Bewußtsein.

Jud verbringt einundzwanzig Tage im Krankenhaus, während

derer sein Zimmer von bewaffneten Beamten bewacht wird, da niemand weiß, wer die Täter waren, ob sie wiederkommen werden, um ihm den Garaus zu machen. Mittlerweile führt sein Fall ins Nichts. Seine Frau äußert ihr Entsetzen und ihren Abscheu angesichts der Ereignisse, aber Gott sei Dank, sagt sie, wurde er ja nicht getötet. Wäre sie an diesem Abend doch nur zu Hause geblieben!

Im Büro geht ein Team von Agenten möglichen Spuren nach. Jud, der Cop, könnte eine Menge Feinde haben. Als feststeht, daß er wieder gesund wird, stellt man die Frage mit dem Titel einer Folge von *Dallas:* »Wer hat auf J.R. geschossen?«

Es dauert zwei Monate, bis Jud Ray wieder ein normales Leben führen kann. Schließlich macht er sich an den Stapel von Rechnungen, die sich seit dem Überfall angesammelt haben. Er stöhnt, als er auf eine Southern-Bell-Telefonrechnung von über 300 Dollar stößt. Doch als er sie genauer liest, setzt er den Fall in Gedanken Stück für Stück zusammen.

Am nächsten Tag kommt er ins Büro und sagt, er glaube, diese Telefonrechnung sei der Schlüssel. Als Opfer darf er seinen eigenen Fall nicht bearbeiten, doch die Kollegen hören zu.

Die Rechnung verzeichnet zahlreiche Anrufe nach Columbus. Von der Telefongesellschaft bekommen sie den Namen und die Adresse, die zu dieser Nummer gehören. Jud kennt den Mann nicht. Also setzt er sich mit einigen anderen FBI-Agenten in den Wagen und fährt die hundert Meilen runter nach Columbus. Zielort ist das Haus eines Predigers, wie Jud findet, eher eine Art Scharlatan.

Die FBI-Agenten setzen ihn unter Druck, doch er streitet ab, irgend etwas mit dem Mordversuch zu tun zu haben. So einfach wollen die Agenten ihn allerdings nicht davonkommen lassen. »Es geht um einen von uns«, sagen sie dem Mann, »und wir werden die Leute kriegen, die das getan haben!«

Dann allmählich wird die Geschichte deutlich. Dieser Prediger ist in Columbus als Mann bekannt, der »Jobs erledigt«. Mrs. Ray hatte ihn bereits im Oktober gefragt, ob er für sie arbeiten wolle, er habe ihr aber erklärt, das würde er nicht tun.

Sie meint, sie würde schon jemanden finden, und fragt den

Prediger, ob sie sein Telefon benutzen dürfe, sagt, sie würde ihm die Ferngespräche bezahlen. Der Prediger erklärt den Ermittlern, sie habe dann einen ehemaligen Nachbarn in Atlanta angerufen, der zur selben Zeit wie Jud in Vietnam gewesen war und der wußte, wie man mit einer Waffe umgeht. Ihm habe sie gesagt: »Wir müssen diese Sache erledigen!«

Zu allem Überfluß behauptet der Prediger: »Mrs. Ray hat mich mit den Anrufen reingelegt.«

Die Beamten fahren zurück nach Atlanta, wo sie den ehemaligen Nachbarn aufsuchen. Unter Druck gesteht er, ja, Mrs. Ray habe ihn wegen eines Auftragsmordes gefragt, aber er schwört, er habe keine Ahnung gehabt, daß es um Jud gehen sollte.

Jedenfalls sagte er, er habe ihr erklärt, er kenne niemanden, der dafür in Frage käme, habe aber den Kontakt zu seinem Schwager hergestellt, der vielleicht jemanden wüßte. Der Schwager wiederum leitet Mrs. Ray an den nächsten weiter. Dieser schließlich läßt sich auf den Job ein und engagiert zwei Leute, die die Tat ausführen sollen.

Mrs. Ray, der Schwager des ehemaligen Nachbarn, der Mann, der den Auftrag angenommen hat und die beiden Täter werden allesamt angeklagt. Der ehemalige Nachbar gilt als unbeteiligter Mitwisser. Die fünf Angeklagten werden wegen versuchten Mordes, Verschwörung und Einbruch schuldig gesprochen. Jeder von ihnen erhält eine zehnjährige Haftstrafe – das höchstmögliche Strafmaß.

Ich traf Jud hin und wieder im Zusammenhang mit ATKID. Da ich nicht zu seinen Kollegen aus dem Büro gehörte, aber den Streß nachvollziehen konnte, den sein Job mit sich brachte, und verstand, was er durchmachte, hatte er wohl das Gefühl, mit mir sprechen zu können. Neben allem anderen belastete ihn die öffentliche Zurschaustellung seiner familiären Situation, die er als schmerzhaft und peinlich erlebte.

Nach allem, was Jud hatte erleiden müssen, wollte das FBI ihm helfen, indem es ihn zu einer anderen Außenstelle, weit weg von Atlanta, versetzte. Nachdem ich jedoch mit Jud gesprochen und er mir anvertraut hatte, wie unwohl er sich dabei fühlte, fand ich, er solle noch eine Weile bleiben, wo er war.

Ich mischte mich ein und sprach mit John Glover, dem Chef in Atlanta. Ich sagte: »Wenn Sie ihn versetzen, zerschneiden Sie das soziale Netz, das er hier hat. Er muß bleiben. Geben Sie ihm ein Jahr, seine Kinder zu versorgen, in der Nähe der Tante, die geholfen hat, ihn aufzuziehen.« Ich schlug vor, wenn er versetzt werden müsse, dann am besten zur Außenstelle von Columbus, da er dort Cop gewesen war und noch immer die meisten Polizisten kannte.

Man behielt ihn in der Gegend um Atlanta-Columbus, und langsam bekam er sein Leben wieder in den Griff. Später wechselte er zum New York Field Office, wo er sich hauptsächlich mit Spionageabwehr beschäftigte. Darüber hinaus wurde er einer der Profilkoordinatoren seines Büros – Verbindungsmann zwischen der lokalen Polizei und meiner Einheit in Quantico.

Als in unserer Einheit Stellen frei wurden, holten wir Jud zusammen mit Roseanne Russo, ebenfalls aus New York, und Jim Wright vom Washington Field Office, der über ein Jahr am Fall John Hinckley und dem anschließenden Prozeß gearbeitet hatte. Roseanne verließ die Einheit, um nach Washington zum Field Office und zur Spionageabwehr zu gehen. Jud und Jim wurden beide zu herausragenden und international bekannten Mitarbeitern des Teams und meine Freunde. Als ich Leiter der Einheit wurde, übernahm Jim Wright meinen Job als Manager des Täterprofilprogramms.

Jud behauptete, er sei erschrocken gewesen, daß wir uns für ihn entschieden hatten. Aber er war in New York ein ausgezeichneter Koordinator gewesen, und aufgrund seiner langen Erfahrung mit der Strafverfolgung machte er sich von Anfang an gut. Er lernte schnell und dachte stets sehr analytisch. Als ehemaliger Polizeibeamter kannte er solche Fälle aus dem »Schützengraben« und konnte das auch vermitteln.

Wenn in einer Unterrichtssituation das Gespräch darauf kam, fürchtete sich Jud nicht, den Anschlag auf sein Leben und dessen Auswirkungen zu erwähnen. Er besaß sogar eine Tonbandaufnahme seines Notrufs, die er gelegentlich einer Klasse vorspielte. Nur konnte er es nicht ertragen, dabei im Raum zu sein. Er ging hinaus, bis das Band zu Ende war.

Ich sagte ihm: »Jud, das hier ist eine großartige Chance.« Ich erklärte ihm, daß so viele Elemente am Tatort – die Fußabdrücke, das Blut am Fernseher – irreführend oder sinnlos hätten sein können. Inzwischen begriffen wir allmählich die rationalen Erklärungen für scheinbar irrationale Elemente. »Wenn du diesen Fall aufarbeitest«, erklärte ich ihm, »könnte er ein ausgesprochen wertvolles Lehrstück werden.«

Das wurde er, und überdies einer der interessantesten und informativsten Fälle, die wir im Unterricht behandelten. Für ihn persönlich wurde es zu einer Art Katharsis: »Für die Vorbereitungen auf den Unterricht mußte ich durch eine Gasse gehen, die ich mein Leben lang noch nicht betreten hatte. Jedesmal, wenn man mit Menschen darüber spricht, denen man vertrauen kann, entdeckt man eine weitere Gasse. Auftragsmorde an Ehepartnern kommen in diesem Land öfter vor, als wir gern glauben möchten. Und der Familie ist es oft so peinlich, daß sie nicht darüber sprechen will.« Zu erleben, wie Jud über seinen eigenen Fall unterrichtete, war eine meiner bewegendsten Erfahrungen als Ausbilder an der Academy. Und ich weiß, daß ich damit nicht allein dastehe. Schließlich kam der Zeitpunkt, an dem Jud blieb und zuhörte, wenn das Band mit dem Notruf abgespielt wurde.

Als Jud zu meiner Einheit kam, hatte ich bereits einige Untersuchungen zum Verhalten von Kriminellen nach der Tat angestellt. Mir war klar geworden, daß alles, was der Täter nach seinem Verbrechen tut – sosehr er sich auch bemühen mag –, nicht seiner bewußten Kontrolle unterliegt. Als Folge seines eigenen Falles entwickelte Jud großes Interesse an Fragen, die das Verhalten *vor* der Tat betreffen. Eine Zeitlang hatten wir konkrete, faktische Ereignisse als Auslöser betrachtet, die zur Ausführung einer Tat führten. Doch Jud erweiterte den Horizont der Einheit erheblich, indem er aufzeigte, wie wichtig es ist, sich auf das Verhalten und die zwischenmenschlichen Vorgänge vor der Tat zu konzentrieren. Eine radikale oder auch nur eine leise, aber einschneidende Veränderung im Verhalten des Partners kann bedeuten, daß er oder sie bereits begonnen hat, den Status quo zu verändern. Wird ein Ehemann oder eine Ehefrau im Verhalten unerwartet ruhig oder sehr viel freundlicher und entgegenkommender als vorher, kann es bedeuten, daß er oder sie zu der Einsicht gekommen ist, daß sich eine Veränderung nicht vermeiden läßt.

Auftragsmorde an Ehegatten sind schwierig zu untersuchen. Der oder die Überlebende hat das emotionale Fundament für die Tat geschaffen. Die einzige Möglichkeit, solche Fälle zu lösen, besteht darin, jemanden zum Reden zu bewegen. Man muß die Dynamik der Situation und das, was tatsächlich vorgefallen ist, verstehen, um in einem solchen Fall etwas zu bewegen. Sosehr eine Manipulation des Tatortes die Polizei in die falsche Richtung lenken kann, ist das Verhalten eines Ehegatten vor der Tat ebenfalls eine Form der Inszenierung.

Vor allem ist Juds Fall eine Lektion darin, wie Verhalten am Tatort fehlinterpretiert werden kann. Wäre Jud gestorben, wären wir sicherlich zu falschen Schlußfolgerungen gekommen.

Zu den ersten Dingen, die ein Neuling bei der Polizei lernt, gehört, nichts am Tatort zu verändern. Durch sein Verhalten infolge der Schußverletzung hatte Polizeiveteran und Special Agent Jud Ray jedoch unabsichtlich den eigenen Tatort verändert. Wir hätten die Fußspuren und Hinweise auf seinen Weg durch die Wohnung als fehlgeschlagenen Raubüberfall interpretiert, bei dem die Eindringlinge ihn im Zimmer herumgeführt und gezwungen hatten, ihnen zu sagen, wo bestimmte Dinge versteckt waren. Das Blut auf dem Fernseher hätte darauf hingedeutet, daß Jud im Bett gelegen und ferngesehen hatte, als er überrascht und erschossen wurde.

Die wichtigste Überlegung, wie Jud mir erklärte, war: »Wenn ich gestorben wäre, wäre sie davongekommen, davon bin ich absolut überzeugt. Es war gut geplant, und ihr Verhalten hätte jedermann in der Nachbarschaft überzeugt. Sie wäre als trauernde Witwe absolut glaubwürdig gewesen.«

Jud und ich wurden wie gesagt gute Freunde. Er ist für mich fast wie ein Bruder. Früher habe ich oft im Scherz gesagt, er würde sein Tonband immer dann abspielen, wenn es darum ging, seine Verdienste zu bewerten, und daß er sich meines Mitgefühls sicher sein konnte. Glücklicherweise war das jedoch nie nötig. Jud Rays Leistungen sprechen für sich. Inzwischen ist er Leiter der Internationalen Ausbildungseinheit, wo sein Talent und seine Erfahrungen einer neuen Generation von Agenten und Polizisten zugute kommen. Wohin er auch gehen mag, er bleibt doch immer einer von uns und einer der Besten – einer der wenigen Polizeibeamten, die einen Anschlag auf ihr eigenes Leben durch Charakterstärke und Willenskraft überlebt und dann die Schuldigen selbst der gerechten Strafe zugeführt haben.

KAPITEL DREIZEHN
Das gefährlichste Spiel

1924 schrieb der Autor Richard Connell eine Kurzgeschichte mit dem Titel »The Most Dangerous Game« (»Das gefährlichste Spiel«). Sie handelte von einem Großwildjäger namens General Zaroff, der es müde war, Tiere zu jagen, und darum begann, einer schwierigeren und intelligenteren Beute nachzustellen: menschlichen Wesen. Diese Geschichte ist immer noch beliebt. Meine Tochter Lauren hat sie kürzlich in der Schule gelesen.

Soweit ich weiß, blieb Connells Geschichte bis etwa 1980 eine bloße Phantasie. Das änderte sich jedoch mit Robert Hansen, einem sanftmütig wirkenden Bäcker aus Anchorage, Alaska.

Wir erstellten kein Profil von Hansen und entwarfen keine Strategie, ihn mit Hilfe unseres üblichen Vorgehens zu identifizieren und zu fassen. Im September 1983, als meine Einheit hinzugerufen wurde, hatten die Alaska State Troopers Hansen bereits als Tatverdächtigen ermittelt. Nur waren die Beamten sich des Ausmaßes seiner Verbrechen nicht sicher und wußten auch nicht, ob dieser angesehene Familienvater, eine Stütze der Gesellschaft, zu den schrecklichen Taten fähig war, die man ihm vorwarf.

Folgendes war geschehen:

Am 13. Juni desselben Jahres stürzte eine junge Frau in Panik auf einen Polizisten in Anchorage zu. Handschellen baumelten von einem ihrer Handgelenke, und sie hatte eine unglaubliche

Geschichte zu erzählen. Die siebzehnjährige Prostituierte war auf der Straße von einem pockennarbigen Mann mit roten Haaren angesprochen worden, der ihr zweihundert Dollar für oralen Sex in seinem Wagen angeboten hatte. Während sie damit beschäftigt war, habe er ihr die Handschellen über ein Handgelenk gestreift und eine Waffe gezogen, dann habe er sie zu seinem Haus im schicken Muldoon-Viertel gefahren. Es war weiter niemand zu Hause. Er sagte ihr, wenn sie mitspiele und täte, was er sage, würde ihr nichts geschehen. Dann zwang er sie, sich nackt auszuziehen, vergewaltigte sie und fügte ihr unerträgliche Schmerzen zu, indem er sie in die Brustwarzen biß und ihr einen Hammer in die Vagina rammte. Während sie an einen Pfahl in seinem Keller gefesselt blieb, schlief er mehrere Stunden. Als er aufwachte, erklärte er ihr, er habe sie so gern, daß er sie mit seinem Privatflugzeug zu seiner Hütte in den Wäldern bringen wolle, wo sie noch mal Sex miteinander haben würden, dann wollte er sie zurück nach Anchorage fliegen und freilassen.

Aber sie wußte, daß ihre Chancen ziemlich gering waren. Er hatte sie vergewaltigt und mißbraucht und nichts getan, um seine Identität zu verheimlichen. Hätte er sie erst in dieser Hütte, wäre sie in einer fatalen Lage. Am Flughafen konnte sie entkommen, als ihr Entführer Proviant in die Maschine lud. Sie lief, so schnell sie konnte, und suchte Hilfe. Da traf sie den Polizisten.

Nach ihrer Beschreibung schien es sich bei dem Entführer um Robert Hansen zu handeln. Er war Mitte Vierzig, in Iowa aufgewachsen und lebte seit siebzehn Jahren in der Gegend von Anchorage, wo ihm eine gutgehende Bäckerei gehörte und er sehr gut angesehen war. Er war verheiratet, hatte eine Tochter und einen Sohn. Die Polizei fuhr mit dem Opfer zu Hansens Haus in Muldoon, wo sie – ihrer Aussage nach – gefoltert worden war. Man brachte sie zum Flughafen, wo sie Robert Hansens Maschine, eine Piper Super Club, identifizierte.

Dann suchte die Polizei Hansen auf und konfrontierte ihn mit den Vorwürfen der jungen Frau. Er reagierte heftig, sagte, er habe die Frau noch nie gesehen, und behauptete, sie wolle sicher nur Geld aus der Tatsache erpressen, daß er in der Stadt bekannt sei. Die bloße Vorstellung sei absurd. »Man kann eine Prostituierte nicht vergewaltigen, oder?« sagte er der Polizei.

Und er hatte für den fraglichen Abend ein Alibi. Seine Frau sei mit den beiden Kindern den Sommer über in Europa, und er habe mit zwei Geschäftspartnern zu Hause gegessen. Er nannte deren Namen, und sie bestätigten seine Geschichte. Die Polizei hatte nichts gegen ihn in der Hand – nur die Aussage der jungen Frau –, und so kam es weder zu einer Verhaftung noch zur Anklage.

Trotz der schlechten Beweislage schmeckten die Polizei und die Alaska State Troopers den Rauch und ahnten, daß es irgendwo brennen mußte. 1980 hatten Bauarbeiter an der Eklutna Road gegraben und waren auf die Reste einer Frauenleiche gestoßen. Diese war teilweise von Bären gefressen worden, und man sah, daß sie erstochen und verscharrt worden war. Die Frau war als »Eklutna Annie« bekannt gewesen, man hatte sie jedoch weder jemals identifizieren, noch den Täter fassen können.

Später im selben Jahr wurde die Leiche von Joanne Messina in einer Kiesgrube bei Seward entdeckt. Dann, im September 1982, fanden Jäger beim Knik River die Leiche der dreiundzwanzigjährigen Sherry Morrow in einem flachen Grab. Morrow war eine Stripperin, die seit dem vorangegangenen November als vermißt galt. Sie war mit drei Schüssen getötet worden. Patronenhülsen, die man am Tatort fand, bewiesen, daß die Kugeln aus einer .223 Ruger Mini-14, einem besonders leistungsfähigen Jagdgewehr, stammten. Leider war dieser Waffentyp in Alaska weit verbreitet, so daß es schwierig gewesen wäre, jeden Jäger, der so eine besaß, aufzuspüren und zu befragen. Doch es war auffällig, daß sich in den Kleidern der Ermordeten keine Einschußlöcher fanden, was darauf hinwies, daß sie nackt gewesen sein mußte, als man sie tötete.

Fast genau ein Jahr später wurde eine weitere Leiche in einem flachen Grab am Ufer des Knik gefunden. Diesmal war es Paula Golding, eine arbeitslose Sekretärin, die aus Verzweiflung einen Job in einer Oben-ohne-Bar angenommen hatte, um sich ihren Lebensunterhalt zu verdienen. Auch sie war mit einer Ruger

Mini-14 erschossen worden. Seit April hatte man sie vermißt. Zu der Zeit war die siebzehnjährige Prostituierte zunächst entführt worden, hatte dann aber entkommen können. Als Golding auf die Liste der ungelösten Morde stieß, beschloß die kriminalistische Abteilung der Alaska State Troopers, sich Mr. Hansen genauer anzusehen.

Auch wenn die Polizei bereits einen Verdächtigen hatte, wollte ich doch sichergehen, daß meine Einschätzung nicht von den vorherigen Ermittlungen getrübt würde. Ehe ich mir also bei unserer ersten Telefonkonferenz die Einzelheiten zu dem Mann berichten ließ, sagte ich: »Erzählen Sie mir zuerst von den Morden, dann erzähle ich Ihnen von dem Mann.«

Sie beschrieben die ungeklärten Morde und die Geschichte dieser jungen Frau. Ich skizzierte ein Szenario und eine Person, die dem Verdächtigen entspräche, bis hin zu einem möglichen Stottern. Erst dann erzählten sie mir von Hansen, von seinem Beruf und seiner Familie, seiner gesellschaftlichen Stellung, seinem Ruf als exzellentem Jäger. Hörte er sich an wie jemand, der zu solchen Morden fähig war? »Allerdings«, erklärte ich.

Das Problem war, daß sie zwar eine Menge Informationen aus zweiter Hand besaßen, doch keinerlei greifbare Beweise. Die einzige Möglichkeit, ihn aus dem Verkehr zu ziehen, war ein Geständnis. Ich sollte nach Anchorage kommen und ihnen dabei helfen.

Ich nahm Jim Horn mit, der erst kürzlich vom Außenbüro in Boulder, Colorado, zu meiner Einheit gestoßen war. Vor Jahren hatten wir gemeinsam das Einführungstraining für neue Agenten absolviert, und als ich endlich die Genehmigung bekam, vier Agenten für meine Zwecke einzustellen, hatte ich Jim Horn gebeten, zurück nach Quantico zu kommen. Neben Jim Reese ist Jim Horn inzwischen einer der beiden wichtigsten Experten für Streß-Management beim FBI, ein entscheidender Aspekt unserer Arbeit. 1983 war Robert Hansen einer seiner ersten Fälle.

Die Reise nach Anchorage war einer meiner aufregenderen und weniger angenehmen dienstlichen Trips. Der wacklige Flug übers Wasser trieb mir die Tränen in die Augen und ließ meine

Knöchel vor lauter Verkrampfung ganz weiß werden. Als wir endlich vor Ort waren, holte die Polizei uns ab und brachte uns zum Hotel. Auf dem Weg dorthin kamen wir an einigen Bars vorbei, in denen die Opfer gearbeitet hatten. Es war jetzt zu kalt für die Frauen, um draußen zu arbeiten, also nahmen sie ihre Geschäftsbeziehungen in den Lokalen auf, die rund um die Uhr geöffnet waren. Sie schlossen nur für etwa eine Stunde, um sauberzumachen und die Betrunkenen hinauszuschaffen. Damals hatte Alaska – größtenteils wegen der vielen Leute, die zum Bau der Ölpipeline dorthin kamen – im ganzen Land die höchste Rate an Selbstmorden, Alkoholismus und Geschlechtskrankheiten. Es herrschte eine moderne Vision des Wilden Westens.

Ich fand die ganze Atmosphäre sehr befremdlich. Es schien einen ständigen Konflikt zwischen den Alaskanern und jenen zu geben, die aus den »anderen achtundvierzig« Staaten kamen. Diese Machos liefen überall mit ihren großen Tätowierungen herum, die aussahen, als seien sie direkt einer Marlboro-Werbung entsprungen. Bei den großen Entfernungen, die die Menschen zurücklegen mußten, schien es, als hätte fast jeder ein Flugzeug. Hansen war also in dieser Hinsicht keine Ausnahme.

Wichtig war für uns an diesem Fall, daß die Täterprofilerstellung zum ersten Mal eingesetzt werden sollte, um einen Durchsuchungsbefehl zu bekommen. Wir begannen, alles, was wir über die Verbrechen und Robert Hansen wußten, zu analysieren.

Was die Opfer anging, so waren diese ausnahmslos Prostituierte oder Stripperinnen gewesen. Sie gehörten zu der großen Masse verfügbarer Frauen, die die Westküste abklapperten. Da sie derart mobil waren und Prostituierte ihre Anwesenheit üblicherweise nicht der Polizei melden, entdeckte man meist erst, daß ihnen etwas zugestoßen war, wenn man die Leiche fand. Es war genau dasselbe Problem, dem sich Polizei und FBI beim Green River Killer im Staat Washington gegenübersahen. Also war die Wahl der Opfer höchst bedeutsam: Der Mörder hatte es nur auf Frauen abgesehen, die niemand vermissen würde.

Wir wußten nicht viel über Hansens Herkunft, aber was wir wußten, paßte ins Muster. Er war klein und schmal, pockennarbig, und er stotterte massiv. Ich vermutete, daß er auch als Teenager furchtbare Hautprobleme gehabt hatte und deswegen – zusammen mit seinem Stottern – von anderen, besonders von Mädchen, gehänselt oder zurückgewiesen wurde. Sein Selbstwertgefühl war gering gewesen. Das mochte auch der Grund gewesen sein, wieso er nach Alaska gezogen war – die Vorstellung eines totalen Neuanfangs in der Natur. Allgemein gesagt wissen wir, daß, psychologisch gesehen, der Mißbrauch von Prostituierten eine verbreitete Methode ist, sich an Frauen ganz generell zu rächen.

Ich entnahm auch viel aus dem Umstand, daß Hansen ein erfahrener Jäger war. Sein Ruf gründete sich darauf, daß er bei der Jagd in den Kuskokwim Mountains ein wildes Schaf mit einer Armbrust erlegt hatte. Ich will damit nicht andeuten, daß die meisten Jäger schwache Menschen sind, aber meiner Erfahrung nach nutzen schwache Menschen oft genug die Möglichkeit, ihren Makel zu kompensieren, indem sie jagen oder mit Waffen oder Messern herumspielen. Der schwere Sprachfehler erinnerte mich an David Carpenter, den sogenannten »Trailside Killer« von San Francisco. Wie in Carpenters Fall hätte ich wetten mögen, daß Hansens Sprachproblem verschwand, sobald er sich besonders überlegen fühlte.

Während wir all das zusammensetzten, bekam ich – obwohl es sich um ein Szenario handelte, wie wir es noch nie erfahren hatten – eine Vorstellung davon, was geschah. Prostituierte und »Tänzerinnen« waren in bewaldeten Gegenden tot aufgefunden worden, erschossen mit Jagdgewehren. In mindestens einem Fall waren diese Schüsse auf einen unbekleideten Leib abgefeuert worden. Die Siebzehnjährige, die gesagt hatte, sie sei entkommen, behauptete, Robert Hansen habe sie zu seiner »Hütte in den Wäldern« fliegen wollen. Hansen hatte Frau und Kinder den Sommer über nach Europa geschickt und war allein zu Haus.

Ich glaubte, Robert Hansen sei, wie General Zaroff in »The Most Dangerous Game«, der Elche und Bären und wilden Schafe müde geworden und habe seine Aufmerksamkeit einer aufregenderen Beute zugewandt. Zaroff erklärte in der Geschichte, er benutze als Opfer gefangene Seeleute, die auf vorsätzlich nichtmarkierten Felsen auf dem Kanal, der zu seiner Insel führte, Schiffbruch erlitten hatten: »Ich jage den Abschaum der Erde – Seeleute vagabundierender Schiffe –, reinrassige Pferde und Hunde sind mehr wert als ein Dutzend davon.«

Hansen, so vermutete ich, nahm Prostituierte ganz ähnlich wahr. Für ihn waren sie Menschen, die er als niedriger und wertloser als sich selbst ansehen konnte. Und er mußte nicht wie ein Wasserfall reden können, um sie zum Mitkommen zu bewegen. Er nahm sie mit, machte sie zu seiner Gefangenen, flog sie in die Wildnis, zog sie nackt aus, ließ sie laufen, dann jagte er sie mit Gewehr und Messer.

Die ersten hatte er vermutlich einfach nur ermordet und ihre Leichen dann mit dem Flugzeug weit weg gebracht. Das waren noch Verbrechen aus Wut. Es hatte ihm gefallen, wenn seine Opfer um ihr Leben bettelten. Da er aber Jäger war, so dachten wir, wäre ihm irgendwann eingefallen, seine verschiedenen Aktivitäten miteinander zu verbinden, indem er seine Opfer lebend in die Wildnis flog, um sie dann um des »Sports« und weiterer sexueller Befriedigung willen zu erlegen. Das hieße für ihn, die vollkommene Kontrolle über das Opfer zu haben. Und es wäre für ihn zu einer Sucht geworden: er wollte es immer wieder tun. All das brachte mich zu den Details für meinen Durchsuchungsbefehl. Was man von Jim und mir wollte, war eine eidesstattliche Erklärung, mit der man vor Gericht ziehen konnte und in der wir erklärten, worum es bei der Erstellung des Täterprofils ging, was wir bei einer Durchsuchung zu finden glaubten, und unsere Begründung dafür, *warum* wir das zu wissen glaubten.

Im Gegensatz zu einem gewöhnlichen Kriminellen oder jemandem, dessen Waffe ein austauschbares Werkzeug ist, so kalkulierten wir, wäre Hansens Gewehr für ihn etwas Besonderes. Daher sagte ich voraus, daß es sich irgendwo im Haus befinden mußte, wenn auch nicht offen zugänglich. Es wäre in einem Kriechgang, hinter einer Holzvertäfelung oder einer falschen Wand, auf dem Dachboden – irgendwo an einer derartigen Stelle – versteckt.

Außerdem sagte ich voraus, daß unser Mann ein »Sammler« sein würde, wenn auch keiner mit normalen Motiven. Viele Sexualmörder nehmen Andenken von ihren Opfern mit und überreichen sie den Frauen, mit denen sie leben, als Zeichen der Dominanz und als Möglichkeit, die Tat seelisch erneut zu durchleben. Aber Hansen konnte sich nicht gut einen Frauenkopf an die Wand hängen, wie er es mit Großwild tat, und daher hielt ich es für wahrscheinlich, daß er eine andere Art Trophäe mitnehmen würde. Da sich an den Leichen keine Hinweise auf Verstümmelungen von Menschenhand fanden, ging ich davon aus, daß er sich Schmuck genommen hatte, den er seiner Frau oder Tochter geschenkt und ihnen dazu irgendeine Story erzählt hatte, woher der Schmuck stammte. Soweit wir beurteilen konnten, schien er weder die Unterwäsche der Opfer noch sonst irgend etwas mitgenommen zu haben, aber vielleicht hatte er kleine Fotos oder sonst etwas aus deren Brieftaschen behalten. Nach meinen Erfahrungen mit dieser Art des Persönlichkeitstyps ging ich davon aus, daß wir bei ihm im Haus ein Tagebuch oder eine Liste seiner »Errungenschaften« finden würden.

Als nächstes mußten wir uns um sein Alibi kümmern. Für Geschäftspartner war es keine große Sache zu sagen, sie seien an dem fraglichen Abend bei ihm gewesen, vorausgesetzt, für sie stand nichts auf dem Spiel. Könnten wir dagegen eine Situation schaffen, die für sie ein Risiko enthielt, konnte sich dadurch manches ändern. Die Polizei in Anchorage bewegte den Bezirksstaatsanwalt dazu, eine Grand Jury mit der Entführung und Vergewaltigung der jungen Prostituierten zu betrauen, welche Hansen als Täter identifiziert hatte. Daraufhin vernahm die Polizei ein zweites Mal die beiden Geschäftsleute, die Hansen das Alibi geliefert hatten, und forderte sie auf, ihre Geschichte noch einmal zu erzählen. Diesmal aber ließ man sie wissen, daß es für sie ungemütlich werden würde, sollten sie vor einer Grand Jury lügen.

Wie erwartet genügte das, um einen Durchbruch zu erzielen. Beide Männer gaben zu, an diesem Abend nicht bei Hansen gewesen zu sein. Er habe sie gebeten, ihm aus etwas herauszuhelfen, was er eine »unangenehme Sache« nannte.

Hansen wurde sofort wegen des Verdachts der Entführung und Vergewaltigung verhaftet. Ein Durchsuchungsbefehl seines Hauses wurde umgehend ausgestellt. Dort fand die Polizei seine Ruger Mini-14. Ballistische Tests ergaben einen Kontext zu den Patronenhülsen, die man bei den Leichen gefunden hatte. Wie erwartet besaß Hansen einen gut ausgestatteten Trophäenraum, in dem er fernsah, umgeben von Tierköpfen, Walroßzähnen, Hörnern und Geweihen, ausgestopften Vögeln und Fellen am Boden. Auf dem Dachboden fand man unter den Bohlen weitere Waffen und verschiedene Stücke von billigem Schmuck, der den Opfern gehört hatte. Eines davon war eine Timex-Uhr. Andere Dinge hatte er seiner Frau und seiner Tochter geschenkt. Außerdem stieß man auf einen Führerschein und andere Ausweispapiere von einigen der toten Frauen. Zwar fand man kein Tagebuch, dafür aber etwas Ähnliches: eine Flugkarte, auf der eingezeichnet war, wo er die verschiedenen Leichen gelassen hatte.

Diese Beweisstücke genügten für eine Anklage. Ohne den Durchsuchungsbefehl wären wir jedoch nie so weit gekommen. Und die einzige Möglichkeit, in diesem Fall einen Durchsuchungsbefehl zu bekommen, hatte darin bestanden, einem Richter zufriedenstellend zu demonstrieren, daß es ausreichend *verhaltenspsychologische* Beweise gab, eine Durchsuchung zu rechtfertigen. Seither haben wir in zahlreichen Fällen geholfen, richterliche Durchsuchungsbefehle zu bekommen, die dann zur Verhaftung führten, insbesondere im Fall Steven Pennell, dem »I-40 Killer« aus Delaware, der 1992 hingerichtet wurde, als erwiesen war, daß er Frauen gefoltert und ermordet hatte, die er in einem speziell hergerichteten Lieferwagen mitnahm.

Als die Polizei von Anchorage und die Alaska State Troopers Robert Hansen schließlich im Februar 1984 verhörten, war ich zu Hause und erholte mich von meinem Zusammenbruch in Seattle. Roy Hazelwood, der mich wahrhaft heldenhaft vertrat – während er sich nach wie vor auch um seine eigene Arbeit kümmern mußte –, beriet die Polizei bei den Verhörtechniken.

Wie damals, als die Polizei ihn mit dem Vorwurf der Entführung konfrontiert hatte, stritt Hansen alles ab. Er verwies auf sein glückliches Zuhause und seinen geschäftlichen Erfolg. Anfangs behauptete er, die Patronenhülsen hätten sich an den verschiedenen Tatorten gefunden, weil er dort Schießübungen gemacht habe. Offensichtlich sei es purer Zufall, daß die Leichen ausgerechnet an diesen Orten gefunden wurden. Schließlich jedoch, als er sich einem Berg von Beweisen und der Aussicht auf einen Staatsanwalt gegenübersah, der für ihn die Todesstrafe forderte, wenn er nicht endlich reinen Tisch machte, gestand er die Morde.

Bei dem Versuch, sich zu erklären und zu rechtfertigen, gab er an, er habe nur oralen Sex von den Prostituierten verlangt, etwas, worum er seiner Ansicht nach seine ehrbare, anständige Ehefrau nicht hätte bitten können. Wenn das Mädchen ihn befriedigte, sagte er, dann wäre es das gewesen. Diejenigen, die sich nicht fügten – die die Situation kontrollieren wollten –, wurden bestraft.

So spiegelte Hansens Verhalten wider, was wir in unserem Gefängnisbereich mit Monte Rissell gelernt hatten. Sowohl Hansen als auch Rissell waren Männer mit ungewöhnlichem Sexualverhalten und einer bedrückenden Vorgeschichte. Die Frauen, die Rissells schlimmsten Zorn zu spüren bekamen, waren diejenigen, die versuchten, auf Freundschaft oder Spaß-Haben zu machen, um ihn zu beruhigen. Ihnen war nicht klar, daß für diesen Persönlichkeitstyp Macht und Dominanz über die Situation das zentrale Anliegen ist.

Hansen behauptete außerdem, dreißig bis vierzig Prostituierte seien willig mit ihm geflogen, und er habe sie lebend wieder zurückgebracht. Ich fand diese Behauptung kaum glaubwürdig. Frauen, wie Hansen sie mitgenommen hatte, sind in diesem Geschäft, um eine »schnelle Nummer zu schieben« und zum nächsten Freier überzugehen. Sind sie schon länger einschlägig tätig, haben sie inzwischen ziemlich gute Menschenkenntnis. Sie würden kaum freiwillig mit irgendeinem Mann, den sie eben erst kennengelernt haben, in die Wildnis fliegen. Wenn ihnen überhaupt ein Fehler bei Hansen unterlaufen war, dann, daß sie sich hatten überreden lassen, mit ihm nach Hause zu kommen. Hatte er sie erst einmal so weit, dann war es zu spät.

Wie seine fiktive Entsprechung General Zaroff erklärte auch Hansen, er jage und töte nur eine bestimmte Sorte von Menschen. Nie hätte er daran gedacht, »anständigen« Frauen Schaden zuzufügen, sei aber sehr wohl der Ansicht, daß Prostituierte und Nackttänzerinnen angemessenes Jagdwild seien. »Ich sage nicht, daß ich alle Frauen hasse, das tu' ich nicht ... aber wahrscheinlich sind Prostituierte Frauen, die ich noch unter mir selbst ansiedle ... Es war wie ein Spiel. Sie mußten den Ball werfen, bevor ich danach schlagen konnte.«

Hatte er seine Jagd erst begonnen, war das Töten eher enttäuschend. »Die Spannung«, erklärte Hansen beim Verhör, »lag in der Pirsch.«

Hansen bestätigte unsere Vermutung zum Milieu seiner Herkunft. Er war in Pocahontas, Iowa, aufgewachsen, wo sein Vater Bäcker gewesen war. Robert hatte als kleiner Junge Ladendiebstähle begangen und noch als Erwachsener, der sich alles leisten konnte, was er wollte, stahl er um der Erregung willen. Seine Probleme mit Mädchen fingen auf der High-School an, sagte er. Er haßte es, zu stottern, und wegen der schweren Akne schreckten die Leute vor ihm zurück. »Weil ich wie ein Freak ausgesehen und geredet habe, wandte sich jedes Mädchen ab, wenn ich es ansah.« Er verbrachte eine ereignislose Dienstzeit bei der Army, dann heiratete er mit zweiundzwanzig. Darauf folgte eine Reihe von Verurteilungen wegen Brandstiftungen und Einbrüchen, dann die Trennung und Scheidung von seiner Frau, später eine zweite Ehe. Hansen zog nach Alaska, als seine zweite Frau ihren Collegeabschluß hatte. Hier konnte er von vorn beginnen. Doch seine Schwierigkeiten mit dem Gesetz hielten noch einige Jahre an, unter anderem wegen verschiedentlicher Übergriffe auf Frauen, die offenbar seine Annäherungsversuche zurückgewiesen hatten.

Am 27. Februar 1984 erklärte sich Hansen für schuldig, vier Morde, eine Vergewaltigung, eine Entführung, verschiedene Diebstähle und Verstöße gegen das Waffengesetz begangen zu haben. Man verurteilte ihn zu 499 Jahren Gefängnis.

Eine der Fragen, die wir im Fall Hansen zu beantworten hatten, ehe die Polizei wußte, wie sie vorgehen sollte, war gewesen, ob alle bekannten Todesfälle von Prostituierten und Nackttänzerinnen in Anchorage auf das Konto desselben Täters gingen oder gehen konnten. Diese Fragestellung ist oftmals ein wichtiger Punkt bei der Verbrechensanalyse. Etwa zu der Zeit, als die Leiche des ersten Hansen-Opfers in Alaska entdeckt wurde, war ich nach Buffalo, New York, gerufen worden, um eine Serie von grausigen und offenbar rassistisch orientierten Morden zu beurteilen.

Am 22. September 1980 wurde ein vierzehnjähriger Junge namens Glenn Dunn auf dem Parkplatz eines Supermarkts erschossen. Zeugen beschrieben den Täter als einen jungen Weißen. Am folgenden Tag wurde Harold Green, zweiunddreißig, in einem Fast-food-Restaurant im Vorort Cheektowaga erschossen. Am selben Abend und auf die gleiche Weise starb der dreißigjährige Emmanuel Thomas vor seinem eigenen Haus, im selben Viertel. Und am Tag darauf wurde ein weiterer Mann, Joseph McCoy, in Niagara Falls ermordet.

Soweit man sehen konnte, verbanden nur zwei Faktoren diese sinnlosen Morde: Alle Opfer waren schwarz und männlich. Und alle waren von Kugeln des Kalibers .22 getötet worden, was die Presse dazu veranlaßte, dem Täter prompt einen Titel zu verpassen: ».22-Caliber-Killer«.

Die Rassenkonflikte in Buffalo nahmen damals beängstigende Ausmaße an. Viele innerhalb der schwarzen Gemeinde fühlten sich hilflos und warfen der Polizei vor, sie nicht genügend zu schützen. In mancher Hinsicht glich die Situation dem Schrecken von Atlanta. Wie so oft in solchen Situationen, wurde die Lage nicht besser, sondern noch schlimmer.

Am 8. Oktober wurde ein einundsiebzigjähriger schwarzer Taxifahrer namens Parler Edwards mit herausgeschnittenem Herzen im Kofferraum seines Wagens im Vorort Amherst aufgefunden. Am nächsten Tag stieß man auf einen weiteren schwarzen Taxifahrer, den einundvierzigjährigen Ernest Jones; er lag am Ufer des Niagara River mit herausgerissenem Herzen. Sein blutverschmiertes Taxi stand einige Meilen entfernt innerhalb der Stadtgrenzen Buffalos. Einen Tag später, an einem Freitag, betrat ein weißer Mann, der grob der Beschreibung des .22-Caliber-Killers entsprach, das Krankenzimmer des siebenunddreißigjährigen Collin Cole, verkündete: »Ich hasse Nigger!«, und begann, den Patienten zu würgen. Das Eintreffen einer Krankenschwester veranlaßte den Eindringling zur Flucht und rettete Cole das Leben.

Die schwarze Bevölkerung war in Aufruhr. Behördenvertreter sorgten sich darum, daß heftige Reaktionen von schwarzen Aktivistengruppen bevorstehen könnten. Auf Wunsch des SAC von Buffalo, Richard Bretzing, begab ich mich an diesem Wochenende vor Ort. Bretzing ist ein sehr korrekter, bodenständiger Mann, ein echter Familienmensch und die Schlüsselfigur der sogenannten »Mormonenmafia« innerhalb des FBI. Ich werde nie vergessen, daß er ein Schild in seinem Büro hängen hatte, worauf so etwas stand wie: »Wenn ein Mann zu Hause scheitert, dann scheitert er im Leben.«

Wie immer sah ich mir zuerst die Lebensumstände der Opfer an. Wie die Polizei bereits angedeutet hatte, gab es kaum erwähnenswerte gemeinsame Nenner zwischen den sechs Opfern, abgesehen von ihrer Hautfarbe und der Tatsache, daß sie das Pech hatten, zur falschen Zeit am falschen Ort gewesen zu sein. Offensichtlich waren die Schüsse allesamt von derselben Person abgefeuert worden. Dies waren Morde im Stile einer Mission, geplante Attentate. Das einzige offensichtlich Psychopathologische dieser Verbrechen war der fanatische Haß auf Schwarze. Alles andere war undeutlich und verworren.

Ich konnte mir vorstellen, daß sich der Täter haßgesteuerten Gruppen anschloß oder sogar Gruppierungen mit positiven Zielen oder Werten, wie einer Kirche etwa, und daß er sich selbst einredete, er wolle der Gemeinschaft nützen. So war für mich denkbar, daß er zum Militär gegangen war, aber bereits bald aus psychischen Gründen entlassen worden sei oder weil er sich nicht in das militärische Leben hatte einfügen können. Es handelte sich um ein rationales und organisiertes Individuum, und sein vorurteilsgeprägtes Wahnsystem war vermutlich in sich geordnet und »logisch«.

Die anderen beiden Morde, diese grauenhafte Überfälle auf Taxifahrer, waren ebenso rassistisch motiviert, aber hier hatte ich nicht das Gefühl, wir hätten es mit demselben Täter zu tun. Diese Verbrechen waren das Werk eines unorganisierten, pathologisch strukturierten Menschen, möglicherweise psychotisch und mit großer Wahrscheinlichkeit paranoid-schizophren. Meiner Ansicht nach zeugten die Tatorte von Zorn, übermäßigem Kontrolldrang und einem Blutrausch. Wären die Schußwaffenmorde und die beiden gräßlichen Ausweidungen von ein und demselben Täter verübt worden, hätte das eine Persönlichkeitsspaltung des Täters zwischen den Morden an Joseph McCoy und dem an Parler Edwards keine zwei Wochen später bedeutet. Das aber paßte nicht zu dem Zwischenfall im Krankenhaus – falls dieser Mann tatsächlich der .22-Caliber-Killer gewesen sein sollte –, und außerdem sagten mir mein Instinkt und meine Erfahrung, daß sich die kranken Phantasien des »Herzausreißers« über lange Zeit aufgebaut haben mußten, mindestens über mehrere Jahre. Raub war bei beiden Mordserien nicht das Motiv, aber während die ersten beiden Morde schnelle Schüsse und eine eilige Flucht mit sich brachten, zeigten die Tatorte der letzten beiden, daß sich der Täter viel Zeit gelassen hatte. Sollte es wirklich einen Zusammenhang zwischen diesen sechs Morden geben, so schien es mir am wahrscheinlichsten, daß der Irre, der die Herzen herausschnitt, vielleicht von dem Rassisten inspiriert worden war, der bereits herumlief und Schwarze ermordete.

Dann, am 22. Dezember, wurden in Manhattan innerhalb von dreizehn Stunden vier Schwarze und ein Hispano-Amerikaner vom »Midtown Slahser« erstochen. Zwei weitere schwarze Opfer entgingen dem Tod nur knapp. Am 29. und 30. Dezember schlug der Slasher offenbar im Norden erneut zu, wobei er den einunddreißigjährigen Roger Adams in Buffalo und den sechsundzwanzigjährigen Wendell Barnes in Rochester tötete. An den folgenden drei Tagen überlebten drei weitere Schwarze in Buffalo ähnliche Angriffe.

Nun konnte ich der Polizei zwar nicht versichern, daß der .22-Caliber-Killer gleichzeitig der Midtown Slasher oder der Mann war, der diese letzte Serie von Verbrechen verübt hatte. Aber mit Sicherheit konnte ich sagen, daß es sich um *denselben Typus von Individuum* handelte. Alle Taten zeigten ein rassistisches Element, und alle waren im Stil eines Attentats verübt worden.

Der .22-Caliber-Fall wurde im Laufe der nächsten Monate in zwei Schritten gelöst. Im Januar wurde der fünfundzwanzigjährige Soldat Joseph Christopher in Fort Benning, Georgia, verhaftet (wo drei Jahre zuvor William Hance versucht hatte, rassistische Motive bei seinem »Forces of Evil«-Morden für sich zu nutzen), weil er auf einen schwarzen Soldaten eingestochen hatte. Eine Durchsuchung seines Hauses in der Nähe von Buffalo förderte einen großen Vorrat Munition vom Kaliber .22 und eine abgesägte Schrotflinte zutage. Christopher hatte sich erst im vorangegangenen November bei der Armee verpflichtet und war während der Morde in Buffalo und Manhattan auf Urlaub gewesen.

Während er in der Arrestzelle von Fort Benning saß, offenbarte er Captain Aldrich Johnson, dem diensthabenden Offizier, er habe »diese Sache in Buffalo« gemacht. Man klagte ihn an, die Schwarzen in Buffalo erschossen und einige erstochen zu haben. Er wurde verurteilt, und nach einigem Hin und Her über seine geistige Zurechnungsfähigkeit wurde er zu sechzig Jahren Gefängnis verurteilt. Captain Matthew Levine, der Psychiater, der Christopher im Martin Army Hospital untersuchte, sagte, er sei erstaunt, wie genau Christopher dem Profil des .22-Caliber-Killers entspräche. Ganz gemäß unserem Profil fügte sich der Täter nicht gut ins militärische Leben ein.

Christopher gestand die Morde an den beiden Taxifahrern nie, stritt sie jedoch auch nicht ab. Man klagte ihn deswegen nicht an, und sie passen auch nicht zum Muster der anderen, weder vom *modus operandi* noch von der *Handschrift* her. Beide sind extrem wichtige Konzepte in der Verbrechensanalyse, und ich habe viele Stunden in Zeugenständen von Gerichtssälen überall im Land versucht, Richtern und Geschworenen den Unterschied zwischen den beiden zu erklären.

Der *Modus operandi* – MO – entspringt angelerntem Verhalten. Es ist das, was der Täter tut, während er die Tat begeht. Es ist dynamisch, was heißt, es kann sich ändern. Die *Handschrift*, ein Terminus, den ich geprägt habe, ist im Gegensatz zum MO das, *was der Täter tun muß, um sich zu verwirklichen*. Es ist statisch, es ändert sich nicht.

Beispielsweise würde man nicht erwarten, daß ein jugendlicher Verbrecher während des Heranwachsens auf ein und dieselbe Art und Weise Straftaten begeht, es sei denn, er hätte es beim ersten Mal perfekt getroffen. Aber wenn er mit der ersten Tat davonkommt, lernt er daraus und wird »besser«. Deshalb sagen wir, der MO ist dynamisch. Wenn dieser Mann andererseits Verbrechen in der Form begeht, daß er, sagen wir, einen anderen beherrschen oder Schmerz zufügen kann, oder das Opfer bitten und betteln läßt, dann ist das seine »Handschrift«. Es drückt die Persönlichkeit des Mörders aus. Es ist etwas, das er tun muß.

In vielen US-Bundesstaaten können Ankläger Verbrechen nur durch deren MO miteinander in Verbindung bringen, was, wie ich glaube, eine überholte Methode ist. Im Fall Christopher konnte der Anwalt der Verteidigung ohne weiteres vorbringen, daß die Morde von Buffalo – mit der Schußwaffe vom Kaliber .22 – und die Messerstiche von Midtwon Manhattan einen definitiv anderen Modus operandi zeigten. Und er hätte recht damit. Aber die Handschrift ist dieselbe – eine Neigung, wahllos schwarze Männer zu ermorden, getrieben vom Rassenhaß.

Das Erschießen und Ausweiden belegten auf der anderen Seite extrem unterschiedliche Handschriften. Der Mensch, der die Herzen herausschnitt, zeigt – bei unterschwellig verwandten Motiven – eine ritualisierte, zwanghafte Handschrift. Jeder Typus zieht etwas für sich aus dem Verbrechen, aber jeder »braucht« etwas anderes.

Die Unterschiede zwischen dem MO und der Handschrift können sehr fein sein. Nehmen wir den Fall eines Bankräubers in Texas, der seinen Gefangenen befahl, sich auszuziehen, sie in sexuelle Positionen brachte und Fotos davon machte. Das ist seine Handschrift. Es war für die Ausführung des Bankraubes weder notwendig noch hilfreich. Eigentlich hielt es ihn nur auf und brachte ihn in Gefahr. Dennoch war es etwas, das er offensichtlich tun mußte.

Dann war da dieser Bankräuber in Grand Rapids, Michigan.

Auch dieser Mann ließ die Leute ihre Kleider ablegen, aber er machte keine Fotos. Er tat es, damit die Zeugen so beschäftigt und beschämt waren, daß sie ihn nicht ansehen würden und ihn somit später nicht identifizieren konnten. Es war ein Verfahren, erfolgreich eine Bank zu berauben. Es war sein Modus operandi.

»Handschriftenanalyse« spielte 1989 eine entscheidende Rolle im Prozeß gegen Steven Pennell in Delaware, für dessen Fall wir durch unsere Analyse einen richterlichen Durchsuchungsbefehl erwirkt hatten. Steve Mardigan aus meiner Einheit arbeitete eng mit den Sondereinheiten der Polizei von New Castle County und Delaware zusammen und erstellte ein Täterprofil, das es der Polizei ermöglichte, ihren Blick zu konzentrieren und eine proaktive Strategie zu entwickeln, die sie den Täter fassen ließ.

Mehrere Prostituierte waren gewürgt worden und mit eingeschlagenem Schädel entlang der Interstate Highways 40 und 13 gefunden worden. Die Leichen zeigten deutlich Spuren von sexuellem Mißbrauch und Folter. Steves Täterprofil war sehr präzise: Der Täter sei weiß, männlich, Ende Zwanzig bis Anfang Dreißig, angestellt im Baugewerbe. Er fuhr einen alten Lieferwagen, sei ständig auf der Suche nach Opfern, trüge ein Macho-Image zur Schau, lebe in einer Beziehung zur Frau oder Freundin, aber er dominiere Frauen gern. Er hatte seine Lieblingswaffen bei sich und vernichtete mögliche Beweise nach der Tat. Er sei mit der Gegend vertraut und wähle die Stellen, an denen er sich der Leichen entledigte, entsprechend aus. Während seiner Verbrechen sei er gefühlsmäßig vollkommen leer und werde immer weiter morden, bis er gefaßt würde.

Tatsächlich: Steven B. Pennell war ein einunddreißigjähriger Weißer, der als Elektriker arbeitete, einen alten Lieferwagen fuhr, ständig auf der Suche nach Opfern war, sich als Macho generierte, verheiratet war, aber Frauen gern beherrschte, ein sorgsam vorbereitetes »Vergewaltigungs-Kit« im Wagen hatte und versuchte, die Beweismittel zu vernichten, als er wußte, daß die Polizei ihm auf den Fersen war. Er kannte sich in der Gegend aus und wählte die Stellen, an denen er die Leichen ablegte, entsprechend. Er zeigte während der Taten keinerlei Gefühlsregungen und tötete wiederholt, bis man ihn faßte.

Man spürte ihn auf, als Mardigan vorschlug, weibliche Cops loszuschicken, die sich als Prostituierte ausgaben. Zwei Monate lang lief Officer Renee C. Lano an den Highways entlang, immer auf der Suche nach einem Mann im Lieferwagen, der dem Profil entsprach. Besonders interessierte man sich für den Teppich des Lieferwagens, an einem der Opfer waren blaue Fasern gefunden worden. Für den Fall, daß ein Lieferwagen anhielt, hatte Lano strikte Anweisung, nicht einzusteigen – obwohl sie in Funkkontakt war, konnte das ihren Tod bedeuten –, sondern nur soviel wie möglich herauszufinden. Als schließlich ein Mann hielt, auf den die Beschreibung paßte, verwickelte sie ihn in ein Gespräch und feilschte durch die offene Beifahrertür ausgiebig um den Preis für ihre Dienste. Sobald sie den blauen Teppich bemerkte, fing sie an, den Wagen zu bewundern, und während sie sich unterhielten, begann sie beiläufig, Teppichfasern mit ihren Fingernägeln aufzukratzen. Das FBI-Labor sollte später bestätigen, daß sie den früheren Proben entsprachen.

Bei Pennells Prozeß rief man mich hinzu, um hinsichtlich der Handschrift auszusagen. Die Verteidigung bemühte sich aufzuzeigen, daß diese Verbrechen nicht alle vom selben Täter verübt worden sein konnten, weil so viele Details im konkreten Vorgehen variierten. Ich stellte klar, daß der kleinste gemeinsame Nenner ungeachtet des MO in allen Mordfällen die physische, sexuelle und emotionale Folter war. In einigen Fällen hatte der Mörder die Brüste seines Opfers mit einer Zange bearbeitet und mit dieser die Brustwarzen abgetrennt. Andere hatte er an Händen und Füßen gefesselt, ihnen in die Beine geschnitten, ihr Gesäß gepeitscht oder geschlagen, oder sie mit einem Hammer gequält. Obwohl also die Foltermethoden unterschiedlich waren – der MO, wenn man so will –, war seine Handschrift die Lust, die er dabei empfand, jemandem Schmerzen zuzufügen und die Schreie seiner Opfer zu hören. Das war nicht nötig, um zu morden. Es war für ihn nötig, um das aus dem Verbrechen zu ziehen, was er suchte.

Selbst wenn Steven Pennell noch leben würde und diese Zeilen lesen könnte, wäre er nicht in der Lage, sein Verhalten bei zukünftigen Verbrechen zu ändern. Er könnte unterschiedliche oder perfidere Foltermethoden entwickeln. Aber er könnte nicht auf die Folter verzichten.

Wie bereits erwähnt, richtete der Staat Delaware Pennell am 14. März 1992 per Giftspritze hin.

Einer unserer entscheidenden Fälle im Kontext mit dem Gebrauch der Handschriftenanalyse war der Prozeß gegen George Russell jr. aus dem Jahr 1991, dem man zur Last legte, im Jahr zuvor drei weiße Frauen in Seattle – Mary Anne Pohlreich, Andrea Levine und Carol Marie Beethe – mißhandelt und dann erdrosselt zu haben. Steve Etter aus meiner Einheit erstellte das Profil, und ich machte die Aussage. Bei diesen Fällen wußte die Anklagevertretung, daß man keine Verurteilung aufgrund eines einzelnen Mordes bekommen würde. Die Polizei hatte absolut zwingende Beweise im Mordfall Pohlreich und glaubte, ebensolche würden auch in den anderen Fällen gefunden. Der Schlüssel lag also darin, alle drei in einen Zusammenhang zu stellen.

Russell war zunächst nach dem ersten Eindruck nicht der Typ, den man sich für die gräßlichen Morde vorstellen würde. Zwar hatte er eine lange Vorstrafenliste von kleinen Diebstählen, aber er war ein gutaussehender Schwarzer von Mitte Dreißig, wortgewandt und charmant, mit einem großen Freundes- und Bekanntenkreis. Selbst die lokale Polizei von Mercer Island, die ihn in der Vergangenheit wegen diverser Delikte inhaftiert hatte, konnte nicht glauben, daß er einen Mord begangen haben sollte.

Zu Beginn der neunziger Jahre war die Vorstellung von Sexualmorden zwischen Menschen verschiedener Hautfarbe nach wie vor ungewöhnlich, aber je freier und toleranter die Gesellschaft wurde, desto weniger schien die Hautfarbe eine Rolle zu spielen. Das traf sicher ganz besonders auf kühlere, gebildetere Leute wie Russell zu. Er ging regelmäßig sowohl mit schwarzen als auch weißen Frauen aus und hatte unter beiden Gruppen Freunde.

Der strategische Ansatzpunkt ergab sich, als die Verteidigerin

Miriam Schwartz den Versuch unternahm, die drei Fälle von Patricia Aitken, der Richterin am King Count Superior Court, trennen und einzeln verhandeln zu lassen, und zwar unter der Prämisse, daß die drei Morde nicht von demselben Täter begangen worden seien. Die Anklagevertreter Rebecca Roe und Jeff Baird baten mich zu erklären, inwieweit die Taten miteinander in Verbindung stehen konnten.

Ich nannte den Überraschungsangriff als Merkmal aller Fälle. Da die drei Morde in einem Zeitraum von sieben Wochen begangen worden waren, stünde nicht zu erwarten, daß der Täter seinen MO änderte, es sei denn, in einem Fall wäre etwas fehlgeschlagen und er meinte, etwas verbessern zu müssen. Zwingender noch war der Aspekt der Handschrift.

Alle drei Frauen waren nackt und in einer erniedrigenden Pose aufgefunden worden. Der sexuelle Bezug verstärkte sich mit jeder Tat. Die erste wurde mit gefalteten Händen und an den Gelenken gekreuzten Beinen in der Nähe eines Abflußgitters und einer Müllkippe aufgefunden. Die zweite lag auf einem Bett, mit einem Kissen über dem Gesicht, die Beine weit gespreizt, mit einem Gewehrlauf in der Vagina und roten Schuhen mit hohen Absätzen an den Füßen. Die dritte fand man ausgestreckt auf ihrem Bett, mit einem Dildo im Mund und dem zweiten Band der *Joy of Sex*-Bücher unter dem linken Arm.

Die Überraschungsangriffe waren nötig gewesen, um diese Frauen zu töten, die erniedrigenden Posen nicht.

Ich erklärte den Unterschied zwischen Arrangieren und Inszenieren. Das Inszenieren, sagte ich, ist bei Verbrechen zu beobachten, bei denen der Täter versucht, die Ermittler in die Irre zu führen, indem er etwas anderes glauben machen will, als wirklich geschehen ist: wie etwa, wenn ein Vergewaltiger versucht, seine Tat wie einen gewöhnlichen Raubüberfall aussehen zu lassen. Das wäre ein Aspekt des MO. Etwas zu arrangieren dagegen wäre seine Handschrift.

»Wir haben nicht viele Fälle, bei denen die Leiche arrangiert wird«, sagte ich bei der Anhörung aus, »und bei denen das Opfer wie ein Gegenstand zurückgelassen wird, der uns eine Nachricht übermitteln soll ... Es handelt sich hier um Verbrechen aus

Wut, aus Machtdemonstration. Es geht um den Reiz der Jagd, den Reiz des Tötens und den Reiz nach dem Töten, wenn der Täter dieses Opfer zurückläßt und dabei im Grunde das System überwältigt.«

Ich glaubte, die Aussage vertreten zu können: »Die Wahrscheinlichkeit, daß es sich dabei um ein und denselben Täter handelt, ist extrem groß.« Bob Keppel, der leitende Ermittler beim Büro des Generalstaatsanwalts und ein alter Haudegen der Green River Task Force, machte ebenfalls seine Aussage und erklärte, daß bei den mehr als tausend Fällen, die er bearbeitet hatte, kein einziger sämtliche Elemente dieser drei Morde in sich vereinigte.

An diesem Punkt behaupteten wir nicht, daß Russell der Täter war. Wir sagten nur: Wer es getan hat, hat alle drei Frauen ermordet.

Die Verteidigung plante, einen Experten hinzuzuziehen, der meine Ansicht widerlegen und aussagen würde, daß ich mich mit der Handschrift täuschte und diese drei Morde nicht auf dasselbe Konto gingen. Paradoxerweise war dieser Mann Bob Ressler, mein langjähriger FBI-Kollege und Partner bei der Serienmörder-Studie, der sich vom FBI zurückgezogen hatte, aber noch immer als Berater zu der Sache arbeitete.

Ich hatte das Gefühl, als müßte dieser Fall für jeden, der in der Täterprofilerstellung und Verbrechensanalyse so erfahren war wie Bob und ich, ziemlich wasserdicht und zwingend sein, und war wirklich überrascht, daß er bereit war, sich auf die andere Seite zu stellen und für die These von mehreren Tätern zu plädieren. Offen gesagt war ich der Meinung, er läge voll daneben. Aber wie wir schon oft genug eingeräumt haben, ist das, was wir tun, alles andere als eine exakte Wissenschaft, und so hatte er gewiß das Recht, eine andere Meinung zu vertreten. Seither haben Bob und ich uns in einer Reihe von Fragen auf entgegengesetzten Seiten wiedergefunden, am deutlichsten vielleicht in der Frage, ob Jeffrey Dahmer geisteskrank war. Bob stellte sich auf die Seite der Verteidigung, die sagte, er sei es. Ich stimmte Park Dietz zu, der für die Anklage aussagte, er sei es nicht.

Um so überraschter war ich, als Bob sagte, er habe andere

Verpflichtungen, zu der Anhörung gar nicht erschien, aber Russ Vorpagel, einen anderen pensionierten, aber noch aktiven Ex-Ermittler schickte. Russ ist ein heller Kopf. Er war Schachgroßmeister und konnte gegen zehn Gegner simultan spielen. Aber Profilerstellung war nicht seine Spezialität, und ich war der Ansicht, daß die Fakten gegen ihn sprachen. Er hatte es ziemlich schwer, als Rebecca Roe ihn ins Kreuzverhör nahm, nachdem er meiner Aussage widersprochen hatte. Am Ende der Anhörung entschied Richterin Aitken, daß die drei Fälle – basierend auf den Beweisen hinsichtlich der Handschrift, die Keppel und ich vorgetragen hatten – aneinander gekoppelt zu sehen waren.

Ich sagte noch einmal während des Prozesses bezüglich der Handschrift aus und widerlegte die Theorie der Verteidigung, daß mehrere Mörder beteiligt seien. Im Fall von Carol Beethe brachte Schwartz für die Verteidigung vor, ihr Freund habe sowohl die Gelegenheit als auch ein Motiv für den Mord gehabt. Bei Sexualmorden sehen wir uns immer die Ehepartner oder Liebhaber unter dem Aspekt einer möglichen Täterschaft an, und ich war der festen Überzeugung, daß es sich hierbei um einen »fremden« Sexualmord handelte.

Am Ende berieten die sechs weiblichen und sechs männlichen Geschworenen vier Tage lang und sprachen George Waterfield Russell jr. in allen Fällen des Mordes schuldig. Man verurteilte ihn zu einer lebenslangen Haftstrafe ohne jede Bewährungsmöglichkeit und schickte ihn in das Hochsicherheitsgefängnis von Walla Walla.

Es war meiner erster Aufenthalt in Seattle seit meinem Kollaps und dem Koma. Es tat gut, wieder dort zu sein und nach der schrecklichen Enttäuschung von Green River jetzt zur Lösung eines Falles beizutragen. Ich fuhr zum Swedish Hospital und freute mich zu sehen, daß man die Urkunde noch besaß, die ich den Mitarbeitern zum Dank überreicht hatte. Ich fuhr zum Hilton-Hotel, um zu sehen, ob ich mich an irgend etwas erinnern würde, aber vergebens. Vermutlich war das Trauma zu groß gewesen, als daß ich es bewußt hätte verarbeiten können. Und nach so vielen Jahren, die ich unterwegs verbracht hatte, gleichen sich alle Hotelzimmer.

Inzwischen haben wir unsere »Handschriften«-Analyse so weit entwickelt, daß wir routinemäßig bei Prozessen gegen Serienmörder aussagen, nicht nur ich, sondern auch andere sogenannte *profiler*, allen voran Larry Ankrom und Greg Cooper.

1993 spielte Greg Cooper eine führende Rolle dabei, zwei Verurteilungen wegen Mordes gegen Gregory Mosely durchzusetzen, der zwei Frauen in zwei juridisch getrennten Distrikten von North Carolina vergewaltigt, geprügelt und erstochen hatte. Wie bei den verwandten Morden im Russell-Prozeß wäre es beiden Anklagevertretungen schwergefallen, erfolgreich eine Verurteilung durchzusetzen. Beide brauchten Aussagen, die die Fälle miteinander in Verbindung brachten, und nachdem er die Tatortfotos und Akten durchgesehen hatte, glaubte Greg, er könne diese Aussage machen.

Die entscheidende »Handschriftenanalyse« in den Mosely-Fällen lieferte nach Gregs Ansicht der Blutrausch. Beide Opfer waren einsame, alleinstehende, leicht behinderte Frauen von Anfang Zwanzig, die denselben Country-and-Western-Club besuchten, vor dessen Tür man sie im Abstand von einigen Monaten entführte. Beide waren schrecklich zugerichtet, man könnte sagen »totgeprügelt« worden, sieht man davon ab, daß sie außerdem mit Händen und einem Strick gewürgt worden waren. Auf eine hatte man zwölfmal eingestochen, und es fanden sich Anzeichen von vaginaler und analer Penetration. Es gab forensische Beweise in dem einen Fall, darunter eine genetische Analyse von Sperma, die das Verbrechen mit Mosely in Verbindung brachte. Beide Vergewaltigungs- und Foltermorde waren in abgelegenen Gegenden verübt und die Leichen an ebensolchen Orten zurückgelassen worden.

Greg sagte beim ersten Prozeß aus, daß die verhaltenspsychologischen Beweise zur »Handschrift« auf eine unausgereifte Persönlichkeit hindeuteten, bei der es sich um einen sexuellen Sadisten handelte. Seine Unreife wurde an der Wahl seiner Opfer deutlich. Sein Sadismus wurde noch deutlicher an dem, was er ihnen antat. Im Gegensatz zu vielen anderen unreifen, unstrukturierten Tätern tötete dieser nicht, bevor er seine Opfer verstümmelte. Er wollte die vollkommene physische und emotionale Kontrolle. Er wollte der Verursacher ihrer Schmerzen sein und sich der Reaktion auf seine Grausamkeit erfreuen.

Mit seiner Aussage im ersten Prozeß half Greg der Anklage, den zweiten Mord an den ersten zu binden. Mosely wurde schuldig gesprochen und zum Tode verurteilt. Beim zweiten Prozeß neun Monate später konnte Greg seine Kombinatorik wiederholen und erreichte einen Schuldspruch und eine Verurteilung zum Tode.

Als er beim ersten Mal aussagte, sahen Greg und Mosely einander in die Augen, während mein Kollege die Persönlichkeit des Mörders im überfüllten Gerichtssaal darlegte. An der grimmigen Miene auf Moselys Gesicht war zu sehen, daß er dachte: »Woher, zum Teufel, kannst du das wissen?« Der Druck war enorm. Hätte Greg keinen Erfolg gehabt, wäre der Prozeß gescheitert und die Verhandlung im zweiten Fall entscheidend geschwächt worden.

Als Mosely Greg bei seinem zweiten Prozeß sah, raunte er seiner Polizeieskorte zu: »Da ist der Typ wieder, der mich kriegen will!«

Üblicherweise braucht man für eine erfolgreiche Anklage und Verurteilung in einem Mordfall schlüssige gerichtsmedizinische Beweise, Aussagen von Augenzeugen, ein Geständnis oder gute, starke Indizienbeweise. Inzwischen gibt es durch unsere Verhaltensprofile bezüglich Tatorten und Handschriften einen weiteren Pfeil im Köcher der Anklage. Für sich allein genommen genügen sie gewöhnlich nicht, um einen Schuldspruch zu erreichen. Aber gemeinsam mit einem oder mehreren anderen Elementen läßt sich auf diese Weise oft der Zusammenhang zwischen Verbrechen rekonstruieren und somit der entscheidende Faktor hinzufügen.

Serienmörder spielen ein höchst gefährliches Spiel. Je besser wir verstehen, wie sie spielen, desto besser können wir unsere eigenen Chancen erhöhen, das Spiel gegen sie zu gewinnen.

KAPITEL VIERZEHN

Wer hat das All-American Girl ermordet?

Wer hat das All-American Girl ermordet?
Das war die bedrückende Frage, die vier Jahre lang über der kleinen Stadt Wood River, Illinois, hing. Neben vielen anderen war auch Inspector Alva Busch von der State Police von der Frage besessen, ebenso Don Weber, der Ankläger des Madison County.

Am Abend des 20. Juni 1978, einem Dienstag, gaben Karla Brown und ihr Verlobter Mark Fair eine Party mit viel Bier und Musik für alle Freunde, die bei ihrem Umzug in ihr neues Haus an der Acton Avenue Nr. 979 in Wood River geholfen hatten. Es war ein eingeschossiges weißes Holzhaus an einer baumgesäumten Straße, mit schlanken, runden Säulen neben der Haustür, und das Paar hatte die vergangenen zwei Wochen damit zugebracht, sein Häuschen einzugsfertig zu machen. Es war ein aufregender Neubeginn für die dreiundzwanzigjährige Karla und den siebenundzwanzigjährigen Mark. Sie waren fünf Jahre zusammen, als Mark endlich erkennen ließ, daß er sein männliches Zögern überwunden hatte und bereit war, sich zu binden. Da Karla vor ihrem Abschluß am College stand und Mark als Elektrikerlehrling arbeitete, sahen sie eine vielversprechende Zukunft vor sich.

Trotz der Jahre, in denen er die große Frage vor sich hergeschoben hatte, wußte Mark Fair doch, wie glücklich er sich schätzen durfte, in Karla seine Zukünftige gefunden zu haben. Karla Lou Brown war das personifizierte »All-American-Girl«, ein typisch amerikanisches Mädchen. Sie war nur etwa ein Meter fünfzig groß, hatte gewelltes blondes Haar, eine umwerfende Figur und das Lächeln einer Schönheitskönigin. An der Roxana High School, wo sich jeder an die kesse, schwungvolle Cheerleaderin erinnerte, war sie für die Jungen ein Objekt der Begierde, für die Mädchen ein Grund zum Neid. Ihre engsten Freunde wußten, daß sie neben ihrer charmanten, offenen Art auch eine sensible, introvertierte Seite besaß. Sie wußte, daß sie Mark liebte, der kräftig, athletisch gebaut und mehr als dreißig Zentimeter größer war als sie. Die beiden waren ein Traumpaar.

Nach der Party am Dienstag abend kehrten sie in ihre Wohnung in East Alton zurück, um die letzten Kisten zu packen. Sie hofften, am nächsten Abend so weit fertig zu sein, daß sie tatsächlich einziehen und schon im neuen Haus schlafen konnten.

Am Mittwoch morgen, als Mark zur Arbeit gegangen war, fuhr Karla hinüber zur Acton Avenue, wo sie aufräumen wollte, bis Mark gegen halb fünf von der Arbeit käme. Sie waren gespannt auf ihre erste Nacht in der neuen Bleibe.

Als Mark mit seiner Arbeit fertig war, fuhr er zum Haus seines Freundes Tom Fiegenbaum, der im selben Block wie Marks Eltern wohnte und zugesagt hatte, beim Transport einer großen spitzdachigen Hundehütte vom Grundstück seiner Eltern zu helfen.

Gegen halb sechs kamen sie zur Acton Avenue, und während Tom den Transporter rückwärts in die Einfahrt setzte, ging Mark hinein, um Karla zu holen. Er konnte sie aber nicht finden und sagte sich, daß sie wahrscheinlich kurz weggegangen war, um irgend etwas zu besorgen, was sie für das Haus brauchten. Doch ihm fiel auf, daß die Tür nicht abgeschlossen war. Das ärgerte ihn. Sie würde in solchen Dingen vorsichtiger werden müssen.

Mark holte Tom herein, um ihm das Haus zu zeigen. Nachdem sie das Erdgeschoß besichtigt hatten, führte Mark ihn durch die Küche in den Keller. Als sie unten ankamen, sah er etwas, das ihm nicht gefiel. Mehrere kleine Tische waren umgekippt. Sachen schienen herumzuliegen, obwohl Karla und er am Abend vorher alles gut verstaut hatten. Irgendeine Flüssigkeit war auf dem Sofa und dem Boden verschüttet worden.

»Was ist hier passiert?« fragte Mark eher rhetorisch. Als er sich umwandte, um oben weiter nach Karla zu suchen, sah er durch die Tür in die Waschküche.

Dort hockte Karla, auf Knien und vorgebeugt, mit einem Sweater bekleidet, aber von der Hüfte abwärts nackt, die Hände hinter dem Rücken mit einem Elektrokabel gefesselt, der Kopf in einem großen Faß voller Wasser. In dieser Art von Behältern hatten Karla und er ihre Kleidung transportiert. Und den Sweater, der in einem dieser Fässer gewesen war, trug sie gewöhnlich nur im Winter.

»Oh, mein Gott! Karla!« schrie Mark, als er mit Tom hinüberlief. Mark riß ihren Kopf aus dem Faß und legte sie auf den Boden. Ihr Gesicht war blau und aufgequollen, mit einem tiefen Schnitt an ihrer Stirn und einem weiteren am Unterkiefer. Ihre Augen standen offen, sie war tot.

Mark brach zusammen. Er bat Tom, etwas zu suchen, womit er sie bedecken konnte, und als Tom mit einer roten Decke zurückkam, riefen sie die Polizei.

Als Officer David George vom Wood River Police Department wenige Minuten später eintraf, warteten Mark und Tom schon draußen vor der Tür. Sie führten den Polizisten in den Keller. Während der gesamten Begegnung hatte sich Mark kaum im Griff. »O Gott, Karla!« stieß er immer wieder hervor.

Solche Greuel waren in Wood River, einer stillen Gemeinde etwa eine Viertelstunde von St. Louis entfernt, unbekannt. Schon bald waren alle Polizeioberen zur Stelle, um zu sehen, was vor sich ging, so auch der neununddreißigjährige Polizeichef Ralph Skinner.

Karla hatte einen massiven Schlag auf den Kopf erhalten, möglicherweise von dem umgekippten Teewagen, der sich im Raum befand. Zwei Strümpfe waren um ihren Hals gewickelt, und die Autopsie ergab, daß sie an der Strangulierung gestorben war und nicht mehr lebte, als ihr Kopf in das Wasserfaß gedrückt wurde.

Zwar fand dieser Mord große Beachtung, doch die Polizei hatte von Anfang an mit Problemen zu kämpfen. Es begann mit der Sicherung des Tatorts. Alva Busch, Inspector bei der Illinois State Police und erfahrener Tatortspezialist, konnte das Blitzgerät seiner Kamera nicht ordnungsgemäß betätigen. Bill Redfern, der auf dem Revier den Anruf von Tom Fiegenbaum entgegengenommen hatte, brachte glücklicherweise eine Kamera mit und machte Tatortfotos. Er hatte jedoch nur einen Schwarzweißfilm im Apparat. Ein weiteres Problem waren die vielen Umzugshelfer, die alle im Haus gewesen waren und frische Fingerabdrücke am Tatort gelassen hatten. Herauszufinden, welche nicht dazugehörten, war schwierig, ja, fast unmöglich.

Manche Faktoren mochten mögliche Hinweise sein, ergaben jedoch noch keinen Sinn. Auffällig war vor allem eine gläserne Kaffeekanne oben auf einem Bord im Keller. Bevor sie entdeckt wurde, hatte die Polizei bemerkt, daß sie in der Küche auf der Kaffeemaschine fehlte. Niemand – auch nicht Mark – hatte eine logische Erklärung dafür, wieso sie dort stand, und falls sie eine Rolle bei dem Mord gespielt haben sollte, war diese unklar. Alva Busch konnte ein paar Fingerabdrücke vom Glas nehmen, aber sie waren nicht vollständig genug, als daß man sie hätte benutzen können.

In den Tagen nach dem Mord kämmte die Polizei die Nachbarschaft durch und sprach mit jedem, der jemanden gesehen haben konnte. Paul Main, der Nachbar, sagte, er habe am Tag des Mordes fast den ganzen Nachmittag mit seinem Freund John Prante draußen auf der Veranda gesessen. Prante erinnerte sich, am Morgen desselben Tages kurz in Mains Haus gewesen zu sein, als er von einem Bewerbungsgespräch bei der örtlichen Ölraffinerie zurückgekommen war, sagte jedoch, er sei früh wieder gegangen, da er noch andere Job-Interviews hatte. Am Abend vor dem Mord beobachteten Main, Prante und ein dritter Freund, wie Karla, Mark und der Rest ihrer Freunde den Umzug machten. Alle drei sagten, sie hätten gehofft, zur Einzugsparty eingeladen zu werden, da Main ihr neuer Nachbar war und der andere Freund Karla flüchtig von der High-School kannte. Aber man lud sie nicht dazu ein. Sie waren sich nicht nähergekommen, als einander über die Auffahrt hinweg zu grüßen.

Die Nachbarin von gegenüber, eine ältere Frau namens Edna Vancil, erinnerte sich daran, ein rotes Auto mit weißem Dach gesehen zu haben, das am Tag des Mordes vor der Hausnummer 979 geparkt habe. Bob Lewis, einer von denen, die auf der Party gewesen waren, sagte, er habe gesehen, wie Karla sich mit einem »grob wirkenden«, langhaarigen Mann in der Auffahrt unterhielt, der auf Karla gezeigt und sie mit ihrem Namen angesprochen habe. Das mußte Paul Mains Freund gewesen sein.

»Du hast ein gutes Gedächtnis. Es ist schon lange her«, hatte Lewis Karla sagen hören. Er fügte hinzu, dann habe er Mark Fair von dieser Begegnung erzählt und angedeutet, wenn das die Sorte von Leuten sei, die nebenan wohnte, solle er lieber abwarten, bis er sie etwas besser kenne. Mark schien nicht besorgt zu sein und sagte, Karla würde den langhaarigen Mann von der High-School kennen und der sei nur bei Paul Main zu Besuch.

Eine weitere Frau war die Straße hinuntergefahren, als sie ihre Enkelin zum Zahnarzt brachte. Sie und auch das Kind hatten in der Einfahrt eine Frau und einen Mann wahrgenommen, die sich unterhielten, aber selbst unter Hypnose brachte ihre Beschreibung nichts Genaues.

Die Polizei sprach mit vielen von Karlas Freundinnen, versuchte herauszufinden, ob irgend jemand einen Groll gegen sie gehegt hätte, vielleicht ein verschmähter Bewunderer. Doch alle sagten, Karla sei sehr beliebt gewesen und sie wüßten von keinem Feind.

Eine Frau jedoch, Karlas ehemalige Mitbewohnerin, hatte eine Idee. Karlas Vater war gestorben, als sie noch ein Kind gewesen war, und ihre Mutter, Jo Ellen, hatte später einen gewissen Joe Sheppard jr. geheiratet, von dem sie inzwischen wieder geschieden war. Die Mitbewohnerin gab an, Karla sei mit Sheppard nicht ausgekommen, er habe sie geschlagen und sich ständig vor ihren Freunden aufgespielt. Man mußte ihn als Verdächtigen in Betracht ziehen. Er war am Abend nach dem Mord zur Polizei gekommen und hatte sie mit Fragen gelöchert. Wie bereits erwähnt, ist es keineswegs ungewöhnlich, daß ein Mörder sich an die Polizei wendet oder sich anderweitig in die Ermittlungen einmischt. Nur gab es keinerlei Beweise, die Sheppard mit dem Mord in Verbindung brachten.

Die andere Person, die genauestens untersucht werden mußte, war Mark Fair. Zusammen mit Tom Fiegenbaum hatte er die Leiche gefunden, hatte Zugang zum Haus und stand dem Opfer am nächsten. Wie ich bereits im Zusammenhang mit dem Fall George Russell erwähnt habe, sind Ehegatten und Lebensgefährten nie als Täter auszuschließen. Doch Mark war bei der Arbeit, als der Mord stattgefunden haben mußte. Eine ganze Reihe von Leuten hatte ihn gesehen und mit ihm gesprochen. Und niemand – weder die Polizei noch Karlas Freunde oder ihre Familie – zweifelten daran, daß seine Trauer tief und ehrlich war.

Im Laufe der Ermittlungen unterzog die Polizei viele Leute, die sie bereits verhört hatte, einem Lügendetektortest, Leute, die kurz vor Karlas Tod Kontakt zu ihr gehabt haben konnten. Mark, Tom und Joe Sheppard absolvierten den Test ohne Anlaß zu einem Zweifel. Niemand stolperte ernstlich darüber. Am undurchsichtigsten blieb allerdings Paul Main, ein Mann von ziemlich bescheidenen geistigen Gaben, der an diesem Nachmittag zu Hause gewesen war. Obwohl er behauptete, John Prante habe bei ihm auf der Veranda gesessen und könne schwören, daß er keinen Moment weg gewesen war, hatte Prante – der ebenfalls den Lügendetektortest bestand – selbst zugegeben, daß er am Morgen auf der Suche nach Arbeit unterwegs gewesen sei und daher nicht sagen konnte, wo Main während dieser Zeit gewesen war. Doch auch wenn Mains Lügendetektortest fragwürdig blieb und er weiter unter Verdacht stand, gab es – wie bei allen anderen – nichts, was ihn direkt mit dem Verbrechen in Verbindung gebracht hätte.

Das Trauma des Mordes an Karla Brown erschütterte Wood River in seinen Grundfesten. Es blieb eine Wunde, die nicht heilen wollte. Sowohl die örtliche als auch die staatliche Polizei hatte jeden verhört, den sie finden konnte, war jeder nur erdenklichen Spur nachgegangen. Dennoch schien man einer Lösung keinen Schritt näherzukommen. Monate vergingen. Ein

Jahr verstrich. Dann zwei. Besonders schwer war es für Karlas Schwester Donna Judson. Gemeinsam mit ihrem Mann Terry schien sie fast täglich innerlich damit beschäftigt zu sein. Karlas Mutter und ihre andere Schwester, Connie Dykstra, sahen sich außerstande, so eng in die Ermittlungen verwickelt zu sein, und hielten wenig Kontakt zu den Behörden.

Schwer war es auch für Don Webster, den zuständigen Mann bei der Staatsanwaltschaft von Madison County, wozu Wood River gehört. Zum Zeitpunkt des Mordes war er stellvertretender Ankläger gewesen. Weber, ein harter und gleichzeitig sehr sensibler Mann, wollte der Öffentlichkeit dringend zeigen, daß eine solche Grausamkeit, wie sie an Karla verübt worden war, in seinem Bezirk nicht geduldet würde. Er war wie besessen davon, den Mörder vor Gericht zu bringen. Nach seiner Wahl im November 1980 auf den höchsten Posten in der Staatsanwaltschaft nahm er den Fall prompt wieder auf.

Ein anderer, der den Fall nicht ruhenlassen konnte, war der Tatortexperte Alva Busch. In der Karriere eines jeden Cops gibt es Fälle, die ihn nicht loslassen. Und durch Busch bekam dieser Fall schließlich den nötigen Anstoß.

Im Juni 1980, volle zwei Jahre nach Karlas Tod, hielt sich Busch in Albuquerque, New Mexico, auf, um in einem Mordprozeß auszusagen, für den er ein gestohlenes Fahrzeug in Illinois untersucht hatte. Während er darauf wartete, daß es zum Verfahren kam, besuchte er einen Vortrag im Sheriff's Department, gehalten von Dr. Homer Campbell, einem Experten der University of Arizona. Es ging um die computergestützte Bearbeitung von Fotos.

»Hey, Doc«, sagte Busch am Ende der Präsentation zu ihm, »ich hab' da einen Fall für Sie.« Dr. Campbell willigte ein, die Tatort- und Autopsiefotos zu untersuchen, um zu sehen, ob er dabei helfen konnte, die Art von Gegenstand oder Waffe zu bestimmen, mit der Karla getötet worden war. Busch kopierte alle wichtigen Bilder und schickte sie an Campbell.

Die Tatsache, daß die Bilder nur schwarzweiß waren, erschwerte das Vorhaben, aber Campbell nahm mit seinen hochentwickelten Geräten eine sorgfältige Analyse vor. Durch die

Computerbearbeitung konnte er die Fotos praktisch von innen nach außen kehren und war in der Lage, verschiedene Fragen zu klären. Die tiefen Wunden hatte ein Tischlerhammer hervorgerufen, und die Schnitte an Kinn und Stirn stammten von den Rädern des umgekippten Teewagens. Doch was er Busch dann mitteilte, stellte den Fall komplett auf den Kopf und lenkte die Ermittlungen in eine neue Richtung.

»Was ist mit den Bißwunden? Habt ihr Jungs irgendwelche Verdächtigen, was die Bißspuren an ihrem Hals angeht?«

»Welche Bißwunden?« war alles, was Busch am Telefon dazu einfiel.

Campbell erklärte ihm, daß die Bilder, die er bearbeitet hatte, zwar nicht die besten seien, aber dennoch definitiv Bißspuren an Karlas Hals aufzeigten, und zwar deutlich genug, um, hatte man einen Verdächtigen identifiziert, auf diesem Weg einen guten Vergleich anstellen zu können. Besonders eine Bißstelle überschnitt sich nicht mit den anderen Hautwunden und war deutlich erkennbar.

Im Gegensatz zu allem anderen waren Bißspuren gute, solide Beweismittel, im Grunde etwas wie Fingerabdrücke. Ein Vergleich von Ted Bundys Zähnen mit Bißspuren am Gesäß eines Mordopfers im Haus der Chi-Omega-Studentenverbindung der Florida State University hatte dazu beigetragen, diesen berüchtigten Serienmörder zu verurteilen. Campbell hatte als Zeuge der Anklage gegen Bundy ausgesagt. (Am Morgen des 24. Januar 1989 wurde Bundy – nach ausgiebigen Verhören und Gesprächen mit Bill Hagmeier aus unserer Einheit – auf dem elektrischen Stuhl von Florida hingerichtet. Niemand wird je erfahren, wie viele junge Menschen er auf dem Gewissen hatte.)

Als die Polizei von Illinois Dr. Campbells Bilder von den Bißspuren erhielt, begann man, sich erneut auf einige der ursprünglichen Möglichkeiten zu konzentrieren, vor allem auf den Nachbarn Paul Main. Doch nachdem die Polizei einen Gebißabdruck von Main genommen hatte, fand Campbell keine Übereinstimmung mit den Tatort- und Autopsiefotos. Man unternahm den Versuch, Mains Freund John Prante aufzutreiben, um zu sehen, ob er Main mit dieser zusätzlichen Information belasten würde, konnte ihn aber nicht finden.

Es gab weitere Versuche, zu einer Lösung zu kommen, darunter eine bekannte Hellseherin aus Illinois, die – ohne irgend etwas über die Details des Falles zu wissen, sagte: »Ich höre Wasser tropfen.« Für die Polizei war das ein Hinweis auf die Entdeckung von Karlas Leiche. Doch über den Umstand hinaus, daß der Mörder in der Nähe von Bahngleisen wohnte (wie die meisten Leute in Madison County), war auch die Hellseherin keine große Hilfe.

Trotz des Wissens um die Bißspuren machten die Ermittlungen nur geringe Fortschritte. Im Juli 1981 nahmen Don Weber und vier seiner Mitarbeiter in New York an einem Seminar zu gerichtsmedizinischen Fragen bei Verbrechensermittlungen teil, für Don Teil seiner Vorbereitungen für die neue Aufgabe als Staatsanwalt. Da er wußte, daß Weber dort sein würde, schlug Dr. Campbell vor, er solle die Fotos vom Mordfall Brown mitbringen und sie Dr. Lowell Levine zeigen, einem forensischen Zahnspezialisten der New York University, der auf dem Seminar sprechen sollte. Levine sah sich die Fotos an, doch nachdem er Campbell zugestimmt hatte, daß es sich bei den Wunden definitiv um Bißspuren handelte, sagte er, es sei unmöglich, eine eindeutige Übereinstimmung festzustellen. Er schlug vor, Karlas Leiche zu exhumieren, und merkte an, »ein Sarg ist eine Tiefkühltruhe für Beweise«. Ich kannte Levine nicht persönlich, aber ich kannte seinen Ruf. Er hatte die Analyse im Mordfall Francine Elveson in New York vorgenommen.

Im März 1982 besuchten Weber und zwei Ermittler der State Police die jährliche Trainingssitzung der St. Louis Metropolitan Major Case Squad, zuständig für die schwersten und dinglichsten Fälle. Ich war ebenfalls auf diesem Treffen und gab vor der großen Versammlung einen Überblick über Täterprofilerstellung und Tatortanalyse. Zwar erinnere ich selbst mich nicht an die Begegnung, aber Weber beschreibt in seiner faszinierenden Studie des Falles, *Silent Witness* (mit Charles Bosworth jr.), daß er und seine Kollegen nach meinem Vortrag zu mir gekommen seien und gefragt hätten, ob sie das, was ich eben beschrieben hatte, auf ihren Fall anwenden könnten. Offenbar hatte ich ihnen gesagt, sie sollten mich im Büro anrufen, sobald ich wieder in Quantico sei, und ich würde ihnen gern helfen.

Bei seiner Rückkehr erfuhr Weber, daß Rick White von der Polizei in Wood River ebenfalls bei dem Treffen gewesen war und auch fand, daß dieser Ansatz für die Ermittlungen im Fall Brown von Nutzen sei. White nahm Kontakt zu mir auf, und wir vereinbarten, daß er mit den Tatortfotos nach Quantico kommen und mich diese an Ort und Stelle analysieren lassen sollte. Weber war zu sehr mit Fällen beschäftigt, die kurz vor der Verhandlung standen, als daß er selbst hätte kommen können, aber er schickte den stellvertretenden Staatsanwalt Keith Jensen, neben White, Alva Busch und Randy Rushing einer der Leute von der State Police, die mit ihm in St. Louis gewesen waren. Zu viert fuhren sie die achthundert Meilen nach Quantico im selben Wagen. Der damalige Polizeichef von Wood River, Don Greer, machte Urlaub in Florida, flog jedoch nach Washington, um ebenfalls an diesem Treffen teilzunehmen.

Wir setzten uns im Konferenzraum zusammen. Die vier Ermittler hatten den Großteil ihrer Fahrt damit verbracht, ihre Gedanken und die Theorien zu ordnen, die sie mir unterbreiten wollten. Sie konnten nicht wissen, daß ich gern zu eigenen Schlüssen gelange, bevor ich mich von den Ideen anderer beeinflussen lasse. Trotzdem kamen wir gut miteinander aus. Im Gegensatz zu vielen Situationen, in denen man uns aus politischen Gründen ruft, damit wir für jemanden den Kopf hinhalten, waren diese Leute hier, weil sie einfach nicht aufgeben wollten. Sie waren ehrlich bemüht, Entscheidendes zu finden, das sie in die richtige Richtung lenken würde.

Besonders gut verstand ich mich mit Alva Busch, der, wie ich, Probleme damit hatte, sich unterzuordnen. Wie ich war auch er dafür bekannt, Leute mit seiner Unverblümtheit vor den Kopf zu stoßen. Tatsächlich hatte Weber damit drohen müssen, seinen ganzen politischen Einfluß spielen zu lassen, damit Busch an dieser Reise nach Quantico teilnehmen durfte.

Ich bat um die Tatortfotos und betrachtete sie minutenlang sehr genau. Ich stellte ein paar Fragen, um mich zu orientieren, dann sagte ich: »Sind Sie bereit? Vielleicht sollten Sie den Recorder anstellen.«

Als erstes sagte ich ihnen, meiner Erfahrung nach landeten Leichen im Inneren eines Hauses nicht deshalb im Wasser – in Badewanne, Dusche oder sonstigem Behälter –, damit Spuren oder Beweismittel abgewaschen wurden, wie wir es in Atlanta erlebt hatten, sondern meistens, um das Verbrechen so zu »inszenieren«, daß es wie etwas aussah, das es nicht gewesen war. Dann sagte ich, der Täter müsse zweifellos unter den Verhörten gewesen sein. Er lebe in der Nachbarschaft oder der unmittelbaren Umgebung des Opfers. Diese Art des Verbrechens geschieht fast immer unter Nachbarn oder innerhalb eines Haushalts. Menschen reisen nicht über weite Strecken, um sie zu begehen. Falls der Täter mit Blut besprizt sei, was er ziemlich sicher war, mußte er sich irgendwo in der Nähe waschen oder seine blutige Kleidung loswerden können. Unser Mann fühlte sich in der Situation sicher und wußte, daß man ihn nicht stören würde, entweder weil er Karla gut kannte oder weil er sie gut genug beobachtet hatte, um ihre und Marks Gewohnheiten zu kennen. Da man bereits mit ihm gesprochen hatte, gab er sich in den Ermittlungen kooperativ. So glaubte er, die Lage unter Kontrolle zu haben.

Er war nicht mit dem Plan zu Karlas Haus gekommen, sie zu ermorden. Auf den Mord verfiel er erst später. Wäre er geplant gewesen, hätte der Täter seine Waffen und Gerätschaften mitgebracht. Statt dessen sehen wir Würgemale von Händen und Zeichen eines Schlags mit einem stumpfen Gegenstand, was auf einen spontanen Wutausbruch oder einen Verzweiflungsakt hindeutet, der infolge einer Zurückweisung geschehen sein könnte. Manipulation, Dominanz und Kontrolle sind die Losungen des Vergewaltigers. Wahrscheinlich war er zu ihr gekommen, um seine Hilfe beim Einzug anzubieten. Karla war als freundlicher Mensch bekannt, und da sie diesen Mann auf die eine oder andere Weise kannte, ließ sie ihn vermutlich ein. Was er von ihr wollte, war Sex, war eine Art Kontakt. Als sie sich weigerte oder er merkte, daß er zu weit gegangen war – wie Mary Francis Stoners Mörder in South Carolina –, kam er zu dem Schluß, daß es besser wäre, sie zu töten. Doch an diesem Punkt ist er wahrscheinlich in Panik geraten und überlegte es sich noch einmal anders. Es fand sich Wasser am Boden und auf dem Sofa. Nachdem er sie gewürgt hatte, könnte er versucht haben, ihr Wasser ins Gesicht zu spritzen, um sie wiederzubeleben. Als das nicht funktionierte, mußte er sich wegen des nassen Gesichts etwas einfallen lassen, also zerrte er sie über den Boden und drückte ihren Kopf in die Wanne, damit es aussah wie ein bizarres oder abartiges Ritual. Mit anderen Worten, er wollte die Aufmerksamkeit vom tatsächlichen Vorfall ablenken. Der Kopf in dem Wassertrog hatte darüber hinaus noch eine zweite Bedeutung. Sie hatte ihn abgewiesen. Jetzt konnte er sie erniedrigen. Je mehr ein Täter am Tatort unternimmt, und sei es nur, um die Polizei auf die falsche Spur zu lenken, desto mehr Beweise und verhaltenspsychologische Hinweise hinterläßt er.

»Dieser Mann ist Mitte bis Ende Zwanzig«, sagte ich, »und es ist nicht das Werk eines Menschen, der Erfahrung mit dem Töten hat. Seine Inszenierung ist schlecht und zeigt, daß er es nie vorher versucht hat. Allerdings zeigt er eine explosive, aktive Persönlichkeit, so daß er geringere Straftaten verübt haben könnte. Sollte er je verheiratet gewesen sein, hat er sich kürzlich getrennt, wurde geschieden oder hat Ehekrach. Wie so viele andere dieser Männer ist auch dieser ein echter ›Loser‹ mit geringer Selbstachtung. Er mag selbstbewußt auftreten, aber tief in seinem Inneren fühlt er sich extrem unzulänglich.

Er ist mittelmäßig intelligent, nicht über die High-School hinausgekommen, und seine Verwendung von Draht, um die Frau zu fesseln, deutet auf handwerkliche Erfahrung hin. Waren die Ermittlungen erst im Gang gewesen, hatte er vermutlich seine Wohnung und/oder den Job gewechselt, und als der Druck nachließ und er keinen Verdacht mehr erregte, hatte er vielleicht die Stadt verlassen. Außerdem hatte er sehr intensiv Drogen, Alkohol oder Zigaretten konsumiert, um seine Spannung abzubauen. Tatsächlich mochte Alkohol schon bei der Tat selbst eine Rolle gespielt haben. Sein Verhalten war für diesen Mann ungewöhnlich grob. Vielleicht hatte er vorher getrunken und dadurch seine Hemmungen abgebaut, doch war er nicht betrunken, denn dann hätte er nach der Tat nicht soviel am Tatort verändert.

Sicher litt er unter Schlafstörungen, hatte Probleme mit seinem Sexualleben, und man würde feststellen, daß er immer mehr zum Nachtmenschen wurde. Wenn er einer regelmäßigen Arbeit nachging, war er vermutlich einige Wochen krank gewesen, als die Ermittlungen begannen. Auch sein Äußeres hätte er verändert. Hatte er zum Zeitpunkt des Mordes einen Bart und lange Haare getragen, hätte er beides abgeschnitten. War er glattrasiert, hätte er sich einen Bart stehen lassen. Aber wir suchen hier nicht nach einem adretten Mann. Gewöhnlich läuft er struppig und ungepflegt herum, und jeder Versuch, sich zu ordnen, wäre für ihn ein offensichtlicher Ausdruck übermäßiger Kontrolle. Er würde solche Bemühungen als physische und psychische Belastung empfinden.«

Was sein Auto anging, kam ich in diesem Fall auf meinen alten Mörderliebling zurück – ein Volkswagen, ein Käfer. Der war vermutlich alt und nicht sonderlich gepflegt. Rot oder orange.

Es müßte sich um jemanden handeln, der die polizeilichen Ermittlungen aufmerksam in den Medien verfolgte und darauf reagierte. Wenn der Polizeichef öffentlich verkündete, daß es keine neuen Spuren gäbe, bekäme er dadurch etwas, an dem er sich messen konnte. Mit Leichtigkeit hätte er einen Lügendetektortest bestanden. Viele Mörder können das. Die nächste Phase der Ermittlungen müßte ihn also irgendwie erschüttern.

Es kann eine Menge Auslöser geben. Jedes Jahr im Juni würde er nervös werden. Dasselbe könnte um Karlas Geburtstag herum geschehen. Wahrscheinlich war er schon an Karlas Grab auf dem Calvary Hill Cemetary gewesen. Vielleicht hatte er Blumen geschickt oder sie direkt um Vergebung gebeten.

»Als nächstes also«, sagte ich, »müssen Sie eine neue und vielversprechende Spur verkünden, etwas, das den Fall anscheinend wieder hochaktuell werden läßt. Äußern Sie das mehrfach vor der Öffentlichkeit. Üben Sie soviel Druck wie möglich aus. Erwähnen Sie, daß ein Experte für Täterprofile vom FBI am Fall mitarbeitet und alles, was der Ihnen sagt, bestens mit den neuen Beweisen zusammenpaßt, die Sie gefunden haben.«

An diesem Punkt erzählten sie mir von Dr. Levins Rat, die Leiche exhumieren zu lassen, und wollten wissen, was ich davon hielt. Ich sagte, das sei eine gute Idee, und je mehr öffentlich davon gesprochen würde, um so besser. Weber sollte vorher im Fernsehen verkünden, daß man, falls die Leiche noch in gutem Zustand sei und die Beweise gefunden würden, die man suchte, kurz vor der Lösung des Falles stünde. In gewisser Weise vermittelten sie dem Mörder damit, daß sie Karla »auferstehen« ließen, sie aus ihrem Grab holten, damit sie als Zeugin ihrer eigenen Ermordung aussagen konnte.

Das Ausgraben der Leiche bedeute für den Täter einen enormen Streß. Weber solle öffentlich erklären, daß er den Fall lösen würde, und wenn er zwanzig Jahre dafür brauche. Der Täter würde nervös und neugierig werden. Er würde eine Menge Fragen stellen. »Vielleicht ruft er die Polizei sogar direkt an! Sorgen Sie dafür, daß jeder, der am Grab auftaucht, per Video aufgenommen oder fotografiert wird. Er könnte dabei sein. Schwer belasten wird ihn die Frage, in welchem Zustand sich die Leiche befindet. Und wenn Sie schließlich verkünden, wie zufrieden Sie mit Ihren Untersuchungen sind, wird es ihn weiter an den Rand des Abgrunds treiben. Gleichzeitig wird er noch mehr zum Einzelgänger werden und sich von den wenigen Freunden, die er hat, abkapseln. Das wäre der Zeitpunkt, Leute in Bars und ähnlichen Läden zu belauschen, um zu sehen, ob irgendwelche Stammkunden eine erkennbare Änderung in ihrem Verhalten zeigten. Er könnte erst kürzlich einer Kirche beigetreten sein oder einen bestimmten Glauben angenommen haben, um mit seiner Tat fertigzuwerden. Und während Sie ihm all diesen Druck machen, sollte in der Zeitung ein Kommentar von einem der Cops erscheinen – er könnte auch von mir stammen –, der sehr entschlossen klingt. Wir sollten sagen, daß wir wissen, was er durchmacht, daß er sie nicht ermorden wollte und daß wir wissen, wie hart es ist, diese Last all die Jahre auf seinen Schultern zu tragen.«

Weiterhin umriß ich eine Verhörstrategie, ähnlich wie die im Fall Stoner. Wichtig war, daß man einen Verdächtigen, wenn man ihn identifiziert hatte, nicht sofort verhaftete, sondern noch etwa eine Woche schmoren ließ. Dann mußte man ein Geständnis bekommen, ehe man ihn verhaftete. Je mehr Fakten man zur Verfügung hatte, desto eher konnte man Sachen sagen wie: »Wir wissen, daß Sie sie von hier nach da geschafft haben«, oder »Wir wissen das mit dem Wasser« und verbessert so seine Chancen. Es wäre gut, einen Gegenstand, der eine entscheidende Rolle im Mord gespielt hat (wie der Stein im Fall Stoner), im Raum zu haben.

Nachdem die fünf Besucher meine Einschätzung gehört hatten, schienen sie beeindruckt. Sie fragten, wie ich zu all diesen Schlußfolgerungen käme, obwohl ich doch nur Routinedetails des Falles gehört und die Tatortfotos gesehen hätte. Ich weiß es selbst nicht genau, auch wenn Ann Burges gesagt hatte, ich sei ein visueller Mensch und arbeite gern zuallererst mit etwas, das ich mir ansehen kann. Sie sagte, und wahrscheinlich trifft es zu, daß ich in Beratungen dazu neige, »ich sehe« zu sagen, anstatt »ich glaube«. Teilweise hat es sicher damit zu tun, daß ich bei den meisten Fällen nicht vor Ort sein kann, so daß ich die Umgebung in meinem Kopf neu erschaffen kann. Oftmals, wenn mich die Polizei einige Jahre nachdem ich einen Fall für sie analysiert hatte, wieder anrief, erinnerte ich mich genau, auch daran, was ich über den unbekannten Täter gesagt hatte, als man mir den Tatort beschrieb.

Den Ermittlern aus Illinois erschienen nach meinen Aussagen zwei der zahlreichen Leute, die sie verhört hatten, nach wie vor als dringend verdächtig – Paul Main und sein Freund John Prante. Beide waren an dem Tag nebenan gewesen, und wenigstens einer der beiden, nämlich Prante, hatte Bier getrunken. Ihre Geschichten stimmten nie so recht überein, was auf ihre mangelnde Intelligenz und den Alkohol zurückzuführen sein mochte oder auch bedeuten konnte, daß einer log – sofern nicht alle beide die Unwahrheit sagten. Prante hatte sich am Lügendetektor besser gehalten als Main, aber beide entsprachen dem Profil. In gewisser Weise paßte Prante noch besser. Er war der Polizei gegenüber noch kooperativer gewesen, und als die Aufregung sich legte, hatte er die Stadt verlassen, ganz wie ich es für den Täter vorausgesagt hatte, war dann jedoch bald wieder zurückgekommen.

Ich sagte, daß sich die Strategie, die ich vorgeschlagen hatte, auf beide anwenden ließ. Da der Täter periodisch wiederkehrend Schuldgefühle bekam und Reue empfand, könnte eine Frau, die sich als Karla ausgab, beide mitten in der Nacht anrief und dabei »Warum? Warum? Warum?« sagte, zusätzlich Druck machen. Das würde sich mit Zeitungsartikeln ergänzen, die sich darüber ausließen, was für ein typisch amerikanisches Mädchen Karla gewesen und wie tragisch es war, daß sie in der Blüte ihres Lebens hatte sterben müssen. (Ich hatte schon immer einen Hang zum Theatralischen.)

Lief die Aktion erst einmal eine Woche bis zehn Tage, könnte die Polizei darauf achten, ob Main oder Prante so reagierten, wie wir es vom Täter erwarteten. Trifft es auf einen der beiden zu, besteht der nächste Schritt darin, daß Informanten – Freunde, Bekannte, Arbeitskollegen – versuchen, Kommentare von ihm oder sogar ein Geständnis zu bekommen.

Die Exhumierung der Leiche am 1. Juni 1982 wurde genau so gehandhabt, wie ich es mir erhofft hatte. Lowell Levine war anwesend, Fernsehen und Presse berichteten ausgiebig, und angemessen ernste wie optimistische Erklärungen von Weber wurden veröffentlicht. Ich habe festgestellt, daß man in kleinen Orten viel leichter diese Art der Zusammenarbeit mit Journalisten erwirken kann als in großen Städten, wo sie sehr viel eher glauben, man wolle sie manipulieren oder ihnen vorschreiben, was sie zu drucken haben. Ich sehe in dieser Kooperation viel eher eine gemeinsame Anstrengung von Presse und Behörden, bei der die Integrität beider nicht angetastet werden sollte. Nie habe ich einen Zeitungs- oder Fernsehreporter gebeten, zu lügen oder eine falsche oder unvollständige Geschichte zu bringen. Aber in manchen Fällen habe ich die nötigen Informationen geliefert, die der unbekannte Täter dann las und auf die er reagierte. Wenn Reporter mit mir zusammenarbeiten, arbeite auch ich mit ihnen zusammen. Und in bestimmten Fällen, wenn sie sich besonders kooperativ verhalten haben, habe ich ihnen exklusiv die wahre Geschichte erzählt, sobald das möglich war.

Glücklicherweise war die Leiche erstaunlich gut erhalten. Die neuerliche Autopsie wurde von Dr. Mary Case durchgeführt, einer Gerichtsmedizinerin aus St. Louis. Im Gegensatz zur ersten Obduktion kam Dr. Case zu dem Schluß, daß der Tod durch Ertrinken eingetreten war. Außerdem stellte sie einen Schädelbruch fest. Am wichtigsten jedoch war, daß sie die Informationen über die Bißspuren bekam, die man brauchte.

Die organisierte öffentliche Kampagne wurde beharrlich fortgesetzt. Tom O'Connor von der State Police und Wayne Watson vom Betrugsderzernat besuchten Main zu Hause, angeblich wegen irgendwelcher Sozialhilfegelder, die er möglicherweise unberechtigt bezog. Sie verstrickten ihn in ein Gespräch über den Mord an Karla Brown. Zwar wollte er weder gestehen noch eine Beteiligung an der Tat zugeben, doch offenbar hatte er die Berichterstattung aufmerksam verfolgt und wußte einige Interna. Watson erwähnte, daß Main die Acton Avenue auf seiner Liste früherer Wohnorte ausgelassen hatte. Main sagte, er habe versucht, sie wegen der »schlimmen Erinnerungen« daran zu vergessen, daß die Cops ihm »das Leben schwergemacht hatten, nachdem das Nachbarmädchen ermordet worden war«.

Watson sagte: »Das ist die, die erschossen, erwürgt und in einem Faß ertränkt wurde.«

»Nein, nein! Nicht erschossen, nicht erschossen!« widersprach Main mit Nachdruck.

Zum Zeitpunkt der Exhumierung kam ein Mann namens Martin Higdon zur Polizei von Wood River und sagte, er sei mit Karla Brown zur High-School gegangen und der momentane Rummel habe zu Diskussionen an seiner Arbeitsstelle geführt. Er meinte, die Polizei solle wissen, daß eine Frau, mit der er zusammen arbeitete, behauptete, auf einer Party kurz nach dem Mord habe ein Mann gesagt, er sei am Tag ihres Todes in Karlas Haus gewesen.

O'Connor und Rick White verhörten die Frau, deren Name Vicki White war. Sie bestätigte diese Geschichte und sagte, sie und ihr Mann Mark seien auf einer Party bei Spencer und Roxanne Bond gewesen, wo sie sich mit einem Mann unterhalten habe, den sie vom College her kannte. Der Mann habe gesagt, er sei am Tag des Mordes in Karlas Haus gewesen. Er habe erwähnt, wo man sie gefunden und daß sie eine Bißwunde an der Schulter gehabt hätte. Er wolle die Stadt verlassen, weil er glaube, man sähe in ihm einen der Hauptverdächtigen. Damals hatte sie das alles als eitles Gerede abgetan.

Der Name des Mannes war John Prante.

Wie konnte er so kurz nach dem Mord von den Bißspuren wissen, wenn die Polizei erst zwei Jahre später davon erfuhr? Das fragten sich O'Connor und White. Dann verhörten sie den Gastgeber der Party, Spencer Bond, der sich ebenso an das Gespräch erinnerte wie Vicki und Mark White. Bond erwähnte außerdem, daß Main ihm Einzelheiten darüber mitgeteilt hatte, wie Karla aufgefunden worden war. Es stellte sich die Frage, ob Main das von Prante wußte oder umgekehrt. Obwohl Prante sich am Lügendetektor besser behauptet hatte, glaubten weder Weber noch die Polizei, daß Main kaltschnäuzig genug war, ein solches Verbrechen zu begehen, und auf jeden Fall nicht intelligent genug, um es Prante anzuhängen.

Bond hatte Prante kürzlich gesehen, als der mit seinem VW-Bus vorbeifuhr. Farbe und Marke hatte ich richtig vermutet, nur mit dem Modell hatte ich mich vertan. Aber das allein schon war bezeichnend. Zu dieser Zeit etwa stellten wir eine veränderte Vorliebe der Täter für Vans – Lieferwagen und Kleinbusse – fest. Bittaker und Norris fuhren einen, Steven Pennell besaß auch so einen. Im Gegensatz zur Limousine kann man im Laderaum eines Vans tun und lassen, was man will, ohne gesehen zu werden. Somit besaß man einen »mobilen Tatort«.

Es überraschte mich nicht, daß John Prante sich seit dem Mord einen Bart hatte stehen lassen. Bond willigte ein, eine Wanze bei sich zu tragen, während er mit Prante über den Fall sprach. Zwar gestand Prante den Mord nicht, bewies jedoch, wie ähnlich er dem Profil war. Er hatte an eben dem College seine Ausbildung gemacht, das auch Karla besucht hatte. Er hatte die Stadt nach dem Mord verlassen. Er war geschieden und hatte Probleme mit Frauen. Er war extrem neugierig, was die Ermittlungen anging.

Am 3. Juni erwirkte Webers Büro einen Gerichtsbeschluß, der Prante aufforderte, am kommenden Tag einen Gebißabdruck abzuliefern. Chief Don Greer erklärte ihm, sie versuchten, offene Fragen zu klären, und wenn der Abdruck nicht übereinstimme, könne man ihn als Verdächtigen streichen.

Nachdem er aus der Zahnarztpraxis kam, rief Prante, ganz wie ich erwartet hatte, bei Weber an. Er wollte wissen, was sich bei den Ermittlungen tat. Weber war geistesgegenwärtig genug, seinen Assistenten Keith Jensen gleichzeitig an den Apparat zu holen, um sicherzustellen, daß er selbst später nicht als potentieller Zeuge vom Fall abgezogen werden konnte. Im Gespräch mit Weber widersprach Prante seiner früheren Darstellung des Zeitpunktes, zu dem er in Paul Mains Haus gewesen sei. Wie vorausgesehen gab er sich den Anschein, zur Zusammenarbeit bereit zu sein.

Die Polizei bekam weitere Informationen bei einer zweiten Unterhaltung zwischen Bond und Prante und durch ein abgehörtes Gespräch zwischen Bond und Main. Prante erzählte Bond, er rauche inzwischen mehrere Päckchen Zigaretten am Tag, Main ging so weit zu sagen, vielleicht habe Karla Prante wütend gemacht, weil sie seine Annäherungsversuche zurückgewiesen habe. Das führte zu einem weiteren Polizeiverhör mit Main, wobei er erklärte, er glaube, Prante sei für den Mord verantwortlich, was er jedoch nach einem Privatgespräch mit Prante widerrief.

Am folgenden Dienstag flogen Weber, Rushing und Greer nach Long Island, um mit Dr. Levine zu sprechen. Sie gaben ihm die neuen Autopsiefotos und drei Sätze von Gebißabdrücken – Mains, die eines weiteren Verdächtigen und Prantes. Levine schloß die ersten beiden sofort aus. Er konnte nicht mit wissenschaftlicher Sicherheit sagen, daß auf der ganzen weiten Welt nur Prantes Zähne zu den Bißspuren paßten, aber das taten sie – und zwar perfekt.

Paul Main wurde wegen Behinderung der Justiz verhaftet. Prante klagte man des Mordes und des Einbruchs zum Zwecke der Vergewaltigung an. Sein Prozeß begann im Juni 1983. Er wurde schuldig gesprochen und zu fünfundsiebzig Jahren Gefängnis verurteilt.

Es hatte vier Jahre gedauert, aber durch die gemeinsamen Bemühungen vieler Entschlossener wurde ein Mörder schließlich vor Gericht gestellt. Besonders freute ich mich über die Kopie eines Briefes vom stellvertretenden Staatsanwalt Keith Jensen an FBI-Direktor William Webster. Darin schrieb er: »Endlich fühlen sich die Menschen sicher, und die Familie hat das Gefühl, der Gerechtigkeit sei Genüge getan, was beides ohne John Douglas nicht möglich gewesen wäre. Er ist ein sehr umsichtiger Mann, und seine Anstrengungen sollten nicht unerwähnt bleiben. Ich möchte meinem tiefen Dank Ausdruck verleihen und wünschte, es gäbe mehr Männer wie John Douglas, mit seiner Kompetenz, seiner Kraft und der ausgeprägten Fähigkeit, andere zu unterstützen.«

Das waren wahrhaftig freundliche Worte. Glücklicherweise hatte ich im vorangegangenen Januar Jim McKenzie, dem stellvertretenden Leiter der Academy, meine Überzeugung vorgetragen, daß wir »mehr Männer wie John Douglas« brauchten. Es gelang ihm, das Hauptquartier davon zu überzeugen, obwohl deshalb Leute von anderen Programmen abgezogen werden mußten. So stießen Bill Hagmeier, Jim Horn, Blaine McIlwaine und Ron Walker in der ersten Runde zu mir, Jim Wright und Jud Ray in der zweiten. Wie sich bald zeigen sollte, würde jeder von ihnen einen wichtigen Beitrag leisten.

Trotz aller Bemühungen dauert es – wie in Karla Browns Fall – manchmal Jahre, den Täter zu fassen. Andere ebenso komplexe Fälle lassen sich wiederum in Tagen oder Wochen lösen, wenn alles richtig läuft.

Als die Stenographin Donna Lynn Vetter, die in einem der südwestlichen FBI-Außenbüros arbeitete, eines Abends in ihrer Erdgeschoßwohnung vergewaltigt und ermordet wurde, erhielten Roy Hazelwood und Jim Wright vom Büro des Direktors den klaren Auftrag: Fahrt sofort da runter und löst den Fall. Inzwischen hatten wir unsere Aufgaben in Regionen eingeteilt. Für diese Region war Jim zuständig.

Die Botschaft sollte laut und deutlich sein: Keiner kommt damit durch, FBI-Personal zu töten, und wir werden alles tun, damit das so bleibt. Um zwei Uhr am folgenden Nachmittag brachte ein Hubschrauber vom FBI Hostage Rescue Team die beiden

Agenten und ihre eilig gepackten Reisetaschen von Quantico zur Andrews Air Force Base in Maryland, wo sie an Bord eines FBI-Jets gingen. Nach der Landung fuhren sie sofort zum Tatort, den die lokale Polizei extra für sie unberührt gelassen hatte.

Donna Vetter war eine weiße, zweiundzwanzigjährige Frau, die auf einer Farm aufgewachsen war. Obwohl sie seit über zwei Jahren für das FBI arbeitete, war sie erst vor acht Monaten in die Stadt gezogen. In ihrer Naivität gegenüber den Gefahren städtischen Lebens hatte sie eine Wohnung in einem Industrievorort bezogen, der vornehmlich von Schwarzen und hispanischen Einwohnern geprägt war. Die Hausmeisterin war sich der Gefahren der Gegend bewußt. Sie hatte große weiße Glühbirnen – statt der üblichen gelben – über den Türen der Apartments angebracht, in denen alleinstehende Frauen wohnten, damit ihre Angestellten und die Wachleute besonders auf diese Wohnungen achteten. Dieses System hatte man diskret eingeführt. Doch bei aller guten Absicht war es selbst von einem einfachen Spanner leicht zu durchschauen.

Die Polizei war um kurz nach elf Uhr abends gerufen worden, als einem anderen Bewohner auffiel, daß ein Fliegenfenster von Vetters Apartment herausgerissen war, und daraufhin der Wachmann alarmiert worden war. Die Leiche des Opfers war unbekleidet, das Gesicht, zertrümmert und von zahlreichen Stichwunden übersät, war blutüberströmt. Die Autopsie ergab, daß man die Frau vergewaltigt hatte.

Der Täter war durch das Vorderfenster eingedrungen und hatte dabei eine große Topfpflanze umgeworfen. Das Telefonkabel war aus der Wand gerissen. Große Blutflecken fanden sich auf dem Eßzimmerteppich und dem Küchenfußboden, wo der Hauptangriff stattgefunden zu haben schien. Ein Fleck – dort, wo die Leiche gelegen hatte – sah beklemmenderweise aus wie ein lebensgroßer Engel, die Flügel ausgebreitet. Blutspuren deuteten darauf hin, daß das Opfer ins Wohnzimmer geschleppt worden war. Nach den Wunden an der Leiche zu urteilen, schien es, als habe die Frau nach einem Küchenmesser gegriffen, um sich zu wehren, doch der Täter hatte ihr das Messer abgenommen und es gegen sie gewendet.

Donna Vetters blutdurchtränkte Kleider fand das Notarztteam auf dem Küchenfußboden bei den Schränken. Ihre Shorts und Unterhosen waren aufgerollt, was darauf hindeutete, daß sie vom Täter ausgezogen worden waren, als sie am Boden lag. Als die Polizei am Tatort eintraf, war die Wohnung dunkel. Man vermutete, daß der Mörder das Licht, um die Entdeckung der Tat hinauszuzögern, gelöscht hatte, als er flüchtete.

Nach allem, was sie von Arbeitskollegen, Familie und Nachbarn erfuhren, war die junge Frau schüchtern, solide und fromm. Sie war in einer streng religiösen Umgebung aufgewachsen und nahm ihren Glauben sehr ernst. Sie war nicht sonderlich attraktiv und schien – wenn überhaupt – nur wenig Sozialkontakte zu pflegen, weder mit Männern noch mit Kollegen, die sie als gewissenhaft und fleißig, aber »seltsam« beschrieben. Das hatte wahrscheinlich viel mit ihrer fehlenden Ausstrahlung und ihrer behüteten Kindheit zu tun. Niemand wußte von irgend etwas Verbotenem zu berichten oder daß sie sich mit den »falschen Leuten« herumgetrieben hätte. Weder Drogen noch Alkohol, Zigaretten oder Anti-Baby-Pillen wurden in ihrer Wohnung gefunden. Die Eltern waren absolut von ihrer Keuschheit überzeugt und sagten, sie hätte alles getan, um sich ihre Jungfräulichkeit zu bewahren. Zu diesen Schlüssen kamen Roy und Jim, nachdem sie sich den Tatort angesehen hatten. Zwar war alles voller Blut, aber eine bestimmte Blutspur weckte ihr besonderes Interesse. Sie fand sich direkt vor der Badezimmertür. Im Badezimmer selbst fiel ihnen Urin in der Toilettenschüssel auf, ohne Papier und nicht abgezogen.

Nun bekamen sie eine Ahnung davon, was zwischen dem Eindringling und dem Opfer vorgefallen war. Sie mußte im Badezimmer gewesen sein, als sie den Einbrecher hörte. Sie stand auf, ohne sich die Zeit zu nehmen, die Spülung zu betätigen, und ging hinaus, weil sie sehen wollte, was los war. Sobald sie aus der Badezimmertür kam, schlug der Täter ihr hart ins Gesicht, vor allem wohl, um sie außer Gefecht zu setzen. Jim und Roy fanden die Mordwaffe, ein Küchenmesser, versteckt unter einem Sitzkissen im Wohnzimmer.

Die Mordwaffe selbst sagte ihnen, daß der Täter nicht mit

Mordabsichten in die Wohnung eingedrungen war. Und der Umstand, daß nichts von Wert gestohlen worden war, wies darauf hin, daß er nicht mit der Absicht zu stehlen gekommen war. Die Beweislage deutete an, daß er sie vergewaltigen wollte. Wäre er aufgetaucht, um sie zu ermorden, und nicht, um Zeit mit ihr zu verbringen, hätte kein Grund bestanden, das Telefonkabel aus der Wand zu reißen. Der einfache Zugang zum Apartment, die Schüchternheit des Opfers, sein Überraschungsangriff, bevor er auch nur ein Wort zu ihr sagte – alles wies auf einen aggressiven Macho-Typ mit geringer Intelligenz und ohne Zutrauen in seine Fähigkeit hin, jemand anderen mit seinen Worten lenken zu können. Wenn er sein Opfer nicht gleich von Anfang an kontrollierte, so wußte er, würde er nicht zum Ziel kommen.

Nur hatte er nicht damit gerechnet, wie wütend diese scheue, stille Frau sich wehren würde. Ihr Werdegang sagte Roy und Jim, daß sie sich genau so verhalten hätte, um ihre Ehre zu verteidigen. Doch das konnte der Täter nicht wissen. Je heftiger sie sich seiner erwehrte, desto mehr lief er Gefahr, die Kontrolle zu verlieren, und desto wütender wurde er. Im Mordfall Karla Brown hatte ich das Gefühl gehabt, daß der Zorn des Täters, verglichen mit der Notwendigkeit, mit der Situation »fertigzuwerden«, die er angerichtet hatte, nur zweitrangig war. Bei diesem Mord aber sah es so aus, als hätten die Wut und die Zwangslage, mit dem Opfer fertigwerden zu müssen, gleiches Gewicht. Die Wut hielt in diesem Fall an, sie war kein kurzer Ausbruch. Die Schleifspuren zeigten, daß er sie, nachdem er in der Küche über sie hergefallen war, in einen anderen Raum gezerrt hatte, wo er sie vergewaltigte, während sie dalag, blutend und sterbend.

Roy und Jim begannen noch am Abend ihrer Ankunft, ihr Täterprofil zu entwerfen. Sie suchten nach einem Mann zwischen zwanzig und siebenundzwanzig Jahren. Normalerweise würde man, war das Opfer weiß, bei einem Sexual- oder Lustmord davon ausgehen, daß auch der Täter weiß ist. Aber die beiden waren fest davon überzeugt, daß diese Tat als Vergewaltigung begonnen hatte und somit die »Regeln« der Vergewaltigung galten. Es handelte sich um einen vornehmlich von Schwarzen und Hispanos bewohnten Gebäudekomplex, was für das ganze Viertel galt, und hier war die Quote der weißen Frauen, die von schwarzen Männern vergewaltigt wurden, nicht unerheblich. Die Wahrscheinlichkeit war groß, daß es sich bei dem Mörder um einen Schwarzen handelte.

Sie glaubten nicht, daß der Unbekannte verheiratet wäre, aber er mochte in finanzieller Abhängigkeit leben. Frauen, die ein Verhältnis mit ihm hätten, wären jünger, weniger erfahren und in gewisser Weise leicht zu beeinflussen. Er würde sich nicht auf jemanden einlassen, den er als bedrohlich oder einschüchternd empfand. Zwar wäre er von eher geringer Intelligenz und hätte auf der Schule keinen bleibenden Eindruck hinterlassen (wo er wahrscheinlich Verhaltensprobleme gezeigt hatte), aber er würde sich im Milieu auskennen und wäre in der Lage, sich in einer Schlägerei zu behaupten. Er würde vor den Leuten in seiner Umgebung hart und als Macho erscheinen wollen, und er würde die beste Kleidung tragen, die er sich leisten konnte. Entsprechend wäre er athletisch und darauf bedacht, sich in Form zu halten.

Er würde in einer eher billigen Mietwohnung leben, die er vom Tatort zu Fuß erreichen konnte. Er würde einen untergeordneten Job ausüben, hätte regelmäßig Streit mit Kollegen oder Vorgesetzten. Wegen seines explosiven Naturells wäre er nicht beim Militär gewesen, oder falls doch, hätte man ihn entlassen. Die Agenten glaubten nicht, daß er bereits früher einen Mord begangen hatte, aber Einbrüche und Körperverletzung gingen durchaus auf sein Konto. Roy Hazelwood, einer der führenden Experten, was Vergewaltigung und allgemein Gewalttaten gegen Frauen anging, war fest davon überzeugt, daß eine Akte über ihn wegen Vergewaltigung und sexueller Nötigung existierte.

Sie stellten Vermutungen zu seinem Verhalten nach der Tat an, das in mancher Hinsicht an Karla Browns Mörder erinnerte, darunter das Fehlen bei der Arbeit, verstärktes Trinken, Gewichtsverlust und eine äußerliche Veränderung. Wichtiger noch war, daß sie glaubten, dieser Tätertyp würde sich einem Familienmitglied oder engen Freund anvertrauen. Und das konnte der Schlüssel für eine proaktive Strategie sein, ihn zu fassen.

Da sie annahmen, daß der Unbekannte die Nachrichtensendungen verfolgte, beschlossen Roy und Jim, ihr Profil zu veröffentlichen und den Lokalzeitungen Interviews zu geben. Das entscheidende Detail, das sie für sich behielten, war die Hautfarbe des Täters. Für den Fall, daß sie sich täuschen sollten, wollten sie die Ermittlungen nicht in die Irre führen und die Spurensuche fehlleiten.

Was sie jedoch so deutlich wie möglich machten, war ihre Überzeugung, daß derjenige, mit dem der Täter über den Mord gesprochen hatte, sich nun selbst in großer Gefahr befand, nachdem er (oder sie) diese belastende Information kannte. Falls Sie sich in dieser Beschreibung erkennen, drängten sie, nehmen Sie bitte dringend Kontakt zu den Behörden auf, bevor es zu spät ist. Nach zweieinhalb Wochen rief ein Komplize des Täters die Polizei an. Der Mörder wurde verhaftet und aufgrund von Handabdrücken, die man am Tatort gefunden hatte, angeklagt.

Als wir das Profil später durchgingen, stellten wir fest, daß Jim und Roy den Nagel auf den Kopf getroffen hatten. Der Täter war ein zweiundzwanzigjähriger Schwarzer, der vier Blocks vom Tatort entfernt wohnte. Er war alleinstehend, lebte bei seiner Schwester und war finanziell von ihr abhängig. Zum Zeitpunkt des Mordes stand er unter Bewährung wegen Vergewaltigung. Man machte ihm den Prozeß, sprach ihn schuldig und verurteilte ihn zum Tode. Seine Hinrichtung ist noch nicht lange her.

Oft genug habe ich meinen Leuten gesagt, wir sollten uns wie einsame Cowboys verhalten, die in die Stadt geritten kommen, der Gerechtigkeit auf die Sprünge helfen und dann in aller Stille weiterreiten. Dann würde es heißen:

Wer waren diese maskierten Männer? Sie haben uns eine Silberkugel dagelassen.

Die? Ach, die waren aus Quantico.

In diesem speziellen Fall ritten Jim und Roy leise aus der Stadt. Man hatte sie im Privatjet des FBI in aller Eile hinuntergeflogen, jetzt kehrten sie in der Touristenklasse zurück, zwischen fröhlichem Ferienvolk und kreischenden Kindern auf einem Linienflug. Aber wir wußten, was sie geleistet hatten, und das wußten auch die Empfänger der »Silberkugel«, die sie dagelassen hatten.

KAPITEL FÜNFZEHN
Wir verletzen, wen wir lieben

Eines Tages, als er gerade in seinem fensterlosen Büro in Quantico Akten durchsah, erhielt Gregg McCrary einen Anruf von einem der Polizeireviere in seiner Region. Es ging um einen dieser quälenden Fälle, von denen man nur zu oft zu hören bekommt.

Eine junge, alleinstehende Mutter kam aus ihrer Bungalowanlage, um mit ihrem zweijährigen Sohn einkaufen zu gehen. Kurz bevor sie in ihren Wagen stieg, bekam sie plötzlich Magenkrämpfe, lief über den Parkplatz zurück und eilte zu einem Waschraum am Hintereingang des Wohnhauses. Es war ein sicheres, freundliches Viertel, in dem jeder den anderen kannte. Sie gab ihrem kleinen Jungen die strikte Anweisung, im Gebäude zu bleiben und leise zu spielen, bis sie wiederkam.

Sicher ahnen Sie schon, was als nächstes passiert. Erst etwa fünfundvierzig Minuten später kommt sie aus dem Waschraum wieder. Sie sieht sich um, und das Kind ist nicht im Vorraum. Bis dahin ist sie noch nicht besorgt, geht hinaus und denkt sich, der Kleine sei rausgegangen, auch wenn es draußen kühl und frisch ist.

Doch dann sieht sie: Einer der Fäustlinge ihres kleinen Jungen liegt auf dem Asphalt, und von ihm selbst ist nichts zu sehen. Da gerät sie in Panik.

Sofort läuft sie in ihre Wohnung und wählt 911. Aufgeregt be richtet sie der Notfallzentrale, ihr Kind sei entführt worden. Die Polizei sucht wenig später die Gegend ab. Keine Spur. Inzwischen ist die junge Frau nahe dem Nervenzusammenbruch.

Die Medien nehmen sich der Geschichte an. Die Mutter stellt sich vor das Mikrofon und fleht denjenigen, der ihren Sohn mitgenommen hat, an, ihn wieder zurückzubringen. So groß das Mitgefühl der Polizei auch sein mag, will man doch sichergehen und führt in aller Stille einen Lügendetektortest durch, den sie besteht. Die Polizei weiß, daß der Zeitfaktor bei Kindesentführungen entscheidend ist, weshalb man Gregg anruft.

Er läßt sich zunächst berichten, was vorgefallen ist, hört sich dann auch die Aufnahme des Notrufs an. Irgend etwas daran gefällt ihm nicht. Dann ergibt sich eine neue Entwicklung. Die Frau bekommt ein kleines Päckchen mit der Post. Darauf steht kein Absender, kein Brief oder Zettel ist beigelegt, nur der zweite Fäustling, passend zu dem, den die Frau auf dem Parkplatz gefunden hat. Sie bricht zusammen.

Aber jetzt ist Gregg seiner Sache sicher! Er erklärt der Polizei, der Junge sei tot, die Mutter habe ihn ermordet.

Wie wollen Sie das wissen? drängen die Polizisten. Ständig werden Kinder von Triebtätern entführt. Woher wissen Sie, daß es nicht wieder so ein Fall ist?

Gregg erklärt: Erstens ist da das Szenario selbst. Niemand hat mehr Angst, daß ein Kind von einem Triebtäter entführt wird, als die Mutter selbst. Ergibt es einen Sinn, daß sie ihren Sohn fast eine Stunde allein läßt? Wenn sie über längere Zeit im Waschraum sein mußte, hätte sie ihn nicht mitgenommen oder irgend etwas anderes arrangiert? Zwar ist möglich, daß alles sich so zutrug, wie sie sagt, doch die Sache sieht anders aus, fängt man an, die einzelnen Faktoren zusammenzusetzen.

Auf dem Notrufband sagt sie ganz deutlich, jemand habe ihr Kind »entführt«. Nach Greggs Erfahrung würden Eltern fast alles tun, um eine derart schreckliche Möglichkeit psychisch zu verdrängen. Man würde erwarten, daß sie in der Aufregung sagt, er sei nicht mehr da, er sei weggelaufen, sie wisse nicht, wo er sei, oder irgend etwas anderes in der Art. Ihre Verwendung des Wortes *entführen* deutet in diesem Stadium an, daß sie bereits im voraus an das denkt, was kommen wird.

Die tränenreiche Bitte vor den Medien ist an sich nicht belastend, auch wenn uns noch immer das Bild von Susan Smith aus South Carolina vor Augen ist, wie sie darum fleht, daß ihre beiden kleinen Söhne heil wieder nach Hause kommen sollen. Normalerweise sind Eltern, die so etwas tun, absolut ehrlich. Das Problem besteht darin, daß diese Art der öffentlichen Darstellung gelegentlich jenen zu Glaubwürdigkeit verhilft, die es nicht verdienen.

Was für Gregg dem Ganzen die Krone aufsetzte, war das Auftauchen des Fäustlings. Generell werden Kinder aus einem von drei Gründen entführt: Sie werden von Kidnappern mitgenommen, die Geld erpressen wollen; sie werden von Kinderschändern entführt, die sie sexuell mißbrauchen wollen; und sie werden von traurigen, einsamen, labilen Menschen mitgenommen, die verzweifelt ein eigenes Kind wollen. Der Kidnapper muß Kontakt zur Familie aufnehmen, entweder telefonisch oder schriftlich, um seine Forderung deutlich zu machen. Die anderen beiden Tätergruppen wollen ohnehin nichts mit der Familie zu tun haben. Kein Täter aus einer dieser drei Kategorien schickt einfach nur einen Gegenstand zurück, um der Familie mitzuteilen, daß das Kind entführt wurde. Das weiß sie ja bereits. Sollte es einen Beweis für das Verbrechen geben, würde er von einer Forderung begleitet. Ansonsten wäre er bedeutungslos.

Gregg kam zu dem Schluß, daß die Mutter eine Entführung so inszeniert hatte, wie sie nach ihrer Meinung stattfinden würde. Leider hatte sie keine Ahnung von der realen Dynamik eines solchen Verbrechens und hatte damit ihre eigenen Pläne durchkreuzt.

Offensichtlich hatte sie Gründe für ihre Tat und konnte sie vor sich selbst so aussehen lassen, als habe sie nichts Böses getan. So bestand sie den Lügendetektortest. Doch damit gab sich Gregg nicht zufrieden. Er zog einen erfahrenen FBI-Spezialisten hinzu und ließt sie noch einmal testen, diesmal mit dem Wissen, daß sie unter Verdacht stand. Und dieses Mal fiel das Ergebnis vollkommen anders aus. Nach einigen direkten Fragen gestand sie, das Kind ermordet zu haben, und führte die Polizei zu seiner Leiche.

Ihr Motiv war geläufig, was Gregg von vornherein vermutet hatte. Sie war eine junge, alleinstehende Mutter, der alle Vergnügungen fehlten, die man um die zwanzig herum erleben kann. Sie mußte sich statt dessen stets um ihr Kind kümmern. Sie hatte einen Mann kennengelernt, der ihre Beziehung vertiefen und mit ihr eine neue Familie gründen wollte. Nur hatte er erklärt, daß im gemeinsamen Leben kein Platz für dieses Kind sei.

Bezeichnend für einen solchen Fall ist es, daß Gregg – selbst wenn die Polizei auf eine Leiche gestoßen wäre, ohne daß ein Kind vermißt würde – dennoch denselben Schluß gezogen hätte. Das Kind wurde im Wald gefunden, begraben in seinem Schneeanzug, in eine Decke gewickelt, dann vollständig mit einer dicken Plastiktüte zugedeckt. Ein Kidnapper oder Kinderschänder hätte sich niemals soviel Mühe gegeben, damit das Kind es warm und »gemütlich« hätte oder damit die Leiche vor Wind und Wetter geschützt sei. Die Umstände von Leichenfunden spiegeln oft Verachtung und Feindseligkeit. Die Hauptmerkmale dieser Bestattung hingegen waren Liebe und Schuldgefühle.

Die Geschichte der Menschheit kennt viele Berichte von Verletzungen, die wir denen zufügen, die wir lieben oder doch lieben sollten. Beim ersten Fernsehinterview, das Alan Burgess gab, nachdem er Chef der »Spezialeinheit für Serienverbrechen« geworden war, erklärte er: »Gewalttaten kennen wir seit vielen Generationen, denn sie reichen zurück bis in biblische Zeiten, als *Kain Abel erschoß.*« Glücklicherweise schienen die Reporter diese implizite Modernisierung der ersten Mordwaffe nicht mitbekommen zu haben.

In einem der größten Fälle im England des 19. Jahrhunderts ging es angeblich um innerfamiliäre Gewalt. 1860 fuhr Inspector Jonathan Whicher vom Scotland Yard in den kleinen Ort Frome in Somerset, um wegen des Mordes an einem Baby namens Francis Kent aus einer prominenten Familie der Gegend zu ermitteln. Die örtliche Polizei war überzeugt, daß das Kind von Zigeunern ermordet worden war, doch nach seinen Ermittlungen war Whicher sicher, daß Francis' sechzehnjährige Schwester Constance den Mord begangen hatte. Aufgrund des Ansehens der Familie und der bloßen Vorstellung, daß ein minderjähriges Mädchen ihren kleinen Bruder getötet haben sollte, wurden Whichers Beweise vor Gericht zurückgewiesen und Constance von den Anschuldigungen gegen sie freigesprochen.

Unverhältnismäßig scharfe öffentliche Reaktionen zwangen Whicher, seinen Dienst bei Scotland Yard zu quittieren. Jahrelang arbeitete er auf eigene Faust, um zu beweisen, daß er recht gehabt hatte und diese junge Frau eine Mörderin war. Schließlich, verarmt und krank, mußte er sein Anliegen aufgeben – ein Jahr, bevor Constance Kent die Tat gestand. Erneut wurde sie vor Gericht gestellt und diesmal zu lebenslänglicher Haft verurteilt. Drei Jahre später schrieb Wilkie Collins seinen bahnbrechenden Detektivroman *Der Monddiamant* und gründete ihn auf den Fall Kent.

Der Schlüssel zu vielen Morden unter Paaren oder Verwandten ist die Inszenierung. Jeder, der dem Opfer so nah wie ein naher Verwandter ist, muß dringend etwas unternehmen, um Verdacht von sich abzulenken. Eines der frühesten Beispiele, an denen ich gearbeitet habe, war der Mord an Linda Haney Dover in Cartersville, Georgia, am 2. Weihnachtstag des Jahrs 1980.

Obwohl sie von ihrem Mann Larry getrennt lebte, hatten sie doch ein einigermaßen herzliches Verhältnis zueinander. Die einsfünfundfünfzig große, sechzig Kilo schwere, siebenundzwanzig Jahre alte Linda kam sogar regelmäßig in das Haus, das sie einmal gemeinsam bewohnt hatten, um für den Ex-Gatten zu putzen. Sie putzte auch an jenem Freitag, dem 26. Dezember. Larry verbrachte währenddessen mit ihrem gemeinsamen kleinen Sohn einen Tag im Park.

Als die beiden am Nachmittag von ihrem Ausflug wiederkommen, ist Linda nicht mehr da. Statt ein sauberes, aufgeräumtes Haus vorzufinden, sieht Larry, daß das Schlafzimmer ein Schlachtfeld ist. Laken und Kissen wurden vom Bett geworfen, Schubladen halb aufgerissen, Kleidung liegt herum, und auf dem Teppich sind Flecken, die nach Blut aussehen. Larry ruft die Polizei, die sofort kommt und das Haus absucht, drinnen wie draußen.

Sie finden Lindas Leiche in ein Deckbett aus dem Schlafzimmer gewickelt, aus dem nur ihr Kopf herausschaut, draußen im Kriechgang unter dem Haus. Als sie die Frau aus der Decke wickeln, sehen sie, daß ihr Hemd und ihr BH über die Brüste geschoben wurden, die Jeans um die Knie, die Unterhose bis kurz unter die Scham. Sie hat Schläge an den Kopf und ins Gesicht bekommen, mit einem stumpfen Gegenstand, und mehrere Stichwunden, die ihr nach Ansicht der Beamten zugefügt wurden, nachdem der BH hochgeschoben worden war. Die Tatwaffe scheint ein Messer aus einer offenen Küchenschublade zu sein, aber sie können es nicht finden (und finden es auch später nicht). Spuren am Tatort deuten darauf hin, daß sie im Schlafzimmer überfallen worden und ihre Leiche dann nach draußen und in den Kriechgang geschafft worden ist. Blut auf ihren Schenkeln zeigt, daß der Mörder sie hin- und hergedreht hat.

Ausgehend von den Tatortfotos und der Information, welche die Polizei von Cartersville mir geschickte hatte, erklärte ich, der Täter müsse in eine von zwei Kategorien fallen. Möglicherweise wäre er ein junger und unerfahrener, unreifer Einzelgänger, der in der Nähe wohnte und im Grunde aus Gelegenheit in diese Tat hineingestolpert war. Nachdem ich das gesagt hatte, erwähnten die Polizisten, sie hätten Ärger mit einem Schläger aus der Nachbarschaft gehabt, vor dem sich viele Einwohner fürchteten.

Doch das Verbrechen wies zu viele Elemente einer Inszenierung auf, was mich eher der zweiten Kategorie zuneigen ließ: Jemand, der das Opfer gut kannte und der die Aufmerksamkeit von sich ablenken wollte. Der einzige Grund, warum ein Täter die Leiche auf dem Grundstück verstecken sollte, wäre ein »Mord aus persönlichen Gründen«. Auch die Verletzungen im Gesicht und am Hals schienen höchst persönlicher Natur.

Ich erklärte, dieser Täter sei intelligent, habe aber nur eine High-School-Ausbildung und arbeite in einem Job, für den körperliche Kräfte nötig seien. Er sei schon früher durch Körperverletzungsdelikte aufgefallen und sei schnell zu frustrieren. Er sei launisch, unfähig, eine Niederlage einzustecken, und zum Zeitpunkt des Mordes wahrscheinlich aus dem einen oder anderen Grunde deprimiert gewesen, höchstwahrscheinlich wegen finanzieller Probleme.

Die Inszenierung hatte ihre eigene, interne Logik. Wer auch immer Linda auf dem Gewissen hatte, wollte ihre Leiche nicht offen liegenlassen, wo ein anderes Familienmitglied – besonders ihr Sohn – sie finden würde. Aus diesem Grunde nahm der Täter sich die Zeit, sie in eine Decke zu wickeln und in den Kriechgang zu schleppen. Es sollte wie ein Sexualverbrechen aussehen – deshalb war der BH hochgeschoben und der Schambereich freigelegt –, obwohl es keinen Hinweis auf Vergewaltigung gab. Er glaubte, es tun zu müssen, fühlte sich jedoch nicht wohl bei dem Gedanken, daß die Polizei ihre nackten Brüste und Genitalien sehen konnte, also bedeckte er sie.

Ich sagte, der Täter gebe sich wahrscheinlich anfangs übermäßig kooperativ und voller Sorge, würde jedoch arrogant und feindselig werden, sobald man sein Alibi anzweifelte. Ich sagte der Polizei, sie solle nach jemandem mit einer tiefgreifenden Veränderung in Verhalten und Persönlichkeit suchen.

»Sein heutiges Auftreten unterscheidet sich unübersehbar davon, wie er vor dem Mord war«, sagte ich.

Was ich nicht wußte, war, daß die Polizei von Cartersville zu diesem Zeitpunkt, als sie mich um ein Profil bat, Larry Bruce Dover bereits des Mordes an seiner Frau bezichtigte und nur sichergehen wollte, daß sie auf dem richtigen Weg war. Das verärgerte mich aus verschiedenen Gründen. Erstens war ich zu der Zeit mit mehr Fällen befaßt, als ich bewältigen konnte. Wichtiger noch aber war, daß solche Ermittlungen das FBI in eine unangenehme Situation bringen konnten. Glücklicherweise – für alle Beteiligten – stellte sich heraus, daß mein Profilentwurf perfekt paßte. Ich erklärte dem Direktor und dem SAC von Atlanta, daß ein geschickter Anwalt – wäre ich nicht so exakt gewesen – mich als Zeugen der Verteidigung hätte vorladen und zu der Aussage zwingen können, daß mein »fachmännisches« Profil in gewissen Merkmalen von dem realen Angeklagten abwich. Von diesem Zeitpunkt an fragte ich die Polizei stets, ob sie einen Verdächtigen im Auge hatte, auch wenn ich nicht wissen wollte, wer es war.

Zumindest wurde in diesem Fall der Gerechtigkeit Genüge getan. Am 3. September 1981 wurde Larry Bruce Dover des Mordes an Linda Haney Dover schuldig gesprochen und zu einem Leben hinter Gittern verurteilt.

Eine weitere Variation des Themas häuslicher Inszenierung ergab sich mit dem Mord an Elizabeth Jayne Wolsieffer, genannt Betty, im Jahre 1986.

Am Samstag, dem 30. August, wurde die Polizei in Wilkes-Barre, Pennsylvania, um kurz nach sieben Uhr morgens zur Birch Street 75, dem Haus eines bekannten Zahnarztes und von dessen Familie, gerufen. Als sie etwa fünf Minuten später eintraf, fanden die Beamten, Dale Minnick und Anthony George, den dreiunddreißigjährigen Dr. Edward Glen Wolsieffer am Boden liegend vor, Opfer einer versuchten Strangulation und eines stumpfen Schlages an den Kopf. Sein Bruder Neil war bei ihm. Neil erklärte, er wohne gegenüber auf der anderen Straßenseite, sei von seinem Bruder angerufen worden und sofort herbeigeeilt. Glen sei benommen und verwirrt gewesen. Er sagte, Neils Telefonnummer sei die einzige gewesen, die ihm eingefallen war. Sobald Neil bei ihm war, hatte er die Polizei gerufen.

Die Männer sagten aus, Glens zweiunddreißigjährige Frau Betty und ihre fünfjährige Tochter Danielle seien oben im Haus. Jedesmal, wenn Neil nach ihnen sehen wollte, hatte Glen wieder das Bewußtsein verloren oder zu stöhnen begonnen, so daß keiner von beiden bisher oben gewesen war. Glen hatte Neil außerdem erklärt, er befürchte, daß noch immer ein Einbrecher im Haus sei.

Die Polizisten Minnick und George durchsuchen das Haus. Sie finden keinen Einbrecher, aber sie entdecken Betty tot im Elternschlafzimmer. Sie liegt auf der Seite, am Boden neben dem Bett, mit dem Kopf am Fußende. Die Druckstellen am Hals, der trockene Schaum um den Mund, die bläuliche Farbe ihres verletzten Gesichts vermitteln den Eindruck, sie sei mit Händen gewürgt worden. Die Laken sind blutverschmiert, aber es scheint, als hätte man ihr das Gesicht gewaschen. Sie trägt ihr Nachthemd, das man ihr bis an die Hüfte hochgeschoben hat.

Danielle schläft unversehrt nebenan. Als sie aufwacht, erzählt sie der Polizei, sie habe nichts gehört, keinen Lärm von einem Einbruch oder Streit oder ähnliches.

Ohne zu beschreiben, was sie oben gefunden haben, fragen Minnick und George bei Dr. Wolsieffer unten nach, was passiert sei. Er sagt, er sei, als es eben hell wurde, von einem Geräusch geweckt worden, das sich anhörte, als würde jemand ins Haus einbrechen. Er habe seine Waffe aus dem Nachtschrank geholt und sei nachsehen gegangen, ohne Betty zu wecken.

Als er sich der Schlafzimmertür genähert habe, habe er einen großen Mann am oberen Ende an der Treppe gesehen. Der Mann schiene ihn nicht bemerkt zu haben. Er folgte ihm nach unten, verlor ihn dann jedoch aus den Augen und begann, im Erdgeschoß nach ihm zu suchen.

Plötzlich sei er von hinten mit einer Art Kordel oder Schnur angegriffen worden, es sei ihm aber noch gelungen, seine Waffe fallenzulassen und eine Hand dazwischenzuschieben, bevor sie sich um seinen Hals zuziehen konnte. Dann trat Glen um sich, traf den Mann im Unterleib und brachte ihn dazu, seinen Griff zu lockern. Bevor Glen sich jedoch umdrehen konnte, so sagte er, schlug man ihm von hinten auf den Kopf, und er verlor das Bewußtsein. Als er wieder zu sich kam, rief er seinen Bruder an.

Dr. Wolsieffers Verletzungen scheinen weder der Polizei noch den Sanitätern, die man zum Tatort gerufen hat, ernster Natur zu sein – eine Quetschung am Hinterkopf, rosafarbene Spuren am Hals, kleine Kratzer an der linken Seite von Rippen und Brust. Aber sie wollen kein Risiko eingehen, und daher lassen sie ihn in eine Notaufnahme bringen. Auch für den Arzt dort sieht er nicht allzu schlimm aus, aber er nimmt ihn auf, da der Patient ihm berichtet hat, er sei ohnmächtig gewesen.

Von Anfang an hegte die Polizei Zweifel an Wolsieffers Geschichte. Es schien nicht logisch zu sein, daß sich ein Einbrecher bei Tageslicht über den ersten Stock Zugang zu einem Haus verschaffte. Draußen fanden sie eine alte Leiter, die am offenen Fenster zum hinteren Schlafzimmer lehnte, welches der Einbre cher angeblich benutzt hatte. Nur war die Leiter so wackelig, daß sie kaum den Eindruck machte, als könne sie auch nur das Gewicht eines durchschnittlich großen Menschen tragen. Sie lehnte an der Seite des Hauses, und die Sprossen deuteten in die falsche Richtung. Die Leiter hatte keine Abdrücke im Boden hinterlassen, was vermuten ließ, daß sie kein Gewicht getragen hatte, und es fanden sich auch keine Spuren an den Aluminiumdachrinnen, an denen sie lehnte. Und weder auf den Sprossen noch auf dem Dach beim Fenster fanden sich Tau oder Gras, wie sie ein Kletterer zu so früher Morgenstunde hinterlassen hätte.

Auch im Haus fanden sich widersprüchliche Hinweise. Nichts von Wert schien entwendet worden zu sein, nicht einmal der Schmuck, der im Schlafzimmer offen herumlag. Und wenn der Einbrecher auf Mord aus war, wieso ließ er dann einen bewußtlosen Mann mit einer Waffe in der Nähe und stieg die Treppe hoch, um dessen Frau zu töten, noch dazu ohne sie zu vergewaltigen?

Zwei Umstände waren ganz besonders irritierend. Wenn Glen bis zur Bewußtlosigkeit gewürgt worden war, wieso fanden sich keine Spuren davon vorn an seinem Hals? Und das Seltsamste von allem: Weder Glen noch sein Bruder Neil waren nach oben gegangen, um nach Betty und Danielle zu sehen.

Was alles noch schwieriger machte, war, daß sich Dr. Wolsieffers Geschichte im Lauf der Zeit wandelte. Seine Beschreibung des Einbrechers wurde immer genauer: Der Mann trug ein dunkles Sweatshirt, eine Strumpfmaske und hatte einen Oberlippenbart, sagte Wolsieffer. In mehreren Punkten widersprach er sich selbst. Familienmitgliedern gegenüber erklärte er, er sei Freitag abend erst spät nach Hause gekommen, habe aber noch mit seiner Frau gesprochen, bevor er schlafen gegangen sei. Der Polizei aber hatte er erzählt, er hätte sie nicht geweckt. Ursprünglich hatte er behauptet, aus der Schreibtischschublade seien etwa 1300 Dollar entwendet worden. Später nahm er das zurück, als die Polizei einen Einzahlungsschein über diesen Betrag fand. Als die Polizei versuchte, ihn zu verhören, nachdem sie in der Notaufnahme eintrafen, schien er kaum bei Bewußtsein und wirkte verwirrt, als man ihm im Krankenhaus jedoch den Tod seiner Frau meldete, erwähnte er, gehört zu haben, wie die Polizei beim Coroner anrief.

Im Laufe der Ermittlungen wartete Glen Wolsieffer mit immer neuen und ausgefeilteren Szenarien auf, die den Überfall erklären sollten. Schließlich kletterte die Zahl der Einbrecher auf zwei. Er gab zu, eine Affäre mit einer ehemaligen Arzthelferin gehabt zu haben, sagte der Polizei jedoch, diese sei schon seit über einem Jahr beendet. Dennoch gestand er später, diese Frau nur wenige Tage vor dem Mord gesehen und mit ihr geschlafen zu haben. Und er unterließ es, der Polizei von einer Affäre mit einer anderen, einer verheirateten Frau, zu erzählen, die er zur selben Zeit gehabt hatte.

Betty Wolsieffers Freunde erklärten der Polizei, sosehr Betty ihren Mann geliebt und versucht hatte, mit der Situation zu leben, hatte sie doch genug gehabt von seinem Verhalten, besonders von seinen langen aushäusigen Freitagabenden, die zur Gewohnheit geworden waren. Wenige Tage vor ihrem Tod hatte sie einer Freundin gesagt, sie wolle Glen »zur Rede stellen«, falls er am kommenden Freitag wieder spät nach Hause käme.

Nach den ersten Gesprächen zu Hause und im Krankenhaus weigerte sich Glen auf Anraten seines Anwalts, mit der Polizei zu sprechen. Also konzentrierte man sich auf seinen Bruder Neil. Dessen Geschichte von diesem Morgen schien fast ebenso seltsam wie Glens. Er wollte sich dem Lügendetektortest nicht unterziehen und sagte, er habe gehört, sie seien oft ungenau, und er fürchte ein Ergebnis, das ihm schaden könne. Nach wiederholten Bitten der Polizei und von Bettys Familie und unter dem Druck der Medien, bei den Ermittlungen zu helfen, vereinbarte Neil im Oktober ein Gespräch mit der Polizei im Gerichtsgebäude.

Gegen 10 Uhr 15 vormittags, etwa eine Viertelstunde nach dem verabredeten Termin für das Gespräch, kam Neil bei einem Frontalzusammenstoß zwischen seinem kleinen Honda und einem Lastwagen ums Leben. Er fuhr gerade vom Gerichtsgebäude weg, als der Unfall passierte. Der Coroner kam zu dem Schluß, daß es sich um einen Selbstmord handelte, obwohl es später so aussah, als habe er eine Abfahrt verpaßt und in seiner Nervosität umkehren wollen. Aber das werden wir wohl nie genau erfahren.

Ein Jahr nach dem Mord hatte die Polizei von Wilkes-Barre eine ganze Menge Indizienbeweise zusammengetragen, die auf Glen Wolsieffer als den Mörder seiner Frau hinwiesen, aber sie hatte keine greifbaren Beweise. Seine Fingerabdrücke und sein Haar wurden am Tatort gefunden, aber es war sein eigenes Schlafzimmer, also besagte das nicht viel. Die Polizei vermutete, daß er sich der Schnur oder blutiger Kleidungsstücke im nahegelegenen Fluß hätte entledigen können, und zwar noch bevor er seinen Bruder anrief. Die einzige Hoffnung auf eine Verhaftung und Verurteilung lag darin, den Fall von einer Expertenmeinung stützen zu lassen, die besagte, daß der Mord von jemandem begangen worden sein mußte, der das Opfer gut gekannt und das Szenario am Tatort konstruiert hatte.

Im Januar 1988 bat mich die Polizei von Wilkes-Barre um eine Analyse des Verbrechens. Nachdem ich mir das inzwischen umfangreiche Material angesehen hatte, kam ich sehr bald zu dem Schluß, daß der Mörder das Opfer tatsächlich gut gekannt und den Tatort verändert hatte, um das zu kaschieren. Da die Polizei bereits einen Verdächtigen hatte, wollte ich nicht das übliche Profil abgeben oder mit dem Finger direkt auf den Ehemann zeigen, sondern versuchte, der Polizei einige Munition zu liefern, die eine Verhaftung erwirken konnte.

Bei Tageslicht, am Wochenende, in diesem Viertel, in ein Haus, in dessen Auffahrt zwei Autos parkten, einzubrechen, stellte ein extrem hohes Risiko angesichts eher harmloser Opfer dar. Ein Raub war also höchst unwahrscheinlich.

Es widersprach allem, was wir während unserer Jahre der Forschungen und Beratungen überall auf der Welt erlebt hatten, daß ein Einbrecher in ein Fenster im ersten Stock einstieg, ohne sich erst mal in den oberen Räumen umzusehen.

Nichts wies darauf hin, daß der Einbrecher eine Waffe bei sich gehabt hatte, was einen vorsätzlichen Mord höchst unwahrscheinlich machte. Mrs. Wolsieffer war nicht sexuell mißbraucht worden, was es ebenso unwahrscheinlich machte, daß eine Vergewaltigung zu einem Mord eskaliert war. All das engte die möglichen Motive erheblich ein.

Die Todesart – erwürgt mit den bloßen Händen – zeugt von einem persönlich motivierten Verbrechen. Das ist keine Methode, die ein Fremder wählen würde, besonders nicht jemand, der zielstrebig und geplant eingebrochen wäre.

Methodisch und sorgfältig baute die Polizei ihren Fall auf. Obwohl man überzeugt davon war, wer der Mörder sein mußte, fußten die Beweise allein auf Indizien. Doch vor Gericht mußten sie standhalten. In der Zwischenzeit zog Glen Wolsieffer nach Falls Church, Virginia, außerhalb von Washington D.C., und eröffnete dort eine Zahnarztpraxis. Ende 1989 wurden ein Haftbefehl und eine eidesstattliche Erklärung zum Tatverdacht vorbereitet, die sich auf meinen Bericht stützte. Am 3. November 1989, achtunddreißig Monate nach dem Mord, fuhr ein Team von Polizisten nach Virginia und verhaftete Wolsieffer in seiner Praxis.

Einem der Beamten erklärte er bei seiner Verhaftung: »Alles ging viel zu schnell. Schon waren wir mittendrin. Alles war verschwommen.« Später behauptete er, er habe mit diesem Kommentar den Überfall durch den/die Angreifer auf sich selbst gemeint, nicht den Mord an seiner Frau.

Obwohl ich zu dieser Zeit in mehreren Staaten bereits als Experte der Tatortanalyse galt, nannte mich die Verteidigung den »Voodoo-Mann«, wegen der Art und Weise, wie ich zu meinen Schlüssen gekommen war, und der Richter verfügte schließlich, daß ich nicht aussagen durfte. Gleichwohl konnten die Anklagevertreter verwenden, was ich ihnen gesagt hatte. In Verbindung mit der gewissenhaften Polizeiarbeit waren sie sicher, daß sie eine Verurteilung wegen Mordes erwirken konnten.

Es gab viele Fragezeichen im Fall Wolsieffer. Das auffälligste war jedoch die völlig fehlende Logik im angeblichen Vorgehen und Verhalten des Einbrechers. Jeder, der in ein Haus einbricht, um ein Verbrechen zu begehen, egal, welches Verbrechen, wird sich zuerst um die größte Bedrohung kümmern – in diesem Fall den einsfünfundachtzig großen, hundert Kilo schweren, bewaffneten Hausherrn – und erst dann um die geringere Gefahr, die unbewaffnete Frau.

Ein Ermittler muß seine Antennen auf diese Ungereimtheiten einstellen. Vielleicht, weil wir schon so viele dieser Fälle gesehen haben, sind wir immer darauf bedacht, über das hinauszugehen, was Leute sagen, um herauszufinden, was deren Verhalten tatsächlich bedeutet.

In gewisser Weise sind wir wie Schauspieler, die sich auf eine Rolle vorbereiten. Der Schauspieler sieht die Worte, die in seinem Rollenbuch geschrieben stehen, aber ausdrücken will er, was zwischen den Zeilen steht, was die Szene eigentlich ausmacht.

Eines der deutlichsten Beispiele für das Anwenden dieses Prinzips ist der Mord an Carol Stuart und die schwere Körperverletzung an ihrem Mann Charles 1989 in Boston. Bevor der Fall gelöst wurde, war er zum *cause célèbre* geworden, und er drohte damals einen tiefen Riß im sozialen Gewebe der Stadt zu verursachen.

Eines Abends, als das Ehepaar Stuart nach einem Schwangerschaftskurs nach Hause fuhr, wurden die beiden offenbar von einem großgewachsenen, schwarzen Mann überfallen, während ihr Wagen an einer roten Ampel stand. Der Mann erschoß die dreißigjährige Carol und machte sich dann über den neunundzwanzigjährigen Charles her, der schwerste Unterleibsverletzungen davontrug, die eine sechzehnstündige Operation nötig machten. Obwohl die Ärzte im Krankenhaus fieberhaft daran arbeiteten, Carol zu retten, starb sie nach einigen Stunden. Ihr Baby, Christopher, kam dabei durch einen Kaiserschnitt zur Welt, blieb jedoch nur wenige Wochen am Leben. Charles lag noch im Krankenhaus, als Carol auf einer großen Beerdigung und in Anwesenheit der Medien zu Grabe getragen wurde.

Die Polizei von Boston schritt zur Tat, gabelte alle schwarzen Männer auf, die sie finden konnte und auf die Charles' Beschreibung des Täters paßte. Schließlich suchte er bei einer Gegenüberstellung einen aus.

Kurz darauf jedoch kam seine eigene Geschichte ans Tageslicht. Sein Bruder Matthew bezweifelte, daß es überhaupt zu einem Überfall gekommen sei. Charles hatte ihn nämlich darum gebeten, ihm zu helfen, einen Beutel mit angeblich gestohlenen Gegenständen verschwinden zu lassen. Das machte Matthew mißtrauisch. Einen Tag nachdem der Bezirksstaatsanwalt verkündet hatte, er wolle Mr. Stuart des Mordes anklagen, beging Charles Selbstmord. Er sprang von einer Brücke.

Die schwarze Gemeinde war verständlicherweise wegen der Anschuldigungen empört, die er vorgebracht hatte, wie sie es auch sechs Jahre später war, als Susan Smith fälschlicherweise behauptete, ein schwarzer Mann habe ihre beiden Kinder entführt. Im Fall Smith allerdings gab sich der örtliche Sheriff in South Carolina alle Mühe, das Problem zu vertuschen. Hier aber brachte er, in Zusammenarbeit mit den Medien und Bundesbehörden (unter anderem unserem Special Agent Jim Wright), die Wahrheit ans Tageslicht.

Das Problem mit inszenierten Verbrechen ist für die Strafverfolgungsbehörden, daß man sich allzu leicht mit Opfern und Überlebenden emotional identifiziert und distanzlos verstrickt wird. Ist jemand offensichtlich in Not, wollen wir ihm natürlich gern glauben. Ist er ein halbwegs anständiger Schauspieler und wirkt die Tat oberflächlich glaubwürdig, neigt man dazu, nicht tiefer zu schürfen. Wie Ärzte können auch wir mit den Opfern fühlen, aber wir tun niemandem einen Gefallen, wenn wir unsere Objektivität aufgeben.

Was muß das für ein Mensch sein, der so etwas tut?

So schmerzlich die Antwort auf diese Frage auch sein mag, ist es doch unsere Aufgabe, sie zu finden.

KAPITEL SECHZEHN
»Gott will, daß du zu Shari Faye kommst«

Shari Faye Smith, eine hübsche und lebenslustige Oberstufenschülerin an der High-School, wurde entführt, als sie am Briefkasten vor dem Haus ihrer Familie – in der Nähe von Columbia, South Carolina – anhielt. Sie kam gerade aus einem Einkaufszentrum in der Nähe, wo sie sich mit Richard, ihrem Freund, getroffen hatte. Es war 15 Uhr 38 an einem warmen und sonnigen 31. Mai 1985, zwei Tage bevor Shari auf dem Abschlußfest der Lexington High School die Nationalhymne singen sollte.

Minuten nachdem Shari Faye am Briefkasten gehalten hatte, fand ihr Vater Robert ihren Wagen an der langen Auffahrt zum Haus. Das Tor stand offen, der Motor lief, und Sharis Handtasche lag auf dem Sitz. Sie selbst war nirgends zu sehen. In Panik rief der Vater sofort beim Sheriff's Department von Lexington County an.

So etwas kommt in Columbia einfach nicht vor, dieser stolzen und friedlichen Gemeinde, dieser schieren Verkörperung der »Familienwerte«. Wie kann dieses hübsche, aufgeschlossene, blonde Mädchen direkt vor ihrem Haus verschwinden, und was für eine Art Mensch könnte mit ihrem Verschwinden zu tun haben? Sheriff Jim Metts war ratlos. Er ahnte, daß ihm schwere Wochen bevorstanden. Als erstes organisierte er die größte Menschenjagd in der Geschichte South Carolinas. Beamte von Strafverfolgungsbehörden des Staates und der angrenzenden Counties kamen zu Hilfe, unterstützt von mehr als tausend zivilen Freiwilligen. Als zweites hatte Metts in aller Stille Robert Smith als Verdächtigen ausgeschlossen, der vor aller Öffentlichkeit um die Rückkehr seiner Tochter gefleht hatte.

Die unglückliche Familie Smith wartete auf Nachricht, auf irgendein Zeichen, und wenn es eine Lösegeldforderung wäre. Dann bekamen sie einen Anruf. Ein Mann mit seltsam verzerrter Stimme behauptete, er hielte Shari gefangen.

»Damit Sie wissen, daß ich die Wahrheit sage: Shari hatte einen schwarzgelben Badeanzug unter ihrem Hemd und den Shorts an.«

Sharis Mutter Hilda flehte ihn an, sagte ihm, Shari sei Diabetikerin und bräuchte regelmäßig Essen, Wasser und Medikamente. Der Anrufer stellte keine Lösegeldforderung, sondern sagte nur: »Sie kriegen noch heute einen Brief.« Familie und Polizei waren noch nervöser als zuvor.

Sowohl Mett als auch der Hilfssheriff Lewis McCarts waren Absolventen der National Academy und pflegten ausgezeichnete Beziehungen zum FBI. Ohne zu zögern, rief Metts Robert Ivey, den Chef vom FBI-Büro in Columbia, South Carolina, und meine Einheit in Quantico an. Ich selbst war nicht verfügbar, aber Mett bekam eine prompte und verständnisvolle Antwort von den FBI-Agenten Jim Wright und Ron Walker. Nach der Analyse der Umstände dieser Entführung, der Tatortfotos und Berichte vom Telefonanruf waren sich die beiden Agenten einig, daß man es mit einem raffinierten und extrem gefährlichen Mann zu tun habe und Sharis Leben in großer Gefahr sei. Sie fürchteten, die junge Frau könne bereits tot sein und der Mörder könne schon bald versucht sein, ein weiteres Verbrechen dieser Art zu begehen. Sie vermuteten, daß der Kidnapper gesehen haben könnte, wie Shari ihren Freund Richard im Einkaufszentrum küßte, und ihr daraufhin nach Hause gefolgt war. Ihr Pech war es gewesen, am Briefkasten anzuhalten. Wäre sie dort nicht stehengeblieben oder hätte es noch andere Autos auf der Straße gegeben, wäre das Verbrechen nie geschehen. Das Sheriff's Department installierte ein Tonbandgerät im Haus der Smiths, in der Hoffnung, weitere Anrufe aufnehmen zu können.

Dann traf ein entscheidendes und außerordentlich bewegendes Beweismittel ein. In all meinen Berufsjahren, bei all den grauenvollen, schier unglaublichen Dingen, denen ich begegnet bin, muß ich doch sagen, daß dieses wohl das Herzzerreißendste ist, was ich je gesehen habe. Es handelte sich um einen zweiseitigen, handgeschriebenen Brief von Shari an ihre Familie. Auf der linken Seite waren in Blockbuchstaben die Worte »GOTT IST LIEBE« geschrieben. So belastend ich es nach wie vor finde, diesen Brief zu lesen, dokumentiert er in außergewöhnlicher Weise den Charakter und den Mut dieser jungen Frau, so daß ich ihn in voller Länge hier abdrucken will:

1.6. 85   3:10 Uhr   Ich LIEBE euch alle

Letzter Wille und Testament

Ich Liebe Euch, Mommy, Daddy, Robert, Dawn & Richard und alle anderen und alle Freunde und Verwandten. Ich bin jetzt bei meinem Vater, also macht Euch bitte, bitte keine Sorgen! Denkt nur an mein fröhliches Wesen & die schönen Zeiten, die wir zusammen hatten. Laßt Euch nicht das Leben davon kaputtmachen, lebt immer jeden Tag für Jesus. Es wird auch etwas Gutes bringen. In Gedanken werde ich immer bei & in *Euch* sein! (Klappe geschlossen) Ich liebe Euch alle so *verdammt* sehr. Tut mir leid, Dad, dieses eine Mal mußte ich fluchen! Jesus, vergib mir. Richard, Süßer – ich habe Dich wirklich geliebt & werde Dich *immer* lieben & unsere besonderen Augenblicke in Ehren halten. Ich bitte Dich nur um eins. Nimm Jesus als Deinen persönlichen Retter an. Meine Familie ist der größte Einfluß in meinem Leben gewesen. Das mit dem Reisegeld tut mir leid. Bitte versetzt Euch in meine Lage.

Es tut mir leid, wenn ich Euch jemals irgendwie enttäuscht habe, ich wollte immer nur, daß Ihr stolz auf mich seid, weil ich immer stolz auf meine Familie war. Mom, Dad, Robert & Dawn, es gibt so viel, was ich sagen möchte und schon früher hätte sagen sollen. Ich liebe Euch!

Ich weiß, Ihr werdet mich alle lieben und sehr vermissen, aber wenn Ihr alle zusammenhaltet, wie wir es immer getan haben – *könnt* Ihr es schaffen!

Bitte seid nicht bitter oder betrübt. Alles wird gut für den, der den Herrn liebt.

All meine Liebe für immer –

Ich Liebe Euch alle
von Ganzem Herzen! Sharon (Shari) Smith

P.S. Nana – ich liebe Dich so sehr. Immer habe ich das Gefühl gehabt, dein Liebling zu sein. Du warst meiner!

Ich liebe Dich sehr

Sheriff Metts schickte die Seiten an das Labor von SLED – die South Carolina Law Enforcement Division – zur Analyse des Papiers und der Fingerabdrücke. Als wir in Quantico eine Kopie des Briefes lasen, waren wir ziemlich sicher, daß aus der Entführung ein Mord geworden war. Dennoch klammerte sich die eng zusammenstehende Familie Smith, deren tiefe Religiosität Sharis Brief auf so bewegende Weise zeigt, an die Hoffnung. Und am Nachmittag des 3. Juni bekam Hilda Smith einen kurzen Anruf, ob der Brief eingetroffen sei.

»Glauben Sie mir jetzt?«

»Na ja, ich bin mir nicht sicher, ob ich Ihnen glaube, weil ich noch nichts von Shari gehört habe und wissen muß, ob es Shari gutgeht.«

»Das werden Sie in zwei bis drei Tagen wissen«, sagte der Anrufer düster.

Doch dann rief er am Abend wieder an und sagte, Shari sei am Leben und er werde sie bald freilassen. Verschiedene andere Aussagen des Anrufers sagten uns jedoch etwas anderes:

»Eins will ich Ihnen noch sagen. Shari ist jetzt ein Teil von mir. Physisch, mental, emotional, spirituell. Unsere Seelen sind jetzt eins.«

Als Mrs. Smith um die Zusicherung bat, daß es ihrer Tochter

gutginge, sagte er: »Shari ist sicher ... Sie ist jetzt ein Teil von mir, und Gott achtet auf uns alle.«

Schließlich ließen sich sämtliche Anrufe zu öffentlichen Telefonzellen in der Umgegend zurückverfolgen, aber damals mußte man den Anrufer etwa eine Viertelstunde am Apparat behalten, und das war nie möglich. Aber ein Aufnahmegerät war angeschlossen worden, und Kopien der Bänder vom FBI-Außenbüro wurden eiligst zu uns geschickt. Als Wright, Walker und ich die einzelnen Aufnahmen abhörten, staunten wir über Mrs. Smiths Stärke und Selbstbeherrschung, wenn sie mit diesem Monstrum sprach. Es wurde deutlich, woher Shari ihren Mut hatte.

In der Hoffnung, daß es weitere Anrufe geben würde, fragte Metts uns, was er der Familie raten solle, wie sie damit umgehen sollten. Jim Wright erklärte ihm, sie müßten versuchen, so zu reagieren, wie ein Verhandlungsführer der Polizei es bei einer Geiselnahme tun würde. Das heißt: aufmerksam zuhören, alles, was wichtig sein könnte, wiederholen, um sicherzugehen, daß sie den Anrufer richtig verstanden haben, Reaktionen aus ihm herausholen, damit er mehr von sich und seinem Vorhaben preisgibt. Das könnte sich in mancherlei Hinsicht auszahlen. Erstens könnte es dafür sorgen, daß der Anruf lang genug wird, um ihn erfolgreich zurückzuverfolgen. Und zweitens könnte es dem Anrufer vermitteln, daß man Verständnis für ihn zeigte, was ihn zu weiterer Kontaktaufnahme verleiten könnte.

Zweifellos ist es von einer trauernden, zutiefst erschütterten Familie sehr viel verlangt, ein derart beherrschtes Verhalten zu zeigen. Die Fähigkeit der Smiths, das dennoch zu leisten und uns wichtige Informationen zu beschaffen, war erstaunlich.

Der Entführer rief am nächsten Abend wieder an, sprach diesmal mit Sharis einundzwanzigjähriger Schwester Dawn. Vier Tage war es her, daß Shari entführt worden war. Er nannte Dawn Einzelheiten der Entführung, sagte, er habe mit dem Wagen angehalten, als er sie am Briefkasten stehen sah, habe sich freundlich gegeben, ein paar Fotos von ihr gemacht und sie dann mit vorgehaltener Waffe in den Wagen gezwungen. Während dieser und anderer Unterhaltungen zeigte er sich abwechselnd offen und freundlich, grausam sachlich und schließlich vage bedauernd, daß die ganze Sache »aus dem Ruder gelaufen« sei.

Er setzte seine Erzählung fort: »Okay, morgens vier Uhr achtundfünfzig ... nein, Entschuldigung. Einen Moment. Drei Uhr zehn, Samstag, erster Juni, äh, hat sie mit der Hand geschrieben, was Sie bekommen haben. Vier Uhr achtundfünfzig, Samstag, erster Juni, wurden wir zu einer Seele.«

»Zu einer Seele«, wiederholte Dawn.

»Was bedeutet das?« fragte Hilda aus dem Hintergrund.

»Keine Fragen jetzt«, bestimmte der Anrufer.

Doch wir wußten, was er meinte, trotz seiner Versicherungen, daß die »Segnungen nahe sind« und Shari am kommenden Abend wieder zu Hause wäre. Er riet Dawn sogar, dafür zu sorgen, daß ein Krankenwagen wartete.

»Sie bekommen noch Anweisungen, wo Sie uns finden.«

Für uns in Quantico war der entscheidende Teil des aufgenommenen Gesprächs sein Kommentar zur Zeit: 4 Uhr 58, dann wieder zurück zu 3 Uhr 10. Das wurde für uns durch den bitteren Anruf bestätigt, den Hilda um die Mittagszeit am nächsten Tag entgegennahm:

»Hören Sie gut zu. Nehmen Sie den Highway 378 westlich zum Kreisverkehr. Nehmen Sie die Ausfahrt Prosperity, fahren Sie anderthalb Meilen, biegen Sie bei dem Schild Moose Lodge 103 rechts ein, fahren Sie eine Viertelmeile, biegen Sie bei einem weiß umrahmten Haus links ein, fahren Sie auf den Hof, zwei Meter dahinter warten wir. Gott hat uns erwählt.« Dann legte er auf.

Sheriff Metts hörte sich die Aufnahme an, die ihn direkt zu Shari Smiths Leiche führte, achtzehn Meilen entfernt im angrenzenden Saluda County. Sie trug das gelbe Oberteil und die weißen Shorts, in denen sie zuletzt gesehen wurde, doch der Verwesungsgrad der Leiche zeigte dem Sheriff und dem Gerichtsmediziner, daß sie bereits seit mehreren Tagen tot war – seit 4 Uhr 58 am Morgen des ersten Juni. Dessen waren wir uns ziemlich sicher. Der Zustand der Leiche machte es unmöglich festzustellen, wie sie ermordet worden war und ob man Shari vergewaltigt hatte.

Jim Wright, Ron Walker und ich waren überzeugt davon, daß ihr Mörder die Familie gerade so lange mit Hoffnungen auf ihre Rückkehr bei der Stange gehalten hatte, bis die entscheidenden forensischen Beweismittel verfallen waren. Reste von Klebeband fanden sich auf Sharis Gesicht und ihrem Haar, doch das Band war entfernt worden – ein weiterer Hinweis auf Planung und Organisation. Normalerweise gehen Täter nicht derart gezielt vor, was auf einen intelligenten, in bestimmter Hinsicht älteren Mann hindeutete, der zu seiner sexuellen Befriedigung zur Leiche zurückkehrte. Erst als diese derart verwest war, daß er keine »Beziehung« mehr zu ihr hatte, ging er nicht mehr zur Toten.

Die Entführung selbst, mitten am Nachmittag in einer ländlichen Wohngegend, erforderte ein gewisses Maß an Raffinesse. Wir schätzten sein Alter auf Ende Zwanzig bis Anfang Dreißig, und ich selbst neigte eher zum oberen Ende hin. Aufgrund der ungezwungenen Grausamkeit des Spiels, das er mit der Familie trieb, waren wir uns darin einig, daß er wahrscheinlich früh verheiratet gewesen sein mußte – kurz nur und erfolglos. Momentan lebte er entweder allein oder bei seinen Eltern. Wir vermuteten, daß es eine Akte über ihn gab – Überfälle auf Frauen oder zumindest obszöne Anrufe. Falls er schon gemordet hatte, handelte es sich dabei um Kinder oder junge Mädchen. Im Gegensatz zu vielen anderen Serienmördern würde dieser sich nicht an Prostituierte heranwagen. Sie schüchterten ihn ein.

Die präzisen Anweisungen und wie er sich selbst hinsichtlich der Zeit verbessert hatte, vermittelten uns weitere wichtige Einblicke. Die Richtungsangaben waren sorgsam durchdacht und aufgeschrieben. Er war mehrmals dorthin zurückgekehrt und hatte genau Maß genommen. Als er die Familie anrief, las er offenbar von einem Blatt ab! Ihm war klar, daß er seine Botschaft loswerden mußte, um den Anruf so schnell wie möglich zu beenden. Mehrmals hatte er am Telefon den Faden verloren, wenn er unterbrochen wurde, und mußte wieder von vorn anfangen. Wer es auch sein mochte, er war im Denken starr und methodisch, sehr sorgfältig und obsessiv ordentlich. Ständig machte er Notizen, führte zu allem Listen, und wenn er bei seinen Notizen den Faden verlor, verlor er auch den Gedankengang. Wir wußten, daß er zur Entführung und dann danach vor dem Haus von Sharis Eltern hin- und hergefahren sein mußte. Seiner Persönlichkeit nach zu urteilen, vermutete ich, daß sein Wagen sauber und gepflegt wäre, drei Jahre alt oder neuer. Alles in allem ein gemischtes Bild von jemandem, dessen äußere Arroganz und Verachtung für die ganze dumme Welt da draußen ständig mit seiner tiefsitzenden Unsicherheit und dem Gefühl eigener Unfähigkeit kollidierten.

Bei dieser Art des Verbrechens wird der Tatort, psychologisch betrachtet, zum Teil des Mordes. Die Geographie der Tat deutete außerdem auf einen dort lebenden Mann hin, wahrscheinlich jemand, der den größten Teil seines Lebens dort verbracht hatte. Für das, was er mit Shari und dann später mit ihrer Leiche machen wollte, brauchte er Zeit, er mußte allein in einer abgelegenen Gegend sein, von der er wußte, daß man ihn dort nicht stören würde. Nur ein Einheimischer konnte wissen, wo das möglich war.

Die Stimmenanalytiker der Technischen Abteilung beim FBI erklärten uns, mit welchem Gerät die Stimme des Anrufers verzerrt wurde. Fernschreiben, in denen gebeten wurde, Hersteller und Händler aufzutreiben, gingen an Außenbüros im ganzen Land. Wir kamen zu dem Schluß, daß der Unbekannte Erfahrungen in der Elektronik haben mußte und beim Hausbau oder mit Renovierungen beschäftigt war.

Am nächsten Tag, als Bob Smith seine letzten Vereinbarungen mit dem Bestattungsunternehmen wegen der Beerdigung seiner Tochter traf, rief der Mörder wieder an, diesmal per R-Gespräch, und verlangte, mit Dawn zu sprechen. Er sagte, er wolle sich am nächsten Morgen stellen und die Fotos, die er von Shari vor dem Briefkasten gemacht hatte, seien per Post auf dem Weg zu ihnen. Voller Selbstmitleid bat er Dawn um die Vergebung der Familie. Außerdem deutete er an, daß er – statt sich zu stellen – daran dachte, Selbstmord zu begehen, und lamentierte erneut darüber, daß »alles aus dem Ruder gelaufen war, und dabei wollte ich Dawn doch nur lieben. Ich habe sie beobachtet ...«

»Wen?« unterbrach Dawn ihn.

»Oh, ich meinte Shari«, verbesserte er sich selbst. »Und ich hab' sie ein paar Wochen lang beobachtet, und, äh, es ist einfach aus dem Ruder gelaufen.«

Es war die erste von mehreren Gelegenheiten, bei denen er die beiden Schwestern verwechselte, was nicht schwerfiel, da beide hübsche, aufgeschlossene, blonde Mädchen waren, die sich erstaunlich ähnlich sahen. Dawns Foto war in der Zeitung und im Fernsehen gezeigt worden, und was ihm an Shari gefallen hatte, gefiel ihm wahrscheinlich auch an Dawn. Wenn man sich die Tonbandaufnahmen anhörte, fiel es schwer, von der sadistischen und monumentalen Maßlosigkeit des Mannes nicht abgestoßen zu sein. Nur wurde mir an diesem Punkt klar – so kalt und kalkulierend es auch klingen mag –, daß Dawn als Köder dienen könnte, den Mörder zu fassen.

Während eines Anrufs am selben Tag bei dem Fernsehreporter des lokalen Senders, Charlie Keyes, wiederholte er seine Absicht, sich zu stellen, und sagte, er wolle, daß der beliebte Nachrichtenmann Keyes dabei als »Medium« fungierte, und versprach ihm dafür ein Exklusivinterview. Keyes hörte sich das alles an, hielt sich jedoch klugerweise zurück und machte dem Anrufer keine Versprechungen.

Vor allem, das erklärte ich Lewis McCarty am Telefon, hat er keineswegs die Absicht aufzugeben. Ebensowenig wird er sich umbringen. Er hatte Dawn erklärt, er sei ein »Freund der Familie«, und er war gestört genug, daß ihm daran gelegen war, sich von den Smiths verstanden zu fühlen. Wir glaubten nicht, daß er die Familie kannte. Es war nur Teil seiner Phantasie, Shari nahe zu sein und von ihr geliebt zu werden. Er ist zutiefst narzißtisch, und je weiter alles geht, das erklärte ich McCarty, je mehr Reaktionen er von der Familie bekommt, desto sicherer und eingebetteter fühlt er sich bei dieser ganzen Sache. Und er wird wieder töten, ein Mädchen, das Shari sehr ähnlich ist, falls er so eines finden kann, oder – wenn nicht – auch ein zufälliges Opfer. Das unterschwellige Thema bei allem, was er tut, ist Macht, Manipulation, Dominanz und Kontrolle.

Am Abend des Tages, an dem man Shari zu Grabe getragen hatte, rief er wieder an und sprach mit Dawn. Besonders pervers war, daß er die Vermittlung bat, Dawn zu sagen, es handle sich um ein R-Gespräch von Shari. Wiederum behauptete er, er wolle sich stellen, dann ging er zu einer entsetzlich beiläufigen und banalen Beschreibung ihres Todes über:

»Also, von etwa zwei Uhr früh bis zu ihrem Tod um vier Uhr achtundfünfzig haben wir viel geredet und so, und sie hat sich die Zeit selbst ausgesucht. Sie hat gesagt, sie wäre bereit aufzubrechen, Gott sei bereit, sie als Engel aufzunehmen.«

Er beschrieb, wie er Geschlechtsverkehr mit ihr gehabt hatte, und sagte, er habe ihr die Wahl der Todesart gelassen – Erschießen, Überdosis Drogen oder Ersticken. Er sagte, sie habe die letzte Möglichkeit gewählt, und er habe sie mit dem Klebeband über Nase und Mund erstickt.

»Warum mußten Sie sie umbringen?« fragte Dawn mit tränenerstickter Stimme.

»Es war aus dem Ruder gelaufen. Ich hatte Angst, weil, äh, das weiß Gott allein, Dawn. Ich weiß nicht, warum. Gott möge mir dafür vergeben. Ich hoffe es, und ich muß es wiedergutmachen, sonst schickt er mich zur Hölle, und da bin ich dann mein Leben lang, aber ich gehe weder ins Gefängnis noch auf den elektrischen Stuhl.«

Dawn und ihre Mutter flehten den Anrufer an, sich Gott zu überantworten, nicht Selbstmord zu begehen. Wir waren uns ziemlich sicher, daß er weder das eine noch das andere vorhatte.

Dann, zwei Wochen nach dem Tag, an dem Shari Smith verschwunden war, wurde Debra May Helmick vom Grundstück vor dem elterlichen Wohnwagen in Richland County, vierundzwanzig Meilen vom Haus der Smiths entfernt, entführt. Ihr Vater befand sich zu diesem Zeitpunkt im Wohnwagen, kaum zwanzig Schritte entfernt. Ein Nachbar sah, wie jemand mit einem Wagen vorfuhr, ausstieg und mit Debra sprach, sie dann plötzlich packte, in den Wagen zerrte und davonraste. Der Nachbar und Mr. Helmick machten sich sofort an die Verfolgung des Wagens, verloren ihn jedoch aus den Augen. Wie Shari war auch Debra ein hübsches, blauäugiges, blondes Mädchen. Im Gegensatz zu Shari war sie erst neun Jahre alt.

Wieder setzte Sheriff Metts seine intensiven Ermittlungen fort. Inzwischen ging mir die Sache langsam an die Nieren. Bei dieser Art von Arbeit, mit der sich meine Einheit beschäftigt, muß man eine gewisse Distanz und Objektivität gegenüber den Opfern und deren Angehörigen aufrechterhalten. Ansonsten verliert man den Verstand. Und so schwierig das im Fall Smith bisher war, machten die neuesten Entwicklungen es uns fast unmöglich. Die kleine Debra Helmick war erst neun – genauso alt wie meine Tochter Erika, ebenfalls blond und blauäugig. Mein zweites Mädchen, Lauren, war kaum fünf. Neben dem grauenvollen, nagenden Gefühl – »es hätte auch mein Kind treffen können« – entsteht da dieses Gefühl, seine Kinder ans eigene Handgelenk ketten zu wollen und sie nicht mehr aus den Augen zu lassen. Wenn man sieht, was ich gesehen habe, befindet man sich in einem ständigen emotionalen Kampf, es nicht zu tun, sondern ihnen den Raum und die Freiheit zu lassen, die sie zum Leben brauchen.

Trotz der Altersunterschiede zwischen dem Mädchen der Smiths und dem der Helmicks deuteten Timing, Umstände und Modus operandi darauf hin, daß wir es wahrscheinlich mit demselben Täter zu tun hatten. Ich wußte, daß man sich sowohl im Sheriff's Department als auch in meiner Einheit darüber einig war. Mit der finsteren Annahme, es jetzt offiziell mit einem Serienmörder zu tun zu haben, flog Lewis McCarty nach Quantico und brachte sämtliche Unterlagen zu dem Fall mit.

Walker und Wright erklärten die Entscheidungen, die zum Täterprofil und zu ihren Ratschlägen geführt hatten. Mit den zusätzlichen Informationen aus dem neuen Verbrechen sahen sie keinen Anlaß, ihre Einschätzungen zu überdenken.

Trotz der verstellten Stimme ließ sich heraushören, daß der Unbekannte fast mit Sicherheit ein Weißer war. Beide Taten waren Sexualverbrechen, die von einem unsicheren und unreifen Erwachsenen verübt worden waren. Beide Opfer waren weiß, und wir hatten früher festgestellt, daß solche Verbrechen nur selten Rassengrenzen überschritten. Äußerlich war der Mann vermutlich schüchtern und höflich, hatte ein kaum ausgeprägtes Selbstwertgefühl und war wahrscheinlich untersetzt oder übergewichtig, für Frauen nicht attraktiv. Wir erklärten McCarty, wir gingen davon aus, daß unser Mann inzwischen nur noch zwanghaftes Verhalten an den Tag legte. Nahestehende müßten einigen Gewichtsverlust bei ihm bemerken können, vielleicht trank er heftig, rasierte sich nicht mehr regelmäßig, und er war vermutlich begierig darauf, über den Mord zu sprechen. Jemand, der so methodisch vorging, verfolgte aufmerksam Fernsehberichte und sammelte Zeitungsausschnitte. Außerdem sammelte er Pornographie mit einem Schwerpunkt auf Fesselungen und Sadomasochismus. Inzwischen genoß er seine Berühmtheit in vollen Zügen, ebenso sein Gefühl der Macht über die Opfer und die Gesellschaft, seine Fähigkeit, die trauernde Familie Smith manipulieren zu können. Ganz wie ich befürchtet hatte, suchte er sich das verletzlichste Zufallsopfer, das seinen Phantasien und Wünschen entsprach, wenn er kein anderes finden konnte. Aufgrund ihres Alters war Shari einigermaßen ansprechbar gewesen. Aber wenn er richtig darüber nachdachte, konnte unser Mann, was Debra Helmick anging, kein wirklich gutes Gefühl haben, und daher erwarteten wir auch keine Anrufe bei der Familie.

McCarty hatte auf einer Liste der Schlußfolgerungen und Charakteristika des Täters einundzwanzig Punkte stehen, als er nach Hause fuhr. Dort erklärte er Metts: »Ich weiß, wer der Mann ist. Jetzt müssen wir nur noch seinen Namen rausfinden.«

So ermutigend sein Vertrauen in uns auch sein mochte, liegen die Dinge doch nur selten so einfach. Mit vereinten Kräften durchkämmten staatliche Beamte und Mitarbeiter des FBI-Büros in Columbia die Gegend auf der Suche nach einer Spur von Debra. Es kam keine Nachricht des Entführers, keine Forderung, und somit gab es keine neuen Hinweise. In Quantico warteten wir auf den Bescheid und versuchten, auf alles vorbereitet zu sein. Das Mitgefühl, das man für die Familie eines vermißten Kindes empfindet, ist nahezu unerträglich. Auf Wunsch von SAC Ivey und Sheriff Metts packte ich meine Sachen und flog runter nach Columbia, um vor Ort in einem Fall zu beraten, der kurz vor seiner Lösung stand. Ich nahm Ron Walker mit. Es war die erste Reise, die wir zusammen unternahmen, seit Blaine McIlwaine und er mir in Seattle das Leben gerettet hatten.

Lew McCarty holte uns am Flughafen ab, und wir vergeudeten keine Zeit, sondern machten uns sofort mit den verschiedenen Tatorten vertraut. McCarty fuhr uns zu den beiden Stellen, an denen die Mädchen entführt worden waren. Es war heiß und feucht, selbst für die Verhältnisse in Virginia. Es gab keine erkennbaren Kampfspuren vor den Häusern. Der Leichenfundort im Fall Smith war nicht mehr als das – der Mord selbst hatte offensichtlich woanders stattgefunden. Als ich die Stellen jedoch sah, war ich mehr als je zuvor davon überzeugt, daß der Täter die Gegend sehr gut kennen mußte, und obwohl mehrere der Anrufe bei der Familie Smith Ferngespräche gewesen waren, mußte es sich doch um einen Einheimischen handeln.

Im Sheriff's Department gab es ein Treffen der wichtigsten Mitarbeiter an diesem Fall. Sheriff Metts besaß ein großes, eindrucksvolles Büro – etwa zehn Meter lang, mit vier Meter hoher Decke und Wänden, die vollständig mit Urkunden, Zertifikaten und Erinnerungsstücken gepflastert waren. Er saß hinter seinem massiven Schreibtisch, und wir anderen – Ron und ich, Bob Ivey und Lewis McCarty – im Halbkreis um ihn herum.

»Er hat aufgehört, die Smiths anzurufen«, klagte Metts.

»Ich bring' ihn dazu, wieder anzurufen«, sagte ich.

Ich erklärte, daß das Profil eine wertvolle Hilfe in den polizeilichen Ermittlungen sein dürfte, wir den Täter außerdem schleunigst aus seinem Versteck locken müßten, und erläuterte Strategien, die ich im Sinn hatte. Ich fragte, ob es einen Reporter bei der Lokalzeitung gäbe, der mit uns zusammenarbeiten würde. Es mußte jemand sein, der verstand, was wir vorhatten, und nicht darauf aus war, uns in die Pfanne zu hauen, wie es viele Journalisten wollen.

Metts schlug Margaret O'Shea vom *Columbia State* vor. Sie willigte ein, ins Büro zu kommen, wo Ron und ich versuchten, ihr die Persönlichkeit des Täters zu erklären und welches Verhalten von ihm zu erwarten stand.

Er würde die Presse aufmerksam verfolgen, erklärten wir ihr, besonders die Geschichten über Dawn. Aus unseren Forschungen wußten wir, daß dieser Tätertyp oft zu Tatorten oder Gräbern seiner Opfer geht. Ich sagte ihr, ich sei davon überzeugt, daß wir ihn mit der richtigen Geschichte in die Falle locken konnten. Zumindest hofften wir, ihn wenigstens dazu zu bewegen, wieder anzurufen. Ich erzählte ihr, wir hätten bei den Tylenol-Giftmorden eng mit der Presse zusammengearbeitet, und das solle uns jetzt als Vorbild dienen.

O'Shea willigte ein, uns die Art der Berichterstattung zu gewähren, die wir brauchten. Dann nahm mich McCarty mit zu den Smiths und erklärte ihnen, was ich tun wollte. Im Grunde hatte ich vor, Dawn als Köder für unsere Falle zu benutzen. Robert Smith war darüber sehr besorgt, wollte seine nun einzige Tochter um keinen Preis in Gefahr bringen. Sosehr mir unser Plan auch auf der Seele lag, stellte er doch unsere beste Chance dar, und ich versuchte, Mr. Smith zu versichern, daß Sharis Mörder ein Feigling war und sich wegen der Publicity und der intensiven Ermittlungen nicht an Dawn heranmachen würde. Und nachdem ich mir die Aufnahmen der Telefonate angehört hatte, war ich überzeugt davon, daß Dawn klug und mutig genug war, das zu tun, was ich von ihr wollte.

Dawn führte mich in Sharis Zimmer, in dem man nichts verändert hatte, seit sie zuletzt darin gewesen war. Das ist oft so bei Familien, die plötzlich und unter tragischen Umständen ein Kind verloren haben. Als erstes fiel mir Sharis Stofftiersammlung auf: Koalabären in allen Formen, Größen und Farben. Dawn sagte, diese Sammlung sei Shari wichtig gewesen, und ihre Freunde wußten das. Ich blieb lange Zeit in ihrem Zimmer, versuchte ein Gefühl dafür zu bekommen, was für ein Mensch Shari gewesen sein mußte.

Es war auf jeden Fall möglich, ihren Mörder zu fassen. Wir mußten nur die richtigen Entscheidungen treffen. Nach einiger Zeit nahm ich einen kleinen Koala in die Hand, so einen, dessen Arme sich öffnen und schließen, wenn man an seinen Schultern drückt. Ich erklärte der Familie, daß wir in ein paar Tagen – damit gerade genug Zeit für eine vollständige Berichterstattung wäre – eine Gedenkfeier an Sharis Grab auf dem Lexington Memorial Cemetary abhalten würden, während der Dawn das Stofftier an einem Blumenstrauß befestigen sollte. Ich glaubte, die Chancen stünden gut, den Mörder zu dieser Feier locken zu können, und sogar noch besser, ihn nach der Feier zum Grab zu locken, weil er den Koala als greifbares Andenken an Shari mitnehmen wollte.

Margaret O'Shea verstand genau, welche Art Presse wir brauchten, und ließ einen Fotografen der Zeitung zu der Feier schicken. Da es noch keinen Grabstein gab, hatten wir ein weißes Pult mit Sharis Bild an der Vorderseite bauen lassen. Abwechselnd standen die Familienmitglieder am Grab und beteten für Shari und Debra. Dann hielt Dawn Sharis kleinen Koalabären hoch und befestigte ihn mit den Armen am Stengel einer Rose aus dem Strauß, den wir zum Friedhof geschickt hatten. Es war ein bewegendes Erlebnis. Während die Smiths sprachen und Fotografen Bilder für die Lokalzeitungen schossen, schrieben Metts Leute heimlich die Kennzeichen aller vorbeifahrenden Autos auf. Mich störte nur, daß die Grabstelle so nah an der Straße lag. Ich fürchtete, daß ein derart offen einsehbarer Ort den Mörder verschrecken und damit verhindern konnte, daß er näher kam, wenn er das, was er sehen wollte, auch von der Straße aus erkennen konnte. Daran konnten wir nichts ändern.

Am nächsten Tag erschienen Fotos in der Zeitung. Sharis Mörder holte sich an diesem Abend nicht – wie erhofft – den Koalabären. Ich denke, die Nähe der Straße machte ihm angst. Aber er rief wieder an. Kurz nach Mitternacht nahm Dawn ein weiteres R-Gespräch »von Shari Faye Smith« an. Nachdem er sichergestellt hatte, daß tatsächlich Dawn am Apparat war, und gefragt hatte: »Du weißt, daß es kein Scherz ist, oder?«, machte er seine bis dahin beunruhigendste Ankündigung:

»Okay, weißt du, Gott möchte, daß du zu Shari Faye kommst. Es ist nur eine Frage der Zeit. Diesen Monat, nächsten Monat, nächstes Jahr. Man kann dich nicht rund um die Uhr beschützen.« Dann fragte er, ob sie von Debra May Helmick gehört habe.

»Mh, nein.«

»Die Zehnjährige? H-E-L-M-I-C-K?«

»Ach, Richland County?«
»Yeah.«
»Mh-hm.«
»Okay, hör gut zu. Nimm die One nach Norden ... also, die One nach Westen, bieg an der Peach Festival Road oder Bill's Grill links ein, fahr dreieinhalb Meilen durch Gilbert, dann rechts, die letzte Schotterstraße, bis du an ein Stoppschild an der Two Notch Road kommst, fahr an der Absperrung und dem ›Durchfahrt-Verboten‹-Schild vorbei, fahr fünfzig Meter, dann links zehn weiter. Debra May wartet schon. Gott vergebe uns allen.«

Er wurde gröber und frecher, benutzte das Gerät zur Stimmverzerrung nicht mehr. Trotz der angekündigten Bedrohung ihres Lebens tat Dawn alles, um ihn so lange wie möglich in der Leitung zu halten. Sie reagierte hervorragend und forderte die Fotos von ihrer Schwester, die er versprochen hatte, die jedoch nie eingetroffen waren.

»Die muß wohl das FBI haben«, sagte er zu seiner Verteidigung und machte damit klar, daß er sich unserer Rolle in dem Fall sehr wohl bewußt war.

»Nein, Sir«, gab Dawn zurück, »denn wenn die etwas haben, bekommen wir es auch, müssen Sie wissen. Schicken Sie uns die Bilder?«

»Oh, ja«, erwiderte er eher unverbindlich.

»Ich glaube, Sie wollen mich für dumm verkaufen, wenn Sie sagen, Sie schicken sie, weil es gar keine Bilder gibt.«

Wir kamen ihm näher, aber die Verantwortung, Dawn in weitere Gefahr gebracht zu haben, lastete schwer auf mir. Während Ron und ich den lokalen Behörden halfen, unterzogen die Techniker in den SLED-Labors von Columbia ihr einziges greifbares Beweisstück – Sharis Testament – jedem nur erdenklichen Test. Es war auf liniertem Papier eines Schreibblocks verfaßt worden, was einen der Experten auf einen Gedanken brachte.

Mit Hilfe eines Gerätes namens »Esta«, das mikroskopisch kleine Abdrücke auf dem Papier erkennbar machen kann, die in diesem Fall von Blättern weiter oben im Block stammten, entdeckte er einen Teil einer Einkaufsliste und etwas, das wie eine

Zahlenreihe aussah. Schließlich erkannte er neun Ziffern einer zehnziffrigen Reihe: 205-837-13_8.

Die Vorwahl von Alabama ist 205, und 837 steht für Huntsville. In Zusammenarbeit mit der Sicherheitsabteilung von Southern Bell ging SLED alle zehn möglichen Telefonnummern in Huntsville durch, dann prüften sie, ob eine davon in Beziehung zur Gegend Columbia-Lexington County stand. Ein Anschluß hatte zahlreiche Anrufe aus einem Haus erhalten, das etwa fünfzehn Meilen vom Haus der Smiths entfernt lag – mehrere Wochen bevor Shari entführt worden war. Das war die bisher wichtigste Spur. Nach den Akten im Grundstücksamt gehörte das Haus einem älteren Ehepaar, Ellis und Sharon Sheppard.

Mit dieser Information bewaffnet nahm sich McCarty mehrere Hilfssheriffs und raste zum Haus der Sheppards. Dessen Bewohner waren herzlich und freundlich, aber abgesehen davon, daß der über fünfzigjährige Ellis Elektriker war, paßte er in keiner Hinsicht zu dem Profil. Die Sheppards waren seit vielen Jahren verheiratet, und ihr Werdegang hatte nichts mit dem zu tun, was wir für den Mörder vorhergesagt hatten. Sie räumten ein, diese Anrufe nach Huntsville getätigt zu haben, wo ihr Sohn bei der Army stationiert war, sagten jedoch, sie seien nicht in der Stadt gewesen, als die schrecklichen Morde begangen wurden. Nach einer derart vielversprechenden Spur war das ein enttäuschendes Ergebnis.

Doch McCarty hatte nun schon einige Zeit mit uns gearbeitet und vertraute auf die Richtigkeit des Profils. Er beschrieb es den Sheppards, dann fragte er, ob sie jemanden kennen würden, auf den es paßte.

Sie sahen einander an, als ob sie ihn beide im gleichen Augenblick erkannten. Das müsse Larry Gene Bell sein, waren sie sich einig.

McCarty befragte sie vorsichtig, und sie erzählten ihm alles, was sie über Bell wußten. Er war Anfang Dreißig – geschieden, mit einem Sohn, der bei seiner Ex-Frau lebte, scheu und untersetzt, und er arbeitete für Ellis, verlegte Leitungen und machte alles mögliche. Ordentlich und organisiert, wie er war, hatte er in den sechs Wochen, die sie unterwegs waren, ihr Haus gehütet und war dann wieder zu seinen Eltern gezogen, bei denen er lebte. Sharon Sheppard erinnerte sich daran, daß sie Gene die Nummer ihres Sohnes auf einem Block notiert hatte, als sie ihn anrief, für den Fall, daß irgend etwas mit dem Haus sein sollte, während Gene dort war. Und jetzt, wenn sie näher darüber nachdachten, hatte er, als er sie vom Flughafen abholte, nur von der Entführung und dem Mord am Smith-Mädchen erzählen wollen. Sein Erscheinungsbild hatte sie überrascht, als sie ihn sahen: Er hatte abgenommen, war unrasiert und wirkte ausgesprochen überdreht.

McCarty fragte Mr. Sheppard, ob er eine Waffe besäße. Er habe eine geladene .38er Pistole zum eigenen Schutz im Haus, sagte Ellis. McCarty bat darum, sie sehen zu dürfen, und willig führte Ellis ihn dorthin, wo er die Waffe verwahrte. Doch sie war nicht da. Die beiden Männer durchsuchten das ganze Haus und fanden sie schließlich unter der Matratze des Bettes, in dem Gene geschlafen hatte. Sie war benutzt worden und klemmte. Außerdem steckte unter der Matratze eine Ausgabe des *Hustler*, in dem eine hübsche, gefesselte Blondine in Kreuzigungspose abgebildet war. Und als McCarty einen Teil des Telefonates mit Dawn vorspielte, war Ellis sicher, daß er Larry Gene Bells Stimme hörte: »Ohne jeden Zweifel.«

Gegen zwei Uhr morgens klopfte Ron Walker an meine Tür und holte mich aus dem Bett. Gerade hatte er einen Anruf von McCarty bekommen, der uns von Larry Gene Bell erzählte und uns bat, sofort in sein Büro zu kommen. Gemeinsam verglichen wir die Beweise mit unserem Profil. Es war fast unheimlich, wie genau er unserer Charakteristik entsprach. Es war offenbar ein Volltreffer. Auf Fotos des Sheriffs war ein Wagen zu sehen, der auf Bells Namen angemeldet war und an der Straße nahe dem Grab stand, nur war der Fahrer nicht ausgestiegen.

Metts plante, Bell verhaften zu lassen, wenn er am Morgen auf dem Weg zur Arbeit war, und wollte von mir einen Rat, wie er das Verhör gestalten sollte. Hinter dem Büro befand sich ein Wohnwagen, den das Department bei einer Drogenrazzia einkassiert hatte und nun gelegentlich als Büro benutzte. Auf meinen Rat hin verwandelten sie den Wagen schleunigst in das

Hauptquartier der »Sondereinheit« für diesen Fall. Sie hängten Fotos des Falles und Karten der Tatorte an die Wände und stapelten auf den Schreibtischen Ordner und Material zum Fall. Ich riet ihm, den Wohnwagen mit geschäftig wirkenden Polizisten zu besetzen, um den Eindruck zu vermitteln, man habe eine große Menge von Beweismaterial gegen den Mörder zusammengetragen.

Ein Geständnis zu bekommen würde schwierig werden, warnten wir sie. In South Carolina wurde die Todesstrafe angewendet, und der Mann sähe als Kinderschänder und Mörder mindestens einer langen, schweren Haftstrafe entgegen, was für jemanden, dem seine körperliche Integrität etwas wert war, nicht gerade gute Aussichten darstellte. Die beste Möglichkeit biete meiner Ansicht nach ein Szenario, bei dem der Täter sein Gesicht wahren konnte, indem man einen Teil der Schuld entweder den Opfern selbst zuschob, sosehr es den Beamten während des Verhörs widerstreben mochte, oder ihn dazu zu bringen, daß er selbst auf geistige Unzurechnungsfähigkeit plädierte. Leute, die eines Verbrechens beschuldigt werden und keinen Ausweg mehr sehen, springen oft darauf an, obwohl sich Geschworene nur selten darauf einlassen.

Mitarbeiter des Sheriffs verhafteten Larry Gene Bell am frühen Morgen, als er auf dem Weg zur Arbeit aus dem Haus seiner Eltern kam. Aufmerksam beobachtete Jim Metts sein Gesicht, als man ihn in den Wagen der »Sondereinheit« führte. »Er war weiß wie die Wand«, berichtete der Sheriff. »Da hat er psychologisch gesehen gleich die richtige Perspektive bekommen.« Man verlas ihm seine Rechte, und er willigte ein, mit den Ermittlern zu sprechen.

Die Beamten beschäftigten sich fast den ganzen Tag mit ihm, während Ron und ich in Metts' Büro warteten, Mitteilungen zu den Fortschritten bekamen und sie einwiesen, wie weiter vorzugehen wäre. Inzwischen sahen sich Hilfssheriffs – ausgestattet mit einem Durchsuchungsbefehl – Bells Zuhause an. Wie wir uns hätten denken können, standen seine Schuhe in einer makellosen Reihe unter dem Bett, sein Schreibtisch war ordentlich aufgeräumt, selbst das Werkzeug im Kofferraum seines drei Jahren alten, gepflegten Wagens war perfekt geordnet. Auf seinem Schreibtisch fanden sie Anweisungen für das elterliche Haus, die auf exakt dieselbe Art und Weise verfaßt waren, wie die Angaben, die er zu den Fundorten der Leichen gemacht hatte. Sie fanden mehr Fesselungs- und Sadomaso-Pornographie, als wir erwartet hatten. Techniker fanden Haare auf seinem Bett, die Sharis Haaren entsprachen, und die Gedenkbriefmarke, mit der ihr Testament verschickt worden war, entsprach einem Briefmarkenbogen, der in seiner Schreibtischschublade lag. Als man sein Foto regelmäßig in den Fernsehnachrichten zeigte, erkannte der Zeuge von Debra Helmicks Entführung ihn sofort wieder.

Sein Werdegang wurde bald deutlich. Wie erwartet war er seit seiner Kindheit in verschiedene sexuelle Vorfälle verstrickt gewesen, die schließlich außer Kontrolle gerieten, als er mit sechsundzwanzig Jahren versuchte, eine neunzehnjährige, verheiratete Frau mit vorgehaltenem Messer in seinen Wagen zu zwingen. Um nicht ins Gefängnis zu müssen, stimmte er zu, sich einer psychiatrischen Behandlung zu unterziehen, gab jedoch schon nach zwei Sitzungen auf. Fünf Monate später versuchte er, ein Collegemädchen mit gezückter Waffe in seinen Wagen zu zwingen. Er wurde zu fünf Jahren Haft verurteilt, kam jedoch nach einundzwanzig Monaten auf Bewährung frei. Noch während seiner Bewährung gingen mehr als achtzig obszöne Telefonanrufe bei einem zehnjährigen Mädchen auf sein Konto. Er bekannte sich schuldig und bekam eine weitere Bewährungsstrafe.

Doch dort im Wohnwagen wollte Bell nicht reden. Er stritt jede Beteiligung an den Verbrechen ab, räumte nur ein, daß er sich dafür interessiert habe. Selbst noch nachdem man ihm die Aufnahmen vorgespielt hatte, reagierte er nicht. Nach etwa sechs Stunden sagte er, er wolle mit Sheriff Metts persönlich sprechen. Metts kam herein und teilte ihm erneut seine Rechte mit, aber er wollte nicht gestehen.

Spätnachmittags also sitzen Ron und ich noch immer im Büro des Sheriffs, als Metts und Bezirksstaatsanwalt Don Meyers mit Bell hereinkommen. Er ist fett und schwabbelig und erinnert mich an den Pillsbury Doughboy. Ron und ich sind überrascht, und Meyers sagt in seinem Carolina-Akzent zu Bell: »Wissen Sie, wer diese Jungs sind? Die sind vom F-B-I. Sie haben ein Täterprofil gemacht, und das entspricht Ihnen bis aufs i-Tüpfelchen! Und jetzt wollen sich diese Jungs gern mal mit Ihnen unterhalten.« Sie setzen ihn auf das weiße Sofa an der Wand, gehen hinaus und lassen uns mit Bell allein.

Ich sitze am Rand des Kaffeetisches direkt vor Bell. Ron steht hinter mir. Ich trage immer noch dieselben Kleider, in denen ich lange vor Tagesanbruch das Motel verlassen habe: ein weißes Hemd und weiße Hosen. Ich nenne es mein »Harry-Belafonte-Outfit«, aber in diesem Zusammenhang, in dem weißen Raum mit dem weißen Sofa, sehe ich irgendwie klinisch aus, fast wie aus einer anderen Welt.

Ich fange damit an, Bell einige Hintergründe zu unserer Studie über Serienmörder zu erklären und klarzustellen, daß ich nach unseren Forschungen das Motiv des für diese Morde verantwortlichen Menschen sehr gut verstehe. Ich erkläre ihm, daß er die Taten vielleicht den ganzen Tag abgestritten hat, weil er Gedanken unterdrücken will, bei denen ein schlechtes Gefühl bekommt.

Ich sage: »Als wir in den Gefängnissen waren und all diese Männer befragt haben, mußten wir feststellen, daß die Wahrheit über den Hintergrund des Täters fast nie bekannt wird. Und gewöhnlich ist so ein Verbrechen, wenn es geschieht, für denjenigen, der es verübt, ein Alptraum. Sie haben so viele belastende Faktoren in ihrem Leben – finanzielle Probleme, Eheprobleme oder Probleme mit der Freundin.« Und während ich das sage, nickt er mit dem Kopf, als hätte er sämtliche dieser Probleme selbst.

Dann sage ich: »Unser Problem, Larry, ist nun, daß Ihr Anwalt, wenn Sie vor Gericht kommen, wahrscheinlich nicht will, daß Sie aussagen, und Sie so nie Gelegenheit bekommen, ihre Lage zu erklären. Man wird nur von Ihrer schlechten Seite hören, nicht das Gute an Ihnen, nur daß Sie ein kaltblütiger Mörder sind. Und, wie schon gesagt, wir haben festgestellt, daß es für Leute oft ein Alptraum ist, ein solches Verbrechen zu begehen, und wenn sie am nächsten Morgen aufwachen, können sie nicht fassen, daß sie es tatsächlich getan haben.«

Und die ganze Zeit über, während ich rede, nickt Bell zustimmend mit dem Kopf.

Ich frage ihn an dieser Stelle nicht offen, ob er die Morde begangen hat, da ich weiß, daß er es abstreiten wird, wenn ich es so formuliere. Also beuge ich mich vor und sage: »Wann hatten Sie das erste Mal ein schlechtes Gewissen, nachdem Sie es getan hatten, Larry?«

»Als ich ein Foto gesehen habe und in der Zeitung stand, wie die Familie am Grab gebetet hat.«

Dann sage ich: »Larry, so, wie Sie hier sitzen, haben Sie es getan? Hätten Sie es tun können?« In dieser Art der Inszenierung versuchen wir, Beschuldigungen und anklagende Worte wie *ermorden*, *Mord* und *Verbrechen* zu vermeiden.

Er sieht mit Tränen in den Augen zu mir auf und sagt: »Ich weiß nur: Der Larry Gene Bell, der hier sitzt, hätte es nicht tun können, aber der böse Larry Gene Bell, der hätte es getan.«

Ich wußte, daß wir einem Geständnis nicht näher als bis hierher kommen würden. Don Meyers aber wollte, daß wir noch etwas versuchten, und ich willigte ein. Er glaubte, wenn Bell Sharis Mutter und ihrer Schwester Auge in Auge gegenüberstünde, könnten wir vielleicht eine spontane Reaktion von ihm bekommen.

Hilda und Dawn lassen sich darauf ein, und ich bereite sie auf das vor, was sie sagen und wie sie sich verhalten sollen. Und dann versammeln wir uns also alle in Metts' Büro. Er sitzt hinter seinem mächtigen Schreibtisch, Ron Walker und ich stehen auf beiden Seiten des Raumes, und wir bilden ein Dreieck. Bell wird hereingebracht und in die Mitte gesetzt, mit dem Gesicht zur Tür. Dann treten Hilda und Dawn ein und fordern Bell auf, etwas zu sagen. Er hält den Kopf gesenkt, als schaffe er es nicht, sie anzusehen.

Entsprechend meiner Anweisung sieht Dawn ihm offen in die Augen und sagt: »Sie sind es! Ich weiß, daß Sie es sind. Ich erkenne Ihre Stimme.«

Er streitet es nicht ab, gibt es aber auch nicht zu. Er fängt an, ihnen all das Zeug zu erklären, womit ich ihn zum Reden gebracht habe. Er sagt, der Larry Gene Bell, der hier sitze, hätte das nie tun können, und den ganzen anderen Unsinn. Ich hoffe noch immer, daß er zum »Strohhalm« geistige Unzurechnungsfähigkeit greift und sich ihnen gegenüber alles von der Seele reden will.

Es geht eine ganze Weile so weiter. Mrs. Smith stellt ihm immer weiter Fragen, versucht, ihn zum Reden zu bewegen. Innerlich ist sicher allen speiübel, weil sie sich das alles anhören müssen.

Dann plötzlich schießt mir ein Gedanke durch den Kopf. Ich frage mich, ob Dawn oder Hilda bewaffnet sind. Wurden sie durchsucht, ob sie eine Waffe bei sich hätten? Ich erinnere mich nicht, daß irgendwer es getan hätte. So sitze ich nun die ganze Zeit auf meiner Stuhlkante, ständig bereit, nach einer Waffe zu greifen und eine der beiden zu entwaffnen, falls sie in ihre Handtasche greift. Ich weiß, wonach mir in einer solchen Situation der Sinn stünde, wenn es um mein Kind ginge, und viele Eltern denken ebenso. Es wäre *die* perfekte Gelegenheit, diesen Kerl zu erschießen, und kein Geschworenengericht der Welt würde sie dafür bestrafen.

Glücklicherweise hatten Dawn und Hilda nicht versucht, eine Waffe hereinzuschmuggeln. Sie zeigten mehr Beherrschung und Vertrauen in unser Rechtssystem, als ich gehabt hätte, aber Ron fragte später nach, und sie waren nicht durchsucht worden.

Larry Gene Bell wurde im darauffolgenden Januar wegen des Mordes an Shari Faye Smith vor Gericht gestellt. Aufgrund der enormen Publicity wurde die Verhandlung nach Berkely County in der Nähe von Charleston verlegt. Don Meyers bat mich, als Experte zum Täterprofil auszusagen und wie man es zusammengefügt hatte, und außerdem sollte ich über mein Verhör des Angeklagten sprechen.

Bell verweigerte die Aussage und gab nie wieder irgendeine Schuld zu. Was er mir gegenüber in Sheriff Metts Büro gesagt hatte, kam einem Geständnis näher als alles, was folgte. Den

Großteil des Prozesses verbrachte er damit, endlos und zwanghaft Notizen auf jener Sorte Schreibpapier zu machen, worauf auch Sharis Testament gestanden hatte. Doch die Anklage war ziemlich überzeugend. Nach fast einem Monat Beweisaufnahme und Verhandlung brauchten die Geschworenen nur siebenundvierzig Minuten, bis sie mit dem Schuldspruch für Entführung und Mord aus ihrem Beratungszimmer kamen. Vier Tage später wurde er nach weiterer Beratung und auf Empfehlung der Geschworenen zum Tode auf dem elektrischen Stuhl verurteilt. Für die Entführung und den Mord an Debra May Helmick wurde er separat angeklagt. Die Geschworenen brauchten nicht viel länger, um zum selben Urteil und zum selben Strafmaß zu gelangen.

Aus meiner Perspektive war der Fall Larry Gene Bell ein Beispiel für makellose Strafverfolgung. Es herrschte weitreichende Kooperationsbereitschaft zwischen diversen Behörden von County, Staat und Bundesregierung; sensible und tatkräftige Leitung auf lokaler Ebene; zwei tapfere und mutige Familien und eine gelungene Mischung von Profilerstellung, Tatortanalyse und traditionellen polizeilichen und gerichtsmedizinischen Techniken. Gemeinsam brachten diese Faktoren einen immer gefährlicher werdenden Serienmörder relativ früh in seiner »Karriere« zur Strecke. Ich wäre froh, wenn dieser Fall zum Vorbild zukünftiger Ermittlungen werden könnte.

Dawn gelangen später eindrucksvolle Dinge in ihrem Leben: Im Jahr nach dem Prozeß errang sie den Titel der Miss South Carolina und kandidierte bei der Wahl um die Miss America. Sie heiratete, widmete sich ihren musikalischen Begabungen und wurde Country- und Gospelsängerin. Hin und wieder sehe ich sie im Fernsehen.

Während ich dieses schreibe, sitzt Larry Gene Bell nach wie vor in der Todeszelle der South Carolina Central Correctional Facility, wo er seinen Raum bemerkenswert sauber und ordentlich hält. Die Polizei nimmt an, er sei für eine ganze Reihe von weiteren Morden an Mädchen und jungen Frauen in North und South Carolina verantwortlich. Wenn man mich fragt, gibt es – nach meiner Forschung und Erfahrung – für diesen Persönlichkeitstyp keinerlei Möglichkeit zur Rehabilitation. Wird er jemals freigelassen, tötet er erneut. Und denen, die argumentieren, ein derart langer Aufenthalt in der Todeszelle sei eine grausame und unzulässige Strafe, würde ich bis zu einem gewissen Grad recht geben. Die Ausführung der Todesstrafe hinauszuzögern ist grausam und unzulässig – für die Familien Smith und Helmick, die vielen, die die beiden Mädchen gekannt und geliebt haben, und für uns andere, die sehen wollen, daß der Gerechtigkeit Genüge getan wird.

KAPITEL SIEBZEHN
Jeder kann zum Opfer werden

Am 1. Juni 1989 sichtete ein Fischer von seinem Boot aus drei »Stücke Treibgut« in der Tampa Bay vor Florida. Er rief die Coast Guard und die Polizei von St. Petersburg, die drei verweste Leichen aus dem Wasser zog. Sie alle waren weiblich, Hände und Füße mit einer Mischung aus gelbem Plastikseil und gewöhnlichem, weißem Tau gefesselt. Allen dreien hatte man je einen fünfundzwanzig Kilo schweren Schlackenstein um den Hals gebunden. Diese Steine waren mit zwei Löchern versehen, im Gegensatz zu den gängigeren drei Löchern. Silbernes Band klebte auf den Mündern und schien, nach einigen Resten zu schließen, auch die Augen verklebt zu haben, als man sie ins Wasser warf. Alle drei trugen T-Shirts und Bikini-Oberteile. Die Bikinihosen fehlten, was auf einen sexuellen Hintergrund deutete, doch der Zustand der Leichen im Wasser ließ keine sicheren Aussagen hinsichtlich einer möglichen Vergewaltigung zu.

Anhand eines Wagens, der in Ufernähe gefunden wurde, konnte man die drei Leichen als die achtunddreißigjährige Joan Rogers und ihre beiden Töchter, die siebzehnjährige Michelle und die fünfzehnjährige Christie, identifizieren. Sie lebten auf einer Farm in Ohio, und dieses war ihr erster richtiger Urlaub gewesen. Sie hatten Disney-World besucht und wohnten dann im Day's Inn von St. Petersburg. Mr. Rogers hatte die Farm nicht so lange allein lassen wollen und seine Frau und die Töchter daher nicht begleitet.

Die Untersuchung des Mageninhalts aller drei Frauen stimmte mit den Aussagen des Restaurantpersonals im Day's Inn überein und legte die Todeszeit auf etwa achtundvierzig Stunden zuvor fest. Das einzig greifbare Beweisstück war ein handschriftlicher Zettel, den man im Wagen fand und auf dem der Weg vom Day's Inn zu der Stelle beschrieben war, an der man den Wagen gefunden hatte. Auf der anderen Seite standen Wegbeschreibungen, und es fand sich eine gezeichnete Karte von Dale Mabry, einer geschäftigen Einkaufsstraße in St. Petersburg, zum Hotel.

Der Fall wurde sofort von den Medien in großem Stil aufgegriffen, und die Polizei von St. Petersburg und Tampa arbeitete mit dem Sheriff's Department von Hillsborough County zusammen. Die Angst in der Öffentlichkeit war groß. Wenn diese drei unschuldigen Touristinnen aus Ohio auf diese Weise umkommen können, dann kann jeder zum Opfer werden.

Die Polizei verglich die Handschrift auf dem Zettel mit der von Hotelangestellten und Leuten in Läden und Büros in der Gegend von Dale Mabry, wo die Wegbeschreibungen begannen. Doch sie fanden nichts. Die Brutalität dieses Sexualmordes war jedoch beunruhigend und bezeichnend. Das Büro des Sheriffs von Hillsborough nahm Kontakt zur FBI-Außenstelle von Tampa auf, mit dem Wortlaut: »Es kann sein, daß wir hier einen Serienmörder haben.« Dennoch brachten die gemeinsamen Bemühungen der drei Behörden und des FBI keinen erkennbaren Fortschritt.

Jana Monroe war FBI-Agentin im Tampa Field Office. Bevor sie zum FBI kam, hatte sie als Polizeibeamtin gearbeitet, dann als Detective bei einer Mordkommission in Kalifornien. Im September 1990, nachdem Jim Wright und ich wegen einer freien Stelle in unserer Einheit mit ihr gesprochen hatten, baten wir darum, sie nach Quantico holen zu dürfen. Jana war in Tampa für die Koordination der Täterprofilerstellung verantwortlich gewesen, und als sie zu unserer Einheit kam, war der Fall Rogers einer der ersten, den sie für uns bearbeitete.

Vertreter der Polizei von St. Pete flogen nach Quantico und präsentierten Jana, Larry Ankrom, Steve Etter, Bill Hagmeier und Steve Mardigian diesen Fall. Sie entwickelten ein Profil, das einen Mann von Mitte Dreißig bis Mitte Vierzig beschrieb, mit handwerklichem Beruf, vielleicht eine Art Hausmeister, mit schlechter Schulbildung, aber einer längeren Liste von tätlichen Angriffen, auch sexueller Natur, und einigen emotional belastenden Auslösern kurz vor dem Mord. Sobald der erste Druck in den Ermittlungen nachließ, würde er die Gegend verlassen, allerdings – wie John Prante im Fall Karla Brown – später wieder zurückkommen.

Die FBI-Agenten waren sich ihres Profils sicher, aber es führte zu keiner Verhaftung. Sie brauchten einen proaktiveren Ansatz, daher trat Jana bei *Unsolved Mysteries* (»Ungelöste Rätsel«) auf, einem der bundesweit ausgestrahlten Fernsehprogramme, die oft gute Ergebnisse zeitigen, wo es um das Auffinden und die Identifikation von Unbekannten geht. Tausende von Hinweisen gingen nach Janas Auftritt und ihrer Beschreibung des Verbrechens ein, doch keiner brachte sie weiter.

Ich sage meinen Leuten immer: Wenn eine Sache nicht funktioniert, versucht etwas anderes, selbst wenn es noch nie versucht wurde. Und das hat Jana dann getan. Der Zettel mit den Wegbeschreibungen schien das einzige zu sein, wodurch sich eine Verbindung zwischen den Opfern und dem Täter herstellen ließ, doch war er bisher nicht von großem Nutzen gewesen. Da der Fall in der Bevölkerung von Tampa-St. Pete bekannt war, kam sie auf die Idee, den Zettel als Plakat vergrößern zu lassen, in der Hoffnung, daß jemand die Handschrift vielleicht wiedererkannte. Allgemein wird davon ausgegangen, daß die meisten Menschen keine Handschriften von Leuten außerhalb ihrer Familie und dem engsten Familienkreis erkennen würden, doch Jana dachte sich, es könne sich trotzdem jemand melden, etwa wenn der Gesuchte tätlich geworden war und die Ehefrau oder Partnerin nach einem Grund suchte, ihn hinter Gitter zu bringen.

Mehrere Geschäftsleute spendeten Werbeflächen, der Zettel wurde vervielfältigt, so daß viele ihn sehen konnten. Innerhalb von drei Tagen riefen drei verschiedene Leute, die einander nicht kannten, bei der Polizei an und identifizierten die Handschrift als die eines gewissen Oba Chandler, eines weißen Mannes von Mitte Vierzig. Als Selbständiger lebte er davon, an Häusern Aluminiumverschalungen zu installieren, und war von jedem der drei Anrufer verklagt worden, weil sich deren nagelneue Verschalungen beim ersten schweren Regen wieder gelöst hatten. Sie waren sich ihrer Sache sicher, da jeder von ihnen Kopien seiner schriftlichen Antwort auf die Beschuldigungen in Händen hielt.

Neben seinem Alter und dem Beruf paßte das Profil auch in anderen entscheidenden Punkten. Der Mann war wegen Eigentumsvergehen, Körperverletzungen und Sexualdelikten aktenkundig geworden. Er war aus der Gegend weggezogen, nachdem der erste Fahndungsdruck nachließ, obwohl an sich kein Grund dazu bestanden hatte. Der Auslöser war, daß seine Frau vor kurzem ein Kind zur Welt gebracht hatte, das er nicht wollte.

Und wie so oft, wenn man etwas tun kann, was einen Fall seiner Lösung näherbringt, meldete sich ein weiteres Opfer dieses Täters, das die Einzelheiten des Mordes erfahren hatte. Eine Frau und ihre Freundin hatten einen Mann kennengelernt, auf den Chandlers Beschreibung paßte und der wollte, daß sie ihn auf sein Boot in der Tampa Bay begleiteten. Die Freundin hatte dabei ein ungutes Gefühl gehabt und sich geweigert, daher war die Frau allein mitgefahren.

Als sie draußen waren, mitten auf der Bay, versuchte er, sie zu vergewaltigen. Als sie sich wehren wollte, warnte er sie: »Wenn du schreist, klebe ich dir den Mund zu und binde dir einen Stein an die Füße. Dann kannst du ersaufen.«

Oba Chandler wurde verhaftet und des Mordes an Joan, Michelle und Christie Rogers für schuldig befunden. Man verurteilte ihn zum Tode.

Seine Opfer waren normale, gutgläubige Menschen, deren Auswahl fast zufällig schien. Manche werden absolut zufällig zum Opfer, was die beängstigende Vermutung nahelegt, daß *jeder* zum Opfer werden *kann*. Und in Situationen wie im Fall Rogers bekommen proaktive Fahndungstechniken entscheidende Bedeutung.

Ende 1982 kamen in der Gegend von Chicago auf unerwartete Weise Menschen ums Leben. Bald schon stellte die Polizei von Chicago einen Zusammenhang zwischen den Todesfällen her und fand auch den Grund: Die Opfer hatten allesamt Tylenol-Kapseln genommen, die mit Blausäure versetzt waren. Löste sich die Kapsel erst im Magen auf, trat bald der Tod ein.

Ed Hagarty, der SAC von Chicago, bat mich, an den Ermittlungen teilzunehmen. Ich hatte noch nie an einem Fall von Giftmord gearbeitet, aber als ich so darüber nachdachte, kam ich zu dem Schluß, daß vieles von dem, was ich aus den Gefängnisgesprächen und den Erfahrungen mit einer ganzen Reihe anderer Tätertypen gelernt hatte, auch hier anwendbar sein mußte. Der FBI-Code für diesen spezifischen Fall war »Tymurs« (Tylenol-Murders).

Das vordringliche Problem, dem sich die Ermittler gegenübersahen, war die zufällige Wahl der Opfer. Da der Täter es weder auf ein bestimmtes Opfer abgesehen noch am Tatort Spuren hinterlassen hatte, offenbarte uns die Art der Analyse, die wir normalerweise anstellten, vorerst nichts.

Die Morde waren anscheinend ohne jedes Motiv ausgeführt worden, das heißt, sie wurden nicht aufgrund traditioneller erkennbarer Motive wie Liebe, Eifersucht, Gier oder Rache begangen. Der Giftmischer konnte es auf den Hersteller Johnson & Johnson abgesehen haben, irgendeinen Laden, der das Produkt verkaufte, auf ein oder mehrere Opfer oder auf die Gesellschaft ganz allgemein.

Für mich waren die Giftmorde vom selben Typ wie eine wahllos gezündete Bombe oder Steine, die von einer Brücke auf vorbeifahrende Autos geworfen werden. Bei solchen Delikten bekommt der Täter sein Opfer nie zu Gesicht. Ich stellte mir vor, daß es diesem Täter – ganz ähnlich wie David Berkowitz, der in die Innenräume von Autos hineinschoß – eher darum ging, seine Wut loszuwerden, als es mit einer bestimmten Art des Opfers zu tun haben zu wollen. Wenn dieser Tätertyp je in die Gesichter seiner Opfer sehen müßte, würde er es sich vielleicht noch einmal überlegen oder Reue zeigen.

Nach dem griffigen Vergleich mit anderen wahllosen, feigen

Morden, schien es mir, als hätte ich eine Ahnung, was für ein Mensch der Unbekannte sein müßte. Obwohl wir es mit einer anderen Art des Verbrechens zu tun hatten, war mir das Profil in mancher Hinsicht vertraut. Unsere Forschungen hatten gezeigt, daß Täter, die wahllos töten, ohne dabei die Öffentlichkeit zu suchen, für gewöhnlich in erster Linie von Wut getrieben werden. Ich glaubte, dieser Mann müßte Phasen schwerer Depressionen durchmachen und wäre ein unzulänglicher, hoffnungsloser Fall, der in seinem ganzen Leben, in Schule, Job und Beziehungen immer nur Fehlschläge eingesteckt hatte.

Statistisch gesehen würde dieser Täter wahrscheinlich in die Kategorie der Attentäter fallen – ein weißer Mann von Ende Zwanzig bis Anfang Dreißig, ein vor allem bei Nacht lebender Einzelgänger. Er hätte Wohnungen der Opfer oder Gräber besucht und dort möglicherweise etwas Bedeutsames zurückgelassen. Ich ging davon aus, daß er eine Stellung hatte, die ihn sehr unmittelbar an Macht und Autorität teilhaben ließ, etwa als Krankenwagenfahrer, Sicherheitsbeamter, Kaufhausdetektiv oder Hilfspolizist. Und wahrscheinlich hätte er einige Erfahrung auf militärischem Gebiet gesammelt, bei der Army oder den Marines.

Ich dachte, er müßte sich in der Vergangenheit einer psychiatrischen Behandlung unterzogen und verschreibungspflichtige Medikamente erhalten haben, um sein Problem in den Griff zu bekommen. Sein Wagen wäre mindestens fünf Jahre alt, nicht sonderlich gepflegt, würde jedoch Kraft und Stärke dokumentieren, etwa ein Ford, wie ihn die Polizei bevorzugt. Um den Zeitpunkt des ersten Giftmordes – den 28. oder 29. September herum – hätte es einen Auslöser für die Tat gegeben, für den er die Gesellschaft ganz allgemein verantwortlich machte und aus dem sich seine Wut speiste. Und war der Fall erst öffentlich bekannt, würde er mit jedem, der ihm zuhören wollte, darüber sprechen, in Bars, Drugstores und mit der Polizei. Der Einfluß, den seine Verbrechen ausübten, gab seinem Ego mächtig Auftrieb, was wiederum annehmen ließ, daß er vielleicht Tagebuch darüber führte oder Zeitungsausschnitte zu dem Fall sammelte.

Ich erklärte der Polizei, es sei außerdem möglich, daß er Leuten in einflußreichen Stellungen – dem Präsidenten, dem Direktor des FBI, dem Gouverneur, dem Bürgermeister – geschrieben hatte, um sich wegen des Unrechts zu beklagen, das ihm zugefügt worden war. Die ersten Briefe hätte er noch mit seinem Namen unterzeichnet. Im Laufe der Zeit, wenn keine Reaktion kam, die er für angemessen hielt, würde er immer wütender darüber werden, daß man ihn ignorierte. Diese wahllosen Morde könnten seine Methode sein, es allen heimzuzahlen, die ihn nicht ernst nahmen.

Schließlich warnte ich davor, zuviel in seine Wahl der Marke Tylenol hineinzulesen; die war meines Erachtens zufällig. Tylenol war ein verbreitetes Medikament, und die Kapseln ließen sich leicht öffnen. Die Möglichkeit, daß ihm einfach nur die Packung gefiel, war ebenso groß wie ein spezieller Groll gegen Johnson & Johnson.

Wie bei Bombenlegern, Brandstiftern und ähnlichen Fällen entsprechen in einer Stadt wie Chicago viele Menschen einem so allgemeinen Profil. Daher war es – wie im Fall Rogers – wichtiger, sich auf proaktive Techniken zu konzentrieren. Die Polizei mußte einen Druck auf den Täter ausüben, mit dem er nicht klarkommen würde. Eine Möglichkeit, das zu bewirken, bestand darin, ausschließlich positive Erklärungen abzugeben. Gleichzeitig warnte ich sie davor, ihn damit zu provozieren, daß man ihn als »Irren« bezeichnete, was leider bereits in der Presse geschehen war.

Wichtiger noch war es, die Presse zum Abdruck von Artikeln zu ermutigen, in denen die Opfer menschlich dargestellt wurden, da es der Kern dieser Verbrechen war, sie in der Phantasie zu entmenschlichen. Ich glaubte, er würde sich besonders schuldig fühlen, wenn man ihn zur Konfrontation mit dem Bild eines zwölfjährigen Mädchens zwang, das umgekommen war. Auf diese Weise könnten wir ihn kriegen.

Als Variation zu unserem Vorgehen in Atlanta und im Fall Sharl Smith schlug ich vor, eine nächtliche Wache an den Gräbern einiger der Opfer aufzustellen, von denen ich vermutete, daß der Täter sie besuchen würde. Da mir klar war, daß der Mann sich wahrscheinlich nicht sonderlich gut dabei fühlte, riet ich weiterhin dazu, besonders an Jahrestagen der Morde in der Presse Druck zu machen.

Ich glaubte, wir könnten ihn dazu ermutigen, bestimmte Läden zu besuchen, ähnlich wie wir Bankräuber in Milwaukee und Detroit »gelenkt« hatten, eine bestimmte Bankfiliale zu überfallen, in der wir auf sie warteten. Beispielsweise konnte die Polizei Informationen darüber durchsickern lassen, was man unternahm, um die Kunden eines bestimmten Ladens zu schützen. Ich dachte mir, daß der Mann sich herausgefordert fühlen könnte, diesen Laden zu besuchen, um die Auswirkungen seiner Taten mit eigenen Augen zu sehen. Eine Alternative dazu wäre, einen Artikel über einen arroganten Ladeninhaber zu bringen, der öffentlich erklärte, wie groß sein Vertrauen in die Sicherheitsmaßnahmen seines Geschäftes seien und daß der Tylenol-Killer unmöglich irgendwelche Produkte aus seinen Regalen manipulieren könne. Eine weitere Version dieses Tricks wäre es, Polizei und FBI-Agenten auf einen »heißen Tip« in einem bestimmten Laden reagieren zu lassen, verbunden mit entsprechender Publicity. Es würde sich als falscher Alarm herausstellen. Doch der Polizeichef würde alsbald vor laufenden Kameras erklären, seine Mitarbeiter seien von derart überragender Intelligenz, daß der Unbekannte davon abgelassen habe, das vergiftete Tylenol zu verstecken. Das mußte eine weitere indirekte Herausforderung darstellen, die er sich nicht entgehen lassen konnte.

Wir konnten auch einen Psychiater vorschicken, dem das Herz blutete und der ein Interview gab, in dem er großes Verständnis für den Täter äußerte, ihn als Opfer der Gesellschaft darstellte und ihm so die Möglichkeit gab, sein Gesicht zu wahren. Ich ging davon aus, daß der Täter in der Praxis des Arztes anrufen oder auftauchen würde, wo wir schon auf ihn warteten.

Ich glaube, wenn man offiziell eine freiwillige Bürgerwehr aufstellen würde, die der Polizei bei den telefonisch eingehenden Hinweisen half, würde sich der Täter wahrscheinlich freiwillig dafür melden. Ted Bundy hatte sich seinerzeit in Seattle freiwillig bei einem Zentrum für Vergewaltigungsopfer gemeldet.

In gewisser Weise geben sich Strafverfolgungsbehörden immer etwas zimperlich, wenn es darum geht, eng mit den Medien zusammenzuarbeiten oder sie gar zu benutzen. Das habe ich in meiner Karriere einige Male beobachtet. In den frühen achtziger Jahren, als das Programm zur Profilerstellung noch relativ neu war, wurde ich einmal ins Hauptquartier gerufen, um Rechtsberatern des FBI einige meiner proaktiven Techniken zu erklären.

»John, Sie lügen die Presse doch nicht an, oder?«

Ich nannte ihnen ein Beispiel aus der jüngsten Vergangenheit dafür, wie ein erfolgreicher proaktiver Einsatz der Presse funktioniert hatte. In San Diego wurde die Leiche einer jungen Frau gefunden, erwürgt und vergewaltigt, mit einem Hundehalsband und einer Leine um den Hals. Ihr Wagen wurde irgendwo am Highway gefunden. Offenbar war ihr das Benzin ausgegangen, und der Mörder hatte sie mitgenommen – entweder getarnt als guter Samariter oder indem er sie zwang – und sie dorthin gefahren, wo man sie fand.

Ich schlug der Polizei vor, Informationen an die Presse in einer bestimmten Reihenfolge auszugeben. Zuerst sollte man die Tat und unsere Verbrechensanalysen beschreiben, zweitens sollten sie den großen Einsatz von FBI und staatlichen wie lokalen Behörden hervorheben und daß »wir den Kerl auf jeden Fall kriegen, und wenn es zwanzig Jahre dauert!« Und außerdem mußte auf einer vielbefahrenen Straße wie jener, auf der die junge Frau liegengeblieben war, irgend jemand etwas gesehen haben. Die dritte Geschichte sollte besagen, es habe Berichte über jemanden gegeben, der sich etwa zum Zeitpunkt der Entführung verdächtig gemacht habe, und die Polizei bäte die Öffentlichkeit, ihr weitere Informationen zuzutragen.

Ich dachte mir, wenn der Mörder glaubte, jemand könne ihn gesehen haben (was wahrscheinlich der Fall war), würde er wahrscheinlich davon ausgehen, er müsse das vor der Polizei erklären, seine Anwesenheit am Tatort begründen. Er würde sich melden und etwas sagen wie: »Ich kam vorbei und habe gesehen, daß sie liegengeblieben war. Ich habe angehalten und gefragt, ob ich helfen könnte, aber sie hat gesagt, es wäre okay, da bin ich weitergefahren.«

Nun bemüht sich die Polizei tatsächlich oft genug um die Mitarbeit der Bevölkerung. Allzuoft jedoch betrachten die Beamten es nicht als proaktive Technik. Ich frage mich, wie oft sich schon Täter gemeldet haben, die ihnen durch die Finger geschlüpft sind, weil sie nicht wußten, wen sie suchten. Im übrigen soll das nicht heißen, daß echte Zeugen Angst haben müßten, sich mit ihrer Geschichte zu melden. Sie geraten nicht unter Verdacht, können allerdings sehr wohl helfen, einen Verdächtigen zu verhaften.

Im San Diego-Fall griff diese Technik genau so, wie ich es mir gewünscht hatte. Der Täter mischte sich in die Ermittlungen ein und wurde gefaßt.

»Okay, Douglas, wir verstehen, was Sie meinen«, antworteten die Leute vom FBI-Hauptquartier widerwillig. »Geben Sie uns nur Bescheid, wenn Sie diesen Ansatz anwenden wollen.« Alles Neue oder Innovative kann eine Bürokratie in Angst und Schrecken versetzen.

Ich hoffte, daß uns die Presse auf die eine oder andere Weise helfen konnte, den Tylenol-Killer zu fassen. Bob Greene, der beliebte Kolumnist der *Chicago Tribune,* traf sich mit Polizei und FBI. Dann schrieb er einen Artikel über die zwölfjährige Mary Kellerman, das jüngste Opfer des Giftmischers und das einzige Kind eines Paares, das keine Kinder mehr bekommen konnte. Als die Geschichte erschien, standen Polizei und FBI an ihrem Elternhaus und ihrem Grab bereit. Ich glaube, die meisten Leute, die damit zu tun hatten, hielten es für Unsinn, daß ein schuldgeplagter und/oder in Erinnerungen schwelgender Mörder tatsächlich die Gräber besuchen sollte. Doch drängte ich sie, ihm eine Woche Zeit zu geben.

Ich war noch in Chicago, als die Polizei den Friedhof beschattete, und ich wußte, ich würde ihren Ärger zu spüren bekommen, sollten sie nichts finden. Beschatten ist langweilige, unbequeme Arbeit. Bei Nacht auf einem Friedhof ist es besonders nervig.

In der ersten Nacht passiert nichts. Es ist friedlich und still. Aber irgendwann im Laufe der zweiten Nacht glaubt das Beschattungsteam, etwas zu hören. Sie schleichen zum Grab, geben sich alle Mühe, nicht gesehen zu werden. Sie hören die Stimme eines Mannes etwa in dem Alter, das ich in meinem Profil vermutet hatte.

Der Mann ist tränenüberströmt, offenbar dem Schluchzen nahe. »Es tut mir leid«, sagt er flehentlich. »Das wollte ich nicht. Es war ein Versehen!« Er bittet das Mädchen, ihm zu vergeben. Heiliger Strohsack, denken sie, Douglas hat recht. Sie stürzen sich auf ihn.

Aber Moment mal! Er spricht nicht zu Mary!

Der Mann erschrickt sich zu Tode. Und als die Polizei genauer hinsieht, erkennt sie, daß er auf dem *Nachbargrab* steht!

Es stellt sich heraus, daß neben Mary Kellerman das Opfer einer ungeklärten Fahrerflucht begraben liegt und ihr nichtsahnender Mörder zurückgekehrt ist, um die Tat zu gestehen.

Vier oder fünf Jahre später setzte die Polizei von Chicago denselben Trick bei einem ungeklärten Mord ein. Unter Anleitung von Bob Sagowski, dem Ausbildungskoordinator beim FBI, begann man, um den Jahrestag des Mordes herum Informationen an Zeitungen auszugeben. Als die Polizei den Mörder am Grab verhaftete, kommentierte er trocken: »Ich habe mich schon gewundert, wieso Sie so lange brauchen.«

Den Tylenol-Killer konnten wir auf diese Weise nicht fassen. Wir haben überhaupt keinen Mörder gefaßt. Ein Verdächtiger wurde verhaftet und wegen einer Erpressung im Zusammenhang mit den Morden verurteilt, doch reichten die Beweise nicht aus, um ihn mit den Morden selbst in Verbindung zu bringen. Er entsprach dem Profil, war aber nicht in Chicago gewesen, als die Polizei das Grab beschattete. Nach seiner Inhaftierung wurden jedoch keine Vergiftungen mehr gemeldet.

Da es nicht zum Prozeß kam, können wir nicht mit Sicherheit sagen, daß er unser Mann war. Klar ist nur, daß ein bestimmter Prozentsatz von Schuldigen an ungeklärten Serienmorden doch gefaßt werden, ohne daß die in diesem Fall ermittelnden Beamten und Detectives es wüßten. Wenn ein aktiver Mörder plötzlich aufhört, gibt es dafür drei schlagende Erklärungen, abgesehen von der Möglichkeit, daß er sich einfach nur zur Ruhe setzt. Die erste könnte sein, daß er Selbstmord begangen hat, was auf bestimmte Persönlichkeitstypen zutreffen könnte. Die zweite wäre, daß er aus der Gegend weggezogen ist und woanders seinem »Handwerk« nachgeht. Mit Hilfe des VICAP-Computersystems (Violent Criminal Apprehension Program) arbeiten wir daran, das zu verhindern, indem wir Tausende von Polizeidienststellen überall im Land in die Lage versetzen, einfach und schnell untereinander Informationen auszutauschen. Die dritte Erklärung wäre, daß der Mörder wegen eines anderen Delikts – gewöhnlich Einbruch, Raub oder Körperverletzung – inhaftiert wurde und seine Zeit wegen geringerer Straftaten absitzt, ohne daß die Behörden ihn mit seinen schwerwiegendsten Verbrechen in Verbindung gebracht hätten.

Seit dem Tylenol-Fall hat es zahlreiche Zwischenfälle gegeben, bei denen an Nahrungsmitteln manipuliert wurde, wobei die meisten Täter von eher traditionellen Motiven angetrieben wurden. Beispielsweise könnte der Mord an einem Ehepartner so inszeniert werden, daß es den Anschein hätte, es sei ein Produkt manipuliert worden. Bei der Einschätzung eines derartigen Falles sollte die Polizei die Anzahl der gemeldeten Fälle bedenken: ob sie konzentriert oder weit verteilt vorgekommen sind, ob das Medikament oder das Essen in unmittelbarer Nähe des Ortes eingenommen wurde, an dem sich jemand daran zu schaffen gemacht hat, und wie das Verhältnis zwischen dem Opfer und demjenigen war, der die Tat gemeldet hat. Wie bei allen anderen Morden mit möglicherweise persönlichen Motiven muß man auf Konflikte achten und möglichst viele Informationen zum Verhalten vor und nach der Tat sammeln.

Ein Verbrechen, das, oberflächlich betrachtet, kein spezifisches Opfer ins Auge gefaßt hatte, könnte es vielleicht doch auf einen bestimmten Menschen abgesehen haben. Und was ein Verbrechen aus genereller Wut und Frustration zu sein scheint, könnte in Wahrheit ein ganz traditionelles Motiv haben, wie etwa den Wunsch, aus einer Ehe auszubrechen oder eine Versicherungssumme oder Erbschaft einzustreichen. Nachdem die Tylenol-Morde eine solche Publicity genossen, tötete zum Beispiel eine Frau ihren Mann mit vergiftetem Tylenol, da sie dachte, man würde die Tat dem »Tylenol-Mörder« anhängen. Die Inszenierung war durchsichtig, und die Details unterschieden sich so sehr von den anderen Fällen, daß sich niemand täuschen ließ. In einem solchen Fall stellen forensische Beweise für gewöhnlich die Verbindung zum Täter her. Beispielsweise läßt sich im Labor die Herkunft von Zyanid und anderen Giften bestimmen.

Solche Analyse macht es Ermittlern relativ leicht, zu erkennen, ob sich jemand mit der Absicht an einem Produkt zu schaffen gemacht hat, um auf Schadensersatz zu klagen, indem er eine tote Maus in ein Glas Spaghettisauce, eine Ratte in eine Getränkedose oder eine Nadel in eine Tüte Chips gesteckt hat. Firmen wollen sich oft schnell mit Erpressern einigen, um negative Publicity zu vermeiden und nicht vor Gericht zu müssen. Die Kriminaltechnik ist inzwischen so weit entwickelt, daß eine Firma, die den ernsten Verdacht hegt, jemand habe ihr Produkt manipuliert, und den Fall zum FBI bringt, gute Chancen hat, daß der Schuldige ausfindig gemacht und bestraft wird. Ebenso erkennt ein guter Ermittler »inszeniertes Heldentum« – orchestrierte Szenarien, die ein Einzelner angezettelt hat, um die Anerkennung seiner Clique oder der Öffentlichkeit zu erlangen.

Der Tylenol-Fall stand für sich. Es schien nicht in erster Linie um Erpressung zu gehen. Wenn ein Erpresser Erfolg haben will, muß er zunächst deutlich machen, daß er in der Lage wäre, seine Drohung wahr zu machen. Erpresser, die damit drohen, sich ein bestimmtes Produkt vorzunehmen, bearbeiten normalerweise eine Flasche oder ein Paket dieses Produkts, markieren es und geben telefonisch oder schriftlich eine Warnung ab. Der Tylenol-Killer dagegen fing gar nicht erst mit Drohungen an. Er tötete gleich.

Im Vergleich zu anderen Erpressern war er nicht eben raffiniert. Aufgrund der schlichten Art und Weise der Manipulation (nach diesen Morden investierte Johnson & Johnson ein Vermögen in die Entwicklung manipulationssicherer Verpackungen) wußte ich, daß dieser Mann nicht übermäßig geordnet war. Einige Leitlinien jedoch, die bei solchen Erpressern gelten, die tatsächlich drohen, entsprechen denen bei der Analyse politischer Drohungen, wenn man feststellen will, ob man es tatsächlich mit einem gefährlichen Täter zu tun hat.

Das gleiche gilt für Bombenleger. Eine Bombendrohung wird immer ernst genommen. Eilig müssen die entsprechenden Behörden entscheiden, ob die Drohung echt ist, damit nicht das ganze öffentliche Leben lahmliegt. Bombenleger und Erpresser benutzen für gewöhnlich das Wort *wir*, wenn sie kommunizieren, um anzudeuten, daß eine große Gruppe aus dem Dunkel wacht. Tatsache jedoch ist, daß die meisten dieser Leute mißtrauische Einzelgänger sind, die anderen nicht trauen.

Bombenleger lassen sich meist in drei Gruppen aufteilen. Es gibt die machtorientierten Bombenleger, denen es um die Zerstörung geht. Es gibt die Bombenleger mit einer Mission, denen es um den Entwurf, die Herstellung und Plazierung des Sprengkörpers geht. Es gibt einen »Technikertyp«, der seine Befriedigung aus der Raffinesse seiner Konstruktion zieht. Was die Motive angeht, so reichen diese von Erpressung über Konflikte am Arbeitsplatz und Rachsucht bis hin zu Selbstmord.

Unsere Forschungen hinsichtlich der Bombenleger zeigen ein sich wiederholendes, generelles Profil. Gewöhnlich sind es weiße Männer, deren Alter man anhand von Opfer oder Zielobjekt schätzen kann. Sie sind von mindestens mittelmäßiger Intelligenz, oft eher darüber, wenn ihre Leistungen auch oft dahinter zurückbleiben. Sie sind sauber, ordentlich und methodisch vorgehende, sorgsame Planer, konfliktscheu, unsportlich und feige, unausgereifte Persönlichkeiten. Ihr Täterprofil entsteht durch die Beurteilung des Zielobjekts oder des Opfers und der Art des Sprenggeräts (ist es beispielsweise eher explosiver oder eher brandstiftender Natur), ähnlich wie wir das Profil eines Serienmörders nach seinem Tatort erstellen. Wir bedenken die Risikofaktoren sowohl des Opfers als auch des Täters, ob das Opfer zufällig war oder beabsichtigt, wie erreichbar es war, welche Zustellungsmethoden gewählt wurden (wie etwa per Post), wie auch Besonderheiten bei den Komponenten oder der Bauart der Bombe.

Zu Beginn meiner Arbeit für die Täterprofilerstellung entwickelte ich das erste Profil des inzwischen berühmten – und gefaßten – »Unabombers« (vom FBI-Codenamen Unabom), der seinen Spitznamen dem Umstand verdankte, daß er es auf Universitäten und Akademiker abgesehen hatte.

Am meisten erfahren wir über Bombenleger durch ihre Botschaften. Als der Unabomber beschloß, mit Hilfe von Briefen an Zeitungen oder durch Manifeste von mehreren tausend Worten ausgiebig mit der Öffentlichkeit zu kommunizieren, hatte er eine Spur von drei Toten und dreiundzwanzig Verletzten in siebzehn Jahren hinterlassen. Unter anderem brachte er es fertig, mit seiner Androhung eines Attentates mittels einer Bombe, die angeblich in eine Maschine vom Los Angeles International Airport kommen sollte, den gesamten nationalen Luftverkehr zu behindern.

Wie die meisten Bombenleger machte er eine Gruppe (»FC« = »Freedom Club«) für seine terroristischen Taten verantwortlich. Dennoch gab es nur wenig Zweifel daran, daß er zum Typus der eben beschriebenen Einzelgänger zählt, was inzwischen bewiesen ist.

Das Profil wurde weitgehend veröffentlicht, und ich sah keinen Grund, mein Urteil zu widerrufen. Leider waren die Behörden – trotz Dr. Brussels bahnbrechender Arbeit im »Mad Bomber«-Fall – nicht so darauf vorbereitet, unsere Art der Analyse zu nutzen, wie sie es heute wären. Die meisten dieser Leute sind zu Beginn ihrer kriminellen Karriere noch zu fassen. Die ersten und zweiten Male sind am bedeutsamsten, was das Verhalten, die Ortswahl, das Zielobjekt angeht, bevor sie anfangen, ihr Tun zu perfektionieren, und im ganzen Land herumreisen. Im Laufe der Jahre weiten sie auch ihre Ideologien über den simplen und elementaren Haß gegen die Gesellschaft hinaus aus, der sie anfänglich treibt. Ich denke, wenn wir 1979 dort gewesen wären, wo wir heute in der Täterprofilerstellung stehen, hätte der Unabomber Jahre früher gefaßt werden können.

In vielen Fällen sind Bombendrohungen Mittel zur Erpressung, die sich gegen eine Einzelperson oder eine bestimmte Gruppe richtet. Mitte der Siebziger ging telefonisch eine Bombendrohung gegen den Direktor einer Bank in Texas ein.

In einem langen, komplizierten Text erklärt der Anrufer, die Techniker von Southwest Bell, die vor einigen Tagen in der Bank gearbeitet hätten, seien in Wahrheit seine eigenen Leute. Sie hätten eine Bombe versteckt, die er mit einem Sender zünden könne, aber er würde es unterlassen, wenn der Direktor seinen Forderungen nachkäme.

Jetzt kommt der beunruhigendste Teil. Er behauptet, er habe die Frau des Direktors, Louise, in seiner Gewalt: Sie hat einen Cadillac, fährt morgens hierhin, dann dahin und so weiter. Er scheint alles verfolgt zu haben. In Panik läßt der Direktor seine Sekretärin auf einer anderen Leitung zu Hause anrufen, wo seine Frau jetzt sein müßte. Niemand nimmt ab. Nun ist er überzeugt, daß die Drohung ernst zu nehmen ist.

Dann nennt der Anrufer seine Forderung: gebrauchte Scheine – Zehner und Hunderter. »Rufen Sie nicht die Polizei, wir können auch die Zivilfahrzeuge leicht erkennen. Sagen Sie Ihrer Sekretärin, Sie gehen eine Dreiviertelstunde weg. Rufen Sie niemanden an. Bevor Sie gehen, knipsen Sie das Licht in Ihrem Büro dreimal an und wieder aus. Meine Leute warten auf dieses Zeichen. Lassen Sie das Geld in Ihrem Wagen, stellen Sie ihn neben der Straße in einer Gegend mit dichtem Verkehr ab, lassen Sie den Motor laufen und die Parkleuchten an.«

In diesem speziellen Fall nun gab es weder eine Bombe noch eine Entführung, nur einen cleveren Ganoven, der sich ein besonders leichtes Opfer gesucht hatte. Alles an dieser Taktik dient einem Zweck: Sein Timing gründet sich darauf, daß die Telefongesellschaft tatsächlich in der Bank gearbeitet hatte, so daß er sie als angebliche Bombenleger ausgeben konnte. Jeder weiß, daß Telefonfirmen technische Arbeiten ausführen, die niemand versteht oder beachtet, so daß es sehr gut möglich wäre, daß es sich um Betrüger handelte.

Da er wußte, daß der Bankdirektor seine Frau zu Hause anrufen würde, hatte der Erpresser sie am Morgen angerufen, behauptet, er wäre von Southwest Bell, und gesagt, sie hätten eine Reihe von Klagen über obszöne Telefonanrufe in ihrem Viertel bekommen und versuchten, den Anrufer zurückzuverfolgen, so daß sie also zwischen zwölf und viertel vor eins nicht ans Telefon gehen sollte, falls es klingelte: »Wir haben eine Fangschaltung aufgebaut.«

Die Anweisung, das Geld im Wagen mit laufendem Motor zu hinterlassen, ist vielleicht der raffinierteste Teil am ganzen Plan. Der Direktor denkt, die Lichter seien Teil des Signals, aber in Wahrheit gehören sie zum Fluchtplan des Anrufers. Trotz der Warnung, keine Polizei zu rufen, weiß der Erpresser, daß das Opfer es wahrscheinlich doch tun wird, und die gefährlichste Phase ist für den Täter die Geldübergabe, da er vermutet, daß die Polizei ihn beobachtet. In diesem Szenario kann der Täter, falls er von der Polizei im Wagen erwischt werden sollte, immer noch vorgeben, er sei nur die Straße entlangspaziert, habe den Wagen mit eingeschaltetem Licht und laufendem Motor vorgefunden und helfen wollen, indem er den Motor abstellte. Ergreift die Polizei ihn an diesem Punkt, hat sie nichts in der Hand. Selbst wenn sie ihn mit dem Geld schnappt, kann er, da er bereits einen vernünftigen Grund genannt hat, wieso er im Wagen saß, immer noch sagen, er hätte die Tasche auf dem Sitz gefunden und diese eben der Polizei übergeben wollen.

Für den Erpresser ist es ein großes Risiko. Er hat seinen Plan ausformuliert und muß nur noch die Details eintragen. Wenn das heutige Opfer nicht darauf reinfällt, versucht er es morgen mit dem nächsten. Irgendwann wird einer anbeißen, und dann hat er einen hübschen Batzen Kleingeld für seine Mühen, ohne jemanden entführen und in die Luft sprengen zu müssen. In diesen Fällen ist der Plan im allgemeinen ein brauchbares Beweisstück, da der Täter ihn beibehält, wohlwissend, daß er für kommende Jobs von Nutzen sein dürfte. Denn er weiß, daß – mit ein paar simplen Vorbereitungen – jedes Opfer mitmacht.

Als die Behörden seine Tricks erkannt hatten, wurde er bald verhaftet und verurteilt. Er entpuppte sich als ehemaliger Diskjockey, der beschlossen hatte, seine geschwätzige Gabe zu kurzfristigerem Vorteil zu nutzen.

Was ist der Unterschied zwischen dieser Art Gangster und jemandem, der tatsächlich einen anderen entführt? Beiden geht es um Geld, und keiner möchte sich dem Opfer länger als nötig zeigen, da ein Mord nicht eingeplant ist. Der große Unterschied besteht darin, daß der echte Kidnapper für gewöhnlich Hilfe braucht, um seinen Plan auszuführen, und während der einfache Erpresser im Grunde ein cleverer Gauner ist, handelt es sich beim Entführer um einen Soziopathen. Das Opfer zu töten liegt nicht in seiner Absicht, aber er ist bereit, es zu tun, falls es nötig sein sollte, um sein Ziel zu erreichen.

Steve Mardigan war an den Ermittlungen beteiligt, als ein Vizepräsident der Exxon Corporation vor seinem Haus in New Jersey entführt und festgehalten wurde, um Geld zu erpressen. Während der Rangelei am Anfang schoß man ihm versehentlich in den Arm. Die Entführer – ein ehemaliger Sicherheitsbeamter der Firma und dessen Frau – brachen die Entführung dennoch nicht ab und hielten den verwundeten Mann (der ein schwaches Herz hatte) in einer Kiste fest, in der er schließlich starb. Der Grund für ein so geartetes Versteck ist, daß die Entführer sowenig Kontakt wie möglich mit ihrem Opfer haben und nicht den leidenden Menschen in ihm sehen wollen. In diesem Fall äußerten die Entführer ihr Bedauern über den Ausgang und sprachen von einer verzweifelten Lage, die überhaupt erst zu der Tat geführt hatte. Aber sie hatten es gleichwohl getan, und sie haben die Tat, ohne zu zögern, Schritt für Schritt ausgeführt. Sie waren bereit, einen anderen Menschen für ihre selbstsüchtigen Ziele sterben zu lassen, und das ist eine der Definitionen für soziopathisches Verhalten.

Im Gegensatz zu anderen Kapitalverbrechen ist es schwierig, mit einer Entführung davonzukommen, so daß ein Ermittler die Tat sorgfältig und mit skeptischem Blick einschätzen und sich das Opfer und dessen Verhalten im Vorfeld der Tat genau ansehen sollte. Und obwohl man einräumen muß, daß jeder zum Opfer werden kann, muß sich der Ermittler fragen: Wieso gerade dieser Mann oder diese Frau?

Vor ein paar Jahren bekam ich zu Hause einen dringenden Anruf. Ein Detective aus Oregon erzählte mir die Geschichte einer jungen Frau, die in seinem Bezirk zur Schule ging. Jemand lauerte ihr häufiger auf, doch weder sie noch sonst jemand konnte die Identität des Verfolgers herausbringen. Sie sah den Mann im Wald, doch sobald ihr Vater oder ihr Freund hinausgingen, um nachzusehen, war er weg. Er rief bei ihr an, aber nie, wenn sonst noch jemand zu Hause war. Das Mädchen verlor langsam den Verstand. Nach mehreren nervenaufreibenden Wochen war sie mit ihrem Freund in einem Restaurant. Sie ging auf die Damentoilette. Als sie wieder herauskam, wurde sie gepackt und auf den Parkplatz hinausgezerrt, wo der wütende Mann ihr einen Pistolenlauf in die Vagina rammte und drohte, sie zu töten, wenn sie zur Polizei ginge, dann ließ er sie laufen. Sie stand unter Schock und konnte daher keine vernünftige Beschreibung liefern.

Nun war sie offenbar entführt worden, als sie eines Abends aus der Bibliothek kam. Es hatte noch keine Nachricht gegeben, und die Lage sah ziemlich übel aus.

Ich bat den Detective, mir von dem Opfer zu erzählen. Sie war ein hübsches Mädchen, das immer gut in der Schule gewesen war. Im letzten Jahr jedoch hatte sie ein Baby bekommen und einige Probleme mit ihrer Familie, besonders mit ihrem Vater, wegen der Unterstützungszahlungen, gehabt. Ihre Noten waren in letzter Zeit in den Keller gegangen, besonders seitdem dieser Mann ihr auflauerte.

Ich riet, dem Vater vorerst nichts zu sagen. Vielleicht täuschte ich mich, und die junge Frau kam am Ende ums Leben, aber für mich hörte sich das Ganze wie ein Schwindel an. Wer sollte ihr auflauern? Sie hatte einen festen Freund und in letzter Zeit keine Trennungen hinter sich. Wenn einer nicht prominenten Person aufgelauert wird, dann meist von jemandem, der diese Person auf die eine oder andere Weise kennt. Solche Menschen sind normalerweise bei ihren Handlungen weder sonderlich clever noch umsichtig. Wenn sie den Verfolger gesehen hatte, dürften ihr Vater und ihr Freund ihn nicht jedesmal verpaßt haben. Niemand außer ihr bekam die Anrufe. Und als die Polizei eine Fangschaltung einrichtete, hörten die Anrufe plötzlich auf. Außerdem fand die Entführung direkt vor den Abschlußprüfungen statt – was kein Zufall sein konnte.

Ich schlug eine proaktive Strategie vor, wobei der Vater den Medien Interviews gewährte, in denen er das gute Verhältnis zu seiner Tochter hervorhob, sagte, wie sehr er sie liebte und zurückhaben wollte, und den Entführer anflehte, sie freizulassen.

Falls ich recht hatte, müßte sie am nächsten oder übernächsten Tag auftauchen, angeschlagen und verdreckt, mit einer Geschichte, daß man sie entführt, mißbraucht und dann aus einem Auto geworfen hatte.

Und exakt das passierte. Sie war ziemlich mitgenommen und verdreckt und erzählte von ihrer Entführung. Ich sagte, daß sich das Verhör – in diesem Fall die Einsatzbesprechung – darauf konzentrieren sollte, was unserer Ansicht nach tatsächlich vorgefallen war. Es sollte nicht vorwurfsvoll klingen, sondern Verständnis dafür zeigen, daß sie große Probleme mit ihren Eltern hatte, daß sie einigem Streß, Schock und Schmerzen ausgesetzt war, Panik vor dem Examen hatte und einen Ausweg suchte, bei dem sie ihr Gesicht wahren konnte. Man sollte ihr sagen, daß sie keine Strafe erhielte, sondern Rat und Verständnis, was sie auch bekommen würde. Nachdem das einmal klargestellt war, gestand sie den Schwindel.

Und doch ist das einer dieser Fälle, die einen zum Schwitzen bringen. Wenn man sich täuscht, sind die Folgen verheerend, denn wenn jemandem tatsächlich aufgelauert wird, kann das oftmals einen grausigen und tödlichen Ausgang nehmen.

Meistens – egal ob einer berühmten Persönlichkeit oder einem ganz gewöhnlichen Menschen aufgelauert wird – beginnt es mit Liebe oder Bewunderung. John Hinckley »liebte« Jodie Foster und wollte, daß sie seine Liebe erwiderte. Nun war sie allerdings ein berühmter Filmstar in Yale, und er war ein gescheitertes Nichts. Er glaubte, etwas tun zu müssen, um auf ihre »Höhe« zu gelangen und sie zu beeindrucken. Und was konnte »beeindruckender« sein als die historische Tat, den Präsidenten der Vereinigten Staaten zu ermorden? In seinen helleren Augenblicken muß er sich darüber im klaren gewesen sein, daß sein Traum davon, daß die beiden bis an ihr seliges Ende glücklich miteinander sein würden, nicht wahr werden würde. Eines seiner Ziele jedoch erreichte er durch seine Tat. Er wurde berühmt, und auf verdrehte Weise wird er im öffentlichen Bewußtsein mit Jodie Foster verbunden bleiben.

Wie in den meisten Fällen, gab es auch bei Hinckley einen direkten Auslöser. Etwa zu der Zeit, als er Präsident Reagan niederschoß, hatte sein Vater ihn zum letzten Mal aufgefordert, sich einen Job zu suchen und für sich selbst zu sorgen.

Ken Baker, Agent beim Secret Service, führte ein Gefängnisgespräch mit Mark David Chapman, dem Mörder von John Lennon. Chapman empfand eine tiefe Bindung zu dem ehemaligen Beatle und versuchte, ihm auf oberflächlicherer Ebene nachzueifern. Er sammelte sämtliche Lennon-Songs und hatte sogar eine Reihe asiatischer Freundinnen, um Lennons Ehe mit Yoko Ono zu imitieren. Wie in den meisten dieser Fälle jedoch kam er schließlich an einen Punkt, an dem die Konfrontation mit seiner eigenen Unfähigkeit für ihn überwältigend wurde. Er konnte mit dem Unterschied zwischen sich und seinem Helden nicht mehr leben und mußte ihn töten. Erschreckenderweise war ein Beispiel, das Hinckley antrieb, seine Schüsse abzugeben und berühmt zu werden (*berüchtigt* wäre eigentlich das bessere Wort), der Fall Chapman.

Ich sprach mit Arthur Bremmer, der George Wallace, dem Gouverneur von Alabama, aufgelauert hatte und dann versuchte, ihn zu ermorden, als dieser für das Präsidentenamt kandidierte. Wallace ist seither gelähmt und wird immer mit Schmerzen leben müssen. Bremmer haßte Wallace nicht. Vor den Schüssen hatte er wochenlang Präsident Nixon aufgelauert, aber er konnte nicht nah genug an ihn herankommen. Irgendwann war er einfach panisch darauf bedacht, der Welt seinen Wert vorzuführen, und Wallace war erreichbar, im Grunde ein weiteres Opfer, das zur falschen Zeit am falschen Ort war.

Die Fälle, in denen auf das Auflauern ein Attentat folgte, sind alarmierend zahlreich. Im Falle von Politikern besteht immer die Möglichkeit, daß ein »Grund« für den Mord vorliegt, obwohl er fast immer einen zutiefst unfähigen Nobody decken soll, der endlich jemand sein möchte. Im Falle von Filmstars und Berühmtheiten wie John Lennon ist selbst diese Ausrede bedeutungslos. Zu den tragischsten Fällen dieser Art gehört der Mord an der einundzwanzigjährigen Rebecca Schaeffer 1989 vor ihrem Apartment in Los Angeles. Die hübsche und talentierte junge Schauspielerin, die einem großen Publikum als Pam Dawbers kleine Schwester in der Fernsehserie *My Si-*

ster Sam bekannt geworden war, wurde mit einem Schuß niedergestreckt, als sie ihre Haustür öffnete. Der Täter hieß Robert John Bardo, ein arbeitsloser Neunzehnjähriger aus Tuscon in Arizona, der zuletzt als Hausmeister in einem Imbiß gearbeitet hatte. Wie Chapman hatte auch Bardo die Beziehung zu seinem Opfer als bewundernder Fan begonnen. Seine Verehrung hatte sich zur Besessenheit gesteigert, und wenn er keine *normale* Beziehung zu ihr haben konnte, dann mußte er sie auf andere Weise »besitzen«.

Wie wir alle wissen, wird nicht nur berühmten Menschen aufgelauert. Natürlich gibt es immer wieder Fälle von Leuten, denen ihre ehemaligen Ehepartner oder Liebhaber auflauern. Gefährlich wird es, wenn der Verfolger sich irgendwann denkt: »Wenn ich sie (ihn) nicht haben kann, dann auch kein anderer.« Jim Wright jedoch, unser erfahrenster Spezialist für diese Fälle und einer der führenden Experten in diesem Bereich, weist darauf hin, daß jeder, der sich in der Öffentlichkeit bewegt, besonders Frauen, Gefahr laufen, verfolgt zu werden. Mit anderen Worten: Das Objekt der Begierde muß nicht im Fernsehen oder auf der Leinwand zu sehen sein. Sie könnte Kellnerin in einem Restaurant oder Kassiererin in einer Bank sein. Oder sie könnte sogar im selben Geschäft oder derselben Firma arbeiten.

Das passierte Kris Welles, einer jungen Frau, die für Conlans Furniture Company in Missoula, Montana, arbeitete. Kris war fleißig und beliebt und arbeitete sich in der Firma erst zur Verkaufsleiterin und schließlich, 1985, bis zur Geschäftsführerin hoch.

Während Kris im Büro saß, arbeitete ein Mann namens Wayne Nance im Lager. Er blieb meist für sich, schien Kris jedoch zu mögen, und sie war ihm gegenüber immer herzlich und verbindlich. Wayne konnte allerdings sehr aufbrausend sein, und der Charakter, den sie unter der Oberfläche witterte, machte ihr angst. Doch niemand äußerte Klagen, was Wayne als Lagerarbeiter anging. Tagein, tagaus arbeitete er dort härter als alle anderen.

Weder Kris noch ihr Mann Doug, ein örtlicher Waffenhändler, ahnten, daß Wayne Nance von ihr besessen war. Er beobachtete sie ununterbrochen und besaß einen Pappkarton voller Andenken an sie – Schnappschüsse, Notizen, die sie im Büro gemacht hatte, alles, was ihr gehörte.

Außerdem wußten weder Kris noch Doug noch die Polizei von Missoula, daß Wayne Nance ein Mörder war. 1974 hatte er ein fünfjähriges Mädchen sexuell mißbraucht und erstochen. Später fand man heraus, daß er darüber hinaus mehrere erwachsene Frauen, darunter die Mutter seines besten Freundes, gefesselt, gewürgt und angeschossen hatte. Beunruhigenderweise war das alles außerhalb des Distrikts geschehen, in dem er jetzt lebte. Und selbst im dünn besiedelten Montana hatte ein polizeilicher Zuständigkeitsbereich keine Ahnung von kriminellen Machenschaften, die im Nachbarbezirk vor sich gingen.

Kris Welles ahnte nichts von alledem, bis Nance eines Nachts in ihr Haus draußen vor der Stadt einbrach. Sie hatte einen Golden Retriever, doch der Hund stellte sich dem Eindringling nicht entgegen. Mit seiner Waffe schoß dieser Doug an. Er fesselte ihn im Keller, trieb dann Kris ins Schlafzimmer hinauf, wo er sie ans Bett fesselte, damit er sie vergewaltigen konnte. Sie kannte ihn gut, und doch gab er sich keine Mühe, seine Identität zu verbergen.

Mittlerweile hatte Doug es im Keller geschafft, sich von seinen Fesseln zu lösen. Geschwächt und von Schmerz und Blutverlust am Rande der Ohnmacht, taumelte er zu einem Tisch, auf dem ein Gewehr aus seinem Laden lag. Er schaffte es, eine Patrone in das Gewehr zu schieben, und nahm dann seine ganze Kraft zusammen, um sich langsam und voller Qualen die Kellertreppe hinaufzuschleppen. So leise er konnte stieg er die Stufen zum ersten Stock hinauf, und auf dem Flur löste er mit glasigen Augen den einen Schuß aus, den er auf Nance abgeben konnte.

Er mußte ihn treffen, bevor Nance ihn sah und nach seiner eigenen Waffe griff. Nance war unverletzt und hatte noch weitere Munition zur Verfügung. Doug wäre ihm nicht gewachsen gewesen.

Er drückte ab. Er traf Nance, so daß dieser nach vorn kippte, doch schon stand der Mann wieder auf und stürzte sich auf ihn.

Der Schuß hatte ihn keineswegs außer Gefecht gesetzt. Nance stürmte ihm auf dem Treppenabsatz entgegen. Doug wußte nicht, wohin er fliehen sollte, und wollte Kris nicht allein dort oben lassen, und so tat er das einzige, was ihm zu tun blieb. Er stellte sich Nance entgegen, benutzte sein leergeschossenes Gewehr als Knüppel. Er prügelte auf den kräftigen Nance ein, bis Kris sich befreien und ihm helfen konnte.

Bis zum heutigen Tag bleibt der Fall Welles einer der wenigen, bei denen Opfer eines Serienmörders tatsächlich in der Lage waren, sich zu wehren und den Angreifer in Notwehr zu töten. Ihre Geschichte grenzt an ein Wunder, und wir luden sie mehrmals nach Quantico ein, wo sie im Unterricht davon erzählten. Dieses bescheidene Paar konnte uns den seltenen Einblick in die Perspektive von Opfern ermöglichen, die zu Helden wurden. Trotz oder wegen dieser höllischen Nacht sind sie erstaunlich warmherzige, sensible und gefaßte Menschen geblieben.

Am Ende eines ihrer Vorträge in Quantico fragte ein Polizeibeamter: »Wenn Wayne Nance überlebt hätte und es keine Todesstrafe gäbe – das heißt, wenn er nach wie vor auf dieser Erde wandeln würde –, wären Sie beide so ausgeglichen, wie Sie es jetzt sind?«

Sie sahen einander an und einigten sich wortlos auf ihre Antwort: »Ganz bestimmt nicht«, sagte Doug Welles.

KAPITEL ACHTZEHN
Die Schlacht der Seelenklempner

Was muß das für ein Mensch sein, der so etwas tut?
Während unserer Studie zu den Serienmördern hielten Bob Ressler und ich uns in Joliet, Illinois, auf und hatten gerade mit Richard Speck gesprochen. Ich saß in meinem Hotelzimmer und wollte die Nachrichten auf CBS sehen, blieb jedoch an Dan Rather hängen. Er interviewte einen Mörder, einen gewissen Thomas Vanda, der eine Frau mit mehreren Messerstichen getötet hatte. Zeit seines Lebens war er in psychiatrischen Anstalten ein- und ausgegangen, und jedesmal, wenn er als »geheilt« entlassen wurde, beging er das nächste Verbrechen. Vor dem Mord, für den er augenblicklich einsaß, hatte er schon einmal getötet.

Ich rief Ressler an und sagte, wir müßten mit ihm sprechen, wenn wir schon mal hier wären. Nach dem Fernsehinterview zu urteilen, war Vanda ein absolut unausgereifter Charakter. Er hätte ebensogut Brandstifter wie Mörder sein können. Wenn er Werkzeug und Talent dafür besessen hätte, wäre aus ihm auch ein Bombenleger geworden.

Am nächsten Tag fuhren wir ins Gefängnis, und Vanda willigte ein, mit uns zu sprechen. Er war neugierig, was wir wollten, und er bekam nicht oft Besuch. Vor dem Gespräch gingen wir seine Akte durch.

Vanda war weiß, etwa einsachtundsiebzig groß und Mitte

Zwanzig. Er hatte eine sanfte Ausstrahlung und lächelte viel. Selbst wenn er lächelte, hatte er immer noch »diesen Blick«, der ständig hin und her ging, nervöses Zucken, Händereiben. Diesem Mann würde man nicht gern freiwillig den Rücken zuwenden. Als erstes wollte er wissen, ob ich fand, daß er im Fernsehen gut gewirkt hätte. Als ich sagte, er habe gut ausgesehen, lachte er und wurde lockerer. Unter anderem erzählte er uns, daß er sich im Gefängnis einer Bibelarbeitsgruppe angeschlossen hatte und glaubte, das habe ihm viel geholfen. Das konnte gut sein. Nur habe ich schon oft erlebt, daß sich Häftlinge vor einer bevorstehenden Sitzung des Bewährungsausschusses Bibelarbeitsgruppen angeschlossen haben, um zu zeigen, daß sie auf dem rechten Weg waren und entlassen werden konnten.

Man mochte sich darüber streiten, ob dieser Mann in ein Hochsicherheitsgefängnis oder die geschlossene Psychiatrie gehörte, doch nach dem Gespräch traf ich mich mit dem behandelnden Gefängnispsychiater, und die Sache wurde klarer. Ich fragte ihn, ob bei Vanda eine Entwicklung zu sehen sei.

Der Psychiater, der etwa um die Fünfzig war, reagierte positiv; er sagte, Vanda »spreche sehr gut auf Medikamente und Therapie an«. Der Psychiater erwähnte als Beispiel die Bibelgruppe und sagte, Vanda käme bald für eine Bewährung in Frage, wenn er weiterhin solche Fortschritte machte.

Ich fragte ihn, ob er denn die Einzelheiten von Vandas Vergehen kenne. »Nein, das will ich nicht wissen«, erwiderte er. »Bei den vielen Häftlingen, um die ich mich hier kümmern muß, fehlt mir einfach die Zeit.« Und, fügte er hinzu, es solle sein Verhältnis zum Häftling nicht ungerechterweise beeinträchtigen.

»Nun, Doktor, ich will Ihnen sagen, was Thomas Vanda getan hat«, beharre ich. Bevor er protestieren kann, erzähle ich ihm, wie dieser asoziale Einzelgänger sich einer Kirchengruppe angeschlossen hat und nach einem Treffen, als alle anderen schon fort waren, mit der jungen Frau, die das Treffen leitete, zu flirten versucht hatte. Sie wies ihn zurück, und Vanda nahm diese Ablehnung nicht gut auf. Typen wie er tun das normalerweise nicht. Er schlug sie nieder, ging in die Küche, kam mit einem

Messer wieder und stach mehrfach auf sie ein. Dann, als sie sterbend am Boden lag, schob er seinen Penis in eine offene Wunde in ihrem Unterleib und ejakulierte.

»Ich muß sagen, ich finde sein Verhalten erstaunlich. Die Frau ist zu diesem Zeitpunkt für ihn nichts als eine Lumpenpuppe. Ihr Körper ist warm, sie blutet, er wird Blut abbekommen. Er kann sie nicht mal mehr entpersönlichen. Und dennoch ist er in der Lage, eine Erektion und einen Orgasmus zu bekommen. Jetzt begreifen Sie vielleicht, weshalb ich der festen Überzeugung bin, daß es bei diesem Verbrechen um Wut geht, nicht um Sex. Was in seinem Gemüt rumort, ist nicht Sex – es ist Wut und Aggressivität.

Das ist im übrigen auch der Grund, wieso es nichts bringt, einen Serienvergewaltiger zu kastrieren – so verlockend die Idee manchem von uns auch erscheinen mag. Das Problem ist, daß es sie nicht aufhält, weder physisch noch emotional. Vergewaltigung ist definitiv ein Verbrechen aus Wut. Schneidet man jemandem die Eier ab, hat man einen *wirklich* wütenden Mann.«

Ich kam zum Ende meiner Geschichte über Vanda: »Sie sind ekelhaft, Douglas!« erklärte der Psychiater. »Verlassen Sie mein Büro!«

»Ich bin ekelhaft?« konterte ich. »Es wird der Zeitpunkt kommen, an dem Sie beurteilen sollen, ob Thomas Vanda auf die Therapie anspricht und freigelassen werden könnte, und Sie wissen nicht mal, mit wem zum Teufel Sie da sprechen, wenn Sie mit diesen Häftlingen zu tun haben. Wie wollen Sie die Leute verstehen, wenn Sie sich nicht mal die Zeit nehmen, die Tatortfotos oder Berichte anzusehen oder die Autopsieprotokolle durchzugehen? Haben Sie sich mal angesehen, wie die Tat verübt wurde? Wissen Sie, ob sie geplant war? Verstehen Sie das Verhalten, das zu dem Verbrechen geführt hat? Wissen Sie, wie der Täter den Tatort hinterlassen hat? Wissen Sie, ob er versucht hat davonzukommen? Hat er versucht, ein Alibi vorzuschützen? *Woher zum Teufel wissen Sie, ob er gefährlich ist oder nicht?*«

Er antwortete nicht, und ich glaube kaum, daß ich an diesem Tag jemanden bekehrt habe, aber es sind Argumente, die mir sehr am Herzen liegen. Auf dieser Grundlage arbeiten wir in unserer Einheit. Das Dilemma – wie ich schon oft erklärt habe – liegt darin, daß die Psychotherapie größtenteils auf subjektiven Berichten der Klienten beruht. Ein Patient, der unter normalen Umständen zu einem Therapeuten kommt, hat ein persönliches Interesse daran, seine wahren Gedanken und Gefühle darzustellen. Ein Häftling, dem daran gelegen ist, frühzeitig entlassen zu werden, hat dagegen ein persönliches Interesse daran, dem Therapeuten zu erzählen, was der hören will. Und wenn der Therapeut diesen Bericht für bare Münze nimmt, ohne ihn mit anderen Informationen über den Häftling zu vergleichen, kann das zu einer echten Fehlentscheidung führen. Ed Kemper und Monte Rissell, um nur zwei zu nennen, waren beide in therapeutischer Behandlung, als sie ihre Morde begingen, und beiden gelang es, unentdeckt zu bleiben. Tatsächlich machten beide in den Augen ihrer Therapeuten »Fortschritte«.

Das Problem scheint mir zu sein, daß oft junge Psychiater, Psychologen und Sozialarbeiter tätig sind, die idealistische Vorstellungen haben und denen man auf den Universitäten beigebracht hat, daß sie wirklich etwas verändern können. Dann bekommen sie es mit diesen Typen im Gefängnis zu tun, und sie wollen sich ihr Gefühl erhalten, sie könnten einen Wandel bewirken. Oft verstehen sie nicht, daß sie bei dem Versuch, diese Häftlinge zu beurteilen, Individuen vor sich haben, die ihrerseits Experten in der Beurteilung anderer Leute sind! Nach kurzer Zeit wird der Insasse wissen, ob der Arzt seine Hausaufgaben gemacht hat, und wenn nicht, kann er sein Verbrechen und das, was er den Opfern angetan hat, in anderem Licht darstellen. Nur wenige Kriminelle geben bereitwillig ihre Details jemandem gegenüber preis, der sie noch nicht kennt. Deshalb waren die umfangreichen Vorbereitungen für unsere Gefängnisgespräche von so entscheidender Bedeutung.

Wie Thomas Vandas Arzt wollen die Leute in den helfenden Berufen die blutigen Details oft gar nicht kennen. Aber, wie ich im Unterricht immer sage: Wenn man Picasso verstehen will, muß man seine Kunst studieren. Wenn man die kriminelle Persönlichkeit verstehen will, muß man ihre Taten, ihre Verbrechen studieren.

Der Unterschied besteht darin, daß Psychologen mit der Persönlichkeit beginnen und daraus ihre Schlüsse über das Verhalten ziehen. Meine Leute und ich beginnen mit dem Verhalten und erschließen die Persönlichkeit aus *dieser* Perspektive.

Natürlich gibt es verschiedene Blickwinkel für die Antwort auf die Frage nach der Verantwortlichkeit für Verbrechen. Dr. Stanton Samenow ist ein Psychologe, der mit dem verstorbenen Psychiater Dr. Samuel Yochelson an einer bahnbrechenden Studie über kriminelles Verhalten am St. Elizabeth's Hospital in Washington, D.C., gearbeitet hat. Nach Jahren der Recherchen aus erster Hand, die allmählich die meisten seiner vorgeprägten Ansichten ins Wanken brachten, kam Samenow in seinem scharfsinnigen und aufschlußreichen Buch *Inside the Criminal Mind* zu dem Schluß, daß »Kriminelle anders denken als verantwortliche Menschen«. Kriminelles Verhalten, glaubt Samenow, ist nicht so sehr eine Frage geistiger Gestörtheit, sondern eines charakterlichen Defizits.

Dr. Park Dietz, der regelmäßig mit uns arbeitet, hat einmal erklärt: »Keiner der Serienmörder, die ich bisher beobachten oder untersuchen durfte, war geisteskrank, aber ebensowenig war einer von ihnen normal. Es waren alles Leute mit Geistesstörungen. Aber trotz ihrer Geistesstörungen, die mit ihren sexuellen Interessen und ihrem Charakter zu tun haben, waren sie Menschen, die wußten, was sie taten, die wußten, daß das, was sie taten, falsch war, es aber trotzdem taten.«

Es ist wichtig, im Auge zu behalten, daß die Unzurechnungsfähigkeit ein juristisches Konzept ist, kein medizinischer oder psychiatrischer Begriff. Es bedeutet nicht, daß jemand »krank« ist oder nicht. Es hat damit zu tun, ob diese Person für ihre Taten verantwortlich ist oder nicht.

Wenn man nun also glaubt, jemand wie Thomas Vanda sei unzurechnungsfähig, gut. Ich denke, einiges spräche dafür. Aber haben wir die Daten sorgfältig geprüft, müssen wir wohl oder übel der Tatsache ins Gesicht sehen, daß das, was die Thomas Vandas dieser Welt ausmacht, nicht wirklich heilbar ist. Würden wir diesen Umstand hinnehmen, wären sie nicht so rasch wieder auf freiem Fuß, um das, was sie getan haben, immer und immer wieder zu tun. Man sollte zum Beispiel im Fall Vanda bedenken, daß dieser Mord nicht sein erster war.

Es wurde in letzter Zeit viel über das Thema Unzurechnungsfähigkeit diskutiert, und diese Diskussion ist nicht neu. Sie reicht sicher einige hundert Jahre angloamerikanischer Jurisprudenz zurück, etwa auf William Lambards *Eirenarcha*, »Von dem Amte der Gerichtsbarkeit im Frieden«, aus dem 16. Jahrhundert.

Die erste bewußt zur Entlastung eines Angeklagten vorgebrachte Erklärung der Geisteskrankheit ist die »M'Naghten Rule« von 1843, benannt nach Daniel M'Naghten (manchmal auch McNaughten oder McNaghten), der versucht hatte, den britischen Premierminister Sir Robert (»Bobby«) Peel zu ermorden, und dabei Peels Privatsekretär tötete. Peel war im übrigen verantwortlich für die Organisation der Londoner Polizei. Bis zum heutigen Tag nennt man die Londoner Polizisten ihm zu Ehren »Bobbys«.

Als M'Naghten freigesprochen wurde, war die Öffentlichkeit derart aufgebracht, daß der Oberste Richter vor das House of Lords bestellt wurde, um den Vorgang zu erklären. Schuldunfähigkeit liegt, zusammengefaßt gesagt, dann vor, wenn sein Geisteszustand einen Menschen der Fähigkeit beraubt, die Verfehlung in seiner Handlung zu erkennen oder ihr Wesen und dessen Qualität zu verstehen. Mit anderen Worten: Kannte er den Unterschied zwischen richtig und falsch?

Die Lehre von der Unzurechnungsfähigkeit entwickelte sich im Laufe der Jahre zu einer Auffassung, bei der oft von einem »unwiderstehlichen Impuls« die Rede war, der erklärte, daß ein Angeklagter nicht schuldig sei, wenn er aufgrund seiner Geisteskrankheit nicht in der Lage war, sein Tun zu kontrollieren oder sein Verhalten den Gesetzen anzupassen.

Richter David Bazelons Entscheidung in der Berufung des Falles *Durham* gegen die *Vereinigten Staaten von Amerika* brachte 1954 eine grundlegende Überarbeitung, da er erklärte, ein Angeklagter sei im Sinne des Gesetzes nicht verantwortlich, wenn seine Tat »Ergebnis einer Geisteskrankheit oder eines psychischen Defekts« sei.

Der Fall *Durham*, der einen so großen Spielraum eröffnete und sich nicht in erster Linie um den Unterschied zwischen richtig und falsch kümmerte, war bei den Strafverfolgungsbehörden wie auch vielen Richtern und Anklägern nicht sonderlich beliebt. 1972 ersetzte man diesen Präzedenzfall im Berufungsverfahren des Falles *Vereinigte Staaten von Amerika* gegen *Brawner* durch den sogenannten »Model Penal Code Test« (modellhaften Test des Strafrechts) des American Law Institute (ALI), der wieder auf M'Naghten und den »unwiderstehlichen Impuls« baute. Dort sagte man, daß der geistige Defekt beim Angeklagten eine grundlegende Unfähigkeit hervorrufen mußte, sein Fehlverhalten zu erkennen oder sein Verhalten dem Gesetz anzupassen. Auf die eine oder andere Weise hat der ALI-Test im Laufe der Zeit bei Gerichten zunehmend an Beliebtheit gewonnen.

Neben dieser Diskussion jedoch, die oft genug zur Spekulation verkommt, wie viele Engel im Zweifel auf einer Nadelspitze Platz haben, müssen wir uns, so glaube ich, mit einem grundlegenderen Konzept auseinandersetzen. Und das ist die *Gefährlichkeit* der Täter.

Eine der klassischen Auseinandersetzungen in der fortdauernden Schlacht der Psychiater war der Serienmordprozeß gegen Arthur J. Shawcross in Rochester, New York, im Jahr 1990. Shawcross war angeklagt, eine Reihe von Prostituierten und Obdachlosen ermordet zu haben, deren Leichen man in den Waldgebieten in und um den Genesee River gefunden hatte.

Nach der Erstellung eines detaillierten – und, wie sich erwies, höchst präzisen – Täterprofils studierte Gregg McCrary das sich wandelnde Verhalten des unbekannten Täters. Als die Polizei eine Leiche fand, die verstümmelt war, bemerkte Gregg, daß der Mörder an die Stellen zurückkehrte, an denen er die Leichen abgeladen hatte, um noch etwas Zeit mit seinem Opfer zu verbringen. Daraufhin drängte Gregg die Polizei, die Wälder nach der Leiche einer bisher noch vermißten Frau zu durchsuchen. Wenn sie diese finden konnten und sich heimlich dort auf die Lauer legten, dann, da war Gregg sicher, würden sie den Mörder schließlich dort antreffen.

Nach mehrtägiger Luftüberwachung fand die New York State Police tatsächlich eine Leiche im Salmon Creek entlang der State Route 31. Zur selben Zeit bemerkte Inspector John McCaffrey einen Mann in einem Wagen, der auf einer flachen Brücke parkte. Polizeibeamte wurden herbeigerufen, um ihm zu folgen. Der Mann, den sie anhielten, hieß Arthur Shawcross.

Im Verhör durch ein Team unter der Leitung von Dennis Blythe von der State Police und Leonard Boriello vom Rochester Police Department gestand Shawcross mehrere der Verbrechen. Die entscheidende Frage während seines medienwirksamen Prozesses wegen Mordes in zehn Fällen war, ob er zum Zeitpunkt seiner Taten unzurechnungsfähig gewesen war oder nicht.

Die Verteidigung rief Dr. Dorothy Lewis auf, eine bekannte Psychiaterin am Bellevue Hospital in New York, die wichtige Forschungsarbeit hinsichtlich der Auswirkungen von Gewalt auf Kinder geleistet hatte. Lewis war überzeugt davon, daß das meiste – wenn nicht jedes – gewalttätige, kriminelle Verhalten auf einer Kombination von Mißbrauch oder Traumatisierung in der Kindheit und einer Form physischen oder organischen Leidens beruhte, etwa Epilepsie, einer Verletzung, einer Art krankhafter Gewebsveränderung wie einer Zyste oder einem Tumor. Natürlich gibt es da Fälle wie den des Charles Whitman, eines fünfundzwanzigjährigen Maschinenbaustudenten, der 1966 auf den Uhrenturm der University of Texas kletterte und das Feuer auf Passanten eröffnete. Als die Polizei den Turm endlich umstellen und ihn neunzig Minuten später erschießen konnte, lagen sechzehn Männer und Frauen tot und dreißig weitere verletzt am Boden. Vor diesem Zwischenfall hatte Whitman über periodisch wiederkehrende Mordlust geklagt. Als die Ärzte eine Obduktion durchführten, stießen sie auf einen Gehirntumor.

Hatte der Tumor Whitmans Verhalten hervorgerufen? Das läßt sich so nicht sagen. Doch Dorothy Lewis wollte den Geschworenen demonstrieren, daß Arthur Shawcross für seine extremen Gewaltausbrüche nicht verantwortlich war, und zwar wegen einer kleinen gutartigen Zyste am Schläfenlappen, die man bei Shawcross festgestellt hatte. Hinzu kamen der posttraumatische Streß durch Erlebnisse im Vietnam-Krieg und etwas, das sie als schwere Kindheitsschäden und sexuelle Mißhandlung durch die Mutter bezeichnete. Tatsächlich sagte sie aus, er habe sich in einem Zustand des Außer-sich-Seins befunden, als er die Frauen tötete. Seine Erinnerung an die einzelnen Episoden sei lückenhaft oder nicht vorhanden.

Eines der Probleme mit dieser Art der Argumentation liegt darin, daß Shawcross Wochen und Monate nach den Morden in der Lage war, Boriello und Blythe die Einzelheiten seiner Taten haarklein zu unterbreiten. In einigen Fällen führte er sie sogar zu Leichen, die die Polizei nicht hatte finden können. Wahrscheinlich war er dazu in der Lage, weil er sich die Morde so oft wieder ins Gedächtnis gerufen hatte, daß sie noch ganz frisch in seiner Erinnerung waren.

Er unternahm Schritte, einige Beweisstücke zu vernichten, damit die Polizei ihn nicht fand. Nach seiner Verhaftung schrieb er außerdem einen relativ analytischen Brief an seine Freundin (er hatte auch eine Frau), in dem er äußerte, er hoffe darauf, daß das Urteil auf schuldunfähig lauten würde, weil es erheblich leichter für ihn sein werde, seine Zeit in einer psychiatrischen Anstalt zu verbringen als im Gefängnis.

Shawcross wußte ganz genau, wovon er sprach. Seine Konflikte mit dem Gesetz begannen im Jahr 1969, als er wegen Einbruchs und Brandstiftung in Watertown, nördlich von Syracuse, verurteilt wurde. Kaum ein Jahr später wurde er erneut verhaftet und gestand, einen kleinen Jungen und ein kleines Mädchen erwürgt zu haben. Das Mädchen war darüber hinaus sexuell mißbraucht worden. Für diese beiden Morde verurteilte man Shawcross zu fünfundzwanzig Jahren Gefängnis. Nach fünfzehn Jahren kam er auf Bewährung frei. Das war der Grund, warum der eine Aspekt in Gregg McCrarys Profil nicht stimmte. Die fünfzehn Jahre, die Shawcross im Knast gesessen hatte, waren nur eine Warteschleife gewesen.

Betrachten wir es Schritt für Schritt. Erstens: Wenn man mich oder irgendeinen der vielen tausend Polizisten, Ankläger und Bundesagenten fragt, mit denen ich im Laufe meiner Karriere zusammengearbeitet habe, bekommt man die übereinstimmende Ansicht zu hören, daß fünfundzwanzig Jahre dafür, daß jemand das Leben zweier kleiner Kinder beendet hat, an und für sich genommen schon beschämend wenig ist. Aber zweitens: Um diesen Mann vorzeitig freizulassen, muß man wohl von zwei sich widersprechenden Voraussetzungen ausgehen.

Erstens: Trotz seiner schweren Kindheit, trotz seiner kaputten Familie, des angeblichen Mißbrauchs, der fehlenden Erziehung, seiner gewalttätigen Vergangenheit und allem anderen war das Leben im Gefängnis eine derart wundervolle, spirituell erhebende, erhellende und reinigende Erfahrung, daß Shawcross eine Erleuchtung bekam, er das Fehlerhafte seines Tuns erkannte und sich aufgrund des guten Einflusses, den die Haftanstalt auf ihn gehabt hatte, entschloß, ein neues Kapitel zu eröffnen und von nun an ein aufrechter, gesetzestreuer Bürger zu werden.

Okay, wenn man das nicht glaubt, wie wäre es mit zweitens:

Das Leben im Gefängnis war so grauenvoll, Tag für Tag so unerträglich und traumatisch, in jeder Hinsicht eine solche Strafe, daß er trotz seiner schweren Kindheit und dem bleibenden Wunsch, Kinder zu vergewaltigen und zu töten, nie wieder ins Gefängnis wollte und sich entschloß, alles zu tun, um nicht wieder dorthin zu müssen.

Ich gebe zu, daß diese Möglichkeit ebenso unwahrscheinlich ist. Aber wie um alles in der Welt kann man – wenn man keine von beiden Voraussetzungen akzeptiert – jemanden freilassen, ohne die Wahrscheinlichkeit einzukalkulieren, daß er wieder töten wird?

Natürlich ist das Risiko, daß sie wieder töten, bei einigen Mördern größer als bei anderen. Was aber die gewalttätigen, sexuell gesteuerten Serienmörder angeht, stimme ich Dr. Park Dietz zu, daß »es schwerfällt, sich Umstände vorzustellen, unter denen sie wieder auf die Gesellschaft losgelassen werden könnten«. Ed Kemper, der um einiges heller als die meisten anderen Mörder ist und auch weit mehr Einsicht in sein Tun hat, sagt ganz offen, daß man ihn nicht entlassen soll.

Es gibt einfach zu viele Horrorgeschichten. Richard Marquette, mit dem ich gesprochen habe und der bereits mit Anfang

Zwanzig eine Reihe von Anklagen wegen Erregung öffentlichen Ärgernisses, versuchter Vergewaltigung und Körperverletzung auf sich geladen hatte, verfiel nach einem erfolglosen sexuellen Erlebnis mit einer Frau, die er in einer Bar in Portland kennengelernt hatte, auf Vergewaltigung, Mord und Verstümmelung. Er floh aus der Gegend, wurde auf die FBI-Liste der meistgesuchten Männer gesetzt und in Kalifornien verhaftet. Man verurteilte ihn wegen Mordes zu lebenslanger Haft. Als er nach zwölf Jahren auf Bewährung freikam, tötete und zerstückelte er zwei weitere Frauen, bevor er wieder festgenommen wurde. Was, in Gottes Namen, hat eine Bewährungskommission zu dem Glauben veranlaßt, dieser Mann sei nicht mehr gefährlich?

Ich kann nicht für das FBI, das Justizministerium oder sonstwen sprechen. Aber für mich selbst kann ich sagen, daß ich mein Gewissen lieber damit belaste, einen Mörder im Gefängnis zu behalten, der vielleicht wieder tötet, wenn man ihn freiläßt, als für den Tod eines unschuldigen Mannes, einer Frau oder eines Kindes als Folge der Entlassung dieses Mörders verantwortlich zu sein.

Es ist typisch für Amerika zu glauben, daß alles immer besser wird, daß sich alles verbessern läßt, daß wir alles erreichen können, was wir wollen. Aber je mehr ich sehe, desto pessimistischer werde ich hinsichtlich der Rehabilitation bestimmter Tätertypen. Was diese Menschen als Kinder durchgemacht haben, ist oft schrecklich. Das bedeutet nicht, daß der Schaden zu einem späteren Zeitpunkt wieder gutzumachen wäre. Und im Gegensatz zu dem, was Richter, Verteidiger und Psychologen gern glauben möchten, läßt sich von guter Führung im Gefängnis nicht notwendigerweise auf ein akzeptables Verhalten draußen in der Welt schließen.

Shawcross war in fast jeder Hinsicht ein vorbildlicher Gefangener gewesen. Er war still, blieb für sich, tat, was man ihm sagte, und machte niemandem Ärger. Was meine Kollegen und ich jedoch feststellen mußten und seither verzweifelt anderen, die mit dem Strafvollzug oder forensischer Psychologie beschäftigt sind, zu vermitteln versuchen, ist folgende Erkenntnis: *Gefährlichkeit ist situationsabhängig.* Wenn man jemanden in einer wohlgeordneten Umgebung behält, in der er keine Wahl hat, kann er sich gut führen. Versetzt man ihn jedoch zurück in die Umgebung, in der er früher Schaden angerichtet hat, kann sich sein Verhalten schnell wieder ändern.

Nehmen wir den Fall von Jack Henry Abbot, ein verurteilter Mörder, der das Buch *In the Belly of the Beast* (Im Bauch der Bestie) schrieb, bewegende und eindringliche Erinnerungen an ein Leben im Gefängnis. Als man seine große schriftstellerische Begabung erkannte und glaubte, daß jemand, der so sensibel und einsichtig wäre, eine neue Chance erhalten müsse, bemühten sich literarische Lichtgestalten wie Norman Mailer darum, Abbot auf Bewährung freizubekommen. Er wurde der gefeierte Star der Stadt. Wenige Monate nach seiner Entlassung jedoch bekam er Streit mit einem Kellner im Greenwich Village und brachte ihn um.

Wie Al Brantley, ein ehemaliger Ausbilder der »Spezialeinheit für Serienverbrechen«, der inzwischen dem Investigative Support Unit angehört, in einem seiner Vorträge an der National Academy sagte: »Die sicherste Möglichkeit, zukünftiges Verhalten oder gewalttätiges Verhalten zu prognostizieren, ist eine gewalttätige Vergangenheit.«

Niemand würde Arthur Shawcross auch nur entfernt für so intelligent oder talentiert halten wie Jack Henry Abbot. Aber er war in der Lage, eine Bewährungskommission davon zu überzeugen, daß man ihn entlassen könne. Nach seiner Freilassung suchte sich Shawcross zuerst in Binghampton eine Wohnung, wo die aufgebrachte Bevölkerung einen Feldzug gegen ihn führte und er nach zwei Monaten wegzog. Man siedelte ihn in den größeren, anonymeren Stadtbereich von Rochester um, wo er einen Job als Salatwäscher bei einem Lebensmittelvertrieb bekam. Ein Jahr nach seiner Ankunft fing er wieder an zu morden – diesmal eine andere Art von Opfern, wenn auch nicht weniger verletzlich.

Während ihrer Untersuchungen versetzte Dorothy Lewis Shawcross mehrmals in Hypnose und »führte« ihn in frühere Phasen seines Lebens zurück, wo er Episoden durchspielte wie jene, bei der ihm seine Mutter einen Besenstiel tief in den After eingeführt hatte. Während dieser auf Video aufgezeichneten Sitzungen sieht man, wie er andere Persönlichkeiten annimmt, darunter die seiner Mutter in einer Szene, die auf unheimliche Weise an Hitchcocks Film *Psycho* erinnert (Shawcross' Mutter stritt allerdings ab, ihren Sohn mißbraucht zu haben, und nannte ihn einen Lügner).

Bei ihrer Arbeit an der Bellevue-Klinik hat Dorothy Lewis einige zwingende Fälle von multiplen Persönlichkeiten bei mißbrauchten Kindern dokumentiert. Die Betroffenen sind so jung, daß nur schwer vorstellbar ist, daß sie das alles spielen. Doch wie Lewis gezeigt hat, beginnen die seltenen Fälle von Fehlverhalten multipler Persönlichkeiten schon in frühester Kindheit, oft während der vorsprachlichen Phase. Bei Erwachsenen, so scheint es, hört man von multiplen Persönlichkeiten eigentlich immer nur dann, wenn jemand wegen Mordes vor Gericht steht. Irgendwie gelangt es vorher nicht an die Öffentlichkeit. Kenneth Bianchi, einer von zwei Vettern, die im Los Angeles der siebziger Jahre gemeinsam die »Hillside-Strangler«-Morde begangen haben, behauptete nach seiner Verhaftung, eine multiple Persönlichkeit zu sein. John Wayne Gacy unternahm denselben Versuch.

(Ich habe häufiger im Scherz gesagt, wenn man einen Täter mit multipler Persönlichkeit hat, würde ich die unschuldigen Persönlichkeiten laufenlassen, solange ich die schuldigen einsperren kann.)

Vor dem Prozeß gegen Shawcross wandte sich der leitende Anklagevertreter Charles Siragusa an Park Dietz, da dieser die Gegenseite vertreten sollte. Dietz befragte Shawcross genauso intensiv, wie Lewis es getan hatte, und Shawcross erzählte ihm eine ganze Menge spezifischer Details der Morde. Zwar gab Dietz kein abschließendes Urteil über den Wahrheitsgehalt der Mißbrauchsgeschichten ab, fand jedoch, daß sie zumindest plausibel klangen. Dennoch glaubte er nicht, daß Shawcross unter Wahnvorstellungen leide, fand keine Hinweise darauf, daß er Blackouts oder einen Gedächtnisverlust erlitten hatte, sah keinen Zusammenhang zwischen seinem Verhalten und irgendwelchen organisch-neurologischen Befunden und kam zu dem Schluß, daß Arthur Shawcross bei allen geistigen oder emotionalen Problemen, die er haben mochte, den Unterschied zwischen richtig und falsch sehr wohl kannte und die Wahl hatte, ob er töten wollte oder nicht. Und bei mindestens zehn Gelegenheiten, wahrscheinlich aber noch mehr, hatte er sich für das Töten entschieden.

Als Len Boriello ihn fragte, wieso er diese Frauen getötet habe, erwiderte er: »Ich hab' mich nur um sie gekümmert.«

Wirkliche Psychotiker – die den Kontakt zur Realität verloren haben – begehen höchst selten schwere Verbrechen. Und wenn sie es tun, sind sie für gewöhnlich derart chaotisch und geben sich so wenig Mühe, der Entlarvung zu entgehen, daß sie meist sehr schnell gefaßt werden. Richard Trenton Chase, der Frauen ermordete, weil er glaubte, er bräuchte ihr Blut, um leben zu können, war ein Psychotiker. Wenn er kein Menschenblut bekommen konnte, begnügte er sich mit dem, was gerade verfügbar war. Als man Chase in einer psychiatrischen Anstalt unterbrachte, fing er Kaninchen, blutete sie aus und spritzte sich deren Blut. Er fing kleine Vögel, biß ihnen die Köpfe ab und trank ihr Blut. Das war für ihn seine Wirklichkeit. Wenn aber ein Mörder seiner Ergreifung entgehen und mit zehn Morden davonkommen will, muß er schon ziemlich klar strukturiert sein. Man darf Psychopathen nicht mit Psychotikern verwechseln!

Während des Prozesses zeigte Shawcross den Geschworenen gegenüber stets eine stoische und bewegungslose, fast katatonische Haltung. Es war, als befände er sich in einem tranceähnlichen Zustand, unfähig zu verstehen, was um ihn herum geschah. Doch die Polizisten und Sicherheitsbeamten, die ihn bewachten und eskortierten, berichteten, daß er, sobald die Geschworenen ihn nicht mehr hören und sehen konnten, lockerer wurde, redseliger und manchmal sogar Witze riß. Er wußte, daß er viel bringen mußte, wenn er als geisteskrank durchgehen wollte.

Einer der cleversten, phantasievollsten – und, wie ich gestehen muß, einnehmendsten – Verbrecher, die ich je untersucht und befragt habe, war Gary Trapnell. Die meiste Zeit seines Lebens hatte er im Gefängnis verbracht, und es gelang ihm einmal, eine junge Frau allen Ernstes dazu zu überreden, einen Hubschrauber zu stehlen, damit mitten auf dem Gefängnishof zu landen und ihn zu befreien. Während einer seiner bemerkenswerten Taten – einer Flugzeugentführung Anfang der siebziger Jahre – befindet sich Trapnell in der Maschine auf dem Rollfeld und versucht, die Modalitäten seiner Flucht auszuhandeln. Mittendrin reckt er die Faust in die laufenden Kameras und fordert: »Freiheit für Angela Davis!«

»›Freiheit für Angela Davis?‹ Was soll dieses ›Freiheit für Angela Davis‹?« Für die meisten Polizisten, die an diesem Fall arbeiteten, war diese Äußerung völlig überraschend. Nichts in Trapnells Biographie deutete darauf hin, daß er in irgendeiner Weise emotional mit den radikalen Forderungen der jungen schwarzen Professorin aus Kalifornien verbunden wäre. Nichts deutet darauf hin, daß er in irgendeiner Weise politisch interessiert ist, und da nennt er als eine seiner Forderungen, daß Angela Davis aus der Haft entlassen werden soll? Der Mann muß verrückt sein. Das ist die einzig logische Erklärung.

Später, nachdem er sich ergeben hatte und verurteilt worden war, sprach ich ihn bei unserem Treffen im Bundesgefängnis von Marion, Illinois, auf diese Forderung an.

Er sagte etwas in der Art wie: »Als ich merkte, daß ich aus dieser Sache nicht heil rauskommen würde, wußte ich, daß mir schwere Zeiten bevorstanden. Und ich dachte mir, wenn mich die großen schwarzen Brüder für einen politischen Gefangenen hielten, hätte ich vielleicht bessere Chancen, nicht gleich unter der erstbesten Dusche vergewaltigt zu werden.«

Trapnell war damals nicht nur bei klarem Verstand, er plante für die Zukunft – was das genaue Gegenteil vom Wahnsinn ist. Tatsächlich schrieb er seine Erinnerungen unter dem Titel *The Fox Is Crazy, Too*. Dieser Text, eine Fundgrube an Informationen, lieferte uns wunderbare Einsichten für Verhandlungstaktiken. Wenn eine völlig unvorhergesehene Forderung gestellt wird, könnte es bedeuten, daß der Täter bereits zur nächsten Stufe übergegangen ist und der Verhandlungsführer entsprechend reagieren kann.

Trapnell erzählte mir noch etwas, das ich überaus interessant fand. Er sagte, wenn ich ihm die letzte Ausgabe des *DSM*, des *Diagnostischen und Statistischen Manuals Psychischer Störungen*, geben und auf irgendeinen darin beschriebenen krankhaften Zustand deuten würde, könne er bereits am nächsten Tag jeden Psychiater davon überzeugen, daß er ehrlich an diesem Gebrechen leide. Natürlich hatte Trapnell mehr drauf als Shawcross. Aber wie man nicht viel Phantasie braucht, um herauszufinden, daß man eine bessere Chance auf Bewährung hat, wenn man dem Psychiater erzählt, daß es einem schon viel besser geht und man kein Interesse mehr daran hat, kleine Jungen zu belästigen, so ist es nur ein vernünftiger Gedanke, daß die Erklärung mit dem Außer-sich-Sein besser ankommt, wenn die Geschworenen sehen, daß man sich in einer Art Trance befindet.

Lange Zeit verließen sich die Strafverfolgungsbehörden auf das *DSM*, wenn es um Erklärungen oder Definitionen dessen ging, was denn nun eine schwere geistige Verwirrung darstellte und was nicht. Die meisten von uns fanden, daß dieses Nachschlagewerk für unsere Arbeit von nur geringem Nutzen war. Das war einer der Gründe, das *Crime Classification Manual* zu entwickeln, das 1992 veröffentlicht wurde. Die Grundstruktur des Buches entstand auf dem Material einer Doktorarbeit. Ressler, Ann Burges und ihr Mann Allen, ein Dozent für Managementfragen in Boston, arbeiteten als Ko-Autoren mit mir zusammen. Andere Mitglieder der Investigative Support-Einheit und der »Spezialeinheit für Serienverbrechen«, darunter Greg Cooper, Roy Hazelwood, Ken Lanning, Gregg McCrary, Jud Ray, Pete Smerick und Jim Wright trugen ebenfalls zu der Studie bei.

Anhand des *CCM* machten wir uns daran, Schwerverbrechen nach ihren verhaltenspsychologischen Eigenheiten zu ordnen und zu klassifizieren und sie auf eine Weise zu erklären, die ein streng psychologischer Ansatz wie das *DSM* nie zustande brächte. Beispielsweise wird man eine mörderische Konstellation, wie man sie O. J. Simpson vorwarf, nicht im *DSM* finden. Man findet sie jedoch im *CCM*. Wir haben versucht, die Spreu vom Weizen zu trennen, was die verhaltenspsychologischen Beweise anging, um den Ermittlern und den Juristen zu helfen, sich darauf zu konzentrieren, welche Überlegungen bedeutsam sein mögen und welche nicht.

Es kann nicht überraschen, daß Angeklagte und ihre Anwälte alles, was in ihrer Macht steht, tun, um die Verantwortung für die Tat zu leugnen. Auf der Liste der Faktoren, die nach Ansicht von Shawcross' Verteidigern zu seiner Unzurechnungsfähigkeit beigetragen haben, stand auch die Verwirrung durch den posttraumatischen Streß infolge der Vietnam-Erlebnisse. Nachforschungen ergaben, daß Shawcross nicht einmal Kampfhandlungen gesehen hatte. Aber die Strategie war nicht neu: Duane Samples, der am Abend des 9. Dezember 1975 in Silverton, Oregon, zwei Frauen den Leib aufschlitzte, führte zu seiner Verteidigung den posttraumatischen Streß an. Nur eine der Frauen starb, aber ich habe die Tatortfotos gesehen. Beide Frauen sahen aus wie bei einer Autopsie. Robert Ressler fand heraus, daß Samples ebenfalls an keinen Kampfhandlungen beteiligt gewesen war, entgegen allen anderslautenden Beteuerungen. Am Tag vor seinem Überfall jedoch hatte Samples in einem Brief seine schon lange bestehenden Phantasien, schönen, nackten Frauen die Eingeweide herauszuschneiden, beschrieben.

Ist Samples geistesgestört? War er vorübergehend geisteskrank, als er die beiden Frauen angriff? Die natürliche Reaktion wäre zu sagen, daß jemand, der etwas derart Grauenvolles, Perverses tun könne, wirklich »krank« sein müsse. Und dem würde ich keineswegs widersprechen. Aber war ihm bewußt, daß das, was er tat, falsch war? Und traf er die Entscheidung, es dennoch zu tun? Das sind für mich die beiden entscheidenden Fragen.

Arthur Shawcross' Prozeß im Rochester City Court dauerte mehr als fünf Wochen, in denen der Ankläger, Siragusa, ein tieferes und umfassenderes Verständnis forensischer Psychiatrie zeigte, als ich es bisher bei irgendeinem Arzt erlebt habe. Der Prozeß, der vollständig im Fernsehen übertragen wurde, machte ihn enorm populär. Als man nach Abschluß der Plädoyers die Geschworenen um ihr Votum bat, brauchten sie keinen Tag, um Shawcross in allen Punkten des Mordes schuldig zu sprechen. Der Richter sorgte dafür, daß Shawcross nie wieder Gelegenheit bekam zu wiederholen, was er getan hatte. Er verurteilte ihn zu zweihundertfünfzig Jahren bis lebenslänglich im Staatsgefängnis.

Und das bringt einen weiteren Aspekt der Plädoyers auf Unzurechnungsfähigkeit ins Spiel, über den sich eine Menge Leute nicht im klaren sind: Geschworene mögen diese Argumentationsstrategie nicht und lassen sich auch nicht oft darauf ein.

Ich denke, sie mögen sie aus zwei Gründen nicht. Zum einen ist grundsätzlich Zweifel angebracht, wenn behauptet wird, der Zwang, dem Mörder unterliegen, sei so stark, daß es für sie keine andere Wahl gebe, als diese Verbrechen zu begehen. Meines Wissens hat noch keiner dieser Kriminellen so sehr unter Zwang gestanden, daß er in Gegenwart eines uniformierten Polizisten gemordet hätte.

Der zweite Grund, warum sich Geschworene nicht auf die Begründung mit der Unzurechnungsfähigkeit einlassen wollen, ist noch grundlegenderer Natur: Wenn alle juristischen, psychiatrischen und akademischen Argumente ausgereizt sind und es schließlich darum geht, über das Schicksal des Angeklagten zu entscheiden, merken Geschworene instinktiv, daß diese Männer *gefährlich* sind. Was auch immer die anständigen Männer und Frauen aus Milwaukee auf Verstandesebene über Jeffrey Dahmers Zurechnungsfähigkeit oder Unzurechnungsfähigkeit gedacht haben mögen, glaube ich kaum, daß sie bereit waren, seine Zukunft (und die seiner Mitmenschen) einer psychiatrischen Anstalt anzuvertrauen, von der sie nicht sicher sein konnten, daß sie diesen Massenmörder in jedem Fall dort behalten würde. Wenn man ihn ins Gefängnis steckte, wäre sein Gefahrenpotential eher unter Kontrolle.

Ich will damit keineswegs unterstellen, die meisten Psychiater oder in psychologischen Berufen Tätigen seien darauf aus, gefährliche Verbrecher von ihrer Haft zu befreien und in Situationen zu versetzen, in denen sie weiteren Schaden anrichten können. Ich will nur sagen, daß viele dieser Leute nach meiner Erfahrung nicht genug von dem zu sehen bekommen, was wir in unserem Job tun, um fundierte Urteile fällen zu können. Selbst wenn sie die forensische Erfahrung haben mögen, ist diese oft auf einen bestimmten Bereich beschränkt, auf den sie sich dann ausschließlich berufen.

Einer meiner ersten Fälle als Experte für Täterprofile war der Mord an Anna Berliner, einer älteren Frau, die in ihrem Haus in Oregon getötet worden war. Die örtliche Polizei hatte einen Psychiater zum Tätertyp befragt, nach dem sie suchten. Unter den Verletzungen der Frau fanden sich in der Brust vier tiefe Stichwunden von einem Bleistift. Der Psychologe hatte Gespräche mit etwa fünfzig Männern geführt, die des Mordes angeklagt oder wegen Mordes verurteilt waren. Die meisten dieser Untersuchungen waren im Gefängnis durchgeführt worden. Nach seinen Erfahrungen vermutete er, daß der Täter jemand mit einiger Hafterfahrung wäre, wahrscheinlich ein Drogendealer, denn nur im Gefängnis sieht man in einem angespitzten Bleistift eine gefährliche Waffe. Die Leute draußen, so argumentierte er, würden gar nicht darauf kommen, jemanden mit einem gewöhnlichen Bleistift zu attackieren.

Als die Polizei Kontakt mit mir aufnahm, erklärte ich ihnen, ich sei gegenteiliger Ansicht. Ich glaubte, das Alter und die Verletzlichkeit des Opfers, der Blutrausch, der Umstand, daß es sich um ein Verbrechen am hellen Tag gehandelt und nichts von Wert gefehlt habe, wiesen auf einen unerfahrenen, jugendlichen Täter hin. Ich glaubte nicht, daß er den Bleistift bewußt als Waffe in Betracht gezogen hatte. Er war einfach da, und er benutzte ihn. Der Mörder entpuppte sich tatsächlich als unerfahrener Sechzehnjähriger, der in das Haus der Frau gekommen war, um eine Spende für einen Dauertanzwettbewerb zu bekommen, an dem er selbst gar nicht teilnahm.

Der entscheidende Punkt bei der Tatortanalyse war, daß alle verhaltenspsychologischen Beweise auf einen Täter hindeuteten, der sich seiner selbst nicht sicher war. Ein Ex-Sträfling, der eine ältere Frau in ihrem Haus überfiel, wäre sich seiner selbst sehr wohl bewußt gewesen. Nur ein einziges Beweisstück herauszugreifen (wie etwa das von einem Farbigen stammende Haar im Fall Francine Elveson) ergibt nicht das vollständige Bild. Im Fall Anna Berliner hätte es sogar in die der Wahrheit entgegengesetzte Richtung führen können.

Die schwierigste Frage, die man jemandem in unserem Beruf stellen kann, läuft auf die Prognose hinaus, ob ein bestimmter Mensch gefährlich ist oder es in Zukunft sein wird. Bei Psychologen heißt das dann oft »eine Gefahr für sich selbst und andere«.

1986 etwa nahm man wegen einer Filmrolle Kontakt zum FBI auf, die von Colorado aus zur Entwicklung an ein Fotolabor geschickt worden war. Die Bilder zeigten einen Mann von Ende Zwanzig oder Anfang Dreißig in Tarnkleidung, der an der Ladefläche seines Kleinlasters mit einem Gewehr und einer Barbiepuppe posierte, die er offenbar gefoltert und verstümmelt hatte. Damit hatte er kein Gesetz gebrochen, und ich sagte, der Mann sei sicher nicht vorbestraft. Doch trotzdem warnte ich davor, daß seine Phantasie, die er an der Puppe auslebte, ihm möglicherweise nicht mehr lange genügen könnte. Sie würde sich weiterspinnen. Anhand des Fotos allein konnte ich nicht sagen, wie wichtig sie in seinem Leben wäre, aber wenn er sich so viel Mühe machte, müßte sie wohl einige Bedeutung haben. Ich sagte, man solle diesen Mann beobachten und verhören, denn hier warte die Gefährlichkeit nur darauf, sich in Taten umsetzen zu können. Ich bin mir nicht sicher, ob die meisten Psychiater es ähnlich gesehen hätten.

So seltsam dieser Vorfall klingen mag, fallen mir doch mehrere »Barbiepuppen-Fälle« ein, die man mir im Laufe der Jahre zugetragen hat, und bei allen handelte es sich um erwachsene Männer. Einer spickte draußen im Mittleren Westen jeden Quadratzentimeter einer Puppe mit Nadeln und ließ sie auf dem Gelände der dortigen psychiatrischen Klinik zurück. Gelegentlich stößt man auf so etwas bei Satanskulten, Voodoo-Anhängern oder Leuten, die glauben, sie wären Hexen – aber das eben Erwähnte hatte eine andere Qualität. Ebensowenig gab der Mann der Puppe einen Namen, was darauf hingedeutet hätte, daß er sich an einer bestimmten Person orientierte. Es war eine generelle sadistische Neigung, charakteristisch für jemanden, der Probleme mit Frauen hat.

Was können wir sonst über diesen Menschen sagen? Wir können sagen, daß er wahrscheinlich mit dem Foltern kleiner Tiere herumexperimentiert und das regelmäßig tut. Er dürfte Probleme im Umgang mit Leuten seines Alters haben, mit Männern und Frauen. Als er aufwuchs, hat er sich vermutlich jüngeren, kleineren Kindern gegenüber ruppig oder sadistisch verhalten. Und entweder hat er das Stadium, in dem das Ausleben seiner Phantasien an einer Puppe nicht mehr genügt, bereits erreicht oder wird es bald erreichen. Man kann sich darüber streiten, ob er »krank« ist oder nicht – eins kann ich jedoch sagen, daß ich mir um das Gefahrenpotential, das in ihm steckt, ernste Sorgen mache.

Wann also wird dieses gefährliche Verhalten zutage treten? Dieser Mann ist ein unreifer Typ, ein Verlierer. Seiner Meinung nach wollen ihm alle ans Leder, und niemand erkennt seine Talente. Wenn die Streßfaktoren in seinem Leben unerträglich werden, wird er seine Phantasie einen Schritt weiter führen. Und bei einem Puppenquäler bedeutet »ein Schritt« weiter nichts anderes, als daß er sich an ein jüngeres, schwächeres oder langsameres Wesen heranmacht. Er ist ein Feigling, an Ebenbürtige wird er sich nicht heranwagen.

Das bedeutet nicht, daß er notwendigerweise Kinder überfällt: Barbie wird als reife, ausgewachsene Frau dargestellt, nicht als vorpubertäres Mädchen. So verdreht dieser Mann auch sein mag, sucht er doch Kontakt zu einer reifen Frau. Wenn er eine Babypuppe verstümmeln oder mißbrauchen würde, wäre das ein ganz anderer Fall.

Und dennoch dürfte der Mann, der Nadeln in diese Puppe sticht und sie am Krankenhaus zurückläßt, einigermaßen gestört sein, keinen Führerschein besitzen und unter anderen Menschen als merkwürdig auffallen. Der Mann im Tarnanzug dürfte weit gefährlicher sein. Er hat einen Job, denn er hat das Geld für ein Gewehr, den Wagen, einen Fotoapparat. Er kommt im Leben zurecht und bewegt sich »normal« unter Menschen. In dem Augenblick, in dem er ausrastet, kommt sein Gegenüber in echte Schwierigkeiten. Traue ich den meisten Psychiatern oder psychologisch Tätigen zu, diese Unterschiede zu erkennen? Nein. Sie haben einfach weder die berufliche Erfahrung noch den Blickwinkel. Sie haben ihre Erkenntnisse nicht an der Realität überprüft.

Einer der entscheidenden Punkte unserer Studie zu Serienmördern war die Absicht zu verifizieren, was die Leute uns erzählten, indem wir konkrete Beweise studierten. Ansonsten verläßt man sich auf die Darstellungen der Täter selbst, was bestenfalls unvollständig und im schlechtesten Fall zudem wissenschaftlich bedeutungslos ist.

Die Einschätzung eines Gefahrenpotentials läßt sich auf viele Personen und Situationen anwenden. Am Freitag, dem 16. April 1982, trafen sich Agenten des U.S. Secret Service wegen einer Serie von Briefen mit mir, die offenbar von ein und demselben Mensch seit dem Februar 1979 verschickt wurden und in denen er das Leben des Präsidenten (der erste Brief zielte auf Jimmy Carter ab, alle anderen auf Ronald Reagan) und anderer hoher Politiker bedrohte.

Der erste Brief war an den Secret Service in New York adressiert, als Absender war »Traurig und Einsam« vermerkt. Er war zwei Seiten lang, per Hand auf Notizpapier geschrieben, und in ihm wurde damit gedroht, »Präsident Carter oder sonst jemanden, der Macht hat«, zu erschießen.

Von Juli 1981 bis Februar 1982 folgten acht weitere Briefe. Drei wurden an den Secret Service in New York geschickt, ein weiterer an das FBI in New York, einer an das FBI in Washington, einer an die *Philadelphia Daily News* und zwei direkt ans Weiße Haus. Sie waren in derselben Handschrift verfaßt wie »Traurig und Einsam«, aber diese waren allesamt mit »C.A.T.« unterschrieben. Sie waren in New York, Philadelphia und Washington aufgegeben worden. Die Briefe brachten C.A.T.s Absicht zum Ausdruck, Präsident Reagan zu ermorden, der mehrmals als »das Böse Gottes« oder »der Teufel« bezeichnet wurde. Andere Politiker, die Präsident Reagan unterstützten, wurden ebenfalls bedroht. Außerdem verwies der Briefeschreiber auf John Hinckley und versprach, dessen fehlgeschlagene Mission zu vollenden.

Es tauchten mehr Briefe auf, und die Liste erweiterte sich auf den Kongreßabgeordneten Jack Kemp und Senator Alfonse D'Amato. Besondere Sorge bereiteten dem Secret Service die beigefügten Fotos von Senator D'Amato und dem Kongreßabgeordneten Raymond McGrath aus New York City. Da sie aus nächster Nähe aufgenommen waren, belegten sie, daß C.A.T. in der Lage war, nah genug an seine potentiellen Opfer heranzukommen, um seine Drohungen wahrzumachen.

Schließlich, am 14. Juni 1982, wurde der vierzehnte Brief an einen Redakteur der *New York Post* geschickt. Darin erklärte er, alle würden erfahren, wer er sei, wenn er erst den Präsidenten aus der Welt geschafft habe, den er als »Teufel« bezeichnete. Er behauptete, niemand würde auf ihn hören und alle nur über ihn lachen, eine Aussage, die mich nicht überraschte.

In diesem Text erteilte er der Zeitung allerdings die »Erlaubnis«, mit ihm zu sprechen, sobald er seine historische Mission ausgeführt habe. Das war die Schwachstelle, nach der wir suchten. C.A.T. war bereit, wahrscheinlich sogar erpicht darauf, in einen Dialog mit einem Zeitungsredakteur zu treten. Wir würden ihm einen besorgen.

Dem Ausdruck und der Wortwahl in den Briefen nach zu urteilen und danach, wo sie aufgegeben und an wen sie geschickt wurden, war ich ziemlich sicher, daß dieser Mann aus New York City kam. Ich erstellte das Profil eines alleinstehenden weißen Mannes von Mitte Zwanzig bis Anfang Dreißig, geboren in New York, wohnhaft in den Außenbezirken der Stadt, wahrscheinlich Single. Vermutlich war er mittelmäßig intelligent, mit einem High-School-Abschluß und vielleicht ein paar weiterführenden Kursen in Politologie und Literaturwissenschaft, und war wahrscheinlich der jüngste oder einzige Sohn der Familie. Ich vermutete, daß er in der Vergangenheit schwer mit Drogen und/oder Alkohol zu tun gehabt hatte, inzwischen aber nur noch sporadisch. Er sah sich selbst vermutlich als Verlierer-Typ, nachdem er die Hoffnungen, die seine Eltern oder andere in ihn gesetzt hatten, nicht hatte erfüllen können, und er trug wohl aus allen Lebensabschnitten eine Liste unbewältigter Aufgaben und Ziele mit sich herum. Von Anfang bis Mitte Zwanzig, so dachte ich, habe er stark unter unkontrollierbarem Streß gestanden, vielleicht in Zusammenhang mit dem Militärdienst, einer Scheidung, Krankheit oder dem Verlust eines Familienangehörigen.

Es wurde ausgiebig darüber spekuliert, was »C.A.T.« heißen oder symbolisieren sollte. Ich sagte dem Secret Service, darum würde ich mir nicht allzu große Sorgen machen, da es vielleicht überhaupt nichts bedeutete. Man neigt gelegentlich dazu, zuviel in jedes Detail hineinzulesen, während der Unbekannte vielleicht nur Gefallen am Klang einer Buchstabenfolge findet oder daran, wie etwas geschrieben aussieht.

Für den Secret Service stellte sich wie immer in diesen Fällen die Frage, ob dieser Mann gefährlich war oder nicht, da eine Menge Leute, die Drohungen aussprechen und sich in Briefen austoben, den Formulierungen in der Realität nie entsprechen. Aber ich erklärte ihnen, daß Persönlichkeitstypen wie diese immer auf der Suche nach irgend etwas sind. Sie wenden sich politischen Gruppierungen und Kulten zu, finden jedoch nie das Richtige. Andere Leute halten sie für merkwürdig und nehmen sie nicht ernst, so daß das Problem im Laufe der Zeit immer schlimmer wird. Sie folgen einer Mission, um ihrem Leben einen Sinn zu geben. – Es ist vermutlich das erste Mal, daß er so etwas wie Macht und Kontrolle über eine Situation oder Menschen empfunden hat, und er mag dieses Gefühl, was dazu führen wird, daß er beständig größere Risiken eingehen wird. Leute, die Risiken eingehen, sind gefährlich.

Ich glaubte, er wäre mit Waffen vertraut und bevorzuge Angriffe aus nächster Nähe, auch wenn das bedeuten mochte, daß er vielleicht nach einem Anschlag nicht entkommen konnte. Da seine Mission selbstmörderisch wäre, würde er für die Nachwelt ein Tagebuch führen, damit die Welt seine Geschichte hörte. Im Gegensatz zu einer Persönlichkeit wie dem Tylenol-Mörder will C.A.T. nicht anonym bleiben. Wenn die Angst vor dem Leben größer ist als die Angst vor dem Tod, wird er seine Gewalttat ausführen. Dabei wird er vor seiner Tat ganz ruhig wirken. Er wird sich tarnen und in seine soziale Umgebung einfügen. Er wird mit Polizisten oder Agenten des Secret Service plaudern und ganz normal und ungefährlich wirken.

In gewisser Weise war er der gleiche Tätertyp wie John Hinckley, dessen Biographie und Prozeß oft genug durch die Nachrichten gegangen war. Außerdem schien er auf Hinckley fixiert zu sein und wußte eine ganze Menge über ihn. Ich dachte, er würde vielleicht gern das Urteil über die Verkündung des Strafmaßes hören, und schlug dem Secret Service damals vor, zum Ford's Theatre in Washington zu gehen, wo Abraham Lincoln erschossen worden war und das Hinckley besucht hatte, bevor er auf Präsident Reagan schoß. Darüber hinaus riet ich, das Hotel in der Nähe zu beschatten, in dem Hinckley gewohnt hatte. Sollte jemand nach Hinckleys Zimmer verlangen, könnte das sehr wohl unser Mann sein.

Tatsächlich meldete das Hotel eine Nachfrage nach diesem speziellen Zimmer. Agenten des Secret Service stürmten es und fanden allerdings nur ein ältliches Pärchen, das seine Hochzeitsnacht in diesem Zimmer verbracht hatte und seither oft wieder dort gewesen war.

Im August bekam der Secret Service zwei weitere Briefe, die mit »C.A.T.« unterschrieben und an das »Büro des Präsidenten, Washington, D.C.« adressiert waren, beide in Bakersfield, Kalifornien, abgestempelt. Da viele Attentäter im ganzen Land herumreisen und ihrer Beute auflauern, war man jetzt sehr besorgt, daß auch dieser Mann unterwegs sein könne. In den Briefen schrieb er: »Im Vollbesitz meiner geistigen & körperlichen Kräfte nehme (ich) es auf mich, so viele Bürger der Vereinigten Staaten wie möglich zu organisieren, um sie zu bewaffnen und mit ihnen die inneren Feinde meines Landes auszurotten.«

In langem, paranoidem Geschwafel sprach er von der »Folter & Hölle«, die er durchgemacht habe, und räumte die Möglichkeit ein, bei seinen »Versuchen, den Abschaum an der Spitze vor Gericht zu stellen«, umzukommen.

Ich ging die Briefe sorgfältig durch und kam zu dem Schluß, daß wir es mit einem Nachahmungstäter zu tun hatten. Erstens waren diese Texte in Schreibschrift verfaßt, nicht in Blockbuchstaben wie die früheren Briefe. Sie sprachen von Präsident Reagan eher als von »Ron«, nicht als dem »Teufel« oder dem »Alten Mann«. Ich hielt es für wahrscheinlich, daß der Verfasser eine Frau war, und glaubte – so unfreundlich die beschriebenen Empfindungen und Drohungen auch sein mochten – nicht, daß diese Person gefährlich wäre.

Beim echten C.A.T. mußte man anders vorgehen. Ich fand, »auf Zeit spielen« sei das Beste; wir sollten ihn in einen Dialog verstricken, bis wir ihn ausfindig machen konnten. Wir »ernannten« einen Agenten des Secret Service zum Zeitungsredakteur und wiesen ihn ein, wie er sich darstellen und was er sagen sollte. Ich betonte, daß er versuchen sollte, C.A.T. dazu zu bringen, daß er sich öffnete, damit seine »ganze Geschichte« erzählt werden könne. War die Vertrauensebene erst einmal aufgebaut, sollte der »Redakteur« ein Treffen anregen, es aber in die späten Nachtstunden legen, irgendwo außerhalb, da der Redakteur noch besorgter darum war als C.A.T., daß alles geheim blieb.

Wir gaben eine sorgfältig konzipierte Kleinanzeige in der *New York Post* auf, die C.A.T. beantwortete. Er begann einen regelmäßigen Austausch mit unserem Mann. Ich war der Meinung, er riefe aus einem großen öffentlichen Gebäude wie den Bahnhöfen Grand Central oder Pennsylvania Station an oder vielleicht auch aus einer der Bibliotheken oder einem Museum.

Etwa um diese Zeit herum bekam das FBI eine weitere Einschätzung von Dr. Murray Minon, dem bekannten Experten für Psycholinguistik an der Syracuse University. Murray und ich hatten an Forschungen und Artikeln zur Beurteilung von Drohungen zusammengearbeitet, und ich war der Meinung, er sei einer der Besten auf dem Gebiet. Nachdem die Telefongespräche begonnen hatten, schrieb Murray eine Analyse für das FBI, in der er erklärte, daß er C.A.T. nicht länger für gefährlich erachte, sondern als publicitysüchtigen Aufschneider, der darauf aus sei, all diese wichtigen Leute zu manipulieren. Murray war sicher auch der Auffassung, daß man ihn fassen sollte, sah in ihm jedoch nicht, anders als ich, eine Bedrohung.

Allmählich schafften wir es, ihn lange genug am Apparat zu halten, um die Fangschaltung zuschnappen zu lassen. Am 21. Oktober 1982 holte ein Team von Leuten des Secret Service und des FBI ihn aus einer Telefonzelle in der Penn Station, während er sich gerade mit dem »Redakteur« unterhielt. Sein Name war Alphonse Amodio jr. Er war ein siebenundzwanzigjähriger, in New York geborener Weißer mit High-School-Bildung.

Agenten von FBI und Secret Service fuhren zu seinem engen,

kakerlakenverseuchten Apartment in Floral Park. Die Familie machte einen ziemlich kaputten Eindruck, und als Mrs. Amodio befragt wurde, stimmte die Beschreibung ihres Sohnes mit dem Profil überein. »Er haßt sie (die Welt) und glaubt, sie haßt ihn«, erklärte sie den Beamten. Seit Jahren schnitt er Zeitungsartikel aus und hatte zwei Aktenschränke voller Ordner, die mit den Namen verschiedener Politiker beschriftet waren. Als Kind hatte er so schlimm gestottert, daß er deshalb später eingeschult wurde. Er war bei der Army gewesen, nach der Grundausbildung jedoch nicht mehr zum Dienst erschienen. Abgesehen von verschiedenen Tagebucheintragungen, in denen er sich selbst als »Gossenkatze« bezeichnete, konnten die Beamten keine Erklärung für die Unterschrift C.A.T. (cat = engl. Katze) finden.

Amodio wurde in die geschlossene Psychiatrie von Bellevue geschickt. Vor seinem Prozeß forderte Richter David Edelstein vom U.S.-Bezirksgericht ein psychiatrisches Gutachten an, das besagte, der Angeklagte sei emotional schwer krank und daher eine große Gefahr für den Präsidenten und andere Regierungsvertreter.

Amodio gestand, der Absender der C.A.T.-Nachrichten zu sein. Die Agenten konnten beim Verhör keine klare politische Position bei dem Täter feststellen. Er hatte das alles nur getan, um Macht und Aufmerksamkeit zu erfahren.

Inzwischen befindet er sich nicht mehr im Gewahrsam der Anstalt. Ist dieser Tätertypus nach wie vor gefährlich? Ich glaube nicht, daß er eine unmittelbare Gefahr darstellt. Wenn jedoch von neuem Streßsituationen entstehen sollten und er mit diesen nicht fertig werden würde, sähe ich wieder zunehmende Risiken.

Wonach ich in solchen Fällen suche? Einer der entscheidenden Punkte ist der Tonfall. Wenn ich eine Reihe von Briefen an einen Politiker, einen Filmstar, einen Sportler oder sonst irgendeine Berühmtheit sehe, in denen der Tonfall zunehmend barsch und drängend wird (»Sie antworten nicht auf meine Briefe!«), nehme ich sie ernst. Es wird psychisch und physisch anstrengend, diesen obsessiv wütenden Ton beizubehalten.

Nach einiger Zeit wird der Mann langsam in sich zusammenfallen. Man könnte dieses Verhalten als eine Geistesgestörtheit bezeichnen, aber mich hat zu interessieren, wie *gefährlich* es sein könnte.

Obwohl wir auch mit Frauen wie Lynette »Squeaky« Fromme und Sarah Jane Moore, den potentiellen Attentäterinnen und Sympathisantinnen der Manson-Gang, gesprochen haben, beschäftigte sich unsere veröffentlichte Gefängnisstudie ausschließlich mit Männern. Zwar stößt man gelegentlich auf diesen weiblichen Attentätertyp, aber bei allen Fällen von Serien- oder Lustmorden, von denen ich hier erzählt habe, finden wir ausschließlich männliche Täter. Unsere Recherchen haben ergeben, daß praktisch alle Serienmörder aus kaputten sozialen und familiären Verhältnissen stammen, die durch Mißhandlungen, sexuellen Mißbrauch, Drogen, Alkoholismus oder die damit verbundenen Probleme charakterisiert sind. Auch Frauen stammen aus solchen Verhältnissen, und Mädchen sind sicher öfter Opfer von Mißhandlungen und sexuellem Mißbrauch als Jungen. Warum also begehen nur so wenige von ihnen als Erwachsene dieselben Verbrechen wie Männer? Eine des Serienmordes verdächtige Frau wie Aileen Wuornos, der vorgeworfen wird, auf Highways in Florida mehrere Männer ermordet zu haben, kommt so selten vor, daß sie sofort auffällt.

Bei diesem Thema bewegen wir uns auf ungesichertem Boden, da es schlicht keine Studien gibt, die eine solche Frage definitiv beantworten könnten. Einige Fachleute spekulieren, es könne unmittelbar mit dem Testosteronspiegel zusammenhängen und ansonsten hormonell oder chemisch begründet sein. Nach unseren Erfahrungen läßt sich nur sagen, daß Frauen die sie betreffenden Streßerfahrungen zu verinnerlichen scheinen. Anstatt andere zu schlagen, neigen sie dazu, sich selbst mit Alkoholismus, Drogen, Prostitution oder Selbstmord zu schädigen. Manche wiederholen vielleicht die psychischen oder physischen Mißhandlungen in ihren eigenen Familien, wie es die Mutter von Ed Kemper getan zu haben schien. Vom Gesichtspunkt der geistigen Gesundheit her betrachtet ist das selbstverständlich sehr schädlich. Aber es steht fest, daß Frauen nicht auf dieselbe Weise und nicht im Ansatz in solchem Ausmaß töten wie Männer.

Was also läßt sich bei erkennbarer Gefährlichkeit unternehmen? Wie können wir in Fällen geistiger Instabilität oder psychischer Störungen eingreifen, ehe es zu spät ist? Leider gibt es darauf keine eindeutige, knappe Antwort. In vielen Fällen wurde die Verfolgung von Straftaten inzwischen zum vorrangigen Übungsfeld von Ordnung und Disziplin, und keineswegs mehr die Familie. Gesellschaftlich ist das eine gefährliche Entwicklung, denn bis wir eingreifen, ist es meist längst zu spät, um noch etwas zu ändern. Bestenfalls können wir versuchen, Schlimmeres zu verhindern.

Wenn man von den Schulen bzw. Lehrern verlangt, dieses Problem zu lösen, verlangt man zuviel. Löst man ein Kind aus bedrückenden Verhältnissen heraus und erwartet, daß die überlasteten Lehrer es sieben Stunden täglich in seinem Verhalten ändern, könnte das dort gelingen – oder auch nicht. Aber was ist mit den übrigen siebzehn Stunden?

Oft fragen uns die Leute, ob wir nach unseren Forschungen und Erfahrungen inzwischen vorhersagen können, welches Kind im späteren Leben gefährlich werden könnte. Roy Hazelwoods Antwort darauf lautet: »Sicher. Aber das kann auch jeder gute Grundschullehrer.« Und wenn man solchen Kindern früh genug eine Betreuung zuteil werden läßt, kann das etwas ändern. Ein vorbildlicher Erwachsener könnte als Identifikationsperson in den prägenden Jahren sehr viel Positives bewirken.

Bill Tafoya, der Special Agent, der in Quantico als unser »Futurologe« arbeitete, riet, für solche Vorbeugung mindestens zehn Jahre lange Geld und Arbeitskräfte in der Größenordnung dessen einzusetzen, was wir in den Golf-Krieg gesteckt haben. Er fordert eine Wiedereinführung des »Project Head Start« im großen Maßstab, eines der historisch gesehen wirkungsvollsten, langfristigen Programme zur Verbrechensbekämpfung. Er glaubt nicht, daß mehr Polizeibeamte einzustellen die Lösung wäre, sondern er würde »eine Armee von Sozialarbeitern« schaffen, die mißhandelten Frauen und obdachlosen Familien mit Kindern dabei behilflich sein könnten, beispielsweise gute Pflegeheime zu finden. Und das Ganze sollte durch Steuervorteile gefördert werden.

Ich weiß nicht, ob das der Weisheit letzter Schluß ist, aber es wäre ganz sicher ein wichtiger Anfang. Die traurige Wahrheit ist nämlich, daß die Psychologen soviel streiten können, wie sie wollen, und meine Leute und ich alle psychologisch und verhaltenswissenschaftlichen Mittel einsetzen könnten, um Verbrecher zu fassen – wenn wir unser Wissen zum Einsatz bringen müssen, ist der schwere Schaden meist längst geschehen.

KAPITEL NEUNZEHN
Manchmal siegt der Drache

Als im Juli 1982 am Stadtrand von Seattle die Leiche eines sechzehnjährigen Mädchens im Green River gefunden wurde, dachte sich niemand viel dabei. Der Fluß, der den Mount Rainier mit dem Puget Sound verband, war eine beliebte illegale Müllkippe und das Opfer eine junge Prostituierte. Die Bedeutung des Fundes wurde der Polizei erst gegen Ende des Sommers bewußt, als man am 12. August die nächste tote Frau im Fluß fand und drei weitere Leichen drei Tage später. Die Opfer unterschieden sich in Alter und Hautfarbe, aber sie alle waren erstickt worden. Einige hatte man mit Gewichten beschwert, in der Absicht, sie zu verbergen. Alle waren entkleidet, und in zwei Fällen fand man kleine Steine in der Vagina des Opfers.

Es war nicht mehr zu übersehen, daß diese Verbrechen zu einer Mordserie gehörten, und rief düstere Erinnerungen an die letzten Serienmorde von Seattle wach, bei denen 1974 mindestens acht Frauen von einem Täter, den man nur als »Ted« bezeichnete, entführt und ermordet worden waren. Diese Fälle waren vier Jahre lang ungeklärt geblieben, bis ein gutaussehender, wortgewandter junger Mann mit Namen Theodore Robert Bundy in Florida wegen einer brutalen Serie von Morden an Studentinnen in Wohnheimen verhaftet wurde. Bis dahin hatte er sich durch das ganze Land gearbeitet, mindestens dreiundzwanzig junge Frauen ermordet und sich damit einen bleibenden Platz im Horrorkabinett unserer kollektiven Psyche gesichert.

Major Rochard Kraske von King County war für diese Ermittlungen zuständig, und da er einsetzen wollte, was er gelernt hatte, wandte er sich mit der Bitte ans FBI, ein psychologisches Profil des »Green River Killers« zu erstellen. Obwohl die Ermittler der neugebildeten, mehrere Zuständigkeitsbereiche umfassenden Sondereinheit geteilter Ansicht darüber waren, ob tatsächlich ein Zusammenhang zwischen den Fällen bestand, gab es doch einen deutlich erkennbaren gemeinsamen Faktor: Alle toten Frauen waren Prostituierte, die am Sea-Tac Strip, dem Pacific Coast Highway in der Nähe vom Seattle-Tacoma International Airport, arbeiteten. Und inzwischen wurden weitere junge Frauen vermißt.

Im September war Allen Whitaker, der FBI-Büroleiter von Seattle, zur Fortbildung in Quantico und präsentierte uns detaillierte Unterlagen zu den fünf ursprünglichen Fällen. Wie so oft, wenn ich mich abseits der ständigen Unterbrechungen von Mitarbeitern und Telefonen konzentrieren wollte, verkroch ich mich im obersten Stockwerk der Bibliothek, wo ich allein sein, aus dem Fenster starren und mich in die Gedankenwelt von Täter und Opfern versetzen konnte. Fast einen ganzen Tag lang sichtete ich das Material – Tatortberichte und -fotos, Obduktionsprotokolle, Opferbeschreibungen. Trotz der Unterschiede hinsichtlich des Alters, der Hautfarbe und des MO waren die Parallelen deutlich genug, um den Anschein zu erwecken, die Morde seien allesamt vom selben Täter begangen worden.

Ich entwickelte ein detailliertes Profil eines körperlich kräftigen, unreifen, weißen Mannes, der sich am Fluß wohl fühlte und bei seinen Taten keinerlei Reue zeigte. Andererseits war er auch ein Mann, der eine Mission verfolgte, erniedrigende Erfahrungen mit Frauen gemacht hatte und jetzt unterwegs war, um so viele wie möglich von ihnen zu »strafen«. Er wählte die, die er für die Geringsten unter ihnen hielt. Ich sagte der Polizei vor Ort allerdings gleich zu Anfang, daß das Profil wegen der Art des Verbrechens und der Opfer auf viele Leute zutreffen würde. Verglichen mit einem Ed Kemper war dieser Täter kein geistiger

Riese. Es handelte sich hier um wenig raffinierte, wenig riskante Verbrechen. Schwerpunktmäßig müßte man proaktive Techniken anwenden, die den Unbekannten zu irgendeiner Form von Kontakt zur Polizei verleiten sollten. Whitaker nahm das Profil mit, als er Quantico verließ.

Im selben Monat fand man die verweste Leiche einer weiteren jungen Frau in der Umgebung von Abbruchhäusern beim Flughafen. Sie war nackt und hatte ein Paar Herrensocken um den Hals geknotet. Der Gerichtsmediziner schätzte, sie sei etwa zur selben Zeit gestorben wie die Flußopfer. Vielleicht hatte der Täter seinen MO verändert, als er hörte, daß der Fluß überwacht wurde.

Wie in *The Search for the Green River Killer* (»Die Suche nach dem Green River Killer«), einem sorgfältig recherchierten Bericht von Carlton Smith und Thomas Guillen, dargestellt, fiel der Hauptverdacht auf einen vierundvierzigjährigen Taxifahrer, auf den das Profil praktisch in jedem Detail paßte. Er hatte sich schon früh in die Ermittlungen eingemischt, die Polizei angerufen und Tips gegeben, wie man den Mörder finden konnte, und geraten, sich unter den anderen Taxifahrern umzusehen. Er verbrachte viel Zeit mit Prostituierten und Obdachlosen am Strip, führte ein Nachtleben, fuhr zwanghaft in der Gegend herum, trank und rauchte, wie das Profil es für den Unbekannten voraussagte, und äußerte sich besorgt, was die Sicherheit der Prostituierten anging. Er hatte fünf gescheiterte Ehen hinter sich, war in der Nähe des Flusses aufgewachsen, lebte bei seinem verwitweten Vater, fuhr einen älteren, konservativen Wagen, der ungepflegt war, und verfolgte die Presse zu dem Fall sehr aufmerksam.

Die Polizei bestellte ihn im September zu einem Verhör und rief mich wegen der Strategie an. Damals reiste ich viel im Land umher, um mit den an mich herangetragenen Fällen Schritt zu halten. Als die Polizei anrief, war ich gerade nicht verfügbar. Sie sprach mit Roger Depue, dem Chef der Einheit, der sagte, ich wäre in ein paar Tagen wieder da, und darauf drängte, daß sie das Verhör verschieben sollten, bis sie mit mir gesprochen hätten. Bisher hatte sich der Verdächtige kooperativ gegeben und plante nicht, aus der Gegend wegzuziehen.

Doch die Polizei führte ihr Verhör durch, das einen ganzen Tag lang dauerte und zu einer Auseinandersetzung führte. Rückblickend hätte es vielleicht auch anders laufen können. Die Ergebnisse des Lügendetektortests waren nicht eindeutig, und obwohl die Polizei den Mann nicht aus den Augen ließ und ständig Indizienbeweise sammelte, brachte sie doch keine Anklage gegen ihn zustande.

Da ich nicht persönlich mit diesem Teil der Ermittlungen befaßt war, kann ich nicht sagen, ob dieser Mann ein ernsthafter Verdächtiger war oder nicht. Aber diese fehlende Koordination und Konzentration behinderte die Ermittlungen in ihrer Anfangsphase erheblich, und gerade da ist ein Täter meist am leichtesten zu fassen. Er macht sich Sorgen, er weiß nicht, was ihn erwartet, und so ist der Druck am größten. Im Laufe der Zeit glaubt der Täter, daß er damit durchkommt, und wird sich seiner Sache sicherer. Er wird ruhiger, er verfeinert seine Vorgehensweise.

Zu Beginn des Falles besaß die örtliche Polizei nicht einmal einen Computer. Und da die Ermittlungen fortschritten, hätte es – bei der Menge von Spuren, auf die man stieß – fünfzig Jahre gedauert, gewissenhaft zu prüfen, was man vor sich hatte. Müßte man heutzutage Ermittlungen wie im Fall des Green River Killers durchführen, hoffe und glaube ich, daß die Beteiligten frühzeitig effizienter arbeiten würden und die Strategie klarer wäre. Dennoch wäre die Aufgabe schier überwältigend. Die Prostituierten hatten ein Nomadenleben geführt. Oft, wenn ein Freund oder Zuhälter eine Frau als vermißt meldete, war sie vorsätzlich abgehauen oder einfach in eine andere Gegend irgendwo an der Küste umgezogen. Viele der Frauen benutzten falsche Namen, was die Identifizierung der Leichen und die Verfolgung der einzelnen Fälle höchst kompliziert machte. Medizinische und zahntechnische Unterlagen waren schwer aufzutreiben und an den Opfern zu verifizieren. Außerdem hatte die Polizei nur wenig Zugang zur Prostituiertenszene, von einer Zusammenarbeit konnte kaum die Rede sein.

Im Mai 1983 wurde eine junge Prostituierte vollständig bekleidet an einem sorgfältig inszenierten Tatort aufgefunden: Ein

Fisch lag über ihrer Kehle, ein weiterer auf ihrer linken Brust, eine Weinflasche zwischen ihren Beinen. Sie war mit einem dünnen Seil oder einer Schnur erdrosselt worden. Die Polizei schrieb ihren Tod dem Green River Killer zu. Obwohl ich einen Zusammenhang zum letzten, an Land gefundenen Opfer sah, hielt ich diesen Mord eher für ganz persönlich motiviert und nicht Teil einer Serie. Das war kein Zufall. Hier war zuviel Wut im Spiel. Der Mörder kannte sein Opfer gut.

Gegen Ende 1983 war die Zahl der Leichen auf zwölf angestiegen, und sieben weitere Frauen wurden vermißt. Eine der Toten war im achten Monat schwanger gewesen. Die Sondereinheit bat mich, zu kommen und sie vor Ort zu beraten. Wie bereits erwähnt, arbeitete ich gleichzeitig an den in unterschiedlichen Stadien befindlichen Fällen von Wayne Williams in Atlanta, dem .22-Caliber-Killer in Buffalo, dem Trailside Killer in San Francisco, Robert Hansen in Anchorage, einem antisemitischen Brandstifter in Hartford, Connecticut, und zig weiteren aktuellen Fällen. Die einzige Möglichkeit, allen gerecht zu werden, lag darin, mich zu zwingen, nachts von den Fällen zu träumen. Ich wußte, daß ich mich auslaugte. Ich wußte nur nicht, wie massiv und wie schnell. Und als die Green River Task Force sagte, sie bräuchte mich, wußte ich, daß ich diesen Fall auch noch dazwischenschieben mußte.

Ich war mir sicher, daß mein Profil des Mörders zutraf, aber mir war auch klar, daß es auf viele Leute paßte, und inzwischen konnte mehr als einer in die Mordserie verwickelt sein. Je länger das alles dauerte, desto größer wurde die Chance, daß mehrere Mörder damit zu tun hatten, entweder als Nachahmungstäter oder einfach aufgrund der gleichen Gegend und der Opfer. Der Sea-Trac Strip versprach einem Mörder leichte Beute. Für jemanden, der töten will, ist das genau das richtige Ambiente. Die Prostituierten sind leicht verfügbar, und da viele von ihnen die gesamte Westküste von Vancouver bis hinunter nach San Diego frequentieren, fiel es oft gar nicht auf, wenn ein Mädchen fehlte.

Ich plädierte noch einmal für die Anwendung proaktiver Techniken. Dazu könnten öffentliche Versammlungen in ländlichen Schulen über die Taten gehören, bei denen man Unterschriftenlisten verteilte und die Nummernschilder der Anwesenden notierte. Man sollte in den Medien einen Ermittler als »Supercop« herausstellen, damit der Mörder verleitet wurde, mit ihm in Kontakt zu treten. Außerdem wäre es gut, Geschichten zu veröffentlichen, in denen die schwangere Frau porträtiert wurde, um Reue und Besuche des Mörders am möglichen Tatort zu provozieren. Desgleichen sollte man bisher unveröffentlichte Leichenfundorte beschatten, Polizeibeamte als Lockvögel einsetzen und noch einiges andere mehr.

Ich nahm Blaine McIlwain und Ron Walker, zwei der neueren *profiler*, auf meine Dezemberreise nach Seattle mit, da ich der Meinung war, es wäre ein Fall, bei dem man vor Ort wertvolle Erfahrungen sammeln konnte. Es war eine weise Entscheidung, als hätte Gott oder irgendeine kosmische Ordnung das alles geplant. Sie retteten mir das Leben.

Als sie die verriegelte und verrammelte Tür zu meinem Hotelzimmer eintraten und mich bewußtlos am Boden liegend vorfanden, war ich dem Tod nah. Das Fieber loderte in meinem Hirn.

Als ich mich schließlich erholt hatte und im Mai 1984 wieder an die Arbeit ging, war der Green River Killer noch immer auf freiem Fuß, und er ist es auch heute noch, mehr als zehn Jahre später. Ich beriet die Sondereinheit auch weiterhin, und je länger diese immer ausgedehnteren Ermittlungen dauerten – während die Zahl der Opfer stetig stieg –, desto sicherer war ich mir, daß in diesem Fall mehrere Mörder am Werk waren, die alle ähnliche Wesenszüge zeigten, aber jeder für sich arbeiteten. Die Police Departments von Spokane und Portland listeten Serien von ermordeten und vermißten Prostituierten auf, doch nirgendwo konnte ich eine Verbindung zu den Morden von Seattle herstellen. Die Polizei von San Diego glaubte, eine Mordserie in ihrer Stadt könne in einem Zusammenhang stehen. Alles in allem ermittelte die Green River Task Force in mehr als fünfzig Todesfällen. Die Zahl von über zwölfhundert ursprünglich in Frage kommenden Verdächtigen hatte man auf etwa achtzig reduziert. Sie reichten von Freunden und Zuhältern der toten Frauen über einen Freier in Portland, dem eine Prostituierte nach Folterdrohungen entkommen war, bis zu einem Fallensteller aus Seattle. Hin und wieder zog man sogar Polizeibeamte als Verdächtige in Betracht. Aber mit keinem Verdächtigen war der Fall zum Abschluß zu bringen. Heute bin ich überzeugt davon, daß es mindestens drei Mörder gab, vielleicht auch mehr.

Der letzte große proaktive Vorstoß erfolgte im Dezember 1988 mit einer zweistündigen bundesweiten Live-Sendung im Fernsehen. Unter dem Titel *Manhunt ... Live,* moderiert von *Dallas*-Star Patrick Duffy, brachte diese Sendung Hintergrundinformationen über die Suche nach dem Mörder aller Mörder und nannte eine ganze Reihe gebührenfreier Telefonnummern, über die uns Zuschauer Tips und Hinweise geben konnten. Ich flog nach Seattle, um in dieser Sendung aufzutreten und die Beamten darin zu unterweisen, wie man Anrufe aussiebt und schnell die entscheidenden Fragen stellt.

In der Woche nach dieser Sendung schätzte die Telefongesellschaft, daß mehr als einhunderttausend Menschen anzurufen versucht hätten, aber weniger als tausend durchgekommen seien. Und nach drei Wochen waren die finanziellen Mittel aufgebraucht und keine Freiwilligen mehr verfügbar, um die Telefone der Task Force weiter besetzt zu halten. Am Ende stand diese Aktion symbolisch für so viele andere Aspekte des Green River-Falles: viele engagierte Leute, die ungeheure Mühen aufwenden, aber am Ende doch zuwenig und zu spät.

Jahrelang hatte Gregg McCrary einen Cartoon an seiner Pinnwand im Büro hängen. Darauf ist ein feuerspeiender Drache zu sehen, der sich wild fauchend über einen darniederliegenden Ritter beugt. Darunter steht: »Manchmal siegt der Drache.«

Das ist eine Tatsache, die keiner von uns verdrängen kann. Wir kriegen sie nicht alle, und da diejenigen, die wir doch kriegen, bereits getötet oder vergewaltigt, gefoltert oder gesprengt, niedergebrannt oder verstümmelt haben, wird keiner von ihnen jemals rechtzeitig genug gefaßt. Das stimmt heute, wie es vor über hundert Jahren gestimmt hat, als Jack the Ripper zum ersten Serienmörder wurde, der die Phantasie der Menschen heimsuchte.

Obwohl *Manhunt* keine Aufklärung der Morde vom Green

River brachte, trat ich dennoch im selben Jahr in einer anderen Sendung auf, in der ich durch eine Profilerstellung die mögliche Identität dieses berühmtesten aller Serienmörder bestimmen sollte. Die Sendung fiel in die Zeit, in der sich die Morde des Jack the Ripper zum hundertsten Mal jährten – was bedeutete, daß mein Profil mal gerade hundert Jahre zu spät kam, um irgendeinen Nutzen zu bringen.

Die brutalen Prostituiertenmorde fanden in den schlecht beleuchteten Straßen und Gassen im rauhen und überbevölkerten East End des viktorianischen London statt, zwischen dem 31. August und dem 9. November 1888. Im Laufe dieser Zeit nahmen sowohl die Grausamkeit der Morde als auch die Verstümmelungen der Leichen zu. Am frühen Morgen des 30. September tötete der Ripper zwei Frauen innerhalb von ein bis zwei Stunden, was noch nie geschehen war. Die Polizei erhielt mehrere höhnische Briefe, die in den Zeitungen veröffentlicht wurden, und die Greueltaten wurden zu einem riesigen Medienspektakel. Der Ripper wurde nie gefaßt, trotz größter Bemühungen von Scotland Yard, und seine Identität blieb seither Gegenstand nicht enden wollender Spekulationen. Wie bei der Suche nach der »wahren« Identität William Shakespeares sagt die Auswahl der Verdächtigen oft mehr über die Leute aus, die sich darüber den Kopf zerbrechen, als über das Geheimnis selbst.

Zu den beliebtesten und faszinierendsten möglichen Täterpersönlichkeiten zählte in all den Jahren Prinz Albert Victor, der Herzog von Clarence und älteste Enkel Queen Victorias, nach seinem Vater Edward, dem Prinz von Wales (der nach Victorias Tod im Jahr 1901 Edward VII. wurde), der nächste Anwärter auf den britischen Thron. Der Herzog von Clarence starb angeblich während der großen Grippeepidemie von 1892, aber viele Ripper-Theoretiker glauben, er sei der Syphilis oder einer Vergiftung unter den Händen eines königlichen Leibarztes erlegen, der die Monarchie vom Makel des Skandals reinwaschen sollte. Das ist sicher eine spektakuläre Theorie.

Weitere »Kandidaten« waren Montague John Druit, ein Lehrer an einer Jungenschule, der zu Augenzeugenberichten paßte, Dr. William Gull, oberster Hofarzt, Aaron Kosminski, ein armer polnischer Einwanderer, der immer wieder in den Irrenanstalten der Gegend gesessen hatte, und Dr. Roslyn D'Instan, eine Journalistin, die sich in Schwarzer Magie betätigte.

Man hat viel aus dem Umstand herauslesen wollen, daß die Rippermorde so abrupt endeten, was zu der Spekulation führte, daß er sich das Leben genommen haben könnte, der Herzog von Clarence auf eine Reise gegangen oder einer der anderen Verdächtigen verstorben war. Vom heutigen Wissensstand würde ich sagen, es wäre ebenso wahrscheinlich, daß der Täter für ein geringeres Vergehen verhaftet wurde und dieser Umstand zum Ende der Mordserie führte. Ein weiterer Aspekt war die Methode des Aufschlitzens. Einer der Gründe, sich auf jemanden mit medizinischer Ausbildung als Täter zu konzentrieren, lag in der kundigen Art und Weise, wie den Opfern der Bauch aufgeschnitten worden war.

Das Ziel der Sendung *The Secret Identity of Jack the Ripper* (»Die verborgene Identität von Jack the Ripper«), die im Oktober 1988 ausgestrahlt wurde, war es, alle verfügbaren Beweise des Falles zu präsentieren und dann Experten aus verschiedenen Disziplinen um ihre Analyse zu bitten, wer Jack tatsächlich war, um so dieses hundert Jahre alte Geheimnis »ein für allemal« zu lüften.

Roy Hazelwood und ich wurden zu der Sendung eingeladen, und das FBI war der Meinung, es sei eine gute Gelegenheit, unsere Arbeit einmal vorzuführen, ohne in laufende Ermittlungen oder Verfahren einzugreifen. Die zweistündige Livesendung wurde von dem britischen Schauspieler, Autor und Regisseur Peter Ustinov moderiert, der sich im Laufe des Abends eindrucksvoll in das Geheimnis vertiefte.

Nun hat sich jedes derartige Lehrstück denselben Regeln und Kritikpunkten wie eine laufende Ermittlung zu unterwerfen, was bedeutet, daß unser Ergebnis nur so gut sein kann wie die Beweise und Daten, mit denen wir arbeiten. Vor hundert Jahren waren die gerichtsmedizinischen Untersuchungsmöglichkeiten, verglichen mit dem heutigen Stand, primitiv. Ausgehend von allem, was ich über die Ripper-Morde wußte, glaubte ich jedoch, daß ein solcher Fall, wenn man ihn uns heutzutage vorgetragen hätte, sehr wohl lösbar wäre, und so nahmen wir uns vor, es einfach zu versuchen. Bevor die Sendung begann, entwickelte ich ein Profil, wie ich es auch in einem heutigen Fall tun würde, mit derselben Art von Überschrift:

UNBEKANNT; ALIAS JACK THE RIPPER
MORDSERIE
LONDON, ENGLAND
1888
NCAVC – MORD (VERBRECHENS ERMITTLUNGS ANALYSE)

Die letzte Zeile, NVAVC, bezieht sich auf das Nationale Zentrum zur Analyse von Gewaltverbrechen (National Center for the Analysis of Violent Crime), ein umfassendes Programm, das 1985 in Quantico aufgebaut wurde und dem die »Spezialeinheit für Serienverbrechen« wie auch die Investigative Support Unit angehören, die computergestützte Datenbank VICAP mit Informationen über Gewalttäter und dazu weitere Teams und Einheiten, die ein schnelles Eingreifen ermöglichen.

Wie in den echten Beratungen nannte man uns die möglichen Verdächtigen, sobald ich mein Profil erstellt hatte. So faszinierend der Herzog von Clarence vom Standpunkt einer romantischen Dramaturgie auch sein mochte, kamen Roy und ich doch nach der Analyse sämtlicher verfügbarer Beweise unabhängig voneinander auf Aaron Kosminski als wahrscheinlichsten Kandidaten.

Wie beim Yorkshire Ripper neunzig Jahre später waren wir auch hier davon überzeugt, daß die höhnischen Briefe an die Polizei von einem Schwindler verfaßt worden waren, einem anderen als dem wahren »Jack«. Zu dem Persönlichkeitstyp, der diese Verbrechen verübt hatte, hätte eine öffentliche Herausforderung der Polizei nicht gepaßt. Die Verstümmelungen wiesen auf einen geistig gestörten Menschen mit abweichendem Sexualverhalten hin, der eine ungeheure Wut auf Frauen hatte. Die Überraschungsangriffe in allen Fällen deuteten ebenfalls darauf hin, daß er von der Persönlichkeit her und im Sozialverhalten unausgereift war. Das war kein Mensch, der sich verbal behaupten konnte. Die physischen Umstände der Verbrechen sagten uns, daß es sich um jemanden handelte, der sich in seine Umgebung einfügen konnte und auf seiten der Prostituierten weder Verdacht erregte noch Angst erweckte. Das war eher ein stiller Einzelgänger – kein auffällig männlich auftretender Schlachter –, der des Nachts durch die Straßen strich und an die Orte seiner Verbrechen zurückkehrte. Zweifellos hatte die Polizei ihn im Laufe ihrer Ermittlungen verhört. Von allen dargestellten Möglichkeiten paßte das Profil zu Kosminski besser als zu den anderen. Was das medizinische Wissen anging, das für die Verstümmelungen und die Ausweidung nach dem Tod des Opfers angeblich nötig war, so handelte es sich hier im Grunde nur um simple Schlachterei. Wie oft haben wir gesehen, daß Serienmörder nur ihren bloßen Willen brauchen, um ihre Greueltaten an den Leichen zu vollziehen. Ed McGein, Ed Kemper, Jeffrey Dahmer, Richard Marquette – um nur einige zu nennen – ließen sich keineswegs durch eine fehlende chirurgische Ausbildung von ihren Schlachtereien abhalten.

Nachdem ich diese Analyse präsentiert habe, muß ich nun meine ursprüngliche Erklärung wieder relativieren, einfach aufgrund der Einschränkung, daß ich von unserem ungünstigen Standpunkt aus, hundert Jahre später, nicht sicher sein kann, daß exakt Aaron Kosminski der Ripper war. Er war einfach einer von denen, die man uns genannt hatte. Was ich jedoch mit einem hohen Maß an Überzeugung sagen kann, ist, daß Jack the Ripper jemand *wie* Kosminski war. Würden diese Ermittlungen heutzutage stattfinden, könnte unser Beitrag der Polizei und dem Scotland Yard dabei helfen, sich auf bestimmte Personen und Abläufe zu konzentrieren und die Identität des unbekannten Täters zutage zu fördern. Aus diesem Grund sage ich, daß der Fall unter heutigen Voraussetzungen unbedingt lösbar wäre.

In manchen Fällen deuten unsere Methoden auf einen Typus von Verdächtigen hin, aber wir können nicht genügend Beweise für eine Verhaftung und Anklageerhebung zusammentragen.

Ein solcher Fall war der »BTK Strangler« in Wichita, Kansas, Mitte der siebziger Jahre.

Es begann am 15. Januar 1974 mit dem Mord an der Familie Otero. Der achtunddreißigjährige Joseph Otero und seine Frau Julie waren gefesselt und mit der Jalousienschnur erdrosselt worden. Ihr neunjähriger Sohn Joseph wurde gefesselt in seinem Kinderzimmer aufgefunden, mit einer Plastiktüte über dem Kopf. Die elfjährige Josephine hing, am Hals aufgeknüpft, von einem Rohr an der Kellerdecke, bekleidet nur mit einem Sweatshirt und Socken. Sämtliche Hinweise deuteten an, daß es sich hier keineswegs um eine spontane Tat handelte. Die Telefonleitung war durchgeschnitten, und die Schnur fand sich am Tatort.

Zehn Monate später bekam ein Redakteur der Lokalzeitung einen anonymen Anruf, der ihn auf ein Buch in der öffentlichen Bücherei hinwies. Darin lag eine Botschaft des Unbekannten, in der er die Verantwortung für die Morde an der Familie Otero übernahm, weitere Taten ankündigte und erklärte, seine »Codeworte« seien »Fesseln, Foltern, Töten« (Bind, Torture, Kill).

Mehrere Morde an jungen Frauen folgten in den nächsten drei Jahren. Jedesmal verriet ein Brief an einen lokalen Fernsehsender einiges über die Psyche des Unbekannten, der sich seinen Spitznamen (UNSUB) selbst gegeben hatte: »Wie viele muß ich denn noch töten, bis mein Name in der Zeitung steht und ich ein bißchen Aufmerksamkeit im Land bekomme?«

In einem seiner veröffentlichen Briefe verglich der Täter sein Werk mit dem von Jack the Ripper, dem Son of Sam und dem Hillside Strangler – allesamt unbedeutende Verliererfiguren, die durch ihre Verbrechen zu Medienprominenz gelangt waren. Er schrieb seine Taten einem »Dämon« und dem »Faktor X« zu, was in den Zeitungen zu ausgiebigen psychologischen Spekulationen bezüglich seiner Persönlichkeit führte.

Darüber hinaus legte er Zeichnungen von nackten Frauen in verschiedenen Posen der Fesselung, Vergewaltigung und Folterung bei. Diese grauenvollen Bilder wurden nicht veröffentlicht, aber sie vermittelten mir einen guten Eindruck von dem Persönlichkeitstyp, den wir suchten. Der Kreis der Verdächtigen wurde damit erheblich kleiner.

Wie bei seinem Helden Jack the Ripper hörten auch die Morde des BTK-Stranglers abrupt auf. In diesem Fall jedoch glaube ich, daß die Polizei ihn verhört hatte und er wußte, daß sie ihm näher kamen. Er war intelligent und raffiniert genug, um aufzuhören, bevor ausreichend Beweise gegen ihn gesammelt waren. Ich hoffe, wir haben ihn zumindest außer Gefecht gesetzt – aber manchmal gewinnt eben der Drache.

Und auch in unserem eigenen Leben gewinnt manchmal der Drache. Wenn ein Mörder jemanden tötet, macht er neben dieser einen Person noch viele weitere zu Opfern. Ich bin nicht der einzige in meiner Einheit, dessen Arbeit teilweise aufgrund von Streßproblemen liegenbleibt. Und die Fälle von familiären Konflikten und Ehekrisen sind so zahlreich, daß man sie nicht ignorieren sollte.

1993 brach meine Ehe mit Pam nach zweiundzwanzig Jahren auseinander. Wahrscheinlich sehen wir das, was passiert ist, unterschiedlich, aber bestimmte Dinge bleiben unbestreitbar. Ich war zu oft unterwegs, als unsere Töchter Erika und Lauren aufwuchsen. Wenn ich zu Hause war, nahm mich das, was ich tat, noch immer so sehr in Beschlag, daß Pam sich oft wie eine alleinerziehende Mutter fühlte. Sie mußte sich um das Haus kümmern, die Rechnungen zahlen, die Kinder zur Schule bringen, sich mit den Lehrern treffen, dafür sorgen, daß die Hausaufgaben gemacht wurden, und das alles, während sie ihrem Beruf als Lehrerin nachging. Als unser Sohn Jed im Januar 1987 auf die Welt kam, arbeiteten noch andere *profiler* mit mir zusammen, und ich war nicht mehr so viel auf Reisen. Aber ich muß sagen, daß ich drei kluge, liebevolle, reizende, wunderbare Kinder habe, und ich glaube, ich habe sie erst kurz bevor ich meinen Abschied vom FBI nahm richtig kennengelernt. Ich habe im Laufe der Jahre so viel über die Opferschicksale toter Kinder gelernt, daß ich zuwenig über meine eigenen, lebenden Kinder erfuhr.

Oft genug kam Pam mit irgendeinem typischen kleineren Problem der Kinder zu mir, vielleicht einem Schnitt im Finger oder einem Kratzer, weil eines vom Fahrrad gefallen war. Bei all dem Streß und Druck, den ich auszuhalten hatte – das wissen wir beide noch heute –, fing ich oft genug zu schimpfen an und verwies auf die verstümmelten Leichen der Kinder im selben Alter, die ich gesehen hatte, und wetterte, wieso sie denn nicht merkte, daß der Sturz von einem Fahrrad etwas Normales sei und nichts, worüber man sich aufregen müßte?

Man versucht, sich dem Grauen gegenüber nie völlig unempfindlich zu machen, aber man merkt, wie man fast so etwas wie eine Immunität gegen alles entwickelt, was nicht grauenvoll ist. Einmal saß ich mit den Kindern beim Abendessen, als Pam in der Küche ein Paket öffnete. Das Messer rutschte ab, und sie schnitt sich ganz furchtbar. Sie schrie, und wir alle rannten zu ihr. Sobald ich jedoch sah, daß weder Leib noch Leben in Gefahr waren, weiß ich noch, wie interessant ich das Muster der Blutspritzer fand und wie ich es in Gedanken mit den Spritzmustern verglich, die ich an Tatorten gesehen hatte. Ich machte Scherze, versuchte, die Spannung zu lösen. Ich begann, ihr und den Kindern zu erklären, daß wir jedesmal, wenn sie ihre Hand bewegte, ein anderes Muster zu sehen bekamen und daß man auf diese Weise herausfinden konnte, was zwischen einem Täter und seinem Opfer vorgefallen war. Aber ich glaube kaum, daß die anderen es so leicht nahmen.

Man versucht, einen Schutzmechanismus zu entwickeln, um mit dem fertig zu werden, was man bei der Arbeit sieht, aber es ist leicht möglich, daß man am Ende als kühler, unnahbarer Scheißkerl dasteht. Wenn die Familie intakt ist und die Ehe gut funktioniert, kann man eine Menge von dem einstecken, was man bei der Arbeit so zu sehen bekommt. Wenn zu Hause jedoch auch Probleme auftreten, kann die Summe verschiedener Streßfaktoren alles verschlimmern, genau wie bei den Leuten, die wir jagen.

Pam und ich hatten am Ende unterschiedliche Freundeskreise. Ich konnte in ihren Kreisen nicht über das reden, was ich tat, also sammelte ich meinesgleichen um mich. Und wenn wir uns nicht mit Leuten vom FBI oder anderen Behörden trafen, war ich von den Alltagsproblemen, die dort behandelt wurden, oft gelangweilt. So kalt es klingen mag, aber wenn man sich tagaus, tagein in die Geisteswelt von Mördern versetzt, ist die Frage nicht sonderlich aufregend, wo der Nachbar seine Mülltonne hinstellt oder in welcher Farbe er seinen Zaun streicht.

Nun bin ich froh, sagen zu können, daß Pam und ich nach einiger Zeit, in der wir beide durch die Mangel der Gefühle gedreht wurden, gute Freunde geworden sind. Die Kinder leben bei mir (Erika geht schon aufs College), aber Pam und ich sind sehr viel zusammen, und jetzt übernehmen wir gleichberechtigt unsere elterliche Rolle. Ich freue mich, daß Lauren und Jed beide noch jung genug sind, daß ich mich noch einige Jahre daran erfreuen kann zu sehen, wie sie aufwachsen.

Von einem einsamen Posten Anfang der Achtziger, als ich der einzige Vertreter des FBI-Personals zur Täterprofilerstellung war – unterstützt von Roy Hazelwood, Bill Hagmeier und einigen anderen, sofern ihre Zeit es ihnen erlaubte –, wuchs die Einheit auf mehr als zehn Leute an. Das reicht noch immer nicht, um die Massen an Fällen zu bearbeiten, die man uns gibt, aber wahrscheinlich ist die Einheit gerade noch klein genug, um den persönlichen Kontakt untereinander und zu den örtlichen Dienststellen zu erhalten, was zum Kennzeichen unseres eigenen »Modus operandi« geworden ist. Viele Polizeichefs und Detectives, die sich an die Einheit wenden, haben uns im Unterricht an der National Academy kennengelernt. Sheriff Jim Metts nahm Kontakt zu mir auf, damit ich ihm half, den Mörder von Shari Smith und Debra Helmick aufzuspüren, und Captain Lynde Johnston bat Gregg McCrary, ihm dabei zu helfen herauszufinden, wer in Rochester Prostituierte ermordete. Beide waren Absolventen der National Academy.

Mitte der Achtziger hatte man unsere Abteilung in »Verhaltensforschung« und die »Einheit für Serienverbrechen und Recherche« aufgeteilt, für die ich als Leiter des Programms für Täterprofilerstellung arbeitete und die sich »Abteilung zur Unterstützung laufender Ermittlungen« nannte. Die anderen wichtigen beiden Untergruppen neben meiner waren VICAP, das Jim Wright von Bob Ressler übernommen hatte, und Engineering Services, die technische Abteilung. Roger Depue war Leiter von »Instruction and Research«, zuständig für Ausbildung und Forschung, und Alan »Smokey« Burgess war Chef bei »Investigative Support«, zuständig für die Unterstützung laufender Ermittlungen.

So strapaziös und fordernd mein Job in vielerlei Hinsicht war, hat er mir doch eine bemerkenswerte und befriedigende Laufbahn ermöglicht. Glücklicherweise hatte ich es geschafft, den einen Schritt auszulassen, den praktisch jeder machen muß, der in einer solchen Organisation vorankommen will – die Verwaltung. Das änderte sich im Frühling 1990. Wir hatten eine Sitzung, in der Smokey Burgess verkündete, er wolle sich als Leiter der Einheit zur Ruhe setzen. Später rief mich der neuernannte Stellvertretende Direktor Dave Kohl, der in Milwaukee mein Supervisor und Mitstreiter im SWAT-Team gewesen war, in sein Büro und fragte mich, was ich vorhätte.

Ich erklärte ihm, ich sei so ausgebrannt von allem, daß ich daran dächte, mich in der feineren Gegend um einen Schreibtischjob im Morddezernat zu bewerben und meine Karriere auf diesem Weg abzuschließen.

»Das sollten Sie nicht tun«, erklärte mir Kohl. »Da oben gehen Sie unter. Als Leiter der Einheit können Sie einen viel besseren Beitrag liefern.«

»Ich weiß nicht, ob ich Leiter der Einheit sein möchte«, erklärte ich. Längst schon hatte ich zahlreiche Funktionen eines Leiters inne und diente als wandelnde Datenbank, weil ich bereits so lange dabei war. In diesem Stadium meiner Karriere jedoch wollte ich nicht in der Verwaltung steckenbleiben. Burgess war ein ausgezeichneter Verwaltungsmann, ein Meister darin, interne Störungen zu beseitigen, damit diejenigen unter uns, die für ihn arbeiteten, diese Arbeit auch effektiv leisten konnten.

»Ich möchte, daß Sie Leiter dieser Einheit werden«, verkündete Kohl. Er ist ein dynamischer, kämpferischer, aggressiver Mensch.

Ich sagte, ich wolle weiter Fälle bearbeiten, Prozeßstrategien entwickeln, Aussagen vor Gericht und vor der Öffentlichkeit machen. Das waren, meiner Ansicht nach, meine Stärken. Kohl versicherte mir, daß ich das könne, und ernannte mich zum Leiter der Einheit.

Meine erste Amtshandlung – wie schon oft gesagt – war es, die Verhaltenswissenschaft abzuschütteln, indem ich das Wort »Behavioral Science« aus unserem Namen eliminierte und sie schlicht und einfach »Investigative Support Unit« taufte. Ich wollte unseren »Kunden«, den örtlichen Polizeidienststellen, und dem Rest vom FBI die deutliche Nachricht zukommen lassen, woher wir kamen – und woher nicht.

Mit der Hilfe und der unendlich geduldigen Unterstützung von Roberta Beadle, die für Personalfragen zuständig war, konnte ich die VICAP-Besatzung von vier auf sechzehn Leute aufstocken. Auch die übrige Einheit wuchs, und bald hatten wir etwa vierzig Leute. Um mir etwas von der Verwaltungslast zu nehmen, die durch diese Menge von Mitarbeitern entstand, richtete ich ein regionales Management-Programm ein, bei dem einzelne Beamte für eine spezifische Region des Landes zuständig waren.

Ich erreichte bei der Leitung der Behörde, daß jeder, der ein zweijähriges Trainingsprogramm absolviert hatte, als »Experte« anerkannt und als »Secret Agent mit leitender Funktion« eingestuft und bezahlt wurde. Zu dem Programm gehörten die Teilnahme an sämtlichen Kursen der »Spezialeinheit für Serienverbrechen« an der National Academy, zwei Pathologiekurse am Armed Forces Institute of Pathology, Seminare in Psychiatrie und Gesetzeskunde an der University of Virginia (Park Dietz war damals dort), Teilnahme an John Reeds-Kursen in Verhörtechnik, das Studium der Todesursachen in der Gerichtsmedizin von Baltimore, eine Art Praktikum beim Morddezernat des NYPD und das Erstellen von Täterprofilen unter Aufsicht eines der regionalen Leiter.

Außerdem leisteten wir weit mehr internationale Arbeit als je zuvor. In dem Jahr, bevor er sich zur Ruhe setzte, arbeitete Gregg McCrary beispielsweise an großen Serienmordfällen sowohl in Kanada als auch in Österreich.

Was die Funktionstüchtigkeit anging, lief die Einheit gut. Was die Verwaltung anging, glich sie eher einem Schiff ohne Kapitän, was sicher ein Ausdruck meiner Persönlichkeit war. Wenn ich bemerkte, daß jemand ausbrannte, ignorierte ich Regeln und

Bestimmungen und zog ihn von seinem Fall ab oder sagte, er solle sich einige Zeit frei nehmen. Am Ende kamen sie dann in besserem Zustand zurück, als wenn ich mich nach den Vorschriften gerichtet hätte. Wenn man Leute führen soll und kann sie nicht finanziell belohnen, muß man sie auf andere Weise locken.

Außerdem kam ich mit dem restlichen Personal, den Boten und Sekretärinnen, gut zurecht, und als ich in Pension ging, schienen diese am meisten zu bedauern, daß ich das FBI verließ. Das geht sicher noch auf meine Zeit bei der Air Force zurück. Viele Leiter beim FBI waren Offiziere gewesen (und viele, wie mein letzter SAC Robin Montgomery, hochdekorierte Kriegshelden), so daß sie alles aus der Perspektive eines Offiziers angingen. Daran ist nichts auszusetzen, und große Organisationen würden schlechter funktionieren, wenn die meisten Leute in administrativen Positionen so wären wie ich. Aber ich hatte einen Mannschaftsdienstgrad innegehabt und identifizierte mich gefühlsmäßig immer mit dem uns zuarbeitenden Personal. Daher bekam ich die Hilfe, die ich brauchte, oft schneller als die meisten anderen Chefs.

Die meisten Menschen betrachten das FBI ähnlich wie den IBM-Konzern: eine riesige bürokratische Organisation kluger, versierter, wenn auch auswechselbarer, humorloser Männer und Frauen in weißen Hemden und dunklen Anzügen. Ich selbst hatte das Glück, zu einer kleinen Gruppe von wirklich ganz besonderen Individualisten zu gehören, von denen jeder für sich allein herausragend ist. Während die Rolle der Verhaltensforschung für die Strafverfolgung mit der Zeit an Bedeutung gewann, entwickelte jeder von uns ganz von allein sein eigenes Interessen- und Spezialgebiet.

Seit der Anfangszeit unserer Studie hatte sich Bob Ressler den wissenschaftlichen Recherchen verschrieben, während ich eher der praktischen Seite zuneigte. Roy Hazelwood ist der Experte für die Verfolgung von Vergewaltigungen und Sexualmorden. Ken Lanning ist die führende Autorität bei der Analyse der Verbrechen an Kindern. Jim Reese begann mit der Täterprofilerstellung, fand jedoch seine Aufgabe und den großen Beitrag, den er beisteuern konnte, auf dem Gebiet des Streßmanagements für Polizeibeamte und Bundesagenten. Er besitzt einen Doktortitel auf diesem Gebiet, hat ausgiebig geschrieben und ist für seine Beratertätigkeit bei allen exekutiven Behörden gefragt. Als Jim Wright zur Einheit kam, übernahm er nicht nur das Training der neuen *profiler*, sondern wurde außerdem zur führenden Autorität in Fällen, in denen Menschen aufgelauert wird, was sich zu einer jener Arten von Verbrechen entwickelt hat, die die höchsten Zuwachsraten zeigen. Und jeder von uns hat viele, viele persönliche Beziehungen zu FBI-Außenbüros, Polizeidienststellen und staatlichen Behörden überall im Land aufgebaut, so daß Leute, die um Hilfe bitten, wissen, daß sie dem trauen können, mit dem sie sprechen.

Manchmal ist es für neue Leute entmutigend, in diese Einheit zu kommen und sich unter die »Stars« zu mischen, besonders seitdem der Film *Das Schweigen der Lämmer* in den Kinos lief und so großes internationales Interesse an unserer Arbeit wachrief. Wir bemühen uns, den Neuen zu versichern, daß sie ausgewählt wurden, weil wir der Ansicht waren, sie hätten alles, was nötig ist, um ein voll- und gleichwertiges Mitglied des Teams zu werden. Sie alle kommen mit viel Erfahrung zu uns, und wenn sie erst mal da sind, erhalten sie eine zweijährige praktische Ausbildung. Hinzu kommen ihre Intelligenz, Intuition und Verläßlichkeit, ihr Eifer und ihr Selbstvertrauen, zusammen mit einer gleichermaßen ausgeprägten Gabe, zuhören und die Ansichten anderer einschätzen zu können. Von meiner Perspektive aus betrachtet liegt einer der Gründe dafür, daß die FBI Academy zur führenden Institution ihrer Art auf der Welt geworden ist, darin, daß sie aus Individuen besteht, von denen jedes seine eigenen Interessen und Talente für das Gemeinwohl hat. Und jedes Individuum fördert im Gegenzug dieselben Qualitäten bei den anderen. Ich hoffe und glaube, daß das kollegiale System gegenseitiger Unterstützung, das wir in der Einheit aufgebaut haben, überleben wird, wenn wir Vertreter der ersten Generation uns allesamt zur Ruhe gesetzt haben.

Bei meinem Abschiedsessen in Quantico im Juni 1995 wußten viele Leute Gutes über mich zu sagen – ich war beschämt und bewegt zugleich. Ehrlich gesagt war ich darauf vorbereitet, den Kopf gewaschen zu bekommen, und dachte mir, meine Leute würden diese letzte offizielle Gelegenheit nutzen, mir alles um die Ohren zu schlagen, was sie sich aufgespart hatten. Nachdem sie also ihre Chance zur Schelte verpaßt hatten und ich mit meiner Rede an der Reihe war, sah ich keinen Grund, all die Seitenhiebe auszuteilen, die ich mir in Vorahnung dessen, was sie sagen würden, zurechtgelegt hatte. Ich hatte an diesem Abend keine besonderen Weisheiten oder Ratschläge zu verkünden. Ich hoffe nur, daß ich mit meinem Beispiel etwas bewirken konnte.

Seit meiner Pensionierung war ich oft in Quantico, um zu unterrichten oder zu beraten, und meine Kollegen wissen alle, daß ich ihnen zur Verfügung stehe. Weiterhin halte ich Vorträge, biete die Früchte meiner fünfundzwanzigjährigen Berufserfahrung mit der Denkweise von Mördern an. Ich habe mich vom FBI zurückgezogen, glaube aber kaum, daß ich jemals in der Lage wäre, mit dem, was ich gelernt habe, aufzuhören. Leider arbeiten wir in einer Wachstumsbranche, und die »Kunden« werden uns sicher nie ausgehen.

Oft werde ich gefragt, was sich gegen unsere erschreckenden Gewaltstatistiken tun ließe. Zwar gibt es praktische Dinge, die man tun kann und sollte, aber ich glaube, unser Verbrechensproblem läßt sich nur lösen, wenn genug Leute es lösen wollen. Mehr Polizei, mehr Gerichte, mehr Gefängnisse und bessere Ermittlungstechniken sind gut, aber die Verbrechensraten können nur sinken, wenn wir alle endlich damit aufhören, sie in unseren Familien und im Freundes- und Bekanntenkreis zu akzeptieren und zu tolerieren. Das ist die Lektion, die uns Länder mit niedrigeren Verbrechensquoten lehren. Meiner Meinung nach würde nur eine durchgreifende Veränderung Wirkung zeigen. Verbrechen sind ein moralisches Problem. Sie lassen sich allein auf ethischer Ebene lösen.

Während all meiner Jahre der Forschung und des Umgangs mit Gewalttätern bin ich auf keinen einzigen Verbrecher gestoßen, der aus einem intakten Hintergrund und einem funktionierenden, stützenden Familienverbund gekommen wäre. Aber ich glaube, daß die große Mehrheit der Gewalttäter für ihr Verhalten selbst verantwortlich ist, ihre Wahl trifft und die Konsequenzen ihres Tuns tragen muß. Es ist lächerlich zu sagen, daß jemand das Ausmaß dessen, was er getan hat, nicht begreifen kann, weil er erst vierzehn oder fünfzehn Jahre alt ist. Selbst mit seinen acht Jahren weiß mein Sohn Jed schon lange und ganz genau, was falsch und was richtig ist.

Aber fünfundzwanzig Jahre der Beobachtung haben mich außerdem gelehrt, daß Kriminelle eher »gemacht« als »geboren« werden. Das bedeutet, daß irgendwo auf ihrem Weg jemand, der einen zutiefst negativen Einfluß auf sie gehabt hat, sie statt dessen auch zutiefst positiv beeinflussen hätte können. Somit glaube ich also von ganzem Herzen daran, daß wir neben mehr Geld und Polizei und Gefängnissen in erster Linie mehr Liebe brauchen. Das ist nicht simplifizierend gemeint. Es ist der Kern der Frage.

Vor nicht allzulanger Zeit lud man mich ein, vor der New Yorker Ortsgruppe der Krimi-Autoren von Amerika zu sprechen. Der Vortrag war gut besucht, und ich wurde warm und herzlich aufgenommen. Diese Frauen und Männer, die ihren Lebensunterhalt mit dem Schreiben von Geschichten über Mord und Totschlag verdienen, waren höchst interessiert daran, jemanden zu hören, der Tausende realer Fälle bearbeitet hatte. Tatsächlich fragten uns seit der Veröffentlichung von Thomas Harris' Roman *Das Schweigen der Lämmer* Autoren, Journalisten und Filmemacher immer wieder nach der »echten Geschichte«.

Schnell merkte ich jedoch, daß viele Leute nicht genau zuhörten, wenn ich die Details einiger meiner interessanteren und plastischeren Fälle darstellte. Sie waren wahrhaft schokkiert, das zu hören, was meine Leute und ich jeden Tag zu sehen bekamen. Ich merkte, daß sie die Einzelheiten gar nicht wissen wollten, und gleichzeitig muß ihnen klargeworden sein, daß sie nicht schreiben wollten, wie es wirklich war. Sollen sie. Wir »beliefern« nicht dieselbe Kundschaft.

Der Drache gewinnt nicht immer, und wir tun alles, was in

unserer Macht steht, ihn immer seltener gewinnen zu lassen. Nur das Böse, das er darstellt und dem ich mein gesamtes Arbeitsleben hindurch begegnet bin, wird nicht einfach von allein verschwinden, und irgend jemand muß die Geschichte erzählen. Das habe ich mit diesem Buch versucht, genauso wie ich sie durchlebt habe.

NICK LEESON
und Edward Whitley

DAS MILLIARDEN-SPIEL
Wie ich die Barings-Bank ruinierte

336 Seiten, gebunden

Während seine Chefs im Londoner Finanzhaus Barings ihn noch als Börsengenie feierten, hatte der Wertpapierhändler Nick Leeson Englands älteste und traditionsreichste Privatbank bereits mit Verlusten von 827 Millionen Pfund in die Pleite spekuliert. Drei Tage vor seinem 28. Geburtstag floh Leeson aus Singapur, wurde aber wenig später, im März 1995, bei der Landung in Frankfurt inhaftiert. Bevor er sich neun Monate später nach Singapur ausliefern ließ – wo er zu sechseinhalb Jahren Gefängnis verurteilt wurde –, entstand sein freimütiger Bericht aus dem inneren Kreise der Spielhölle.

SPIEGEL-BUCHVERLAG